—— 重庆市经济学拔尖人才培养示范基地建设成果
国家一流专业贸易经济专业建设成果

本书由重庆工商大学经济学院、重庆市质量和标准化研究院合作完成

商品学

SHANGPINXUE

主　编○ 杨海丽　舒蜀波
副主编○ 解如风　万　科　王　辉

西南财经大学出版社
Southwestern University of Finance & Economics Press
中国·成都

图书在版编目(CIP)数据

商品学/杨海丽等主编.—成都:西南财经大学出版社,2023.8
ISBN 978-7-5504-5835-2

Ⅰ.①商… Ⅱ.①杨… Ⅲ.①商品学—教材 Ⅳ.①F76

中国国家版本馆 CIP 数据核字(2023)第 122860 号

商品学

杨海丽　等主编

责任编辑:李晓嵩
责任校对:杨婧颖
封面供图:董潇枫
封面设计:何东琳设计工作室
责任印制:朱曼丽

出版发行	西南财经大学出版社(四川省成都市光华村街 55 号)
网　　址	http://cbs.swufe.edu.cn
电子邮件	bookcj@swufe.edu.cn
邮政编码	610074
电　　话	028-87353785
照　　排	四川胜翔数码印务设计有限公司
印　　刷	四川五洲彩印有限责任公司
成品尺寸	185mm×260mm
印　　张	23.5
字　　数	518 千字
版　　次	2023 年 8 月第 1 版
印　　次	2023 年 8 月第 1 次印刷
印　　数	1— 2000 册
书　　号	ISBN 978-7-5504-5835-2
定　　价	59.80 元

1. 版权所有,翻印必究。
2. 如有印刷、装订等差错,可向本社营销部调换。
3. 本书封底无本社数码防伪标识,不得销售。

前言

党的二十大报告提出，"加快构建新发展格局，着力推动高质量发展""建设现代化产业体系。坚持把发展经济的着力点放在实体经济上，推进新型工业化，加快建设制造强国、质量强国"。商品学围绕商品质量开展关于商品使用价值的研究，《商品学》教材助力实现更科学的商品质量管理。

本书是由笔者在2017年出版的《商品学》教材基础上升级而成的。经过6年的教学使用，笔者发现了原《商品学》教材的一些不足，加之现实不断变化发展，为了更好地对原《商品学》教材进行提档升级，本书由重庆工商大学、重庆市质量和标准化研究院联合编写。

《商品学》教材在贸易经济专业、国际经济与贸易专业、市场营销专业等专业广泛应用，内容包括了商品的方方面面，是连接经济管理相关知识的微观桥梁。目前，开设商品学课程的学校及专业不断增加，与商品学课程相关的内容更新较快，对教材的更新提出了迫切的需求。本书始终坚持质量优良、体系完善和内容完整三个原则，在保持原《商品学》教材特色的基础上，进行了教材的高质量建设。

本书设置了学习目标、导入案例、理论内容、案例、拓展阅读、思维导图、本章小结、本章重难点、思考题、在线测试等栏目，体系完善，方便教师教学和学生学习。本书共有11章，包括商品学导论、商品分类与编码、商品品种与质量、食品的成分与性质、化妆品的成分与性质、纺织品的成分与性质、商品质量管理、商品标准与认证、商品检验与质量监督、商品包装、商品储运的质量保护。本书力图使内容尽可能与实际接轨，同时融入立体化教材建设思想，每章均配有完整的配套资料。

本书由重庆工商大学经济学院杨海丽、重庆市质量和标准化研究院舒蜀波任主编，重庆市质量和标准化研究院解如风、万科，重庆工商大学经济学院王辉任副主编。杨海丽编写了第一章、第三章、第四章、第五章、第六章、第十章和第十一章，万科、陈震宇、罗雪娟、蒋芸杉、罗琳燕、刘颖、王莉、郭昊、邱克斌、张旻旻、陈馨、张慕、邹瑜、崔龙国、朱洪艳、王乾蓉编写了第二章、第七章、第八章和第九章，全书由杨海丽统稿。本书的出版要感谢重庆工商大学 2020 级贸易经济专业余明等同学，他们对教材的相关材料进行了收集和整理，对在线测试内容进行了测试。

本书配套教学课件已经更新完成，使用本书的教师与学生可以和笔者联系（yanghaili@ ctbu.edu.cn），或者与出版社联系索要配套教学课件。

由于编者水平有限，加之编写时间仓促，本书可能存在一些疏漏与不足，希望在以后的修订中能不断完善，敬请相关专家和广大读者批评指正。

杨海丽　舒蜀波

2023 年 6 月 6 日

目录 CONTENTS

第一章

商品学导论

学习目标

- 了解商品学的产生与发展历程
- 掌握商品的概念与基本特征
- 理解商品价值、使用价值及其应用
- 掌握商品学的研究对象、研究内容和任务

导入案例

商品购买的重点：使用价值

英国人戈德曼在《推销技巧》一书中写道："所谓推销，就是要使顾客深深地相信，购买了你的商品，他会得到某些好处。"这就是推销的本质。

戈德曼认为，人们购买一种商品，目的在于满足某种需要。买卖只不过是达到这一目的的一种手段。换句话说，人们购买的不仅仅是某种物品（或者服务），而是购买了这种物品的使用价值。例如，为了满足照明这一需要，在电力覆盖范围，顾客购买电线、开关、灯头、灯泡及其他所需物品，装上电灯。从表面上看，顾客购买的是上述物品，而实质上，顾客购买的是照明。又如，节假日购买公园门票，从表面上看，顾客购买的是准许进入公园的凭证，而实质上，顾客购买的是在赏心悦目的公园获得的精神愉悦。

《韩非子·外储说左上》上记录了一件事：齐国有一个叫田仲的隐士，宋国的一个叫屈谷的人拜见田仲说："我听说先生的宗旨是不依靠别人而生存，现在我有一个巨大的葫芦，坚硬如同石头，皮厚得没有空腔，把它送给先生。"田仲说："葫芦的用处就在于它可以盛东西。现在这个葫芦皮厚无腔，那么就不能剖开盛东西。它坚硬得像石头一样，那么就不能剖开用来盛酒水，我拿这个葫芦没什么用。"屈谷说："好，那我就把它丢掉。田仲你不依靠别人而生存，也就对国家没什么用，也属于坚硬的葫芦啊。"

人们购买电视机，目的在于丰富业余文化生活；人们购买家具，目的在于方便日常生活，使居室环境幽雅；人们购买药品，目的在于祛除疾病，保持健康……

屈谷通过"皮厚无腔"的葫芦来骂田仲不为国家所用，是一个没有使用价值的人。

顾客购买商品的目的不是获得商品本身，而是获得商品的使用价值，使商

品能为人所用，给顾客带来满意度。那么，推销员推销商品的时候，就不应该盯着商品本身，而应该更多关注商品的使用价值，对商品能满足顾客哪些需要展开介绍，而将商品本身放在次要位置。

商品的使用价值是多样的，即一个商品有多种使用价值，如同样是"购买自行车"，不同的人，购买的目的不同，有人是用于代步，有人是用于锻炼，有人可能只是用于增加一点生活的乐趣……因此，推销商品的时候，推销员首先应通过沟通，充分了解顾客的购买目的，再展开推销，成功的概率会大大提高。

千千万万种商品和无穷无尽的服务可以帮助人们解决各种各样的问题。推销员在商品经济的海洋里，大有用武之地。然而，许多推销员只是津津乐道商品的特点，不懂得推销商品的使用价值，这样他们就好像迷失了方向，在商品的海洋里挣扎。有人做过调查，八个推销员中有七个不知道推销商品的使用价值。

在推销商品的过程中，牢牢抓住"推销商品的使用价值"这个主题做文章，就能抓住问题的关键，也就抓住了推销的本质。研究商品，也是研究商品的使用价值；开发商品，也是开发商品的使用价值。

第一节　商品的概念与特征

一、商品的概念

（一）商品的一般概念

商品是用来交换，并能满足人们某种需要的劳动产品。商品是人类社会生产力发展到一定历史阶段的产物。商品具有使用价值和价值双重属性，是使用价值和价值的统一体。

在人类社会分工简单、生产效率低下的时代，劳动产品因其数量有限而仅用于满足生产者自身的需要。随着人类劳动技能、劳动工具和社会分工的发展以及生产效率的提升，数量渐多的劳动产品除满足生产者自身需要外开始出现剩余，于是生产者的剩余产品被拿来同他人的剩余产品进行交换，以满足自己的其他需要。这样，商品及其生产、交换就出现了。恩格斯对此进行了科学的总结：商品"首先是私人产品。但是，只有这些私人产品不是为自己的消费，而是为他人的消费，即为社会的消费而生产时，它们才成为商品；它们通过交换进入社会的消费"。早期的商品交换方式是简单的"以物易物"，后来便发展成为以货币为媒介的交换方式和以商人为特征的高级交换形式。商品交换和商品生产的出现，标志着人类社会进入了商品经济发展阶段。

关于商品，马克思在《资本论》中进行了深刻而精辟的分析。他指出：商品首先是一个外界的对象，一个靠自己的属性来满足人的某种需要的物。一个物可以有用，而且是人类的劳动产品，但不是商品，谁用自己的产品来满足自己的需要，生产的就只是使用价值，而不是商品。

《大英百科全书》上对商品的表达是：为人们希望获得并具有满足欲望能力，在供给上又须有限，因此在交换上具有交换价值的物。凡具有满足人类欲望效用之物，均为商品。

《辞海》对商品也有定义，即商品是为交换而生产的劳动产品，具有使用价值和价值两个因素。供自己消费而生产的劳动产品不是商品。为他人生产，但不经过交换的劳动产品也不是商品。

由上可知，商品是专门用于交换的劳动产品，商品生产的目的是交换。商品的含义有狭义与广义之分。狭义的商品是指通过市场交换，能够满足人们某种社会消费需要的物质形态的劳动产品，是有形商品；广义的商品是指能够满足人们某种社会消费需要的所有形态（知识、劳务、资金、物质等形态）的劳动产品。随着现代社会的高度商品化和技术创新的加速，商品的发展呈现出知识化、服务化等趋势和特点，商品不仅是"需求"与"经济"的结合，而且开始向"技术"与"文化"结合的方向发展，这些都推动着商品研究内容向广度和深度发展。

(二) 现代商品的整体概念

现代商品的整体概念包含四个层次的内容，我们可以用商品球模型来表示其关系（见图1-1）。

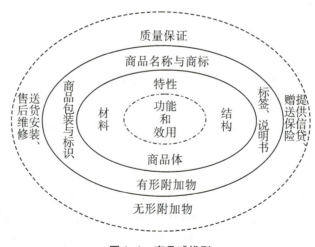

图1-1 商品球模型

1. 商品的功能或效用

商品的功能或效用是指商品为满足消费者的一定需要所能提供的可靠的、必备的功能或职能。例如，电冰箱的功能或效用就是满足食物冷藏、冷冻的需要。商品的功能或效能是商品概念的核心，营销学把这个功能称为"服务或者便利"。商品通过在使用过程中所能提供的功能或效用来满足消费者的需要，即通过满足需要体现商品的使用价值。因此，从本质上来看，消费者购买的不是商品本身，而是商品的功能或效用，即使用价值。因此，功能或效用是商品的核心。

2. 商品体

商品体是人们通过有目的和有效的劳动投入（如市场调查、规划设计、加工生产等）而创造出来的劳动产物，具有能满足使用者需求的具体功能。功能是商品体在不同条件下表现出来的某些自然属性和社会属性的总和，不同的使用目的或用途要求商品具有不同的功能。商品体能够具备哪些性质或功能是由商品体的成分组成（原料或零部件的组织结构、成品形态、规格、内部连接与配合、色彩装饰的组合以及其他结构特征）及其反映的社会内涵所决定的。其中，商品体的成分组成又决定了商品体可能形成的形态结构。因此，商品体是由多种不同层次要素构成的有机整体，是商品的使用价值形成的客观物质基础。

3. 有形附加物

商品的有形附加物包括商品名称、商品包装及其装潢与标识、商标及其注册标记、专利标记、质量和安全及卫生标识、环境（绿色或生态）标识、商品使用说明标签或标识、检验合格证、使用说明书、维修卡（保修卡）、购物发票等。它们主要是为了满足商品流通（运输、装卸、储存、销售等）需要、消费（使用）需要以及环境保护和可持续发展需要所附加的。其中，包装、商标等既有使用价值，也有价值。商标还会随着生产经营企业的技术进步和经营管理水平的提高而增加新的价值。

4. 无形附加物

商品的无形附加物是指人们购买有形商品时获得的各种服务和附加利益。例如，提供信贷、送货上门与免费安装调试服务、售后保证与维修服务、退还退赔服务承诺、一定时期内的优惠折扣、附加财产保险等。善于开发和利用合法的商品无形附加物，不仅有利于充分满足消费者的综合需求，为消费者提供更多的实际利益，而且有利于企业在激烈的竞争中突出自己商品的附加服务和利益优势，提高市场竞争力。

二、商品的基本特征

（一）商品是具有使用价值的劳动产品

商品的这一特征包含两层含义：一是商品具有使用价值，二是商品是劳动产品。这两层含义只有同时具备才能成为商品。例如，某些天然物品，如空气、阳光、雨水等，虽然具有使用价值，但因为其不是劳动产品，所以不能称为商品。没有使用价值，即便是劳动产品，由于无法满足人们合理的、正当的需要，甚至会危害人体健康、危及生命财产安全的劳动产品，如假酒、假药以及失效或变质的食品、药品或化妆品乃至毒品等，属于劳动产品，但是已经失去了使用价值，因此不能算成商品。

（二）商品是供给别人消费（社会消费）的劳动产品，不是供生产者或经营者自己消费的劳动产品

马克思特别强调，一个物可以有用，而且是人类劳动产品，但不是商品。谁用自己的产品去满足自己的需要，他生产的只是使用价值，而不是商品。要生产商品，他不仅要生产使用价值，而且要为别人生产使用价值，即生产社会的使用价值。人们自产自用的劳动产品，如农民留下自用的那部分农副产品，就不能被称为商品。其自用部分所占比例越大，该类产品的商品化率就越低。

（三）商品是为交换而生产的劳动产品

《资本论》指出："要成为商品，产品必须通过交换，转到把它当做使用价值使用的人的手里。"对于生产者或经营者来说，商品是交换价值的物质承担者，具有间接的使用价值，而没有直接的使用价值。商品只有通过交换，到达需要它的用户手中，才能实现其直接的使用价值。商品的使用价值不能实现，则其价值也无法实现。因此，即使是以交换为目的而生产的产品，如果发生积压滞销，在市场上得不到用户的认可，也不是真正的商品，充其量只能是潜在的商品。当交换完成，商品进入消费环节成为有用的物品后，也不再是商品。由此可见，只有用于交换的劳动产品才能成为商品

如果不能准确地理解商品的上述特征，判断一种产品是否为商品也就失去了准则和依据，甚至会导致认识模糊或认识混乱。自改革开放以来，我国理论界对商品的认识实践恰恰说明了这一点。以前人们只承认通常交换的物质形态的劳动产品是商品，对知识形态、资金形态、劳务形态的劳动产品（如技术成果、专利、股票、债券、服务等）是不是商品认识不清、把握不准确，或者墨守成规、盲目否定，直至它们纷纷进入市场交换和社会消费，才认识到并承认它们也是商品。

我国商品学一直以来侧重于研究物质形态商品中的生活资料商品和生产资料商品。随着社会经济及科学技术的迅速发展，商品的研究范围也在逐渐扩大，如开始涉及劳务形态商品、知识形态商品等。

第二节　商品的使用价值

一、商品属性与使用价值

（一）商品属性

商品客体本身能满足人们某种社会生产或生活需要的属性，综合构成了商品的有

用性。或者说，商品有用性的物质基础或形成商品的使用价值的主导因素是商品的各种自然属性，没有这一物质基础，商品实体就不存在。这就决定了商品学研究商品的使用价值必须以商品的自然属性为基础。

但是，我们在研究商品的使用价值时，仅仅讨论商品的有用性的物质基础有时是不足的。尤其在研究促进商品的使用价值的实现时，往往会涉及属于商品某些社会属性的问题。因为作为一般物品或产品的使用价值和作为商品的基本属性之一的使用价值是有区别的。商品属性包括自然属性和社会属性。

商品的自然属性是指由商品自身固有的成分、结构决定的，与其他事物发生关系时表现出来的性质（化学性质、生物学性质等）、性能（物理性能、机械性能、电性能等）、形态特征或特点。自然属性为一切物品所共有，它反映了人与自然界的关系。自然属性决定了商品具有一定的用途和功能，决定了物品的使用价值或物的效用，使商品表现为一个有用物，并成为商品交换价值的物质承担者。因此，商品的自然属性是商品形成后本身固有的属性。

商品的社会属性是指满足任何社会需要的特性、特征的总和。商品的使用价值处于社会联系之中，会随着该商品所处的外在条件的变化而变化。使用价值受商品交换制约，其中包含了诸如商品美化、商品文化、商品信息等方面的要素，体现了商品被接受、被社会和他人承认的程度。任何商品如果能够在多方面体现消费者显示出来的和潜在的需要，充分考虑到消费者需要的复杂性和多样性，就会提高被社会和他人承认的程度，从而获得较高的社会使用价值。例如，传统的马褂包含着人类的劳动，自有其物的属性和应有的价值，但是不同时代的人对它的评价不同、主观感受不同，它在当代中国的使用价值就明显小于它在古代中国的使用价值。商品的社会属性代表了商品的使用价值的社会有用性或社会适应性，并只为商品的使用价值所具有，包括商品的经济属性、文化属性（民族、宗教、审美、道德等属性）、政治属性和其他社会属性。商品的社会属性不是商品生来就具有的，而是人们后来赋予的。正是由于商品的不同属性的组合，才使商品能够满足人们不同类型的消费需要。

因此，在形成商品的使用价值或有用性的过程中，商品的自然属性起着直接和主导的作用，它是商品的社会属性存在的前提和基础。

（二）使用价值

物品一般都具有使用价值，商品的使用价值是指商品对其使用者的作用或效用，即商品的有用性。物之所以对人或社会有使用价值，恰恰在于物本身具有能够满足人或社会的需要的属性，或者说具有能够满足人或社会某种需要的能力。

由上可见，物的使用价值是由人的需要和物的属性两者之间的作用而形成的。人们可以根据自己的需要，自觉能动地利用现有的自然物，或者将其加工改造成符合目的的人工物（产品或商品），或者从市场选用符合目的的商品。但这些物能够或可能在多大程度上使人的需要得以满足，即是否有使用价值或能有多大的使用价值，又是由物本身的属性决定的。物的属性与人的需要的吻合程度或一致性程度，就决定了物对人的使用价值的大小。可以说，人或社会的需要是物的使用价值形成的前提，离开人或社会的需要，物就没有使用价值可言。物本身的属性是物的使用价值形成的客观基础。物的属性多种多样，可以满足人或社会的不同需要，从而形成不同的使用价值。不同的物可以有不同的使用价值，同一种物也可以有不同的使用价值，物及其属性是物的使用价值的载体和客观基础。

二、商品的使用价值的分类

（一）商品的个别使用价值与社会使用价值

从量的方面看，商品的使用价值可以分为商品的个别使用价值与商品的社会使用价值。商品的个别使用价值是指个别商品所具有的能够满足人或社会某种正当需要的能力。商品的社会使用价值则是指社会商品总量能够满足社会对每种特殊商品的特定数量的正当需要的能力。显然，后者由前者构成，其区别主要在于量上的不一致。这种区分的意义在于：如果某部门生产的商品超过了社会的需要量，那么"单位商品虽然具有使用价值，这些单位商品的总量在既定的前提下却会丧失它的一部分使用价值"。因此，超过社会需要的那部分商品的个别使用价值就得不到社会的承认，不能成为商品的社会使用价值的组成部分。

（二）商品的交换使用价值与消费使用价值

商品不同于一般的物，它是通过交换满足他人或社会消费需要的劳动产品。商品对于其生产者、经营者来说，虽然没有直接的消费使用价值，但是有间接的使用价值，即可以用它来进行交换从而获得需要的货币或其他物品。商品成为交换价值的物质承担者，成为企业经济效益的源泉。马克思把这种使用价值称为形式使用价值。为了反映这种使用价值的客观存在及其本质，我们将其称为商品的交换使用价值。马克思把商品对其消费者、用户所具有的直接的消费使用价值称为实际使用价值。实际使用价值是由具体劳动赋予商品各种有用性而产生的，是由商品的有用性在实际消费中表现出来的满足消费者需要的作用而形成的。我们把这种使用价值称为商品的消费使用价值。商品的交换使用价值反映了商品有关属性与人们的交换需要之间的满足关系。商品的消费使用价值反映了商品有关属性与人们的消费需要之间的满足关系。广义的商品的使用价值的概念包含商品的交换使用价值和商品的消费使用价值。狭义的商品的使用价值的概念仅指商品的消费使用价值。通常，人们说的商品的使用价值是指后者。

三、商品的使用价值的结构系统

商品的使用价值是一个具有复杂结构的系统，包括不同方面、不同层次和不同要素，通常可以分为静态和动态两个系统。

（一）商品的使用价值的静态系统

从静态来看，商品的使用价值是由不同种类、不同层次的使用价值构成的。从满足需要的性质来看，商品的使用价值包括商品的物质使用价值和精神使用价值；从主体的社会层次来看，商品的使用价值包括商品的个人使用价值和社会使用价值；从客体层次来看，商品的使用价值包括商品的个体使用价值和群体使用价值；从主客体发生作用的地位来看，商品的使用价值包括商品的主要使用价值和次要使用价值；从实现的客观依据来看，商品的使用价值包括商品的现实使用价值和潜在使用价值，等等。

（二）商品的使用价值的动态系统

任何商品的使用价值的实现需要经历一个过程，即由潜在的使用价值向现实的使用价值转化的过程，我们把该过程称为商品的使用价值的动态系统。商品的使用价值的实现需要两个阶段：第一个阶段，在交换过程中实现商品的交换使用价值；第二个阶段，在消费过程中实现商品的消费使用价值。如果商品的交换使用价值因故没有实现，那么商品的消费使用价值也无法实现。只有最终实现商品的消费使用价值，商品的使用价值才算真正实现。商品的使用价值的动态系统包含三个基本要素：需要、商品和使用价值。需要通过使用价值选择、定向以及创造而转化为商品。由此，潜在的使用价值已经形成。商品通过使用价值选择与定向以及创造而转化为商品，潜在的使用价值已经形成。商品再通过交换、消费实践，转化为现实的交换、消费使用价值，即实现了商品的使用价值，再过渡到新的需要（见图1-2）。

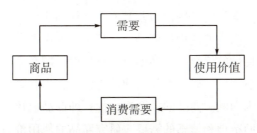

图 1-2　商品的使用价值的动态系统

四、商品的使用价值的实现

商品的使用价值取决于商品的属性。商品的属性包括自然属性与社会属性。尽管商品的自然属性有其固有性，但随着科学技术的发展和人们认识水平的提高，商品的自然属性正在不断地被改变。因此，研究商品的使用价值的实现，必须综合考虑社会效应与时代效应。

（一）商品的社会效应

商品的社会效应是指商品对社会的适应性，即社会公众对商品需求与满意程度的评价。商品的社会效应实质上反映了商品适应社会需要的程度。对于具体商品而言，商品的外观、款式（式样或造型）等是商品的社会效应的外在表现，即商品适应社会需要的特性。商品的质量是商品的社会效应的内在反映，即商品满足社会需要的特性。商品的社会效应告诉我们必须向市场提供满足人们需要的产品，只有这样商品才能受到人们的欢迎。不能满足人们需要的商品，其使用价值的实现必然遭遇困难，导致在市场上失败。

（二）商品的时代效应

商品的时代效应是指商品适应时代要求的特性，又称为社会流行性。商品的时代效应反映的是社会公众对商品的认可与接受程度。商品的时代效应反映时代风貌，表现时代特点，反映商品在某个时期的流行趋势及程度。商品的时代效应具有时限性和区域性的特点。例如，许多商品的消费具有季节性，服装用品的消费随春夏秋冬季节的变换而变更。还有许多商品，其花色、品种、款式会随社会时尚的变换而不断改变，这些都是商品的时代效应的表现。

商品的社会效应与时代效应共同制约着商品的使用价值的实现程度与效果，因此是衡量商品的使用价值实现程度与效果的标尺。

第三节　商品学的研究对象、研究内容与研究任务

一、商品学的研究对象

商品学是一门研究商品的使用价值及其变化规律的应用学科，即商品学的研究对象是商品的使用价值。商品的使用价值是商品满足其使用者需求所体现的有用性，是自然有用性和社会适用性的综合。商品的自然有用性，即商品的自然属性，是某商品区别于其他商品的实质因素。研究商品的使用价值，首先就要研究与商品自然有用性相关的基础理论与技术问题。商品的社会适应性，即商品的社会属性，是商品附带的心理效用，能满足人们精神和情感的需要。研究商品的使用价值也必须研究与商品社会心理相关的理论与技术问题。

商品的使用价值的上述特征，决定了商品学需要从自然科学、技术科学与经济管理科学相互交叉、相互结合的角度，系统地研究商品的使用价值的开发、形成、维护、评价和实现整个过程的规律。因此，商品学是一门综合性的交叉应用学科，既涉及物理学、化学、生物学、医学、工艺学、材料学、环境科学、计算机科学等自然科学，又涉及营销学、物流学、产业经济学、国际贸易、企业管理、社会学、法学等社会科学。

二、商品学的研究内容

商品学的研究内容是由商品学的研究对象决定的。商品学是研究商品的使用价值

及其变化规律的科学，商品的使用价值的直观表现形式是商品质量，因此商品质量是商品学研究的中心内容。商品学围绕商品质量，研究商品质量的构成及其影响因素，商品质量的检验、监督与评价，商品的分类、编码与管理，商品质量的维护与管理等。

（一）商品质量的构成及其影响因素

研究商品质量，首先是研究商品质量形成的基础，主要涉及商品的自然属性，包括商品的成分、结构、形态、物理性质、化学性质以及生物学性质等；其次是研究影响商品质量的外部因素，包括原材料、品种、生产工艺与技术、储存与使用方法；最后是研究商品质量的主要特性。

（二）商品质量的检验、监督与评价

商品质量的检验是商品质量的评价的基础，商品质量的检验涉及检验的依据、形式、方法以及检验的标准和商品的标准化。商品质量的监督涉及商品质量管理、管理方法以及商品质量认证体系与质量认证；商品质量的评价包括商品的分级及分级的方法。

（三）商品的分类、编码与管理

商品的分类和编码是质量管理的前提，商品的分类涉及分类方法、分类标志以及分类体系。在商品的分类的基础上构成商品的编码及商品条形码。商品的品种是在商品的分类的基础上形成的，商品的品种的形成与变化涉及消费需求的变化。

（四）商品质量的维护与管理

商品质量的维护涉及商品包装、储存与养护等方面的内容。商品包装包括包装的作用、分类与方法，商品储存包括储存的环境与影响因素，商品养护包括养护的方法与技巧等，商品的使用价值的实现涉及社会文化与消费需求的变化等。

三、商品学的研究任务

（一）阐述商品的有用性和适用性

商品的有用性和适用性是构成商品的使用价值的最基本条件，离开了对商品的有用性和适用性的研究，商品的使用价值就无从谈起。只有对商品的有用性和适用性进行全面阐述，才能发现和明确商品的用途及合理利用的方法。

（二）管理与评价商品质量

商品质量是企业的生命，与消费者的切身利益紧密相关。通过商品的成分、结构和性质的分析，探讨与研究商品质量的特性和检验商品质量的方法及方法的选择，可以更好地为制定或修订商品质量标准和商品检验标准提供依据，从而为评价商品质量奠定良好的基础。

（三）分析商品质量的变化规律

商品质量虽然是在生产过程中形成的，但也处于动态变化中。商品在流通领域中

的运转和停留必然要受到各种外界因素的影响，从而发生不同的质量变化。

商品学不仅要研究商品质量变化的类型及其表征，更重要的是分析质量变化的原因，并从中找到根治商品质量劣变的有效的方法，确保在包装、储存和运输过程中，商品质量得到保证，减少或避免商品的变质损失。

（四）研究商品科学系统的分类

商品的经营管理目的不同，商品的分类体系也不同。商品学通过对商品分类原则和商品分类方法的研究，提出明确的分类目的，选择适当的分类标志，才能进行科学系统的商品分类，将分类的商品集合体形成满足需要的商品分类体系、商品目录和商品代码。

商品分类还与社会文化环境和消费需求有关。只有不断关注社会文化环境和消费需求的变化才能形成合理的商品品种，减少商品在开发、生产和质量实现上的盲目性。

（五）促进商品的使用价值的实现

商品学通过对商品各种属性的研究，不仅可以促进对商品个体使用价值内容的把握，也可以促进对商品群体使用价值构成的了解，从而为企业提供有效的商品需求信息，提出对商品的质量要求和品种要求，保证市场上的商品适销对路。

商品经营管理者学习研究商品学，不仅可以掌握商品的有关理论知识，经营管理好各种商品，实现商品的使用价值的交换，还可以通过大力普及商品知识使消费者认识和了解商品，学会科学地选购和使用商品，掌握正确的消费方式和方法，促进使用价值的最终实现。

第四节 商品学的产生与发展

一、商品学的产生

商品学是随着商品生产的发展、商品交换范围的扩大和商人经商的需要，逐渐产生和发展起来的。因此，商品生产的发展、商人的出现是商品学产生和发展的前提。

我国的商品经济曾经比较发达，为商品学的诞生奠定了物质基础。我国对商品知识的研究也有相当长的历史。据记载，春秋时期师旷所著的《禽经》，晋朝时期戴凯所著的《竹谱》，都是我国较早的商品知识书籍。唐代是经济繁荣、商业发达的时期，茶叶曾经是最主要的贸易商品之一。茶叶由江南传到北方，饮茶习惯逐渐盛行起来，人们普遍需要了解和掌握茶叶的栽培、加工、饮用等方面的知识，这一情况引起了文人陆羽的极大兴趣。陆羽大量收集茶叶的生产加工和品尝消费等方面的知识，于780 年前后写成《茶经》一书。该书详细论述了茶叶的种类、性能、生产加工、经营保管、引用评审等方面的知识，被一致认为是世界上最早的一部商品学专著。

商品学作为一门独立的学科最早产生在德国。18世纪初，德国的工业迅速发展，进口原材料与出口工业品的贸易扩大，客观上要求商人必须具有系统的商品知识以胜任贸易工作，并对当时的商业教育提出了讲授商品知识的要求。在商人和学者的共同努力下，德国的大学和商业院校开始讲授商品学课程，并开展商品学研究。

德国的约翰·贝克曼教授在其教学和科研的基础上，于1793—1800年编著并出版了《商品学导论》一书。该书主要讲述了商品生产技术、商品分类、商品性能、产地用途、包装鉴定等知识。贝克曼在书中指出，商品学作为一门独立的学科，任务在于研究商品的分类体系、商品的鉴定与检验、商品的制造方法和生产工艺、商品的价格和质量、商品在经济活动中的作用和意义。该书创立了古典商品学的学科体系，明确了商品学的研究内容，贝克曼本人也被誉为商品学的创始人。他所建立的商品学体系被称为贝克曼商品学。随着国际商品贸易与学术交流的不断扩大，商品学这门学科先后传入了意大利、俄国、奥地利，之后又传入日本和中国。1810年，莫斯科商学院将商品学列为必修课。1884年，东京商学院也正式开设了商品学课程。

二、商品学的发展

商品学自19世纪起相继传入意大利、俄国、日本、中国以及西欧和东欧的国家，商品学得到了迅速发展，商品学教育和研究也日益深入与广泛。我国的商业教育始于1902年，商品学开始作为商业学科里的一门必修课出现。

19世纪中叶，由于自然科学和技术的飞速发展，不少学者运用物理、化学等方面的研究成果开展了商品学的研究，把研究商品的内在质量、确定商品质量的标准、拟定检验和鉴定方法作为商品学研究的主要内容，奠定了商品学的自然科学和技术系统的基础。

第二次世界大战后，商品学的研究出现了新的发展，在西欧形成了经济学体系的商品学，即从经济或技术经济的观点研究商品与人、经济技术、自然资源以及环境的关系，并把商品学归于经济科学的范畴，出现了销售商品学、消费商品学、商品经济学等分支学科。

20世纪80年代后，随着现代科技与经济的高速发展，商品的"商"与"品"两重性受到人们的同等重视，世界商品学开始步入技术型与经济型相互交融的现代商品学时代。现代商品学强调从技术、经济、社会、环境等方面，运用自然科学、技术科学与社会科学相关的原理和方法，综合研究商品与市场需求，商品与资源合理利用，商品与环境保护，商品开发与高新技术，商品质量控制、质量保证、质量评价以及质量监督，商品分类与品种，商品标准与法规，商品包装与商标、标识，商品形象与广告、商品文化与美学，商品消费与消费者保护等技术和经济问题。

三、商品学学派

商品学根据研究内容和侧重点，分为三个流派：

技术派从自然科学和技术科学的角度研究商品的使用价值，其研究的中心内容是商品质量，商品学成为自然科学的商品学或技术论商品学。技术派的主要研究内容包括商品分类、商品标准、商品质量、商品鉴定与检验、商品包装、商品养护等。技术派被大部分国家认可。

经济派从社会科学和经济学的角度，特别是从市场营销和消费需求方面研究与商品质量和品种相关的问题，称为社会科学的商品学或经济商品学。这一流派被德国、日本等少数国家认可。

综合派既包括了自然科学的研究，也包括了经济学方面的研究，两者均包含在内。

【拓展阅读】

商品属性与经济行为

人们交易商品看重的往往不是重量、大小等基本属性，而是每种商品各自不同的独特属性，如食品的可口和营养、衣服的保暖和舒适、房子的坚固和遮蔽风雨等。这些独特的属性构成了交易的基础，而对这类属性组合的度量和测定，是达成交易的重要环节。遗憾的是，许多属性的度量都是复杂和困难的，卖家要努力显示他出售的商品的属性及证明其属性品质的优良，而买家则会不断地权衡和考量其所需商品的属性及好坏，双方努力的程度不同会造成不同的交易安排和交易价格。一般来说，卖家更内行或更努力地证明了其出售的商品品质好，他就能索取更高的价格；相反，买家更内行或更努力地测度了商品的品质差，他就能以更低的价格取得商品。

来看具体的商品，我们发现最终的消费品，如各类食品、服装及各种装饰品，由于其属性更多地涉及人们的主观感受，对这类商品的属性测度标准的差异很大，如个性化、小批量的生产更有利于满足消费者的需求。同时，利用广告等大众媒介影响人们的偏好，也是有利可图的。耐用消费品，如家电、汽车和住房，由于其商品构成的复杂性及具有大量的专业知识，使得买方进行属性和品质的甄别几乎不可能。于是，品牌、企业形象和商誉、售后服务等一系列属性显示和品质保证的行为可以方便交易的完成，并带来更多收益。

另外，我们发现，由于卖家长期销售一种或少数几种商品，因此卖家对这些商品属性的知识要远远多于买家。在很多时候，买家很难对卖家的商品进行直接甄别，于是卖家提供的显示属性的信息就更为重要了，而卖家之间的有效竞争是保证卖家向买家提供充分有效的商品信息的最重要的机制。此外，随着商品种类和数量的不断增长，买家要对商品进行直接甄别的成本增长较快，于是买家将更多地利用品牌、商标、企业信誉等信息来间接地甄别，以降低交易成本，从而促进企业更注重品牌的维护和企业形象的树立。

思维导图

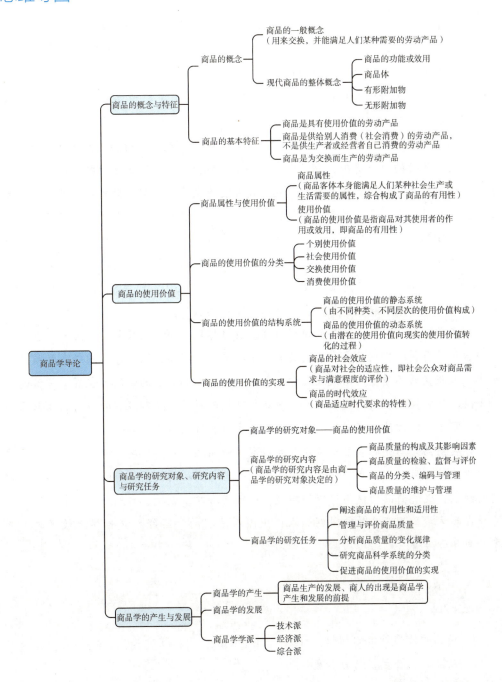

本章小结

商品是商品学的基础，商品是指能够满足人们需要的用来交换的劳动产品。其中两个要点：第一，商品能够满足人们的需要，具有有用性；第二，商品是为了交换的而生产的劳动产品，以进入流通领域为特征。

商品具有使用价值和价值二重性。商品的使用价值是指商品的效用或者物的效能，即"物的有用性"。商品的使用价值构成了社会财富的物质内容，反映了人的需要和商品属性之间的满足关系。商品学的理论基础是马克思的商品的使用价值理论。

商品有用性的物质基础，或形成商品的使用价值的主导因素是商品的各种自然属性，自然属性为一切物品所共有，是指由商品自身固有的成分、结构决定的，与其事物发生关系时所表现出的性质、性能、形态特征或者特点。自然属性决定了商品具有一定的用途和功能，决定了物品的使用价值或者物的效用。

商品的社会属性是指商品满足任何社会需要的特征、特性的总和。商品的使用价值由商品交换制约，其中包含了诸如商品美化、商品文化、商品信息等方面的要素，体现了商品被市场所接受，被社会和他人所承认的程度。

商品学的研究对象是商品的使用价值，具体体现为商品的质量。作为一门包含自然科学和社会科学在内的多学科交叉的技术经济应用科学，商品学应围绕商品质量这个中心来研究商品质量的形成及其影响因素，研究商品质量的管理、监督、评价的各种手段，研究商品在流通过程中的质量维护理论和措施，研究经营管理商品以及有关商品研究的科学方法，研究商品对人类及其生存环境的负面影响等。

开展商品学研究的重要意义主要表现在促进商品生产的发展，开发新产品，指导使用价值的形成；确保商品质量的完好无损，监督商品的使用价值的实现，保护消费者的利益；促进商品的使用价值的实现。德国经济学家教授、自然历史学家约翰·贝克曼在西方被称为商品学学科创始人；中国人陆羽的《茶经》是世界上最早的一部茶叶商品学专著。

本章重难点

1. 商品的使用价值的判断。

2. 商品的社会属性与自然属性。

3. 举例说明商品的功能、商品体、有形附加物和无形附加物，并阐述他们之间的关系。

4. 商品的使用价值和价值。

思考题

1. 你怎样理解"商品"的概念？商品与一般商品和产品的区别是什么？

2. 作为劳动产品的"病毒"，它有使用价值吗？算不算商品？为什么？

3. 试举例说明商品的使用价值与商品的属性之间的关系。

4. 试以实例说明"主体对客体的作用不是价值，只有客体对主体的作用才可能是价值"的论点。

5. 商品的使用价值理论对你有哪些启发？

在线测试

第二章

商品分类与编码

学习目标

- 理解商品分类和商品编码的基本原则与方法
- 掌握商品分类的概念、分类标志的类型、分类标志的选择原则以及常用分类标志的正确使用
- 掌握商品条码的概念与种类
- 熟悉商品条码的基本构成和常用商品条码的类型及其应用
- 了解中国标准书号与中国标准连续出版物号
- 了解商品目录与商品分类编码标准

导入案例

消费者享购物福音

在日常生活中，人们已经习惯了快捷、便利的购物方式。无论是在超市、商场，还是在电商平台，商品条码都已经成为一种提升经营效率和改善购物体验的重要工具。如今，商品条码的应用领域已经涉及我们生活的方方面面，消费者正享受着由使用商品条码带来的移动支付、货比三家、正本溯源、快递跟踪等购物福音。

自从有了商品条码，商品在物流、仓储、发货、收货、售后等环节的效率与准确性均得到明显提高，消费者也得到了更多的"知情权"。消费者只需要动动手指扫描一下，或者输入相应单号，在电商平台所购物品是否发货、从哪个仓库发货以及物流踪迹，都可以了如指掌。与此同时，在以商品条码为基础建立的追溯系统中，消费者关心的产品成分、来源、加工企业、质量认证等产品生产过程中各个环节的信息都清晰可见，让消费者购物更安心。

对于一些精打细算的消费者来说，除了优惠券之外，还有一个省钱的"秘籍"也与条码有关。消费者只需要在手机里安装一个扫描条码的应用软件，通过手机扫描商品条码，就可以轻松地看到同一种商品在各大超市中的价格及其他信息。在电商平台，消费者也可以通过相应的比价工具，借助扫描条码实现比价。

此外，条码还可以有效防伪。目前，我国物品编码机构掌握的商品条码数据已经和主流电商平台，如淘宝、天猫、京东、美团、拼多多等达成数据交互协议，用来核验这些电商平台上商品信息的准确性，这是创新性使用商品条码进行防伪。在线下零售商超中，商品条码虽然不具备防伪功能，但依靠二维码手

段，消费者只需要扫描商品上的防伪二维码，并按照流程操作，就可以立即获得防伪信息。商品条码和二维码结合使用，可以有效满足线上线下的防伪需求。

可以说，随着商品条码、位置码、物流码等全球统一编码标识系统的应用以及它们与消费者之间通过大数据的千丝万缕的关联，一个崭新的购物时代已势不可挡地来临。消费者在品尝变革果实的同时，也享受了条码带来的购物福音。

资料来源：张成海. 条码：世间万物的编码与自动识别技术［M］. 北京：清华大学出版社，2022.

第一节　商品分类

商品分类是在商品生产的发展过程中形成的。随着社会分工的不断发展，商品生产和交换的范围与领域不断扩大，商品的数量与种类不断增加。为了合理地组织商品生产与流通，满足经济管理及人们生活等的需要，我们需要对商品进行科学的分类，以提高社会生产的效率。

一、商品分类的概念

商品分类是指根据一定的管理目的，为满足商品生产、流通、消费活动的全部或部分需要，将管理范围内的商品集合总体，以所选择的商品属性（或特征）作为分类标志，将商品科学地、系统地逐次归纳为若干范围更小、属性（或特征）更趋一致的子集合体（类目），如门类、大类、中类、小类和细目等类目层次，从而使该范围内具有不同属性（或特征）的商品区别开来的过程。

商品分类的层次如下：

（1）商品门类：按照国民经济行业共性对全国商品的分门别类，如农林牧渔业产品、化工产品、金属制品、橡胶制品及塑料制品、电子产品及通信产品等。

（2）商品大类：一般按照商品生产和流通领域的行业来划分，体现商品生产和流通的领域及行业分工，如五金类、化工类、百货类、食品类、文化用品类等。

（3）商品中类：具有若干共同性质或特征的商品的总称，如食品类商品可以分为蔬菜和水果、肉和肉制品、乳和乳制品、蛋和蛋制品、茶叶、酒类等。

（4）商品小类：对商品种类的进一步划分，体现商品的具体名称，如酒类商品可以分为白酒、啤酒、葡萄酒、果酒等。

（5）商品细目：对商品品种的详尽区分，包括商品的规格、花色、体积、容量、质量等级、产地等，更具体地体现商品的特征。

商品分类的类目层次及其应用实例如表 2-1 所示。

表 2-1　商品分类的类目层次及其应用实例

商品类目层次	应用实例 1	应用实例 2
商品门类	消费品	消费品
商品大类	食品	日用工业品
商品中类	乳和乳制品	家用化学品
商品小类	液体乳	洗涤用品
商品细目	伊利全脂牛奶	舒肤佳儿童香皂

二、商品分类的作用

商品分类是商品学研究的基础，也是国民经济管理现代化的先决条件。随着科学技术的进步和商品经济的不断发展，商品种类日趋增多，商品分类的作用也越来越大。

（一）商品的科学分类有助于社会经济各项管理活动的开展

商品的种类繁多、特征多样、价值不等、用途各异，只有将其进行科学和系统的分类，统一商品用语，商品生产、收购、调拨、运输、储存、养护、销售各环节的计划、统计、核算等工作才能顺利进行，各类指标、统计数据和商品信息才具有可比性和实际意义。

（二）商品的科学分类有助于开展商品研究

由于商品种类繁多、用途不同、性能及特征各异，并且对包装、运输、存储的要求也各不相同，因此只有在科学分类的基础上，将众多商品的个别特征归纳为每类群体商品的特征，才能深入分析和了解商品的性质与使用性能，研究商品质量和品种及其变化规律，从而为商品质量的提高，新商品和新品种的开发，商品的包装、运输、保养、检验、合理使用和质量保证等，提供科学的依据。

（三）商品的科学分类有助于开展标准化活动

对商品进行科学分类，可以使商品规格、型号、等级、计量单位、包装、标签等特征实现统一化、标准化，从而避免同一商品在不同部门由于上述特征不统一而造成管理上的困难，便于安排生产和流通，并可以加强国内产、供、销综合平衡，有利于发展国际贸易以及提高经济管理水平和经济效益。制定各种商品标准必须明确商品的分类方法、商品质量指标和对各类商品的具体要求等，而这些都应该建立在对商品进行科学分类的基础上。

（四）商品的科学分类有助于商品市场信息化发展

现代信息技术，如条码和射频识别技术、电子数据交换（EDI）、可扩展标记语言（XML）等在国民经济管理中的广泛运用，为商品市场信息化发展创造了条件，同时也对商品分类及其编码技术提出了更新、更高的要求。

（五）商品的科学分类有助于商品经营管理和消费者选购商品

在商品经营管理中，一方面，通过科学的商品分类和商品目录编制，经营者容易实施科学有效的商品采购管理、陈列管理、销售管理以及较好地掌握企业的经营业绩，达到易于统计、分析和决策的效果；另一方面，科学的商品分类便于商家有序地安排畅销商品和促销商品的有效供给以及合理地设计商品布局和陈列，正确引导消费者识别和挑选，从而方便消费者选购商品。

三、商品分类的原则

商品分类的原则是建立科学的商品分类体系的重要依据。为了使商品分类能满足特定的目的和需要，商品分类必须遵循以下原则：

（一）科学性原则

科学性是商品分类建立的基本前提。分类的目的和要求是明确的，应按分类对象的范围准确界定。以分类对象最稳定的本质属性或特征作为依据，统一命名并合理地划分层级。

（二）系统性原则

商品分类的系统性原则是指以选定的商品属性或特征为依据，将商品总体按一定的排列顺序予以系统化，并形成一个合理的科学分类系统。商品总体分成若干门类，门类分为若干大类，大类分为若干中类，中类分为若干小类，直至分为品种、规格、花色等。系统性是商品分类的关键。

（三）实用性原则

商品分类首先要满足相关政策、规划的要求，同时应充分满足生产、流通以及消费的需要。因此，商品分类应尽最大努力结合各部门、各系统、各行业、各企业以及消费者等各方面实际需要。实用性是检验商品分类的实践标准。

（四）可扩性原则

可扩性原则是指进行商品分类要事先设置足够的类目，以保证新产品出现时不至于打乱既有的分类体系和结构，同时为下级部门在本分类体系的基础上进行细分创造条件。

（五）兼容性原则

商品分类既要与国家政策和相关标准协调一致，又要与原有的商品分类保持连续性和可转换性，以便进行历史资料的对比。

（六）唯一性原则

商品分类体系中的每一个分类层次只能对应一个分类标志，以免产生子项互不相容的逻辑混乱。

四、商品分类的方法

商品分类的方法主要有线分类法和面分类法两种。在实际运用中，这两种方法常常组合使用。

（一）线分类法

线分类法又称层级分类法，是将拟分类的商品集合体，按选定的若干分类标志，逐次分成若干个层级类目，并排列成一个有层次的、逐级展开的分类体系。

在线分类体系中，大类、中类、小类、细目等级别不同的类目逐级展开。线分类法的结构如图2-1所示。在线分类体系中，被划分的类目相对于由它直接划分出来的下一层级类目而言称为上位类，划分出来的下一级类目称为下位类。上位类与下位类类目之间存在着从属（隶属）关系。由同一个类目直接划分出来的各类目，彼此称为同位类，同位类的类目之间为并列关系。

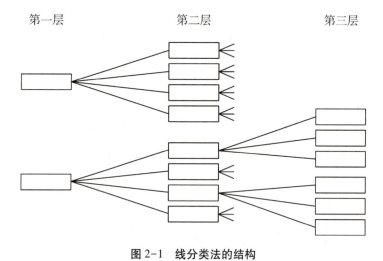

图 2-1　线分类法的结构

我们以纺织用纤维加工品的分类为例，说明各类目之间的从属（隶属）和并列关系。纺织用纤维加工品的分类如表2-2所示。

表 2-2　纺织用纤维加工品的分类

大类	中类	小类	细目
纺织用纤维加工品	天然纤维加工品	植物纤维类	细特棉纱、改性苎麻纱等
		动物纤维类	羊毛毛纱、生丝等
	化学纤维加工品	人造纤维类	棉型黏胶纤维、毛型黏胶纤维等
		合成纤维类	涤纶短纤维、棉纶长丝等

线分类法属于传统的分类方法，使用最为广泛。其运用应满足以下要求：

（1）分类应从上位类到下位类依次进行，不宜有空层。

（2）不同层级选用的分类标志可以相同，也可以不相同，但同一层级的若干上位类类目划分成若干下位类类目时，应选用相同的分类标志。

（3）上位类划分出的下位类类目的范围应与上位类类目的范围相等。

（4）同位类类目彼此覆盖的范围不交叉、不重复。

线分类法的优点是信息容量大、层次清晰、逻辑性强，符合传统应用的习惯，既适用于手工操作，又便于计算机处理。其缺点是分类结构弹性差，一旦分类完成便不易改动。因此，采用线分类法编制商品分类体系时，必须预先留有足够的后备容量。

（二）面分类法

面分类法又称平行分类法，是将拟分类的商品集合总体，按选定的若干分类标志，分成相互之间没有隶属关系的面，每个面都包含一组类目，按一定的顺序将各个面平行排列，则每个面中的一种类目与其他面中的一种类目组合在一起，组成一个复合类目。面分类法的结构如图 2-2 所示。

图 2-2　面分类法的结构

例如，服装的分类就可以采用面分类法。服装的面料、式样、款式可以分为三个相互之间没有隶属关系的面，每个面又分成若干个类目（见表 2-3）。我们将有关类目组合起来，便成为一个复合类目，如纯棉男士西装等。

表 2-3　服装的分类

面料	式样	款式
纯棉	男装	西装
纯毛	女装	夹克
真丝	童装	衬衫
涤棉	……	连衣裙
……		……

运用面分类法应满足以下要求：

（1）根据需要，面分类法应将分类对象的本质属性或特征作为分类对象的各个面。

（2）不同面的类目不应相互交叉，也不能重复出现。

（3）每个面有严格的固定位置。

（4）面的选择及其位置的确定应根据实际需要而定。

面分类法的优点是分类结构具有较大弹性，即分类体系中任何一个面内的类目变动，不会影响其他面，而且可以对面进行增删；适用性强，可以按任何面的信息进行检索，便于计算机处理。其缺点是不能充分利用容量，也难以手工处理信息，在实践中许多可组配的类目无实用价值，如上述实例中的纯毛男士连衣裙等复合类目就没有实用意义。

线分类法和面分类法是商品分类的基本方法，在使用时，应根据管理的需要进行选择。在实践中，由于商品复杂多样，商品分类常采用以线分类法为主、面分类法为辅、两者相结合的分类方法。

五、商品分类的标志

商品分类的标志是编制商品分类目录和分类体系的重要依据与基准。科学地选择商品分类的标志是建立完善的商品分类体系和商品目录的前提与基础。因此，确定商品分类的标志具有重要意义。

（一）分类标志选择的基本原则

一般来说，分类标志选择应遵循以下基本原则：

（1）目的性原则。商品分类必须满足分类的目的和要求，否则便没有实用价值，这是商品分类中的关键问题。

（2）科学性原则。商品命名要统一、科学、准确，要选择商品最稳定的本质属性作为分类的基础，要规定统一的归类原则，分类层级的划分要客观、合理。

（3）唯一性原则。商品分类时，在同一层级范围内，只能采用一种分类标志，不能同时采用两种或多种分类标志，以确保每种商品只能出现在一个类别中，不能在分类体系或目录中重复出现。

（4）逻辑性原则。在分类体系中，下一层级分类标志是上一层级分类标志的合乎逻辑的继续和自然延伸。

（5）包容性原则。分类标志的选择要使该分类体系能够包含拟分类的全部商品，并留有不断补充新商品的余地，以保证商品分类的相对稳定性和连续性。

（6）先进性原则。商品分类要科学实用，也就是说，商品分类的结果在实际运用中应简便易行，有利于采用数字编码和运用电子计算机进行处理。

（二）常用的分类标志

商品分类的标志有很多，至今仍很难找到一种能贯穿一个商品分类体系始终，并对所有商品层级类目划分都适用的分类标志。因此，在一个商品分类体系中常采用几种分类标志，往往是每一个层级选用一种适宜的分类标志。

在商品分类实践中，常用的分类标志有以下几种：

1. 以商品的用途作为分类标志

商品的用途与消费者需求密切相关，是体现商品的使用价值的主要标志，也是探讨商品质量和商品品种的重要依据。以商品的用途作为分类标志，不仅适合对商品大类的划分，也适合对商品类别、品种的进一步划分。许多商品都采用这种分类标志。

例如，商品按用途可以分为生活资料和生产资料，生活资料按用途可以分为食品、衣着用品、日用工业品等，日用工业品按用途可以分为器皿类、玩具类、洗涤用品类、化妆品类、家用电器类等，化妆品按用途可以分为护肤类、彩妆类等。

以商品用途作为分类标志，便于分析和比较同一用途商品的质量和性能，有利于生产企业改进和提高商品质量，开发商品新品种，生产适销对路的商品，也便于经营者和消费者按需经营和选购。但是，多用途的商品一般不宜采用此分类标志，否则会导致分类体系混乱。

2. 以商品的原材料作为分类标志

商品的原材料是决定商品质量和性能的重要因素。由于原材料的种类和质量不同，商品具有截然不同的特征、成分、结构和性能等。以原材料作为商品分类标志，不仅使分类清楚，而且能从本质上反映出各类商品的性能和质量特点、品种特征以及使用保管要求的差异。此种分类标志适用于某些原材料来源对商品性能起决定性作用的商品。

例如，食品按原材料可以分为植物性食品、动物性食品和矿物性食品。皮革按原材料可以分为牛皮革、猪皮革、羊皮革、马皮革、合成皮革等。

以原材料作为商品分类的标志，便于了解商品的化学成分、性能特点、使用和养护要求等，为商品储存、运输、养护和销售提供了依据，有利于保证商品流通的质量。但是，那些由多种原材料制成和成品质量及品种特征与原材料关系不大的商品，如电视机、洗衣机、汽车等，则不宜采用此种分类标志。

3. 以商品的生产加工方法作为分类标志

商品的生产加工方法直接参与商品质量和品种的形成过程，是决定商品质量和品种的重要因素。很多商品即使采用相同的原材料，由于商品的生产方法和加工工艺不同，所形成的商品质量、性能、特征等都会有很大的差异。

例如，茶叶按其加工中发酵程度的不同，可以分为红茶、黄茶、绿茶、黑茶、乌龙茶等。

以生产加工工艺作为商品分类标志，能够直接反映商品质量和品种特征，特别适用于可选用多种生产加工方法且性能和品种特征受加工工艺影响较大的商品。那些虽然生产加工方法不同，但成品性能特征不会产生实质性区别的商品，则不宜采用此种分类标志。例如，采用粮食发酵法和工业合成法制得的酒精（乙醇）无实质差别。

4. 以商品的化学成分作为分类标志

商品的化学成分是形成商品质量和品种，并能直接影响商品质量变化的基本因素。在很多情况下，商品的主要化学成分可以决定商品的性能、用途、质量或储运条件。对这类商品进行分类应以主要化学成分作为分类标志。有些商品虽然主要化学成分相同，但是所含的少量或微量特殊化学成分不同，则可能使得质量、性能和用途完全不同。对这类商品进行分类应以特殊成分作为分类标志。

例如，化学肥料按主要化学成分可分为氮肥、磷肥、复合肥等；玻璃的主要成分是二氧化硅，按其所含特殊化学成分可分为钢化玻璃、钾玻璃、铝玻璃和硼硅玻璃等；钢材按其特殊化学成分可分为碳钢、硅钢、锰钢等。

以商品的化学成分作为分类标志，便于研究某类商品的性能和质量、储运条件以及使用方法等。化学成分已知且对商品特性影响较大的商品宜采用此种分类标志。但是，化学成分较复杂或易发生变化且对商品特性影响不大的商品，则不宜采用此种分类标志。

商品分类可以采用的标志有很多。除上述分类标志外，商品的形状、结构、尺寸、颜色、重量、产地、生产季节等均可以作为商品分类的标志。每种分类方法都有一定的适应性和局限性，很难选择出一种能贯穿商品分类体系始终的分类标志。因此，在一个商品分类体系中常采用几种分类标志，往往是每一个层级选用一种适宜的分类标志。

【案例 2-1】

在超市商品管理中，为了采购、理货的方便，商品分类一般采用综合分类标准，将商品分为大分类、中分类、小分类三个层级，每个层级再依据具体的商品特征等划分成具体的单品。这样有层次、有依据的分类方式基本能够满足超市商品分类的要求。

（1）大分类。大分类通常依商品的特性来划分，如生产来源、生产方式、处理方式、保存方式等，将类似的一大群商品集合起来作为一个大分类。例如，畜产品、水产品、果蔬、日配加工食品、一般食品、日用百货、家用电器等。为了便于管理，超市的大分类一般不宜超过 10 个。

（2）中分类。中分类是大分类细分出来的类别，着重于商品功能、用途、制造方式、方法、产地等特性的区分。其分类标准主要有：第一，按商品功能用途划分。例如，日配加工食品下可分出牛奶、豆制品、冷冻食品等。第二，按商品的制造方法划分。例如，在畜产品的大分类中，有一个"加工肉"的中分类，这个中分类集合了火腿、香肠、炸鸡块、熏肉、腊肉等商品，它们的功能和用途不尽相同，但在制造方法上相似。第三，按商品的产地划分。例如，家用电器可以分为国产家电与进口家电。

（3）小分类。小分类是中分类进一步细分出来的类别。其分类标准主要有：第一，按功能用途划分。例如，在畜产品大分类中，在鸡肉中分类下，可以进一步细分为鸡腿、鸡翅、鸡胸肉等小分类。第二，按规格包装形态划分。例如，在一般食品大分类中，在饮料中分类下，可以进一步细分为听装饮料、瓶装饮料、盒装饮料等小分类。第三，按商品成分划分。例如，在日用百货大分类中，在鞋中分类下，可以进一步细分为皮鞋、人造革鞋、布鞋、塑料鞋等小分类。第四，按商品的口味划分。例如，在糖果饼干大分类中，在饼干中分类下，可以进一步细分出甜味饼干、咸味饼干、果味饼干等小分类。

（4）单品。单品是商品分类中不能进一步细分的完整独立的商品品质。例如，330毫升听装可乐、500毫升瓶装可乐、2升瓶装可乐，就是不同的单品。

资料来源：万融，陈红丽. 商品学概论［M］. 7版. 北京：中国人民大学出版社，2021.

六、商品分类体系

（一）商品分类体系的概念

按照前述分类过程，将管理范围内的商品集合总体，以适宜的分类标志划分为门类、大类、中类、小类、细目等，从而形成的一个完整的、具有内在联系的分类系统，即商品分类体系。为了满足商品分类的目的和要求，我们必须建立起科学适用的商品分类体系，以体现商品集合体分类的具体情况，从而便于编制商品目录和商品代码。

（二）主要的商品分类体系

商品分类体系有很多，本书仅简要介绍以下几种：

1. 国家标准商品分类体系

目前，世界上许多国家都建立了国家标准商品分类体系。它便于国民经济计划、统计以及各项业务活动的开展；有利于实行商品分类编码标准化；有助于建立统一的、现代化的商品信息系统，实现管理现代化，提高经济管理水平。

我国建立的国家标准商品分类体系是《全国主要产品分类与代码》（GB/T 7635—2002），它是国民经济统一核算和国家经济信息系统的重要基础，是各部门、各地区开展计划、统计等工作时必须遵循的准则和依据，是信息交流和资源共享的保证。

2. 行业商品分类体系

行业商品分类体系是指某行业对所生产、经营的商品（产品、物资）进行科学的、系统的分类所建立起来的商品分类体系。建立行业商品分类体系，既便于本行业计划、统计和各种业务活动的开展，也有助于本行业信息交流和资源共享，提高经营管理水平。原商业部编制的《社会商业商品分类与代码》（SB/T 10135—1992）不设门类，将商业和行业经营的商品划分为大类、种类以及若干小类和品种。

3. 国际贸易商品分类体系

《国际贸易标准分类》（SITC）是为用于国际贸易商品的统计和对比的标准分类方法，于1950年7月12日由联合国经济及社会理事会正式通过，被作为国际贸易统计、对比的标准分类。联合国经济及社会理事会建议各国政府采纳这种分类体系。该标准自出台实施后进行了数次修订。《国际贸易标准分类》（修订本）把所有国际贸易商品分为10类、63章、233组、786个分组，其中在435个分组里又细分了1 573个子目，其余 351 个分组不设子目，合计共有 1 924 个统计基本项目，各国可以根据需要增设子目。该标准的商品分类有其独特的优点，它主要是按照商品的加工程度由低级到高级编排的，同时也适当考虑商品的自然属性。1976 年，联合国开始按照《国际贸易标准分类》编制国际贸易的统计资料。我国的国际贸易标准分类主要将国际贸易商品分为两大类：初级产品和工业制成品。其中，初级产品细分为五小类，工业制成品细分为八小类。

第二节　商品代码与编码

商品的科学分类为编码的合理性编排创造了前提条件，编码合理程度会直接影响商品分类体系和商品目录的实用价值。商品编码是编写代码的过程，即编码是过程，代码是结果。科学的编码形成合理的代码，便于识别和管理各类商品。

一、商品代码的概念

商品代码是指表示特定商品信息的一组有规律排列的符号，以便于人或计算机识别、输入、储存和处理。一个代码中包含的有效字符的个数称为代码长度，代码字符排列的逻辑顺序称为代码结构。

按商品代码的字符组成，商品代码可以分为数字代码、字母代码和字母数字代码。

（一）数字代码

数字代码由阿拉伯数字组成的代码。其代码结构简单，使用方便，易于推广，便于人和机器识别处理，是目前使用最普遍的商品代码。

（二）字母代码

字母代码由拉丁字母组成的代码。其特点是便于记忆，可以提供便于人们识别的信息，但不利于机器识别处理，且只适用于分类对象数目较少的情况，因此在实践中很少使用。

（三）字母数字代码

字母数字代码由拉丁字母和阿拉伯数字混合组成的代码。其兼有字母代码和数字代码的优点，结构严密，直观性好，但计算机输入效率低，错码率高，因此使用不广泛。

在全球范围内普遍应用的商品数字代码，按其信息内容，又可以分为商品分类代码和商品全球统一标识代码（简称"商品标识代码"），主要用于商品分类或商品在流通中的全球统一标识（GS1 标识）的信息交换与共享。

商品分类代码是指依据商品属性或特征进行分类和代码化标识，是确定商品逻辑与归属关系的一组数字代码。例如，国际上通行的《商品名称及编码协调制度》

（HS）、《主要产品分类》（CPC）和我国的《全国主要产品分类与代码》等主要商品（产品）分类目录采用的都是商品（产品）分类代码。

商品标识代码是指对零售商品、非零售商品、物流单元、位置、资产以及服务进行全球唯一标识的一组数字代码。例如，国际上通用，我国也广泛采用的 GTIN-8、GTIN-13、GTIN-14 标识代码等，都是商品标识代码。

二、商品代码的作用

商品代码可以使多种多样、品名繁多的商品便于记忆。商品代码的编制都有一定的规律性，而且表现形式简单，容易掌握并记住。

商品代码可以简化手续，提高工作的效率和可靠性。商品代码易于书写，一目了然，在商品流通各个环节的交接工作中，能够节约时间、减少差错。

商品代码有利于管理，促进销售。商品代码有利于应用计算机管理商品，促进商品销售和信息交流，提高企业的经营能力和经济效益。

商品代码有利于建立统一的商品分类代码系统。商品代码有利于建立全国统一的现代化商品分类代码系统和产、供、销信息系统，为进行现代化科学管理、发展经济奠定了基础。

【案例 2-2】

商品编码为"无人机"起飞保驾护航

在"无人机之都"深圳，无人机行业企业达 2 000 余家，全行业年产值达 300 亿元，约占全球民用无人机市场的 70%，但航拍无人机是按"飞行器"还是"会飞的照相机"监管一直是各国关注的重点。

在中国海关与中国《协调制度》审议会议与会专家的通力协作下，世界海关经检验就型号为"PHANTOM4PRO+"的无人机商品编码重新审议，并为其成功争取到"摄像机"的商品编码，这意味着无人机能够享受到较低的关税税率和市场准入门槛。

在 2022 年版《协调制度》审议会议上，修订"无人机"商品编码的"中国声音"再次响起，"为无人机增设商品编码，并按照用途、操控方式和最大起飞重量分列子目"的建议再次获得审议通过。这也是中国海关为民族优势产品打开国际市场、纳入规范化管理做出的又一次更长远努力。

资料来源：刘昕. 中国民族优势产品获得出海"通行证"［N］. 国际商报，2021-12-20（03）.

三、商品编码及其原则

（一）商品编码的概念

商品编码是指按一定规则赋予商品易于计算机和人识别的代码。商品编码有利于商品交易、交换过程中信息的交换与共享。商品编码实行标准化、全球化，有利于商品信息管理的规范、统一和高效率，降低管理成本，提高经济效益，促进商品流通和公共服务的发展。

（二）商品编码的原则

1. 商品分类代码的编制原则

（1）唯一性原则。商品分类代码的编制必须保证每一个分类编码对象仅有唯一的一个商品代码，即每个商品代码只能与指定的商品类目一一对应。

（2）简明性原则。商品代码应简明、易记，尽可能缩短代码长度，这样既便于手工处理，降低差错率，也能缩短计算机的处理时间、扩大存储空间。

（3）层次性原则。商品代码要层次清楚，能清晰地反映商品分类关系和分类体系、目录内部固有的逻辑关系。

（4）可扩性原则。商品代码结构体系中应留有足够的备用码，以适应新类目的增加和旧类目的删减，使扩充新代码和压缩旧代码成为可能，从而使分类代码结构体系可以进行必要的修订和补充。

（5）稳定性原则。商品代码确定后要在一定时期内保持稳定，不能频繁变更，以保证分类编码系统的稳定性，避免造成人力、物力、财力的浪费。

（6）统一性和协调性原则。商品代码要和国家商品分类编码标准相一致，与国际通用的商品分类编码标准相协调，以利于实现信息交流和信息共享。

总之，在编制商品分类体系和商品分类目录时，编制者对上述编码原则应根据使用要求综合考虑，力求达到最优化效果。

2. 商品标识代码的编制原则

（1）唯一性原则。编码要严格区分商品的不同项目。基本属性或特征相同的商品应视为同一商品项目，同一商品项目的商品应分配相同的商品标识代码。基本属性或特征不同商品要视为不同的商品项目，不同的商品项目的商品必须分配不同的商品标识代码。任何导致同一商品项目有多个代码（"一物多码"）或同一个代码对应多个商品项目（"一码多物"）的错误编码，都是违反唯一性原则的。

（2）无含义性原则。无含义性是指商品标识代码对编码对象只起标识作用而无任何其他附加含义。也就是说，商品标识代码既与商品本身的基础属性或特征无关，也与厂商性质、所在地域、生产规模等信息无关。

（3）稳定性原则。商品标识代码一旦分配，只要商品的基本属性或特征没有发生变化，就应保持不变。如果商品项目的基本属性或特性发生了明显的、重大的变化，则必须分配一个新的商品标识代码。

在某些行业，如医药保健业，即使商品的成分只有微小的变化，也必须分配不同的商品标识代码。某些行业则要尽可能地减少商品标识代码的变更，以保持其稳定性。

四、商品编码的方法

（一）商品分类代码的编制方法

商品分类代码是有含义代码，代码本身具有某种实际含义。此种代码不仅作为编码对象的唯一标识，起到代替编码对象名称的作用，还能提供编码对象的有关信息（如分类、排序等信息）。

商品分类代码常用的编制方法有顺序编码法、系列顺序编码法、层次编码法、平行编码法和混合编码法等。

1. 顺序编码法

顺序编码法是按商品类目在分类体系中出现的先后次序，依次给予顺序数字代码的编码方法。顺序编码法的优点是使用方便、易于管理，但代码本身没给出任何有关编码对象的其他信息。

2. 系列顺序编码法

系列顺序编码法是一种特殊的顺序编码法，是将顺序数字代码分为若干段（系列），使其与分类编码对象的分段一一对应，赋予每段分类编码一定的顺序代码的编码方法。系列顺序编码法的优点是可以赋予编码对象一定的属性（或特征），提供有关编码对象的某些附加信息，但附加信息的确定要借助代码表；其缺点是当系列顺序代码过多时，会影响计算机的处理速度。

例如，《全国主要产品分类与代码第 1 部分：可运输产品》（GB/T 7635.1—2002）中"小麦"（第五层级，小类类目）在进一步细分到第六层级（细类类目）时，"冬小麦""春小麦"的代码采用了系列顺序编码法，"白色硬质冬小麦""白色软质冬小麦"等类目代码则采用了顺序编码法。具体如下：

第五层级（小类类目）代码	01111	小麦
第六层级（细类类目）代码	01111·010	冬小麦
（第五层级代码之间用圆点隔开）	—·099	
	01111·011	白色硬质冬小麦
	01111·012	白色软质冬小麦
	01111·013	红色硬质冬小麦
	01111·014	红色软质冬小麦
	01111·100	春小麦
	—·199	
	01111·101	白色硬质春小麦
	01111·102	白色软质春小麦
	01111·103	红色硬质春小麦
	01111·104	红色软质春小麦

3. 层次编码法

层次编码法是按商品类目在分类体系中的层次顺序，依次赋予对应的数字代码的编码方法。层次编码法主要用于线分类体系。层次编码法的编码分为若干层次，并与分类对象的分类层次相对应。编码从左到右表示层级由高到低，各层次的编码采用顺序编码或系列顺序编码。层次编码法的优点是代码较简单，逻辑性较强，信息容量大，能明确反映分类编码对象的属性、特征以及隶属关系，容易查到所需类目，便于管理与统计；其缺点是弹性较差。《全国主要产品分类与代码第 1 部分：可运输产品》（GB/T 7635.1—2002）和《全国主要产品分类与代码第 2 部分：不可运输产品》（GB/T 7635.2—2002）就采用了层次编码法。

4. 平行编码法

平行编码法又称特征组合编码法，是对每一个分类面确定一定数量的码位，编码标志各组数列之间是并列平行关系的编码方法。平行编码法的优点是编码结构弹性较好，可以方便增加分类编码面的数目，必要时可以更换个别的面；其缺点是容量利用率低。

5. 混合编码法

混合编码法是由层次编码法和平行编码法组合而成的一种编码方法。在实践中，编码方法和分类方法一样，往往是混合使用的。

(二) 商品标识代码的编制方法

编码体系是国际物品编码协会（GS1）的全球统一标识系统（GS1 系统，也称为 EAN·UCC 系统）的核心，是对流通领域中所有的产品与服务的标识代码与附加属性代码（见图 2-3）。商品标识代码是其主体部分，附加属性代码不能脱离标识代码独立存在。本书主要介绍在日常生活中应用较为普遍的全球贸易项目代码（GTIN）、系列货运包装箱代码（SSCC）和全球参与方位置代码（GLN）的编码方法。

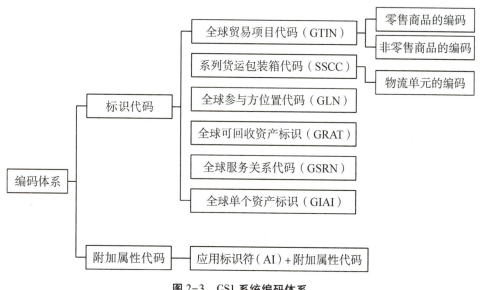

图 2-3 GS1 系统编码体系

1. 全球贸易项目代码（GTIN）

全球贸易项目代码（GTIN）是为全球贸易项目提供唯一标识的一种代码。贸易项目是指一项产品或服务。对贸易项目进行编码和以条码符号表示，能够实现商品零售、进货、存补货、销售分析及其他业务运作的自动化。GTIN 是编码系统中应用最广泛的标识代码，它有四种不同的代码结构，即 GTIN-14、GTIN-13、GTIN-12 和 GTIN-8（见图 2-4）。这四种结构可以对不同包装形态的商品进行唯一编码。标识代码无论应用在哪个领域的贸易项目上，每一个标识代码必须以整体方式使用。完整的标识代码可以保证在相关的应用领域内全球唯一。

	指示符	内含项目的GTIN（不含校验位）	校验码
GTIN-14代码结构	N_1	$N_2N_3N_4N_5N_6N_7N_8N_9N_{10}N_{11}N_{12}N_{13}$	N_{14}

	厂商识别码和商品项目代码	校验码
GTIN-13代码结构	$N_1N_2N_3N_4N_5N_6N_7N_8N_9N_{10}N_{11}N_{12}$	N_{13}

	厂商识别码和商品项目代码	校验码
GTIN-12代码结构	$N_1N_2N_3N_4N_5N_6N_7N_8N_9N_{10}N_{11}$	N_{12}

	商品项目识别代码	校验码
GTIN-8代码结构	$N_1N_2N_3N_4N_5N_6N_7$	N_8

图 2-4　GTIN 的四种代码结构

按照流通领域的特点，贸易项目可以分为零售贸易项目和非零售贸易项目。零售贸易项目是指在零售终端通过销售终端机（POS 机）扫描结算的商品，如一听啤酒、一瓶洗发水和一瓶护发素的组合包装等。非零售贸易项目是指不通过 POS 机扫描结算的，用于配送、仓储或批发等操作的商品，如一个装有 24 条香烟的纸箱或一个装有 40 箱香烟的托盘。

按照标识的对象计量特性，贸易项目又可以分为定量贸易项目和变量贸易项目。定量贸易项目是指按照相同的规格和成分，如大小、内容、重量等，来设计和销售的贸易项目，通常按商品件数计价销售，如一瓶可乐或一箱可乐。变量贸易项目是指按基本计量单位计价，以随机数量销售、配送、仓储等的贸易项目，如按长度计价的地毯、待分割的猪肉等。定量贸易项目和变量贸易项目可以是零售的，也可以是非零售的。

（1）零售贸易项目标识代码的编制。在我国，零售商品的标识代码主要有三种代码结构，即 GTIN-13、GTIN-8 和 GTIN-12。其中，GTIN-13 是最常用的商品标识代码。

① GTIN-13 代码。GTIN-13 代码由 13 位数字组成，其代码结构如表 2-4 所示。

表 2-4　GTIN-13 代码结构

结构	厂商识别代码（含前缀码）	商品项目代码	校验码
结构一	$N_1N_2N_3N_4N_5N_6N_7$	$N_8N_9N_{10}N_{11}N_{12}$	N_{13}
结构二	$N_1N_2N_3N_4N_5N_6N_7N_8$	$N_9N_{10}N_{11}N_{12}$	N_{13}
结构三	$N_1N_2N_3N_4N_5N_6N_7N_8N_9$	$N_{10}N_{11}N_{12}$	N_{13}
结构四	$N_1N_2N_3N_4N_5N_6N_7N_8N_9N_{10}$	$N_{11}N_{12}$	N_{13}

注：在我国，前缀码为 690 或 691 时，对应结构一；前缀码为 692~695 时，对应结构二；前缀码为 697 时，对应结构三。目前，国内仅有中国烟草总公司在使用结构四。

厂商识别代码的前 2~3 位数字（N_1N_2 或 $N_1N_2N_3$）为前缀码，是国际物品编码协会（GS1）分配给各个国家（或地区）编码组织的代码（见表 2-5）。需要说明的是，前缀码不代表产品的原产地，而只能说明分配和管理该厂商识别代码的国家（或地区）编码组织。

厂商识别代码由 7~10 位数字组成（含前缀码），在中国境内申请厂商识别代码的，由中国物品编码中心统一向申请厂商分配。

商品项目代码由 2~5 位数字组成，一般由厂商自行分配，也可由中国物品编码中心负责编制。厂商分配商品项目代码应遵循无含义的编码原则，即商品项目代码中的每一位数字既不表示分类，也不表示任何特定信息，最好以流水号形式为每个贸易商品项目编码。

校验码为 1 位数字，用来校验其他各位代码编码的正误。其计算方法参照国家标准《商品条码零售商品编码与条码标识》（GB 12904—2008）。

例如，某瓶装长城干红葡萄酒的 GTIN-13 代码为 6901009904747，其中前缀码为 690，厂商识别代码为 6901009，商品项目代码为 90474，最后的一位 7 是校验码。

表 2-5　分配给各个国家（或地区）编码组织的前缀码

前缀码	编码组织所在国家（或地区）/应用领域	前缀码	编码组织所在国家（或地区）/应用领域
00001~00009	美国	627	科威特
0001~0009			
001~019			
030~039			
050~059			
060~139			

表2-5（续）

前缀码	编码组织所在国家（或地区）／应用领域	前缀码	编码组织所在国家（或地区）／应用领域
020~029	店内码	628	沙特阿拉伯
040~049			
200~299			
300~379	法国	629	阿联酋
380	保加利亚	640~649	芬兰
383	斯洛文尼亚	690~699	中国
385	克罗地亚	700~709	挪威
387	波黑	729	以色列
389	黑山	730~739	瑞典
400~440	德国	740	危地马拉
450~459	日本	741	萨尔瓦多
490~499			
460~469	俄罗斯	742	洪都拉斯
470	吉尔吉斯斯坦	743	尼加拉瓜
474	爱沙尼亚	744	哥斯达黎加
475	拉脱维亚	745	巴拿马
476	阿塞拜疆	746	多米尼加
477	立陶宛	750	墨西哥
478	乌兹别克斯坦	754~755	加拿大
479	斯里兰卡	759	委内瑞拉
480	菲律宾	760~769	瑞士
481	白俄罗斯	770~771	哥伦比亚
482	乌克兰	773	乌拉圭
483	土库曼斯坦	775	秘鲁
484	摩尔多瓦	777	玻利维亚
485	亚美尼亚	778~779	阿根廷
486	格鲁吉亚	780	智利
487	哈萨克斯坦	784	巴拉圭
488	塔吉克斯坦	786	厄瓜多尔
500~509	英国	789~790	巴西
520~521	希腊	800~839	意大利
528	黎巴嫩	840~849	西班牙

表2-5(续)

前缀码	编码组织所在国家 (或地区)/应用领域	前缀码	编码组织所在国家 (或地区)/应用领域
529	塞浦路斯	850	古巴
530	阿尔巴尼亚	858	斯洛伐克
531	马其顿	859	捷克
535	马耳他	860	南斯拉夫
539	爱尔兰	865	蒙古
540~549	比利时和卢森堡	867	朝鲜
560	葡萄牙	868~869	土耳其
569	冰岛	870~879	荷兰
570~579	丹麦	880	韩国
590	波兰	883	缅甸
594	罗马尼亚	884	柬埔寨
599	匈牙利	885	泰国
600~601	南非	888	新加坡
603	加纳	890	印度
604	塞内加尔	893	越南
608	巴林	896	巴基斯坦
609	毛里求斯	899	印度尼西亚
611	摩洛哥	900~919	奥地利
613	阿尔及利亚	930~939	澳大利亚
615	尼日利亚	940~949	新西兰
616	肯尼亚	950	GS1 总部
617	喀麦隆	951	GS1 总部(EPC 总部)
618	科特迪瓦	955	马来西亚
619	突尼斯	960~969	全球办公室(GTIN-8S)
620	坦桑尼亚	977	连续出版物(ISSN)
621	叙利亚	978~979	图书(ISBN)
622	埃及	980	应收票据
623	文莱	981~984	普通流通券
624	利比亚	99	优惠券
625	约旦		
626	伊朗		

② GTIN-8 代码。GTIN-8 代码由 8 位数字组成，其代码结构如表 2-6 所示。

表 2-6　GTIN-8 代码结构

商品项目识别代码	校验码
$N_1N_2N_3N_4N_5N_6N_7$	N_8

商品项目识别代码由中国物品编码中心统一为厂商的特定商品项目分配，以保证代码的全球唯一性。

校验码用来校验其他各位代码编码的正误。其计算方法参照国家标准《商品条码零售商品编码与条码标识》（GB 12904—2003）。

③ GTIN-12 代码。GTIN-12 代码由 12 位数字组成，是由美国统一代码委员会（UCC）统一制定的通用产品标识代码，其代码结构如表 2-7 所示。UPC-A 条码是 GTIN-12 代码的条码表示。在通常情况下，我国厂商不选用 UPC-A 和 UPC-E 条码，只有当商品出口到北美地区并且客户指定时，才申请使用它们。

表 2-7　GTIN-12 代码结构

商品条码的代码	厂商识别码和商品项目代码	校验码
UPC-A 条码的代码结构	$N_1N_2N_3N_4N_5N_6N_7N_8N_9N_{10}N_{11}$	N_{12}
UPC-E 条码的代码结构	$N_1N_2N_3N_4N_5N_6N_7$	N_8

（2）非零售贸易项目标识代码的编制。

① 定量非零售商品。单个包装（如独立包装的冰箱）和有多个相同包装等级（如装有 24 包抽纸的一整箱纸）的非零售商品，其标识代码可采用 GTIN-13 或 GTIN-14 代码结构。采用 GTIN-13 时，标识方法与零售贸易项目的标识方法相同；采用 GTIN-14 时，就是在原有的 GTIN-13 代码（不含校验位）前添加包装指示符，并生成新的校验位。包装指示符的取值范围为 1~8。GTIN-14 代码结构如表 2-8 所示。

表 2-8　GTIN-14 代码结构

指示符	内含项目的 GTIN（不含校验位）	校验码
N_1	$N_2N_3N_4N_5N_6N_7N_8N_9N_{10}N_{11}N_{12}N_{13}$	N_{14}

如果要标识的货物内有由多个不同零售商品组成标准的组合包装商品，这些不同的零售商品的代码各不相同。厂商可以采用与其所含各零售商品的代码均不相同的 13 位代码，与零售贸易项目的标识方法相同。

② 变量非零售商品。变量非零售商品的标识代码采用 GTIN-14 结构，如表 2-9 所示。其中，指示符 9 表示此代码是对变量贸易项目的标识。

表 2-9　GTIN-14 代码结构

指示符	内含项目的 GTIN（不含校验位）	校验码
9	$N_2N_3N_4N_5N_6N_7N_8N_9N_{10}N_{11}N_{12}N_{13}$	N_{14}

③ 非零售商品附加属性信息的编码。当非零售商品在流通过程中需要标识附加信息时，如生产日期、有效期、批号及数量等，可以采用应用标识符（AI）。它由2~4 位数字组成，用于定义其后续数据的含义和格式。部分应用标识符的含义、组成以及格式如表 2-10 所示。

表 2-10　部分应用标识符的含义、组成以及格式

应用标识符（AI）	含义	格式			备注
17	有效期	年	月	日	以六位数字表示为必备要素
		N_1N_2	N_3N_4	N_5N_6	
30	总量（包装内的）	总量			只用于变量商品长度可变，最长 8 位
		$N_1\cdots N_8$			
10	批号	批号			长度可变，最长 20 位
		$N_1\cdots N_{20}$			
11	生产日期	年	月	日	表示方法同有效期
		N_1N_2	N_3N_4	N_5N_6	
13	包装日期	年	月	日	表示方法同有效期
		N_1N_2	N_3N_4	N_5N_6	
14	保质期	年	月	日	表示方法同有效期
		N_1N_2	N_3N_4	N_5N_6	

【案例 2-3】

假设分给 A 厂的厂商识别代码为 69512345，其部分产品的编码如图 2-5 所示。

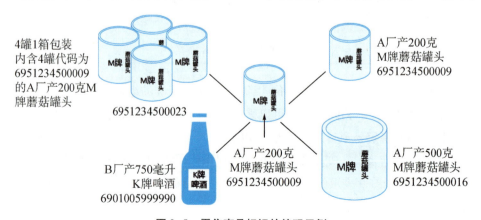

图 2-5　零售商品标识的编码示例

2. 系列货运包装箱代码（SSCC）

物流单元是为了便于运输、仓储或配送等建立的包装单元，如一箱有不同颜色、尺寸的 12 件裙子和 20 件夹克的组合包装，一个含有 40 箱饮料的托盘（每箱 12 盒装），都可以视为一个物流单元。系列货运包装箱代码（SSCC）是为物流单元提供唯一标识的代码，具有全球唯一性。SSCC 代码结构如表 2-11 所示。SSCC 是无含义、定长为 18 位的数字代码，由扩展位、厂商识别代码、系列号和校验码四部分组成。SSCC 采用 GS1-128 条码符号表示。

表 2-11　SSCC 代码结构

结构	扩展位	厂商识别代码	系列号	校验码
结构一	N_1	$N_2N_3N_4N_5N_6N_7N_8$	$N_9N_{10}N_{11}N_{12}N_{13}N_{14}N_{15}N_{16}N_{17}$	N_{18}
结构二	N_1	$N_2N_3N_4N_5N_6N_7N_8N_9$	$N_{10}N_{11}N_{12}N_{13}N_{14}N_{15}N_{16}N_{17}$	N_{18}
结构三	N_1	$N_2N_3N_4N_5N_6N_7N_8N_9N_{10}$	$N_{11}N_{12}N_{13}N_{14}N_{15}N_{16}N_{17}$	N_{18}
结构四	N_1	$N_2N_3N_4N_5N_6N_7N_8N_9N_{10}N_{11}$	$N_{12}N_{13}N_{14}N_{15}N_{16}N_{17}$	N_{18}

在通常情况下，物流单元除了需要标明其标识代码 SSCC 外，还需要明示出一些其他的附加信息，如运输目的地、物流包装重量、物流单元的长宽高尺寸等。在物流单元条码中，对这些属性信息的编码采用应用标识符（AI）+附加属性信息代码表示，并且属性数据与物流单元相关联，单独出现没有意义。SSCC 编码结构如表 2-12 所示。

表 2-12　SSCC 编码结构

应用标识符	系列货运包装箱代码		
	扩展位	厂商识别代码/参考代码	校验码
00	N_1	$N_2N_3N_4N_5N_6N_7N_8N_9N_{10}N_{11}N_{12}N_{13}N_{14}N_{15}N_{16}N_{17}$	N_{18}

应用标识符 00 表示后跟系列货运包装箱代码。

扩展位表示包装类型，用于增加 SSCC 的容量，由建立 SSCC 的厂商分配。N_1 的取值范围为 0~9。

厂商识别代码同零售商品。

参考代码由商品条码系统成员自行给物流单元分配的一个连续号。

校验码的计算方法见《商品条码应用标识符》（GB/T 16986—2018）。

【案例 2-4】

物流标签的设计

物流标签是物流过程中用于表示物流单元有关信息的条码符号标签。每个物流单元都要有自己唯一的 SSCC，在实际应用中，一般不事先把包括 SSCC 在内的条码符号印在物流单元包装上。比较合理的办法是，在物流单元确定时制作标签并贴在物流单元上面。

一个标签区段是信息的一个合理分组。一般来说，标签区段从顶部到底部的顺序依次为承运商、客户和供应商。物流标签表示的内容和这种从上到下的次序可以根据物流单元的尺寸和贸易过程来做调整。包含承运商、客户和供应商区段的物流标签如图 2-6 所示。

图 2-6　包含承运商、客户和供应商区段的物流标签

3. 全球参与方位置代码（GLN）

全球参与方位置代码（GLN）是对参与供应链等活动的法律实体、功能实体和物理实体进行唯一标识的代码。全球参与方位置代码由厂商识别代码、位置参考代码和校验码组成，用 13 位数字表示。GLN 代码结构如表 2-13。

表 2-13　GLN 代码结构

结构	厂商识别代码	位置参考代码	校验码
结构一	$N_1 N_2 N_3 N_4 N_5 N_6 N_7$	$N_8 N_9 N_{10} N_{11} N_{12}$	N_{13}
结构二	$N_1 N_2 N_3 N_4 N_5 N_6 N_7 N_8$	$N_9 N_{10} N_{11} N_{12}$	N_{13}
结构三	$N_1 N_2 N_3 N_4 N_5 N_6 N_7 N_8 N_9$	$N_{10} N_{11} N_{12}$	N_{13}

法律实体是指合法存在的机构，如供应商、客户、银行、承运商等。功能实体是指法律实体内的具体部门，如某公司的财务部。物理实体是指具体的位置，如建筑物的某个房间、仓库或仓库的某个门、交货地、货柜、货架等。

第三节　商品条码

商品条码是我们日常生活中最常见的一种条码，它已在产品制造、商品零售、物流运输、物资管理、仓储配送、医疗卫生、票证管理以及军事装备、工程建设等众多领域里起着不可或缺的作用。如果没有商品条码，这些领域的正常运行就会受到极大的影响，甚至乱作一团。

一、商品条码的概念

商品条码是指由一组规则排列的条、空及其对应的供人识别字符组成的标识。具体来说，商品条码中的条、空排列组合部分称为条码符号，其对应的供人识别字符就是该条码表示的标识代码。商品条码的基本构成如图2-7所示。条码符号具有操作简单、信息采集速度快、信息采集量大、可靠性高、成本低等特点。通俗地讲，商品条码是为了使商品能够在全世界自由、广泛流通，而在商品包装上印制的便于识别商品信息的条码标识。

图 2-7　商品条码的基本构成

在商品条码符号中，"条"是对光线反射率较低的部分，"空"是对光线反射率较高的部分，这些条和空组成的数据表达的是编码信息，通过条码识读设备，转换成与计算机兼容的二进制和十进制信息。通常，每一种物品的编码是唯一的，这个编码就是商品的身份编码。这个编码按照既定的码制规则转换成条码符号，就是商品条码。因此，商品条码也就承担了物品唯一身份编码的作用。商品条码一般直接印制在商品包装容器或标签纸上（如烟、酒、饮料、食品、药品、洗涤用品等），或者制成挂牌悬挂在商品上（如眼镜、手工艺品、珠宝首饰、服装等），或者制成不干胶标贴贴在商品上（如化妆品、家用电器、油脂制品等）。

条码作为一种集光、机、电和计算机技术于一体的高新技术，提供了快速、准确地进行数据信息采集输入的有效手段，解决了计算机数据输入速度慢、错误率高等瓶颈难题，现已成为商品流通业、供应链管理特别是电子数据交换（EDI）和国际贸易的重要基础。

【案例2-5】

小微企业在生产经营过程中应注意商品条码失效问题

执法人员在对山东省邹平市某纺织用品公司（以下简称"邹平公司"）进行检查时，发现该公司受青岛某针织公司（以下简称"青岛公司"）委托生产的一款名为竹纤维方巾的厂商识别代码已失效。通过中国物品编码中心网站查询发现，邹平公司生产的方巾上面标注的前缀为694的厂商识别代码已于2018年11月被注销。但是，注销后青岛公司却继续委托邹平公司开展生产经营活动。在调查过程中，邹平公司负责人表示并不清楚情况。

《商品条码管理办法》第三十二条规定："任何单位和个人不得擅自使用已经注销的厂商识别代码和相应条码。"《商品条码管理办法》第三十五条规定："使用已经注销的厂商识别代码和相应条码的，责令其改正，处以30 000元以下罚款。"由此可见，小微企业一旦构成上述违法行为，会面临被罚款的行政后果。另据了解，邹平公司系首次受青岛公司委托生产该失效条码的方巾，受新冠病毒感染疫情影响生产数量较少且尚未交货，未造成明显的危害后果。执法人员建议邹平公司与青岛公司取得联系，告知青岛公司停止使用该条码。同时，《商品条码管理办法》第三十一条规定："已被注销厂商识别代码的生产者、销售者和服务提供者，需要使用商品条码时，应当重新申请注册厂商识别代码。"青岛公司可以采取重新申请注册条码的方式来规避风险。

由此可见，在一些乡镇或城乡接合部的小微企业，尤其是小作坊式、家庭式的生产企业，对商品条码有关知识的了解和使用与当前法治社会发展程度还有很大差距。

资料来源：钟精天. 小微企业在生产经营过程中应注意商品条码失效问题［N］. 中国市场监管报，2021-07-20（03）.

二、商品条码的产生与发展

1973年，美国统一代码委员会（UCC）从若干条码候选方案中选定了国际商业机器公司（IBM）提出的"Delta-Distance"条码系统，以此为基础制定了通用产品代码和条码（UPC），并在食品杂货业首先进行UPC的应用尝试，接着在美国和加拿大超级市场成功推广应用。

1977年，欧洲物品编码协会（EAN）正式成立。在吸取UPC技术的基础上，欧洲物品编码协会开发出了与UPC系统兼容的EAN条码系统，并在欧洲乃至除北美以外的各大洲推行普及且相当成功。欧洲物品编码协会实际上已成为国际性组织，在1992年正式更名为国际物品编码协会（EAN International），仍简称"EAN"。随着贸易全球化的发展，EAN 与 UCC 两大组织也从分治、竞争走向了合作、联合。2002 年 11 月，美国统一代码委员会和加拿大电子商务委员会正式加入 EAN，并宣布从 2005 年 1 月 1 日起，EAN 条码也能在北美地区正常使用，且美国、加拿大新的条码用户将采用 EAN 条码标识商品。这标志着国际物品编码协会开始真正成为全球化的编码组织。2005 年 2 月，国际物品编码协会正式向全球发布了更名信息，将组织名称正式变更为国际物品编码协会（GS1）。

GS1 的成立使一个以全球统一的编码体系为核心，集条码、射频识别等自动数据采集技术和电子商务数据交换等技术于一体的，服务于供应链管理的开放标准体系成为现实，创造了一个无缝的供应链流通环境，极大地促进了传统商务和电子商务的发展。

三、商品条码的类型

（一）EAN/UPC 条码

EAN/UPC 条码作为一种消费单元代码，被用于在全球范围内唯一标识一种商品，是目前国际上使用最广泛的商品条码。通过零售渠道销售的贸易项目必须使用 EAN/UPC 条码进行标识，同时这些条码符号也可用于标识非零售的贸易项目。EAN/UPC 条码包括 EAN-13 条码、EAN-8 条码、UPC-A 条码和 UPC-E 条码。

1. EAN-13 条码

EAN-13 条码是用于表示 GTIN-13 代码的条码标识，又称标准版 EAN 商品条码（见图 2-8）。EAN-13 条码主要用于零售商品或非零售商品的标识。EAN-13 条码符号由左侧空白区、起始符、左侧数据符、中间分隔符、右侧数据符、校验符、终止符、右侧空白区 8 个部分共 113 个模块组成，通过扫描识读，将其所含信息转换成计算机可识读的二进制信息。

图 2-8　EAN-13 条码

2. EAN-8 条码

EAN-8 条码是用于表示 GTIN-8 代码的条码标识，又称缩短版 EAN 商品条码（见图 2-9）。EAN-8 条码主要应用于包装面积较小的贸易项目。由于缩短版条码不能直接表示生产厂家，因此只有在不得已时才使用。其符号结构与 EAN-13 商品条码的符号结构基本相同，由左侧空白区、起始符、左侧数据符、中间分隔符、右侧数据符、校验符、终止符、右侧空白区 8 个部分共 81 个模块组成。EAN-8 条码与 EAN-13 条码符号的区别在于压缩了左、右侧数据符及其条、空模块数量。

图 2-9　EAN-8 条码

3. UPC-A 条码

UPC 条码与 EAN 条码完全兼容，也是一种模块组合型条码。UPC-A 条码是 UPC 条码的标准版（见图 2-10），主要用于北美地区零售商品或非零售商品的标识。UPC-A 条码的供人识别字符是 UCC-12 代码，代码结构从左向右分成厂商识别代码、商品项目代码和校验码三部分。厂商识别代码由 UCC 分配给申请厂商，商品项目代码由厂商自行编码，校验码的计算方法与 GTIN-13 代码的校验码的算法相同。

图 2-10　UPC-A 条码

4. UPC-E 条码

UPC-E 条码是北美地区使用的 UPC 条码的缩短版（见图 2-11），其代码的系统字符 N_1 总是为零，也就是说只有系统字符为零的 UPC-A 条码才能转换成 UPC-E 条码。UPC-E 条码的代码由 8 位数字构成，其系统字符和校验码分别位于起始符和终止符的外侧，中间的 6 位数字为商品项目代码，是按规则去除 UPC-A 条码表示的 UCC-12 代码中的零而得到的。UPC-E 条码符号没有中间分隔符。只有当商品或其他包装很小、无法印制 UPC-A 条码时，才允许使用 UPC-E 条码。

图 2-11　UPC-E 条码

（二）ITF-14 条码

ITF-14 条码，专业术语称为储运包装商品条码，只用于标识非零售商品（见图 2-12）。ITF-14 条码对印刷精度要求不高，比较适合直接印在瓦楞纸或纤维板的储运包装上，因此又称"箱码"。ITF-14 条码符号由矩形保护框、左侧空白区、起始符、7 对数据符、终止符、右侧空白区组成。

图 2-12　ITF-14 商品条码

（三）GS1-128 条码

GS1-128 条码是由条码符号（起始符号、数据字符、校验符、终止符、左侧空白区、右侧空白区）及供人识读的字符（应用标识符、非零售贸易项目的 GTIN-14 代码或货运单元的 SSCC-18 代码及其他附加信息数据）组成（见图 2-13）。GS1-128 条码可以表示变长的数据，条码符号的长度依字符的数量、类型和放大系数的不同而变化，并且能将若干信息编码在一个条码符号中。该条码符号可以编码的最大数据字数为 48 个，包括空白区在内的物理长度不能超过 165mm。GS1-128 条码是 GS1 系统中唯一可用于表示附加信息（如产品批号、规格、数量、生产日期、有效日期等）的非定长条码，主要用于非零售贸易项目、物流单元的标识，也可用于服务、位置的标识。

为将不同内容的数据表示在一个 GS1-128 条码中，我们可以使用应用标识符（AI），用于定义其后续数据的含义和格式。不同的数据间不需要分隔，既节省了空间，又为数据的自动采集创造了条件。图 2-13 所示 GS1-128 条码的（02）（17）（37）和（10）就是应用标识符。

(02) 6 6901234 00004 9 (17) 050101 (37) 10 (10) ABC

图 2-13　GS1-128 条码

（四）GS1 DataBar 条码

GS1 DataBar 条码（原名 RSS 条码）也是 GS1 系统的一种条码符号。该条码具有尺寸更小、信息量更大、可承载产品有效期和系列号等商品附加信息等优势，可满足特小型产品、不定量产品、需要安全追溯管理的食品等商品的标识需求。

GS1 DataBar 条码符号有 7 种类型，见表 2-14。

表 2-14　GS1 DataBar 条码符号类型

名称	GS1 DataBar 条码图样	承载数据	适用领域	备注
DataBar-14		GTIN		尺寸为 EAN-13 条码尺寸的1/2以下
全向层排式 DataBar-14		GTIN	专为零售 POS 点（全向式识读器）设计	
扩展式 DataBar		GTIN+产品附加信息		
层排扩展式 DataBar		GTIN+产品附加信息		最多可分为 11 个层排，携带多达 74 位数字字符或 41位字母数字字符

表2-14(续)

名称	GS1 DataBar 条码图样	承载数据	适用领域	备注
截短式 DataBar-14		GTIN		
层排式 DataBar-14		GTIN	为小型产品设计	
限定式 DataBar		GTIN		

（五）应用于商品条码标识的二维码符号

二维码是用某种特定的几何图形按一定规律在平面（二维方向上）分布的、黑白相间的、记录数据符号信息的图形。商品二维码是专门用于标识商品及商品特征属性、商品相关网址等信息的二维码。商品二维码通常为方形结构，不单由横向和纵向的条形码组成，而且码区内还会有多边形的图案，纹理是黑白相间、粗细不同的。商品二维码码制主要包括汉信码、快速响应矩阵码（QR 码，见图 2-14）和数据矩阵码（Data Matrix 码）等。目前，国际物品编码组织发起了"全球二维码迁移计划"，推动全球商品编码在 2027 年前由一维条码向二维码转换，引领各领域全面实现商品二维码的识读解析等功能，达到各行业间数据信息互联互通，为消费者、企业提供更优质、更全面的服务。

图 2-14　二维码（QR 码）

（六）店内条码

《商品条码 店内条码》（GB/T 18283-2008）将店内条码定义为："前缀码为 20~24 的商品条码，用于标识商店自行加工店内销售的商品和变量零售商品。注：8 位店内条码的前缀码为 2。"店内条码如图 2-15 所示。我国对店内条码的使用有严格的规定，其中《商品条码管理办法》第二十二条规定："销售者应当积极采用商品条码。销售者在其经销的商品没有使用商品条码的情况下，可以使用店内条码。店内条码的使用，应当符合国家标准《店内条码》（GB/T 18283）的有关规定。生产者不得以店内条码冒充商品条码使用。"通常，店内条码只能用于商店内部自动化管理系统，不能对外流通。

店内条码的编码按照其码位可以分为 13 位代码（标准码）和 8 位代码（缩短码）两类。其中，13 位代码又分为"不包含价格等信息的 13 位条码"和"包含价格等信息的 13 位条码"两种类型。店内条码的使用大致有两种情况：一种是用于商品变量消费单元的标识，如鲜肉、水果、蔬菜、熟食等散装商品是按基本计量单位计价、以随机数量销售的，其编码任务不宜厂家承担，只能由零售商完成。另一种是零售商进货后，要根据顾客的不同需要重新分装商品，用专有设备（如具有店内条码打印功能的智能电子秤）对商品称重并自动编码和制成店内条码标签，然后将其粘贴或悬挂到商品外包装上。

图 2-15 店内条码

四、条码与产品追溯

随着人民群众生活水平的提高，全社会对食品安全越发重视，政府、企业与消费者共同锁定"菜篮子"，逐渐建立起了以条码技术为核心，从生产基地到物流配送，再到终端消费的全链条追溯体系。以广东顺德为例，当地的食品生产企业通过国家食品（产品）安全追溯平台，利用商品"条码+批次"的形式，将预包装食品从原料进厂查验、生产管控、出厂检验、销售去向等实现全过程（全链条）数字化管控。消费者可以利用手机扫码查询信息，企业和政府监管部门对问题产品可以实施精准召回和"靶向监管"。

企业可以根据行业监管要求、企业管理需求、消费者偏好等因素来选取并实现不同颗粒度的产品品类追溯、批次追溯和单品追溯，而这就需要企业选择不同的追溯编码方案来实现有效追溯（见表 2-15）。

表 2-15 针对不同颗粒度的追溯方案

追溯颗粒度	商品条码	批号	序列号	追溯编码标识
品类追溯	√			GS1-128 码
批次追溯	√	√		二维码或 GS1-128 码
单品追溯	√		√	二维码或 GS1-128 码

在商超中随处可见的洗发露、沐浴露等日用品，因为产品本身对消费者或用户身体健康等方面的影响很小，且产品成本和生产利润较低，所以对此类产品，一般直接使用零售商品条码（采用 GTIN-13 码结构）来实现品类追溯即可。

对消费者或用户身体健康等方面有一定程度的影响，或者消费者有特殊消费倾向的产品，可以采用批次追溯的方式。例如，某家农业合作社出产 1 000 克盒装车厘子，消费者较关心车厘子的产地、口感等，该家农业合作社可以选择适用二维码或

GS1-128 码等载体形式，代码结构为"GTIN+批号"的追溯方式，实现批次追溯。

对消费者或用户的身体健康可能产生潜在的较大危害，或者消费者对单个产品的品质和使用存在特定偏好的产品，可以采用单品追溯的方式。例如，某家医疗器械生产企业生产了一批植入性医疗器械产品，因为企业和病人对此类产品的追溯要求较高，所以企业必须对其产品实现单品追溯。企业可以采用二维码或 GS1-128 码等载体形式，代码结构为"GTIN+批号+产品序列号"或"GTIN+产品序列号"，对医疗器械实现单品追溯。目前，国内绝大部分第三类医疗器械就是采用 GS1-128 条码，无码不流通，必须保证可以追溯。

自 21 世纪初起，我国在果蔬、肉类、水产品、加工食品等领域开展了大量追溯调研，并建立了 100 多个产品质量安全追溯应用示范，涵盖肉禽类、蔬菜水果、加工食品、水产品、医疗产品以及地方特色食品等，消费者能够见到的商品几乎都被"加码"。一旦食品、药品或医疗器械出现安全问题，可以通过它的标识代码进行追溯，查出问题环节，追溯到问题源头。目前，我国的追溯标准体系建设正加快完善，追溯的应用已越来越多地覆盖到关系国计民生的重要产品。随着国家食品（产品）安全追溯平台建成并与多个省级平台对接，我国目前已实现上亿种产品的责任主体追溯和 3 000 多家企业的产品过程追溯。在医疗卫生领域，采用 GS1 全球统一标识系统作为医疗器械唯一标识（UDI）编码方法，在医疗卫生领域进行有效标识已成为国际共识，目前已有 70 多个国家强制要求或接受 GS1 标准用于医疗产品标识或追溯。

【案例 2-6】

"码上追溯"全覆盖检测

2020 年 9 月，重庆市市场监管局开发建设了"渝溯源"进口冷链食品追溯管理平台（以下简称"渝溯源"平台），成为抗击新冠病毒感染疫情的信息化"利器"。进口冷链食品流入渠道很多，既有经外地流转至本地的，也有直接通过口岸抵达的。为此，沙坪坝区市场监管局严把"入口关"，持续强化提醒督导。沙坪坝区市场监管局对"企业申报""首站赋码"等末端环节高度重视，定期召开视频工作会，开展专项监督检查，反复督促相关企业落实主体责任，凡经其他地区流转至重庆市的进口冷链食品，企业必须通过"渝溯源"平台录入食品品名、生产企业、检验检疫等关键信息。对从口岸直接抵渝的进口冷链食品，沙坪坝区市场监管局要求企业须在平台提交消毒证明、核酸检测报告，同时按照相应的编码规则进行"首站赋码"，方可进入市场流通。

沙坪坝区市场监管局还严把"流通关"，依托"渝溯源"平台的数据查询功能，对相关企业实施全方位、全链条、全过程监管，严把进口冷链食品的各个安全环节，采取 3 个"三"创新举措，督促企业落实疫情防控主体责任：一是落实入境"三必检"，配合卫生健康部门对进口冷链食品、外包装及相关环境进行核酸检测，确保抓好源头防控；二是落实经营"三扫码"，定期对从业人员健康码、冷链食品溯源码以及商品条码进行扫描核查，确保防控信息及时更新；三是落实销售"三专管"，在大中型商超设立进口冷链食品专柜，实行专人、专柜、专表管理，及时登记购买者姓名、联系方式等信息，确保商品流向可追踪、可追溯。

资料来源：杨柳，钟一洋，谢旺江. 全链条追溯 全覆盖检测"渝溯源"助力重庆市沙坪坝区进口冷链食品防疫［J］. 中国质量监管，2021（3）：38.

第四节　商品目录与商品分类编码标准

商品分类、商品编码、商品条码，这些都是商品流通与管理的重要方法和流程。但是，如果最开始的第一步，我们没有依据统一的商品分类标准对商品进行分类，那么后面的工作都是徒劳的。如果没有根据商品分类原则编制商品目录，那么各类商品眉目就容易混乱不清，不利于商品管理。因此，认识和了解商品目录与商品分类编码标准，对商品分类与编码有着重大意义。

一、商品目录的概念

商品目录是指编制主体将所经营管理的全部商品品种，按一定标志进行系统分类而编制形成的商品细目表。商品目录是在商品分类的基础上，用表格、符号和文字全面记录商品分类体系和编排顺序的书本式工具。商品目录以商品分类为依据，因此又称为商品分类目录。

各类商品的生产、经营、管理单位都有各自的商品目录，商品目录也是企业进行商品交易的重要手段。为了充分发挥商品目录在商品流通中的作用，企业应随着商品生产的发展和商品经营的变化适时对商品目录进行修订。

二、商品分类与商品目录的关系

（一）商品分类是编制商品目录的前提和基础

在编制商品目录时，国家或部门都是按照一定的目的，首先将商品按一定的标志进行定组分类，再逐次制定和编排商品目录。也就是说，没有商品分类就不可能有商品目录。只有在商品科学分类的基础上，层次分明、科学、系统、标准的商品目录才能得以编制。

（二）商品目录是商品分类成果的具体体现和推广应用

编制商品目录，便于国家、部门和企业对其经营范围内的商品进行科学管理；便于企业对商品生产和经营动态的了解与把握，为市场经济发展提供商品信息；便于消费者对市场商品供求情况的了解，从而更好地满足消费者的需要。因此，编制商品目录是商品生产、经营以及管理的一种重要手段。

三、商品目录的分类

由于编制商品目录的主体、目的、对象、内容等不同，商品目录也各式各样。按照商品目录不同的适用范围，商品目录可以分为国际商品目录、国家商品目录、行业（部门）商品目录、企业商品目录四类。

（一）国际商品目录

国际商品目录是指由国际上有权威的各国际组织或地区性集团编制的商品目录，如联合国编制的《国际贸易标准分类目录》、国际关税合作委员会编制的《商品、关税率分类目录》、海关合作理事会编制的《海关合作理事会商品分类目录》和《商品分类及编码协调制度》。

（二）国家商品目录

国家商品目录是指由国家专门机构编制，在国民经济各部门、各地区开展计划、统计、财务、税收、物价、核算等工作时必须一致遵守的全国性统一商品目录。例如，中国的《全国主要产品分类与代码》（GB/T 7635—2002）、美国的《联邦物资编目系统》、日本的《商品分类编码》等。

（三）行业（部门）商品目录

行业（部门）商品目录是指由行业或其主管部门编制并发布的仅在该行业（部门）统一使用的商品目录。例如，我国商务部发布的国内贸易行业标准《小商品分类与代码》（SB/T 10454—2008）等。行业（部门）商品目录的编制原则应与国家商品目录的编制原则保持一致。

（四）企业商品目录

企业商品目录是指由企业自行编制的，通常仅适用于本企业生产经营管理需要的商品目录。企业商品目录的编制，必须符合国家和行业（部门）目录的分类原则，并在此基础上结合本企业的业务需要，进行适当的归并、细分和补充。例如，某零售商品的商品目录（部分）如表 2-16 所示。

表 2-16　某零售商店的商品目录（部分）

大类	中类	小类	品类	品种	规格/cm	花色样式
针织品	袜子	童袜	尼龙童袜	尼龙丝童袜	8、10、12、14、17	每种规格至少 5 种花色
				尼龙加底童袜	12、14、17	每种规格至少 5 种花色
			棉质童袜	厚棉质童袜	8、10、12	每种规格至少 5 种花色
				薄棉质童袜	8、10、12	每种规格至少 5 种花色

上述四种商品目录使用范围不同，但也存在密切的联系。国家商品目录应与国际商品目录协调。行业（部门）或企业编制的商品目录既要符合国家商品目录提出的分

类原则和指导思想，又要满足行业（部门）或企业的需要，进行适当的细分与补充。

四、重要商品分类编码标准

（一）《国际贸易标准分类》（SITC）

《国际贸易标准分类》（SITC）是用于国际贸易商品的统计和对比的标准分类目录。现行《国际贸易标准分类》于1950年7月12日由联合国经济社会理事会正式通过，目前为世界各国政府普遍采纳的商品贸易分类体系。截至2006年年底，该标准分类经历了四次修改，最近的一次修改为第四次修订版本，于2006年3月获联合国统计委员会第三十七届会议通过。SITC采用经济分类标准，即按原料、半成品、制成品分类并反映商品的产业部门来源和加工程度。SITC将商品分为10个部门、68类、262个组、1 023个分组和2 970个基本目。SITC使用5位数字表示，第1位数字表示类，前两位数字表示章，前3位数字表示组，前4位数字表示分组。目前，SITC的分类对象仅限于可运输的有形商品，未涉及不可运输的服务、资产类商品，只用于国际贸易中可运输商品的专门统计。

（二）《商品名称及编码协调制度》（HS）

《商品名称及编码协调制度》（HS）是指在原海关合作理事会商品分类目录和《国际贸易标准分类》目录的基础上，协调国际上多种商品分类目录而制定的一部多用途的国际贸易商品分类目录，供海关、统计、进出口管理及与国际贸易有关各方共同使用。HS编码"协调"涵盖了《海关合作理事会税则商品分类目录》（CCCN）和联合国的《国际贸易标准分类》（SITC）两大分类编码体系，是系统的、多用途的国际贸易商品分类体系。HS除了用于海关税则和贸易统计外，对运输商品的计费、统计、计算机数据传递、国际贸易单证简化以及普遍优惠制税号的利用等方面，都提供了一套可使用的国际贸易商品分类体系。我国海关总署代表中国政府正式签字成为《商品名称及编码协调制度公约》的缔约方。

HS于1988年1月1日正式实施，每4~6年重审和修订1次，目前已经历7个版本，最新为2017年版本。HS将国际贸易涉及的各种商品分为21类97章，每一章由若干品目构成，品目项下又细分出若干一级子目和二级子目。世界上已有200多个国家、地区使用HS，全球贸易总量90%以上的货物都是以HS分类的。我国海关自1992年1月起开始采用HS，使进出口商品归类工作成为我国海关最早实现与国际接轨的执法项目之一。1992年6月，我国海关采用的HS分类代码码位为10，前6位数是HS国际标准编码，第7、第8位数是根据我国关税、统计和贸易管理的需要加列的本国子目。同时，我国海关还根据代征税、暂定税率和贸易管制的需要对部分税号增设了第9、第10位附加代码。

（三）《主要产品分类》（CPC）

联合国统计司为了协调已用于各种目的的产品分类目录，并考虑到HS和SITC

使用的局限性，产生了对全部产品进行统一分类的设想。联合国统计司和欧洲经济共同体（简称"欧共体"，欧盟的前身）的统计部门成立了分类联合工作组，讨论发展一个包含货物和服务在内的新的且完整的产品分类体系，称为"主要产品分类"。

联合国统计司在 1987 年第 24 届会议上讨论了第一个完整的 CPC 草案，在 1989 年第 25 届会议上讨论修改并通过了最终草案，定名为《暂行主要产品分类》（PCPC）。1991 年，联合国发布了 PCPC。PCPC 经过六年的使用实践，1997 年，联合国统计司在第 29 届会议上讨论并通过了修改后的目录，定名为《主要产品分类》（CPC1.0 版），并取代 PCPC，于 1998 年正式公布使用。2002 年，联合国统计司又做了进一步修订，推出了"CPC1.1 版"这一新订正版本。

CPC 涵盖了商品、服务和资产等全部产品的分类编码，适用于各种不同类型的数据处理和统计。CPC 的分类原则是按产品的物理性质、加工工艺、用途等基本属性和产品的产业源来划分的。其编码系统分为五个层次，由五位数字组成。

（四）《联合国标准产品与服务分类代码》（UNSPSC）

国际上运用较多的产品分类体系是《联合国标准产品与服务分类代码》（UNSPSC），它是全球电子商务的基础标准，也是全球贸易主数据同步的重要基础标准。

UNSPSC 是 1998 年联合国开发计划署（UNDP）委托邓百氏咨询公司（Dun & Bradstreet）开发并维护的全球产品与服务的分类体系，主要适用于电子商务和政府采购。应全球电子商务发展的要求，2003 年 5 月，UNDP 正式委托美国统一代码委员会（UCC）全权实时维护和管理 UNSPSC。目前，全球已有 98 个国家和地区的公司在使用 UNSPSC。

《联合国标准产品服务分类代码》（UNSPSC）是公开的全球电子商务标准，提供了商品和服务分类的逻辑架构，其主要用途为搜索潜在的供应商、分析资金的使用情况以及将本公司的产品和服务统一到全球的公共目录。

UNSPSC 一般根据产品的用途进行分类，即按照使用目的进行分类。每层结构内的顺序，基本是没有任何含义的，与产品、服务类别名称的语序也无关。UNSPSC 采用 4 层 8 位的数字层次码结构，代码结构为 $N_1N_2N_3N_4N_5N_6N_7N_8$，层次为大类（N_1N_2）、中类（N_3N_4）、小类（N_5N_6）、细类（N_7N_8）。

（五）《全国主要产品分类与代码》国家标准（GB/T 7635—2002）

《全国主要产品分类与代码》国家标准分为两个部分，即《全国主要产品分类与代码第 1 部分：可运输产品》（GB/T 7635.1—2002）和《全国主要产品分类与代码第 2 部分：不可运输产品》（GB/T 7635.2—2002）。

GB/T 7635.1—2002 与联合国统计司的 CPC 的可运输产品部分相对应，一致性程度为非等效。该部分由五大部类组成，采用层次码。代码结构的前五层与联合国统计司的 CPC 相同，每层 1 位码，其内容采用了联合国统计司的 CPC 可运输产品的全部类目和代码（447"武器和弹药及其零件"除外），与联合国统计司的 CPC 的 5 位代码结构相对应；第六层是新增加的产品类目（细类），用 3 位码表示。分类代码表中共列入 51 219 个产品类目。

GB/T 7635.2—2002 与联合国统计司的 CPC 的服务、资产的部分相对应，一致性程度为非等效。该部分由五个部类组成，也采用层次码，每层 1 位码。

【案例 2-7】

小商品分类标准——一个通向国际化的流通平台

成俊平说："随着小商品种类的累积增加，我们注意到义乌市场已经出现名称不规范、归类混乱等现象，并且开始影响到生产、经营、流通和出口等环节。"在义乌经商多年的商人高龙龙同样在采购商品时遇到了困惑，"像这样精美的餐具，在这里要到工艺品区才能找到。"高龙龙告诉记者，由于语言和文化上的差异，欧美和阿拉伯地区的客商在商品分类上遇到的问题还要更多。

"为了保证市场持续发展，规范市场管理，我们急需一套关于小商品的分类标准。"在义乌商城集团市场发展服务分公司总经理胡志龙手中，记者看到了一本《小商品分类与代码》。这本由浙江中国小商品城集团股份有限公司起草，中商流通生产力促进中心负责研究和编制的分类标准，历时两年时间编制完成，其间得到了商务部、海关总署、国家统计局、清华大学等的支持。2008 年 7 月，商务部批准并发布了国内贸易行业标准《小商品分类与代码》（SB/T 10454—2008），并于 2008 年 11 月开始执行。

《小商品分类与代码》将目前市场上的小商品按照属性划分为 16 个大类、9 105 个子类、6 个层级，基本上完整地囊括了目前所有的小商品品种，同时也为新品种的增加留出了编码空间。例如，在编码中，儿童开裆裤的一级分类为服装类，二级分类为儿童服装，三级分类为裤子，四级分类为开裆裤，编号为 09010101，这个编码之下还要分为 4 类，分别是纯棉、纯麻、纯丝和其他。

时任义乌市委书记吴蔚荣表示："对于正在经历转型的义乌市场来说，《小商品分类与代码》的编写意义重大。目前在世界上，没有一个地方能像义乌一样聚集这么多的小商品，而及早掌握小商品分类的话语权，对外国客商在中国的小商品采购具有重要的参考意义，将极大加快义务市场的国际化进程。"

资料来源：佚名. 一部小商品分类标准一个通向国际化的流通平台 ［EB/OL］.（2008-10-22）［2023-05-18］. http://zjrb.zjol.com.cn/html/2008-10/22/content_3597697.htm.

【拓展阅读】

商品条码的前缀码可以代表商品的原产地吗？

人们通常在看到商品条码中数字代码的前缀码时，往往将其代表的国际物品编码协会成员所在的国家（或地区）视为使用该条码的商品的原产地。例如，人们认为条码中前缀码为 690、691、692 的商品，其原产地为中国；而条码中前缀码为 480 的商品，其原产地为菲律宾。结果当消费者在市场上看到商品标志上标注原产地为菲律宾的商品，却使用分配给中国物品编码中心的前缀码 692，经常感到大惑不解，甚至怀疑该商品是假冒伪劣商品。

其实商品条码的前缀码并不一定就代表商品的原产地。因为1997年1月国家质量技术监督局出台的《产品标识标注规定》第九条规定："进口产品可以不标原生产者的名称、地址，但应当标明该产品的原产地（国家/地区，下同），以及代理商或者进口商或者销售商在中国依法登记注册的名称和地址……在中国设立办事机构的外国企业，其生产的产品可以标注该办事机构在中国依法登记注册的名称和地址。"该规定的第二十一条还明确指出："产品标识标注的产品条码，应当是有效的产品条码。"1998年7月，国家质量技术监督局发布的《商品条码管理办法》第十一条规定："依法取得营业执照的生产者、销售者，可以申请注册厂商识别代码。"根据上述几项法规的规定，菲律宾生产商在中国设立的办事机构可以向中国物品编码中心申请注册厂商代码，并在其出口到中国的商品上使用在中国物品编码中心申请的前缀码为692的商品条码。因此，原产于菲律宾的商品的条码前缀码可能为692。

中国标准书号与中国标准连续出版物号

如果说商品条码是商品的"身份证"的话，那么中国标准书号与中国标准连续出版物号就是中国图书和中国出版物走向世界的"通行证"。中国标准书号、中国标准连续出版物号都是中国出版物的标志，用于表明"身份"。出版单位按照国家有关规定将之载于相应的出版物上，既是为了表示出版物的合法性，也是为了保证出版活动的有序开展。

一、中国标准书号

国际标准书号（ISBN）是国际上通用的出版物标识编码。中国标准书号是国际标准书号系统的组成部分。中国标准书号是ISBN系统为在中国依法设立的出版者所出版或制作的每一专题出版物及其每一版本提供的唯一确定的和国际通用的标识编号。中国标准书号等效采用国际标准《国际标准书号》（ISO 2108：2005），适用于经国家新闻出版行政管理机关批准成立，并在中国ISBN中心注册的出版者所出版的专题出版物。

中国标准书号的结构如表2-17所示。它由EAN·UCC前缀、组区号、出版者号、出版序号、校验码五部分共13个数字组成。前缀与数字之间有半个汉字宽的间空，数字间用半字线隔开。各部分的顺序为：ISBN前缀-组区号-出版者号-出版序号-校验码。

表2-17　中国标准书号的结构

序号	名称	内容
1	EAN·UCC前缀	由三位数字组成，是国际物品编码（EAN·UCC）系统分配的产品标识编码。中国的EAN·UCC前缀为978
2	组区号	代表一个语言或地理区域、国家或集团的代码，由国际ISBN中心分配

表2-17（续）

序号	名称	内容
3	出版者号	标识具体的出版者，其长度为2~7位，由中国ISBN中心设置和分配
4	出版序号	标识出版物的出版次序，由出版者管理和分配。出版者号和出版序号连在一起须共为8位数字
5	校验号	固定用一位数字

例如，海南出版社出版的《迈克尔·乔丹如是说》一书在封底上印有 ISBN 978-7-80645-680-5，就是中国标准书号。其中，978为前缀，7为我国组区号，80645为出版者号，680为海南出版社的出版者序号，5为校验号。

中国标准书号条码是把书号用条码表示，有两种结构。其一，由 EAN-13 组成（见图2-16）；其二，由主代码（EAN-13）加附加码组成（见图2-17）。

图2-16　由 EAN-13 组成的中国标准书号的条码

图2-17　由主代码加附加码组成的中国标准书号的条码

二、中国标准连续出版物号

中国标准连续出版物号又称中国标准刊号，是国际标准连续出版物号（ISSN）系统的组成部分。"连续出版物"是指印有编号或年月标识、定期或不断更新并计划无限期地连续出版的出版物，如期刊、报纸、年鉴等。ISSN 系统是根据国际标准《国际标准连续出版物号（ISSN）》（ISO3297）制定的出版物标准编码，目的是通过建立全球连续出版物的唯一识别码系统和数据库而实施对各种连续出版物的有效和快捷的信息控制、交换与检索，适用于经国家出版管理部门正式许可出版的任何载体的连续出版物。

中国标准连续出版物号的结构如表2-18所示。它由一个国际标准连续出版物号和一个国内统一连续出版物号两部分组成。其中，国际标准连续出版物号由前缀 ISSN 和8位数字组成，最后一位是校验码。国内统一连续出版物号的前面部分由前缀 CN 和6位数字组成，6位数字由国家出版管理部门负责分配给连续出版物；分类号置于国内统一连续出版物号6位数字之后，用斜线"/"隔开。中国标准连续出版物号的结构格式为：ISSN XXXX - XXXX；CN XX - XXXX/YY。

表 2-18　中国标准连续出版物号的结构

序号	名称	构成	内容
1	国际标准连续出版物号	前缀 ISSN	—
		8 位数字	分两段，每段 4 位数字。8 位数的最后一位是校验码。
2	国内统一连续出版物号	前缀 CN	—
		6 位数字	分两段。前 2 位为地区号，依据国家标准《中华人民共和国行政区划代码》（GB/T 2260）中的数字码前两位给出；后 4 位为地区连续出版物的序号，各省、自治区、直辖市国内连续出版物序号范围一律为 0001~9999
		分类号	用以说明连续出版物的主要学科范畴，以便对连续出版物的分类统计、订阅、陈列和检索

中国连续出版物条码由 15 位数字组成，共分为两个部分，即主代码和附加码（见图 2-19）。

图 2-19　中国连续出版物条码

ISBN 与电子书标识符

　　数字环境下，电子书数量和销量骤增，采用电子书标识码，可以方便管理、查询、跟踪、统计电子书的生产、销售等信息。目前，应用较为广泛的电子书标识码主要有三种，分别是 ISBN、GTIN-13 和专有标识符。ISBN 常见于印刷书、电子书和其他一些与图书相关的产品（如音像图书），应用于这些产品在全球范围内供应链环节的订购、清单、销售跟踪和存货控制等方面。GTIN-13 主要用于零售商品编码，根据 GS1 的规范，ISBN 就是前缀为 978 或 979 的 13 位 GTIN，专用于书业商品编码。因此，ISBN 标准可与 GTIN 标准完全兼容。专有标识符被定义为一种特殊的产品标识符，并不作为产品贸易标识码，仅供参与者在供应链内部使用，其制定并无统一标准。例如，亚马逊公司推出的亚马逊专属产品编码"亚马逊标准识别码"就属于专有标识符。除了上述标识码外，数字对象唯一标识符（DOI）也是电子书标识码的一种，目前在学术期刊界比较有效，但在书业中的普及较为缓慢。据此，鲍克出版公司的劳伦·鲍森推测，这可能是因为供应链中尚有大量的实体图书仓储，但无疑，DOI 在电子书标识码领域极具发展潜力。

　　正如劳伦·鲍森所说，在数字化时代，面对海量的电子书，图书编码将变得更加重要。制定电子书标识码的行业通行标准，保证电子书标识码规范化，无疑对出版商、电子书分销商和读者都大有裨益。

　　资料来源：骆双丽，徐丽芳. ISBN 与电子书标识符［J］. 出版参考，2013（19）：50-51.

思维导图

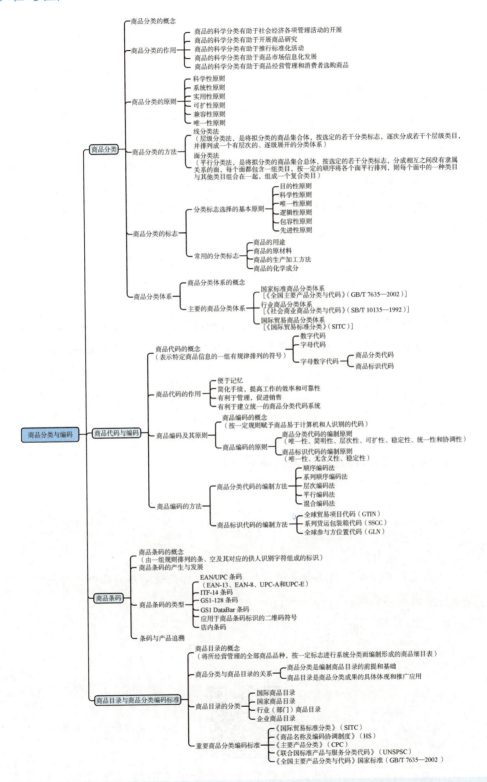

本章小结

为了满足商品生产和流通活动及其科学管理的需要，必须对商品进行分类和编码。如何根据分类编码的要求正确选择适当的分类标志，是确保商品分类编码体系稳定和实用的关键，因此必须掌握常用的分类标志及其优缺点，熟悉分类标志的选择原则并遵循商品分类的基本原则，这样才能实现分类编码的目的。

商品条码是商品的身份证，用于分类、反映出该代码的商品与其他商品之间的联系和区别，对核算、统计、征税、生产、贸易、储运、消费等经济活动的有效管理具有重要意义。商品标识代码使用条码标识，容易实现信息的自动识别、收集、处理和交换，提高效率和效益。

建立与国际标准相协调和兼容的商品分类与编码体系或商品目录，是我国社会主义市场经济快速发展以及更好地融入全球经济的迫切需要，这就需要我们首先要了解和研究国际上通行的重要商品分类编码目录体系，其次要借鉴其优点，结合我国实际情况和特点为我所用。本章介绍的几个重要的商品目录标准，恰恰也是本章前面所介绍的知识的具体运用。

在本章的学习中，学生不仅要在理论上对分类和编码有所了解，还要到实践中，结合具体的实例，运用所学知识去分析和解决实际问题，以加深对相关知识的了解。

本章重难点

1. 弄清楚各概念之间的区别与联系。
2. 认识并能辨别商品标识代码的编制方法。
3. 认识并能辨别商品条码的种类。

思考题

1. 什么是商品分类？商品分类的作用是什么？你见过哪些商品分类标志？
2. 什么是商品代码？

在线测试

第三章

商品品种与质量

学习目标

- 理解和掌握商品品种及商品品种结构的概念
- 熟悉商品品种的分类和类别
- 理解商品品种结构的重要性
- 正确理解商品品种、质量和效益之间的关系
- 理解商品品种的发展规律与商品品种结构优化的关系

导入案例

上海某零售企业生意红火的秘诀

上海一家零售业开设分店已3年多，生意很红火。分店共三层：一楼是休息、餐饮区，二楼、三楼设超市。不要小看这两层楼面的经营面积，商品很齐全，衣、食、住、行、用样样齐全。但耐人寻味的地方不在于超市经营的商品品种是否多，而是在进口和出口的设置口：两层楼面营业区只在二楼设置多个入口，而不在三楼设置入口，与二楼共用入口，二楼、三楼营业区又各自拥有出口。三楼为什么没有自己的入口呢？答案在哪里？

答案在商品分类。人们日日必需、时时要消费的各种生活必需品包括日化用品、生鲜食品，尽在三楼，而服装、书籍、玩具、音像产品、家电类产品等人们购买频数较低的耐用消费品在二楼。人们要上三楼购物，二楼是必经之路。既琳琅满目又陈列有序的商品似乎总在提醒到三楼的顾客："不要脚步匆匆，顺便把我带回去吧！"陪同购物的顾客也大多会在二楼自然而然分流，或去看书，或去玩具陈列处徜徉流连。

第一节　商品品种概述

一、商品品种的概念、特点和发展变化规律

（一）商品品种的概念

商品品种是指按某种相同特征划分的商品群体，或者是指具有某种（或某些）共同属性和特征的商品群体。商品品种的范畴是一个宏观概念，反映一定商品群体的

整体使用价值或社会使用价值。

不同的消费结构要求有不同水平的使用价值及不同的品种规格。从全社会来说，大类商品的品种及其结构应与全社会的消费需求和消费结构相符合，其他各类商品中的品种应与不同社会阶层、不同社会集团的消费水平相吻合。

（二）商品品种的特点

商品品种是一个庞大的、复杂的、敞开的、动态的、可控制的系统，其运动和发展受到一定的客观规律所限制，如技术学规律、经济学规律、一般品种规律、特殊品种规律等。因此，商品品种问题是多种多样的和复杂的，具有综合性的特点。商品品种问题既有工程技术问题，又有经济学、法学和商品学问题，需要多门学科共同研究来解决。

（三）商品品种的发展变化规律

商品学主要研究决定商品品种发展和变化的规律，包括一般品种规律和特殊品种规律。一般品种规律是指对所有商品都适合的品种规律，如商品品种最佳扩大的规律、商品品种最佳组合和构成的规律、商品品种完善的规律等。特殊品种规律是指只适用于某类商品或一些类似种类商品的品种规律，如食品、纺织品、服装、鞋类、化妆品、洗涤用品等各类商品中品种最佳构成的规律等。

商品品种规律只有与技术学规律、经济学规律等相结合，才能控制商品品种的发展和变化，实现商品品种的最佳构成，使商品品种与消费需求的相符程度达到最佳，从而促进商品的使用价值的实现，获得最佳的经济效益。

【案例3-1】

华联超市的品种分类

华联超市经营的商品种类可以达到上万种，如何对这些商品进行管理，既能满足顾客购买的需要，又能提高企业的管理效率，这就需要超市对其经营的商品进行细致的分类编组。华联超市对经营的商品分类编组如下：

第一大类：冷冻食品类；第二大类：饮料食品类；第三大类：糖果糕点类；第四大类：炒货蜜饯类；第五大类：调味品类；第六大类：烟酒茶类；第七大类：软包装食品类；第八大类：酱菜罐头类；第九大类：南北货腌腊制品；第十大类：洗涤、化妆类。

零售企业商品的合理分类，提高了企业管理效率，方便顾客购买。

二、商品品种研究的问题及意义

商品品种研究的问题包括：没有从根本上把握或认清商品品种及其规律；商品品种与人们不断增长的物质文化需要尚不相符；商品品种不完善、品种构成不合理，可能影响到经济活动的正常运行和人民生活质量的提高；商品品种的完善以及商品品种与消费需求相符程度的提高还没有完全建立在科学的基础上。

因此，研究商品品种问题，不断提高商品品种及其结构与消费需求及其结构之间的相符程度，具有重要的社会、经济和政治意义。

【案例3-2】

毛巾市场：品种更新快

徜徉在义乌毛巾市场，新上市的毛巾产品无论从外观上，还是内在质量、功能效果上都有了新的变化。

毛巾生产讲究花型独特、档次齐全、规格多种，既有常规螺旋缎档毛巾、平织素色毛巾、短绒提花毛巾、剪绒毛巾，又有新上市的割绒印花毛巾和高低毛剪绒毛巾。其中，高低毛剪绒毛巾的巾面组织新颖，平滑与粗糙相间，兼具按摩美容和洁面的双重功能。其面料也打破了传统纯棉一统天下的格局，有丙纶与纯棉混纺纤维毛巾、丝光毛巾以及人造丝缎毛巾等，使毛巾市场品种更趋丰富。

据经营户介绍，大多数店面的毛巾品种都在百种以上，而且毛巾像时装一样也在不断更新，新产品层出不穷，几乎每天都有不少新产品上市。

第二节　商品质量、品种与效益

一、商品的使用价值及其规律

（一）商品的使用价值

商品的使用价值是指商品满足人们一定需要的有用性的总和。它不仅在社会规模和社会总量上有量的规定性，而且也有质的规定性。这种质既不同于单个商品满足人们某种需要的自然属性，也不同于商品的使用价值作为交换价值物质承担者的属性，而是指由市场交换所形成的，存在于每种商品的使用价值中的社会必要值或标准值。

商品只有通过交换才能进入消费领域，实现其使用价值。由于商品实现消费必须事先通过交换，因此商品的使用价值就遇到了市场上同行业之间、购买者之间的比较、鉴定。正是由于这种生产经营者与生产经营者之间、购买者与购买者之间比较、选择和竞争关系，使每一种商品的使用价值在市场上形成了统一的社会标准，反映在主观上，就是大众认可的标准和国家规定的标准。在其他条件不变的情况下，某种商品的使用价值如果低于这个社会必要标准，就难以被社会和消费者接受；反之，商品的使用价值等于或优于社会必要标准，就容易被社会和消费者接受。

随着国际贸易的发展，国内标准发展为国际标准。随着时间的推移、市场竞争的加剧和供求的变化，商品的使用价值的社会必要标准自发地发生变化。其表现出来的强制作用也将越来越大，各国及各生产厂商对商品的使用价值的生产越来越重视，商品质量会不断提高，样式会不断更新，品种会越来越丰富，最终实现高层次、高标准满足各类用户和消费者的需要。

（二）商品的使用价值规律

由商品交换而产生的存在于同类商品的使用价值中的社会必要标准及其对生产者的反作用就称为商品的使用价值规律。

使用价值规律是商品经济的基本规律之一。它的内容和基本要求如下：商品交换使各部门的商品的使用价值之间存在着一个客观的社会标准，各商品生产者必须根据这个社会必要标准制造和销售有使用价值的商品。只要有商品经济存在，使用价值规律就必然要发挥作用。随着商品经济的发展和竞争的加强，使用价值规律将发挥越来越大的作用，并直接推动商品质量的提高、品种的增加和产业的创新，把生产力推向前进。

与价值规律通过价格机制调节经济活动一样，使用价值规律也在通过其社会标准这一机制引导和鞭策人们的生产行为，调节着质量、品种、花色的运行和发展。价值规律和使用价值规律都要求企业不断采用新技术，但前者的着眼点在于节约劳动，降低成本，使自己的商品比别人的更便宜，以获取较多的超额剩余价值和利润；后者的着眼点则是使商品质量更高，使用价值更优。

（三）商品的使用价值规律的运行轨迹

商品经济竞争大致经历了如下三个阶段：第一阶段是商品数量和市场占有率的竞争；第二阶段是在市场被分割完毕的情况下，为了巩固市场占有率和扩大销售额，企业必然开展以降价为主要内容的竞争；第三阶段是使用价值方面的竞争。

当降价达到极限时，企业开展质量竞争。当质量竞争及其提高达到极限时，企业开展产品品种、花色、式样、包装、规格直至花样翻新的产品服务等方面的竞争。当这些改进达到极限时，企业就会开发新产品，实现产品的更新换代，最终使得国民经济新行业、新部门的分化和创立。

这就是商品的使用价值规律的运行轨迹，也是生产力发展的次序。

【案例3-3】

福特T型车：一款改变世界的汽车

1908年10月1日，美国底特律开始生产一种以福特命名的汽车，型号为T型。这种少见的汽车推动了一个新的工业时代的到来，工人们首次用大批量生产的部件在流水线上组装汽车。亨利·福特生产的T型车是一种没有先例的技术典型。构造简单的四缸发动机工作负荷低，转速慢，非常坚固耐用，它可以用最低劣的汽油，甚至可以用煤油比例很高的混合油。

自1908年10月第一辆T型车交货以来，直至1927年夏天T型车停产，共售出1 500多万辆。T型车在全世界备受青睐，它成了便宜和可靠的象征。福特汽车公司创造了一个巨大的永久性汽车市场，带动了全球汽车产业的发展。

T 型车的许多创新永远改变了汽车制造业。流水组装线是亨利·福特于 1913 年在福特海兰公园工厂首创的，这不仅仅为汽车制造业乃至整个工业界带来了巨大的变革。T 型车推广了创新技术，如方向盘左置使乘客出入方便等，加之价格便宜，最低时 T 型车只卖 295 美元一辆，使得它在世界进一步趋于城市化之际成为一种最佳的行驶机器。

资料来源：佚名. 汽车技术发展中的 6 座里程碑 [EB/OL]. (2021-09-25) [2023-05-18]. https://baijiahao.baidu.com/s? id=1711845916078242513

【案例 3-4】

华为手机：坚持不断发展

从最开始的百元机到千元机，华为手机一步步向上发展。2011 年，iOS 系统和安卓系统都大获成功，智能手机的风口来了，任正非意识到手机市场是一个前所未有的大市场，于是决定不再跟随运营商做定制手机，而是坚定地做自己的品牌。

2011—2013 年是华为手机品牌化的开端和真正突破的开始。2011 年 9 月，华为发布了首款荣耀 U8860 手机，在价格和硬件参数上与小米手机对标，但是在内存、营销、芯片上都竞争不过小米手机。荣耀在 2013 年还被分离为独立品牌。余承东意识到，既然中低端市场走不通，不赚钱，那么华为可以走高端路线。余承东砍掉了很多低端机和功能定制机，遭到了一众高管的极力反对，还得罪了不少电信运营商。2012 年 1 月，余承东主导研发的第一款手机 Ascend 系列上市，产品分为 P、D、W、G 几个型号。售价 2 999 元的 P1 手机的销售量不到 100 万部。同一年，海思的第二款产品诞生，被华为用在了十余款主力产品上。然而，这款芯片的用户体验非常差，余承东有些动摇。如果不是任正非仍坚持要用自己研发的芯片，可能就不会有现在的麒麟。

2012 年 10 月，余承东挖来杨柘。杨柘加入华为的三年期间，带领团队负责 P6、P7、Mate7、P8、Mate S 在中国市场的营销策划工作。从 P7 的君子如兰、P8 的似水流年到 Mate 7 的爵士人生，杨柘为华为手机品牌注入了情感标签，其中经典广告词"爵士人生"让 Mate 7 一炮而红，由此华为手机成功站稳高端市场。Mate 7 的成功，提升了华为的渠道影响力，人们对华为的品牌认知进一步提升，也带动了麒麟芯片的发展。

2014 年年初，海思研发的芯片被命名为麒麟芯片，开始正面挑战移动芯片领域的霸主——高通骁龙，并同时推出了麒麟910。同年 6 月，华为推出麒麟920。2015 年，搭载该芯片的华为 P7 在全球出货 400 万部，华为凭借这款芯片进入世界芯片设计主流梯队。

资料来源：佚名. 华为手机简史：十年盛衰之变 [EB/OL]. (2021-01-29) [2023-05-18]. https://baijiahao.baidu.com/s? id=1690188792414787758&wfr=spider&for=pc.

二、商品质量、商品品种、经济效益与使用价值

（一）商品质量、商品品种与经济效益的含义

1. 商品质量

商品质量是衡量商品使用价值的尺度，这个尺度是人们在实践中得出的科学结论。我国国家标准对质量的定义如下：产品、过程或服务满足规定或潜在要求（或需要）的特征和特性的总和。我国商品学界一般认为，商品质量有广义和狭义之分。广义的商品质量是指商品具有满足明确和隐含需要的能力的特性和特征的总和。狭义的商品质量是指商品具有满足明确和隐含需要的能力的特性的总和。

2. 商品品种

商品品种是指按某种相同特征划分的商品群体，或者是指具有某种（或某些）共同属性和特征的商品群体。商品品种是一个宏观概念，反映一定商品群体的整体使用价值或社会使用价值。

不同的消费结构要求有不同水平的使用价值及不同的品种规格。从全社会来说，大类商品的品种及其结构应与全社会的消费需求和消费结构相符合，其他各类商品中的品种应与社会不同阶层、不同集团的消费水平相吻合。

3. 经济效益

经济效益是通过商品和劳动的对外交换所取得的社会劳动节约，即以尽量少的劳动耗费取得尽量多的经营成果，或者以同等的劳动耗费取得更多的经营成果。

经济效益是资金占用、成本支出与有用生产成果之间的比较。所谓经济效益好，就是资金占用少，成本支出少，有用成果多。提高经济效益对全社会具有十分重要的意义。

经济效益是衡量一切经济活动的最终的综合指标。所谓企业的经济效益，就是企业的生产总值同生产成本之间的比例关系。其用公式表示如下：

经济效益＝生产总值÷生产成本

由于企业的生产经营活动是一个复杂的过程，由多方面的内容和环节构成，因此决定企业经济效益的因素也是多方面的。为了能够客观反映企业的经济效益，我们必须从多角度进行考查，采用一系列相互关联、相互交叉的指标（指标体系）进行全面、准确地衡量与评价。

（二）商品质量、商品品种与经济效益的关系

商品质量、商品品种、经济效益三者是有机统一的，它们相互依赖、相互制约。商品品种是构成经济效益的基础，商品质量是构成经济效益的关键。追求经济效益，就必须抓商品质量、丰富商品品种；丰富商品品种，不抓商品质量，品种自然会被淘汰；抓商品质量，不丰富品种，商品质量无法体现。

商品质量、商品品种与经济效益的关系如图 3-1 所示。

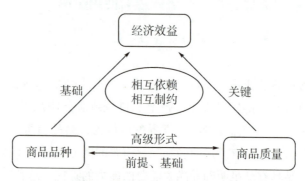

图 3-1　商品质量、商品品种与经济效益的关系

（三）商品质量、商品品种与经济效益三者与使用价值的关系

商品质量和商品品种是实现商品的使用价值的前提。商品质量必须和商品品种结合起来，才能保证商品的使用价值的顺利实现，从而获取经济效益。

商品的使用价值包括商品个体的使用价值和商品群体的使用价值。商品质量是指商品性能满足消费者和用户需求的程度，说明商品满足人们需求的深度，反映商品个体的使用价值。商品品种是指消费者和用户对商品特征的要求，说明商品的消费目标（商品供哪类消费者或消费者集团使用）和商品满足人们需求的广度，反映商品群体的使用价值。商品质量和商品品种是决定商品的使用价值的两个方面，也是决定销售和经济效益的两个关键因素。商品的使用价值与商品品种、商品质量的关系可以用以下公式表示：

$$UV = f(S,\ Q)$$

式中，UV 表示商品的使用价值，S 表示商品品种，Q 表示商品质量。

商品质量是从微观、个体角度，从同种类商品满足人们同一需求的质的差异程度来表现商品的使用价值的。商品品种则是从宏观、群体角度，从不同种类商品满足人们不同层次需求的量的差异、广度来体现商品的使用价值的。商品质量与商品品种之间存在密切的内在联系，因为商品品种的差别意味着质的差别，而不是量的差别。质的差异才能满足人们不同层次的消费需求。研究商品品种实际上是研究不同质的商品的使用价值和人们消费需求的相互关系，研究商品品种比研究商品质量的层次更高，属于商品的使用价值的宏观研究范畴。

在过去，用同样的投入取得更多的产出或用较少的投入取得同样的产出，就是提高了经济效益；反之，则表明降低了经济效益。但是，如今不能这么简单衡量。到了现代商品经济尤其是供给大于有效需求的时代，消费者和用户挑选余地大，对商品质量、商品品种的需求更高、更复杂，经济效益也就由简单形态步入复杂形态。

商品品种已构成经济效益的基础，商品质量已构成经济效益的关键。现代经济是在经济效益的两翼——投入和产出上加上了商品质量、品种两个沉重的砝码。

企业除了要增强质量意识，优化质量管理，提高全员劳动素质，采用先进技术设备外，关键还要在外部大环境压力下，营造质量升级、品种增多的市场机制环境和质量法规控制环境。同时，企业必须在新产品开发和商品结构调整时，首要运用各种手段，调查市场需求和消费者需求，摸清商品质量和商品品种、生产能力以及市场对各类商品的容量，研究、分析和预测市场结构与消费结构及其变化趋势。在科学预测的基础上，企业制定出切实可行的商品开发和商品结构调整的近期目标与长期目标，运用先进的技术，加强质量管理，才能使生产出的商品在质量、品种和价格上有很强的市场竞争能力，使经济效益不断提高。

商品质量、商品品种、经济效益与使用价值的关系如图3-2所示。

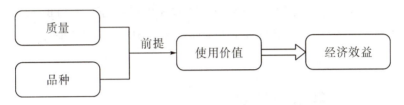

图3-2　商品质量、商品品种、经济效益与使用价值的关系

【案例3-5】

苹果的战略变化：不合乔布斯理念却挺能卖钱

2010年，在出任首席执行官（CEO）一职之前，苹果的蒂姆·库克（Tim Cook）称公司旗下所有的产品能够共存，这种专注度会带来更好的产品。当时，该公司的网站提供14款苹果产品。如今，在库克的领导下，苹果的产品线已经扩张到27款产品，不同的版本数量达到200个以上。

该战略与联合创始人史蒂夫·乔布斯（Steve Jobs）所主张的极简主义背道而驰，但是正帮助苹果取得增长，尽管其最重要的产品所在的智能手机市场的增长停滞不前。智能手表（Apple Watch）、无线耳机（AirPods）等产品，再加上多个版本的智能手机（iPhone），来自日益多样化的软件服务销售额的飙升，带动了苹果的营业收入增长。这些因素弥补了iPhone低于预期的销量，助推苹果的市值不断上升。目前，尽管库克掌舵的苹果还没能创造出新的产品品类，但现有产品线的良好发展让投资者对该公司的前景感到更加乐观。

库克的多元化战略反映了市场趋势的变化。消费科技的快速转型意味着，保持客户的参与度要比苹果已故创始人史蒂夫·乔布斯管理公司的时代复杂得多。库克表示，苹果"经营的广度和深度是我们以前从未有过的"。

以硬件为例，除了乔布斯和苹果前首席设计官乔尼·艾维（Jony Ive）牵头推出的个人电脑（Mac）、平板电脑（iPad）和智能手机（iPhone）之外，苹果现在还销售智能手表和无线耳机。据传，用于游戏和虚拟会议的增强现实（AR）眼镜、虚拟现实（VR）和AR头盔也将出现。

为了确保用户继续与苹果设备保持联系，并增加新的收入来源，库克正在推出各种各样的新服务，如"Apple TV+"上的原创电视剧、"你可以信任的新闻"服务、与高盛建立的合资金融服务公司以及利用 Apple Watch 推出的医疗保健服务等。

库克有足够的理由感到高兴，苹果的核心业务（制造和销售昂贵的硬件）正在蓬勃发展。尽管 2018 年形势不稳，但 iPhone 的销售额在 2019 年第四季度升至 560 亿美元，同比增长 8%。首款 5G 手机将进一步提振销量。

AirPods 是拥有内置传感器和语音助手的无线耳机，很受消费者欢迎。投资公司分析师丹·艾夫斯（Dan Ives）表示，AirPods 是所有苹果产品中增长最快的，利润率在 50% 以上。

资料来源：佚名. 苹果产品线越来越多：不合乔布斯理念却挺能卖钱［EB/OL］.（2017-05-13）［2023-05-18］. https://www.163.com/tech/article/CKADTS4600097U7T.html.

第三节　商品品种类别与结构

一、商品品种分类

（一）商品品种分类的概念

商品品种分类是指商品按不同的质上的差别而归类，按不同的使用价值来对商品进行区分。商品品种有多层次分类，首先是生产分工的分类，其次是流通分工的分类，最后是消费需求的分类。就使用价值来说，起决定性作用的是消费需求的分类。消费需求是具体的，商品供给要满足市场需要，就必须把按生产分工所生产出来的商品，通过流通分工，最终转变为适应消费需求结构的分类。

按照生产分工的分类，产品可以划分为物质产品和劳务产品，物质产品又可以分为工业产品和农业产品，工业产品还可以再分为重工业品和轻工业品，农业产品还可以再分为种植产品、林产品、畜牧产品、水产品等。往下还可再分，如重工业品有钢铁、石油、化工原料、机械产品、电子产品等，轻工业品有日用工业品、纺织品、食品、医药用品、家用电器等，种植产品有粮食、棉麻、油料、糖料、烟草、蔬菜、水果等。这种按生产分工的分类并不等于按消费需求的分类，因为同一产品有多种用途，同一类消费需求可以由不同的产品来满足。

按照流通分工的分类，商品可以分为零售商品和非零售商品。其中，零售商品又可以进一步分为定量零售商品和变量零售商品，非零售商品又可以分为畅销商品、滞销商品和一般商品等。

按照消费需求的分类，商品可以分为高、中、低档商品，或者分为日用品、选购品和特殊品，或者分为常年性消费品和季节性消费品，或者分为耐用品和消耗品。如果将消费需求划分得再细一点，那么商品又有不同规格、型号、式样、花色等的细分。

商品品种分类如表 3-1 所示。

表 3-1　商品品种分类

分类标准	初步分类				细分
按照生产分工的分类	物质产品				工业产品
					农业产品
	劳务产品				加工
					修理修配
按照流通分工的分类	零售商品				定量零售商品
					变量零售商品
	非零售商品				畅销商品
					滞销商品
					一般商品
按照消费需求的分类	高档 中档 低档	或	日用品 选购品 特殊品	或	常年性消费品 季节性消费品	或	耐用品 消耗品	可按规格、型号、式样、花色再细分

（二）商品品种分类的意义

商品品种分类合理化的意义在于它能充分体现使用价值满足消费需求的程度，具体如下：

（1）是一个国家、一个民族经济和文化发展的重要标志。

（2）是满足人民需要、丰富人民生活和提高生活水平的一个重要标志。

（3）是生产全面、顺利发展的必要保证。

（4）是扩大和加速商品流通的前提。

（5）有利于开展竞争。

（6）节约社会财富，为消费领域中物尽其用奠定基础。

（7）节约生产、节约投资和消费者开支，维护消费者利益。

二、商品品种类别

由于商品品种繁多、特征各异，商品品种的类别也多种多样。不同的品种类别表明其特有的品种特征。商品品种类别可以按不同的标志划分，商品品种的类别与商品分类密切相关，各大类商品均拥有大量的品种，根据一定的原则，可以划分为大类商品品种、中类商品品种、小类商品品种、细类商品品种（规格、花色、式样、型号、生产厂商等）。

（一）按照商品品种形成的领域划分

按照商品品种形成的领域划分，商品品种可以分为生产品种和经营品种。其中，生产品种是指由工业或农业提供给批发商业企业的商品品种。经营品种是指批发商业企业和零售商业企业销售的商品品种。工业生产的商品品种和商业经营的商品品种，一方面取决于特定经济形式下的资源状况和生产技术能力，另一方面取决于消费需求的结构及其变化。

为获得好的经济效益，生产部门必须有合理的产品结构、适销的商品品种以及高水平的商品质量，并要根据市场需要和消费需求不断调整生产品种和开发新品种。商业部门必须按照市场需求、供求状况和竞争需要，确定和调整企业发展战略中的品种计划，重视商品品种的构成、完善、策略等问题。

商品品种计划是指商业企业计划或规划其经营品种的组合。商业企业在确定和调整品种计划时，要考虑以下因素：消费需求、消费水平、消费者购买力、商品的档次（质量和价格水平）、品种构成、竞争状况、盈利的基本点、资本等。

商品品种构成是指商业企业经营的各类商品之间及每类商品中不同品种规格商品的组合。影响商品品种构成的主要因素是消费者的年龄、性别、职业、偏好、民族以及风俗习惯等。

商品品种策略是指零售商业部门根据消费需求的变化不断改变或调整商品品种所采取的措施。常用的措施有以下三种：

（1）扩大商品品种，如增加新商品，增加短缺品种，使商品品种系列化。

（2）压缩商品品种，如淘汰获利不足的老商品品种、过剩品种以及多余品种。

（3）调整或变化商品品种，如变化质量等级、价格等级、商品档次等。

（二）按照商品品种的横向广度或商品品种的结构划分

按照商品品种的横向广度或商品品种的结构划分，商品品种可以分为复杂的商品品种和简单的商品品种。商品品种的广度是指具体商品类别中的变种（品种）数目。例如，灯泡、肥皂、锤子、办公用品等只有很少的品种，属于简单的商品品种；服装、鞋类、食品等有相当多的品种，属于复杂的商品品种。服装商品的品种类别如表3-2所示。

表3-2　服装商品的品种类别

项目	女服	男服	童装	婴儿服
外衣	大衣 风衣 上衣 裙子 短外衣 夹克衫 套装 裤子 衬衣 针织外衣 皮革服装 工作服 衣饰中的小配件等 （手套、提包）	大衣 风衣 西装 短上衣 夹克衫 裤子 针织外衣 皮革服装 工作服 衣饰中的小配件等 （手套提包）	同男服和女服相似 童裤 连衣裙 连衣裤 风雪衣等	小连衣裙 户外套服等

表3-2(续)

项目	女服	男服	童装	婴儿服
内衣	胸衣 内衣 睡衣 晨衣 连裤袜等	衬衣 内衣 睡衣 晨衣 长筒袜 短袜等	同男女内衣相似	小衬衫 小孩短上衣 小裤子 背心连裤 睡袋等
运动服	运动衣、体操服、运动裤、网球衣、滑雪衣、游泳衣、旅行衣等			

(三) 按照商品品种的纵向深度划分

按照商品品种的纵向深度划分，商品品种可以分为粗的商品品种和细的商品品种。在制定商品规划时，一般是指粗的商品品种。在订立供货合同时，企业要详细规定商品的所有特性值（参数），包括规格、颜色、式样、包装装潢等，这时就涉及细的商品品种。

(四) 按照商品品种的重要程度划分

按照商品品种的重要程度划分，商品品种可以分为日常用商品品种（必备商品品种），美化、丰富生活用商品品种，主要商品品种和次要商品品种。

(五) 按照行业（商业部门）划分

按照行业（商业部门）划分，商品品种可以分为一定的商品品种类别。例如，杂货、食品、医药品，纺织品、皮革制品、家具，五金制品、家用器皿、玻璃制品、瓷器、壁纸和地面铺设用品，电子电器商品、玩具、体育用品，文具纸张、办公用品、书，钟表、首饰、乐器、照相器材等。具有这些行业特征的商品品种大多由不同的专营商店或百货公司的各商品部来经销。

(六) 按照消费者的某方面需要划分

按照消费者的某方面需要划分，商品品种可以分为不同的商品品种类别。按照生活范围的需要可以分为从属于消费者的不同商品品种（配套品种），如卧室用品、儿童用品、家用纺织品、家用电器、园艺用品、洗涤用品、装饰品、办公用品、文化用品、厨房用品等，这些商品品种类别的构成便于消费者购买；按照活动范围的需要可以分为野营用品、旅行用品、休闲用品等商品品种类别。按照消费者的某方面需要来划分商品品种，打破了传统，出现了许多专门商店，有利于商品销售和消费者选购。

三、商品品种结构和商品品种合理化

(一) 商品品种结构

商品品种结构是在一定范围的商品集合体中，对各类商品及每类商品中不同品种的组合状况及其相对数量比例的客观描述。所谓相对数量比例，是指在所管理的集合体商品总量中，按满足不同层次消费需求，各大类商品及每类商品中不同品种规格商品的数量所占的比例。商品品种结构框架是按金字塔形排列的，图3-3和图3-4给出了服装商品和食品商品的品种结构框架。

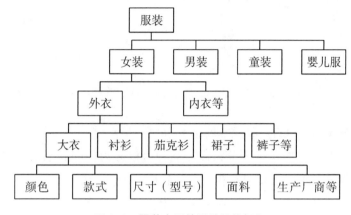

图3-3　服装商品的品种结构框架

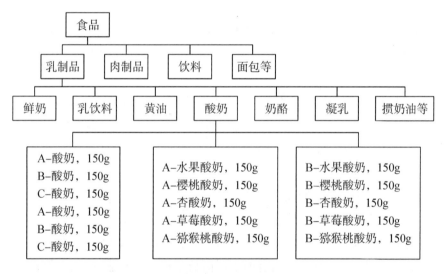

图3-4　食品商品的品种结构框架

　　商品品种是消费者对商品广度的要求，它是商品结构（商品品种组合）状况的反映，也是消费需求结构的反映。总体来说，商品品种的结构应适应消费需求结构及其变化。具体商品品种的构成应考虑具体的消费需求，如消费者年龄、性别、职业、消费水平、民族和风俗习惯等。消费需求和消费结构不是一成不变的，它随科学技术水平、人口组成、社会经济发展水平等的变化而变化。这种变化一般呈上升趋势，因此商品品种结构也是一个动态的高级化过程。调整商品品种结构，首先要调查消费需求，研究分析市场结构和消费结构，及时捕捉市场信息，掌握市场和消费结构的变化趋势。

（二）商品品种合理化

1. 商品品种合理化的含义

对商品进行合理的筛选，而使企业的销售能力资源（如资金、场地等）得到合理的配置、发挥最大的潜力、取得最佳的经济效益，称为商品品种合理化。

商品品种结构是否合理，实质上是商品能否满足广大消费者多样化、多层次、专业化、特殊化、个性化的消费需求问题，也是人们对商品的不同需要在质的方面如何得到满足的问题。为了促进商品品种结构的合理化与优化，企业应重视商品品种和对商品品种结构的研究。

2. 商品品种合理化的影响因素

研究商品品种结构，包括老品种的改进和淘汰、新品种的开发，必须从满足社会需要出发。商品品种结构的决策要考虑两个因素，即市场引力和企业实力。市场引力包括商品对国计民生的影响力、市场容量、利润率、销售率、增长率等，是社会需要状况的反映。企业实力是指企业满足市场要求的能力，包括市场占有率、生产能力、技术能力、销售能力等综合因素。只有对市场引力和企业实力进行定性、定量分析，在分析的基础上确定老品种的改进和淘汰、新品种的开发，才能使生产的商品满足消费需求，使商品品种结构与消费需求结构相符。

3. 商品品种合理化的原则与意义

商品品种结构合理化的总原则是商品品种结构必须与人们的实际需要和消费结构及其变化相适应。第一，商品品种必须与消费需求相符合，商品品种结构必须同消费需求结构相一致。这就是说，商品品种必须适应不同社会阶层、不同社会集团、不同人群的消费水平和消费偏好。第二，随着社会的发展，人们的需要和消费需求结构会不断发生变化，商品品种结构也应随之变化和调整，以保证商品品种结构与消费需求及其结构的相符程度达到最优化。提高商品品种结构与消费需求结构的相符程度，对全面满足消费需求、加速商品的使用价值的实现、保证企业计划的顺利完成、提高企业的经济效益等，都具有重要的意义。

【案例3-6】

气味图书馆贩卖气味

如果你走进一家香水店，发现货架上的商品都是灰尘味、皮革味，你是会挨个闻一闻，还是吓得拔腿就跑？

今天我们要讲的品牌——气味图书馆，将日常生活中的各种气味打造成香水，无论是上述的古怪味道，还是青草、阳光等温馨的气味，都被他们装进了小瓶子。

2017年，气味图书馆成了"中国味道"的代言人，凉白开系列香氛护理产品在社交网络刷屏了。2018年"双十一"，凉白开系列香氛产品共卖出40万件。2019年"双十一"，大白兔系列香氛产品开售20分钟售出2.5万件。成立自主品牌不到4年，气味图书馆就获得高达 3 亿元的估值，并连续 3 年位居天猫国产香水第一名，在长期由国外大牌香水主导的香氛市场中成为一道奇观。

这家年轻的公司是怎么想到卖"水的味道"的？平平无奇的凉白开又为何能爆火？把奶糖做成香水为什么就能受欢迎？让我们一探究竟。

一、从大自然里"偷"味道

气味图书馆在 2009 年由留学归国的艺术系青年娄小芝（曾用名娄楠石）创立。其创办之初并不是自主品牌，而是 20 多个国外香水品牌的代理商。在气味图书馆代理的一众品牌中，与气味图书馆如今的品牌理念最接近、也是气味图书馆主要代理的品牌，是美国香水品牌"DEMETER FRAGRANCE LIBRARY"，中文译名也叫"气味图书馆"。其中热门产品有雪味、青草味、雷雨味、平装书味、小狗的呼吸味等。

二、找中国人记忆里的气味

2014 年，娄小芝注册了自有品牌"SCENT LIBRARY"（"气味图书馆"），并组建起自己的研发团队，开始对香水的定义进行进一步挖掘。

嗅觉记忆是人类最容易构建、最难以失去的记忆，一点点熟悉的气味，就能把我们拉回许多年前初次闻到这种味道的场景，气味比照片、文字的记忆还要迅速直接。有人把香水比作液体的记忆，香味是否吸引人，不是好闻或难闻能一言以蔽之的，更大的影响因素是闻味道者对其唤起的记忆的情感态度。

市面上大多数香水都是外国品牌，鼠尾草、雪松、罗勒这些香水中常用的基调，是许多外国人生活中最熟悉不过的气味。传递到中国，纵然配方里前调、中调、后调的构成标得清清楚楚，但对从没在现实中闻过那些气味的人来说，最终还是只能闻个"香"。

娄小芝意识到，想要在中国打造现象级的香味，光引入国外的爆款是行不通的，必须要找到中国人自己记忆里的味道。因此，在经营日常的"泥土""阳光"等气味之外，娄小芝开始定义和寻找"东方人的气味"。其产品包括了北京的味道、凉白开的味道、舌尖上的中国味，后续也出品了东京的味道、莫斯科的味道。

三、玩跨界，找味道

2010 年，气味图书馆与电影《山楂树之恋》合作，打造融合了大海、雨滴、天空、绿叶等气味的"最纯的味道"，以"史上最有味道的电影"为主题给影片做宣传"气味图书馆×山楂树之恋"。

2015 年，气味图书馆与电影《山河故人》合作，推出包含了 6 种气味的"故人味道"系列香水，制作成礼盒，在电影首映礼上送给到场的媒体与明星。

2017 年，凉白开系列爆红之后，气味图书馆一手大力推广明星产品，一手仍继续尝试各类跨界联名，并且合作的对象越来越令人摸不着头脑，如被网友戏称为"斩爹香"的泸州老窖白酒香水、德克士烟熏炸鸡香水、必胜客榴莲比萨香水……甚至还有为优酷打造的"文化味儿"香水。

资料来源：李凌羽. 拆解"气味图书馆"黑马秘籍，看国民品牌如何破局千亿嗅觉市场？[EB/OL].（2021-02-25）[2023-05-18]. https://www.sohu.com/a/452684147_120057219.

第四节　商品品种的发展

商品品种及其结构和消费需求及其结构之间的关系是以一定的对应形式存在的，因此商品品种的发展也具有一定的规律。商品品种的发展规律可以概括为以下几个方面：

一、商品品种的多样性与统一性规律

商品品种多样性是由人们和社会需要的差异性与多样性造成的。但是，商品品种的多样性不是随意的，其必须以消费需求为基础，保证商品品种规格系列和使用特性的统一。这是使商品的规格和质量满足社会需要的一种技术保证，是产需之间的利益协调一致的方式。

商品类别、品种要齐全。这就是说，凡是商品消费所需要的都应该齐备，不应缺门断档，这样才能满足消费者多种多样的需要。

所谓品种齐全应该正确理解：

第一，品种齐全是相对的而非绝对的，即以大致能满足消费需要为准则，不应拘泥于样样齐备，一应俱全，以免造成不必要的积压。

第二，商品类别、品种的数量并非固定不变的，而应随消费需求的发展和变化而调整。

第三，品种齐全要集中精力保证人们需要的基本商品和主要品种。

第四，商品品种和消费需求之间、商品品种花色和类别之间都存在着一定的比例关系，这是由消费结构、购买水平和投向决定的。在满足人们的需要时，只有商品获得最大利润，商品品种的多样性才表现为最佳状态。

二、数字化给商品品种带来的快速增长

数字化帮助消费品行业"增加品种"。现阶段，在 500 种主要工业产品中，中国有 40% 以上的产品产量居世界首位，有 176 种消费品产量居世界首位。数字化手段可以聚集行业研发资源，实现设计工具、模型、人才的云融合与共享，开发更多创新产品，推动消费升级。例如，数字化研发设计可以促进个性化定制和柔性生产，重塑新的生产模式，搭建数字化智能设计公共服务平台，为成果转化和保护提供有力支持，促进产品迭代更新。

三、商品品种合理增长的规律

经济发展水平越高，经济增长速度越快，商品品种就越丰富多彩。商品品种越丰

富，人们选择商品的范围和自由度越大，人们不断增长的需要被满足的程度就越高。因此，保持和开发相当数量的商品品种，是使社会主义市场经济持续发展和人民生活质量持续改善的客观要求。

但是，商品品种也不能盲目发展和无限增加。一方面，商品品种的开发和增长必须建立在市场需要的基础上，否则即使增加了，最终也会因没有销路而减少；另一方面，我们还应该考虑如何用尽量少的商品品种来满足尽可能多的消费需要，也就是运用标准化原理如何科学合理地简化商品品种的问题，因为商品品种简化无疑有利于生产控制、产量提高和成本降低。

四、商品品种新陈代谢的规律

商品品种存在着新陈代谢的规律。这是因为消费需求的结构会因经济的发展和变化特别是购买力的提高与投向的变化而变化，使原来一部分适应市场需要的品种变成不适应而被淘汰；同时，为了适应市场的需要会有一些新的品种不断涌现出来，从而形成品种的新陈代谢规律。

许多商品都有其生命周期，上市以后经过一个或长或短的期间，从增长至兴旺再至萎缩，最后退出市场，不再适应市场的商品从原来新兴的、时尚的商品变成老化的乃至被淘汰的商品。新陈代谢、推陈出新是一个进步。只有新陈代谢、推陈出新，商品供给的有效程度才能提高，满足消费的程度才能提高，进而不断克服积压和脱销问题，提高生产和流通的经济效益。当然，新陈代谢并不意味着一切老商品都要被淘汰，所要淘汰的是不被需要的商品，一些品质优良、为消费者所喜爱的传统商品和名牌商品不仅不会被淘汰，反而要继续保持和发展。同时，新陈代谢也不意味着一切新商品都能替代老商品。新商品要经过市场考验、评价，在竞争中显示出比老商品优越，才能适应市场需要，才能代替那些失去市场需要而注定要被淘汰的老商品。新陈代谢并不意味着从类别、品种到花色的多层分类同步更新，可能上一层次变动，也可能上一层次不变动，而下一层次的部分以新代旧。新陈代谢中被淘汰的商品并不意味着一旦淘汰了就永远被淘汰了，有的商品在特定条件下可能再生。除了因经济发生困难或严重供不应求的特殊情况外，一般是由于消费需要再现，因此发生循环，如复古、怀旧所致，这在花色、款式上比较常见。但是循环并非完全重复，往往又伴有原有品种的新改进。

一般来讲，商品品种更新的速度越快，更新的比例越大，市场上的新商品就越多，使用价值高的新商品和更现代化、更先进的商品就越多，从而使消费者的需要能够得到更好、更全面的满足。但是，并不是商品品种更新的速度越快、比例越大越好。如果商品品种更新的速度太快、比例太高，造成生产和流通中不必要的品种经常变换，结果无法有效管理控制，同样难以实现经济效益。商品品种更新的最佳速度和比例的标准如下：用于商品生产、流通和消费的每单位成本获得所涉及商品的最高使用价值。按照行业或企业的特点、商品的种类、品种更新的类别等，商品品种更新的速度和比例是有差别的。例如，对于纺织服装行业来讲，其商品受款式、花色的影响较大，品种更新的速度较快，更新的比例也较大；对于粮食种植行业来讲，其商品生产周期长，更新过程复杂且风险大，品种更新速度相对慢得多，更新比例也较小。

加速商品品种的更新换代速度符合一般经济规律。随着科学技术的进步和消费需求的不断变化，商品品种更新的周期越来越短，商品品种的更新速度也越来越快。国家和企业必须根据社会实际需要与技术经济条件，确定不同商品品种的最佳更新速度和比例，制定品种更新的近期计划和长远规划，及时开发新品种，改进或淘汰老品种。在社会主义市场经济条件下，不断更新和完善商品品种的作用与意义重大，这是由以下因素决定的：

（1）生产的商品品种不合理会造成商品滞销和积压，使生产效益下降。不断更新和完善商品品种越来越成为增加社会生产效益和提高社会生产率的最重要因素。当前，商品品种已构成经济效益的基础。

（2）提高整体商品供给的质量，不只是通过提高各种商品的质量来实现的，而是在很大程度上取决于商品品种的更新换代。商品品种的有效更新是提高商品质量的重要前提。

（3）人民的生活水平不仅由物质商品的数量决定，而且是由整体商品供给、商品品种组合和品种结构的质量来决定的。

（4）在世界范围内，科学技术把全面完善商品品种、提高商品的技术经济水平问题置于显著地位。

（5）商品品种完善和合理化的程度、商品品种的特征、商品品种更新换代的速度和比例，越来越成为一个国家生产力发展水平的重要标志，也是运用自然科学规律和社会科学规律，特别是运用技术和经济规律的指标。

【案例3-7】

移动电话的发展：从"板砖"到智能机

手机的发展变化经历了几次大的变革。

1973年4月3日，摩托罗拉高管马丁·库帕（Martin Cooper）打通了史上第一个移动电话。马丁·库帕用的这部电话重约1.13千克，总共可以通话10分钟，它是世界上第一款商用手机——摩托罗拉DynaTAC 8000x的原型。

第一代移动通信（简称"1G"）是摩托罗拉的天下。其模拟移动电话系统的质量完全可以与固定电话相媲美，通话双方能够清晰地听出对方的声音。但是，模拟移动通信与数字通信相比保密性能较差，极易被并机盗打，只能实现话音业务，无法提供丰富多彩的增值业务，网络覆盖范围小且漫游功能差。

第二代移动通信（简称"2G"），全球移动通信系统（GSM）数字网具有较强的保密性和抗干扰性，音质清晰，通话稳定，并具备容量大、频率资源利用率高、接口开放、功能强大等优点。各大手机生产商看好了这一新的商机，争相拓展这一市场上的份额，摩托罗拉不肯舍弃已有的地盘抱死了模拟网络，以至于没能及时调整市场战略，其霸主地位迅速下滑。与此同时，诺基亚、爱立信等厂商后来居上，成三足鼎立之势。

2007 年开启了智能手机新时代。2007 年，手机经过多年的发展，已经基本成型，各个生产商基本确定了自己的风格。在苹果手机（iPhone）带来革命性冲激之前，各个生产商在各自的市场驰骋，同时又互相兼容并收，一个品牌的成功经验立刻被复制到另外一个品牌，你超薄我也超薄，你智能我也智能，你拍照我也拍照。苹果手机借助比市面竞争对手先进 5 年的操作系统，带来的体验是革命性的，颠覆了整个手机市场，手机进入了一个新时代。

同时流行的智能手机操作系统有塞班系统（Symbian OS）、安卓系统（Andriod OS）、iOS 系统等。按照源代码、内核和应用环境等的开放程度划分，智能手机操作系统可以分为开放型平台（基于 Linux 内核）和封闭型平台（基于 UNIX 和 Windows 内核）两大类。

采用塞班系统（Symbian OS）的手机主要来自诺基亚，但 2013 年 1 月 24 日，诺基亚在当日财报电话会议中宣布，诺基亚 808 将是最后一款塞班系统手机。安卓系统（Android OS）是谷歌（Google）与由包括中国移动、摩托罗拉、高通、宏达等在内的 30 多家技术和无线应用的领军企业组成的开放手机联盟合作开发的基于 Linux 的开放源代码的开源手机操作系统。iOS 系统是由苹果公司开发的手持设备操作系统。苹果公司于 2007 年 1 月 9 日的大会上公布这个系统，以 Darwin（Darwin 是由苹果电脑的一个开放源代码操作系统）为基础，属于类 UNIX 的商业操作系统。2010 年 10 月，微软公司正式发布了智能手机操作系统"Windows Phone"，将安卓系统（Android OS）和 iOS 系统列为主要竞争对手。

资料来源：佚名. 史上最全手机发展史 [EB/OL].（2018-04-08）[2023-05-18]. https://www.sohu.com/a/227607776_505812.

【拓展阅读】
超市商品管理中品种分类管理方法探究——以重庆市永辉超市为例
一、商品品种分类的依据和方法

分类方法是建立在商品品种分类依据上的。具体使用用途、制作原材料、生产工艺方法、含有的化学成分、使用过程中的状态等是商品最本质的属性和特征，同时也是商品分类中比较常用的分类依据。

（一）按商品用途分类

按商品用途分类，便于比较具有相同用途的各类商品的质量水平和生产销售情况、使用性能、效用，能够促使生产者提高质量、增加品种，并且能方便消费者在选购过程中进行对比，便于生产、销售和消费三个环节的有机衔接。结合永辉超市现状来看，其服装区域根据商品用途分类。商品品种分为上衣、裤子、鞋帽等不同的商品品种，既是对商品品种按商品用途分类的利用，又属于分类层次中的小类划分。这一措施在超市销售环节中方便顾客根据商品用途选购商品，同时可以在同用途的同类商品中进行选购，便于甄别其中的不同，在突出商品个性的同时满足消费者需求，值得借鉴。

（二）按商品原材料分类

按商品原材料划分商品品种的优点体现在分类清楚，能够从本质上反映出各类商品的性能和特点，为经营管理者确定商品销售、运输、储存条件提供了依据，有利于保证商品在流通环节中的质量。水口寺永辉超市作为一个中小型规模的百货超市，其商品的储存和陈列是经营中的重大问题，关乎产品的质量和运输成本。在杯子产品中，根据原材料分类，杯子产品可以细分为玻璃制品、陶瓷制品、塑料制品等不同的品种。玻璃制品和陶瓷制品由于其材料的特殊性使得在仓储运输途中需要采取特别保护手段，在陈列过程中一般陈列于较低柜台，并贴上小心标志。按商品原材料分类是超市商品经营管理人员在经营过程中的必须注意事项。合理分类和采取科学措施，能在一定程度上降低商品在运输途中和陈列摆放过程中的损坏率，节约成本。

（三）按商品生产方法分类

按商品生产方法分类特别适用于原材料构成相同，但选用多种工艺生产的商品，其生产方法、工艺不同，突出了商品的个性特征，有利于销售和生产工艺的革新。对生产方法有差别但商品性能、特征没实质性区别的商品不宜采用此分类方法。此分类方法主要针对生产加工企业，超市属于贸易零售商，此分类方法只在其商品的采购环节中发挥一定作用。

（四）按商品的化学成分分类

按商品的化学成分分类的优点是能反映商品的本质特性，对深入研究商品的特性、保管和使用方法以及开发新品种、满足不同消费者的需要等具有重要意义。结合永辉超市具体情况分析，生活洗涤用品、挥发性空气清洁用具、芳香剂、驱虫剂等因其特殊的化学成分，需要对产品进行合理分类。超市在经营过程中应将此类产品放置于同一地方，同时远离海鲜、坚果、蔬果等未包装食品，防止商品串味和相互污染。从永辉超市来看，其生活日用品区洗涤用品分布在超市中央消费者聚集较多地区，生活日用品作为家庭常用品，耗用量大，购买频率高，摆放在显眼位置方便顾客选购，易于和其他产品区分。

二、永辉超市商品品种分类现状和措施

水口寺永辉超市作为一家中小规模的百货超市，结合以上商品品种分类方法和依据，按商品用途分类，其商品包括生活日用品、图书文具用品、工艺装饰品等，其中以生活日用品居多。按商品原材料分类，其商品包括棉纺织品、塑料制品、玻璃制品、混合材料制品等，超市还未采取相关的保护措施，消费者对部分商品材料结构迷惑。对此，超市应增添相关材料构成介绍，对特殊材料制品在陈列过程中采取相关保护措施，如棉纺织品区域禁止火源。超市目前存在的主要商品品种问题是大类划分下的食品类产品划分问题，即蔬菜区域和水果区域产品混合，部分水果通过催熟成熟含有少量乙烯，不利于蔬菜保鲜。此外，超市鱼产品和未包装熟食产品处于同一个区域，鱼产品在销售加工过程中污染大，容易滋生细菌，而熟食产品缺乏真空环境保护，且比邻鱼类产品，容易沾染细菌，危害消费者健康，同时带给消费者不卫生的感觉，不利于超市的经营。

资料来源：肖丽琴，洪博华，黄岚栖，等. 超市商品管理中分类管理方法探究：以重庆市永辉超市为例［J］. 商业文化，2014（30）：76.

商品品种结构对便利店的重要性

便利店的定位在于方便顾客，如果顾客在便利店中无法选择和购买到自己需要的商品，便利店便利的特点就无从谈起。商品品种性缺货是缺货的一种形式，它反映了便利店商品品种经营情况。商品品种构成不合理，易导致货架缺货，而货架缺货会降低消费者在该便利店购物的体验感，影响便利店整体的营业额。一家便利店商品品种的构成能够反映经营者对其周围商圈顾客需求的认识程度以及经营策略，便利店货架的商品品种不是固定不变的，是需要在经营过程中对数据进行分析总结、及时调整的。合理的商品品种管理，不仅能减少货架缺货的问题，还能提高便利店的营业额。因此，便利店要提高商品品种经营管理的能力，降低商品的货架缺货率。

第一，便利店要确保商品品种丰富，虽小但全。便利店的客户群为小范围社区，消费的结构和品种基本都是固定的，便利店应该服务好小群体，保障基本的品种供应，降低商品的缺货率。便利店的货架是有限的，如何有效地利用这些货架，确保必需品一定有，畅销品不轻易缺货，滞销品不大量占据货架，这需要经营者准确定位商圈消费者的基本需求，可以借助一定的商品品种结构管理方法，如借助大数据技术等智能系统为消费者"画像"，随时整理各种数据，分析库存和销量、畅销商品排行、销售总额等，确定合理的商品品种，确保店内商品能满足商圈的目标顾客群体的基本消费需求，避免让顾客产生商品不齐全的购物体验。

第二，商品品种结构要及时调整。消费者的需求是在不断变化的，经营者要准确把握商圈消费者需求变化的情况以及便利店商品销售情况。经营者首先必须准确了解

门店的订单状况，让门店的订单合理化，明确门店的商品销量，通过商品销量合理预测及控制库存量，及时调整门店的商品品种结构。调整商品品种结构可以考虑以下指标：商品销售排行、商品贡献率、周转率、新进商品的更新率等。在互联网时代，便利店行业要想谋求更高的发展层次，新媒体的渗透是必不可少的环节。便利店要想保持领先的地位，需要抓住核心元素——客户需求，及时调查商品品种结构。

第三，便利店要在经营的过程中及时对商品的数据进行分析总结，加强盘点工作，及时掌握商品真实的库存信息，对商品的补给问题迅速做出调整，并且经常性记录经营商品的缺货情况，制订补货计划。盘点和库存管理密不可分，便利店要合理利用存储空间，保持一定的商品储备，以保证正常销售。

第四，便利店在优化商品结构的同时，还应该优化门店的商品陈列。一些便利店的商品在数量和陈列空间的利用率上都存在严重不足的现象，商品数量少易造成缺货，空间利用率低会造成商品的品种变少，消费者的选择也变少了。因此，便利店应该增加商品的品种数量，提高陈列空间的利用率。

第五，便利店要努力维护好与供应商、顾客的关系。供应商对订单的履行是便利店必须关注的内容，如果供应商不能及时完整地履行订单，必然造成便利店的缺货、脱销，最终影响便利店的销售。因此，便利店需要对供应商予以有效的管控，并与之建立良好的合作关系，从而促进供应商对订单的履行。顾客是营业额的来源，便利店树立良好的服务态度，提高顾客的忠诚度，有助于将缺货损失降到最低。当某种商品缺货时，便利店可以温馨提醒顾客去哪里购买或给顾客一定的期许，而不是冷冰冰地回答没有。部分经常光顾某家便利店的顾客在受到两三次打击后，就会转到别的便利店。由于社区常客几乎每天都要到便利店买东西，因此便利店应尽量在一两天内补足缺货，避免丢失一个忠实的顾客。

资料来源：高学芹.浅析便利店货架缺货与商品品种经营管理［J］.今日财富，2021（15）：73-74.

进出口货物品类结构与中欧班运输组织相关性分析

2021年，中欧班列开行1.5万列，极大地便利了我国与"一带一路"沿线各国的经济与贸易往来。与此同时，随着我国与"一带一路"沿线各国经济的发展、产业结构的不断升级，中欧班列货运需求结构正发生着巨大变化，货物种类不断增多，对运输服务的要求越来越多样化。因此，分析进出口贸易结构与中欧班列运输组织的相关性，对优化中欧班列的运输组织与货源组织显得十分重要。通过对现有文献的研究可以发现，货物品类结构划分是研究货物运输需求、合理安排运输组织的重要前提。姜昊根据货物的自然性质与价值特性，将货物分为高价值时间敏感性货物、高价值时间不敏感货物、低价值时间敏感性货物、低价值时间不敏感货物以及特殊货物五种类型，从而实现对运输需求的结构划分，并说明了枢纽集结模式优于点对点直达运输模式。高小珣等利用国家铁路整车物流 26 种货物品类季度面板数据，测算了各品类货物整车运量运价敏感度，计算表明不同品类货物的运价敏感度差异较大，与货物属性和运量水平存在较强的相关性。齐超研究了西安的中欧班列开行情况，得知中欧班列的主要货物品类。王春越重点考虑客户需求分类对中欧班列路径优化的影响，对货主需求从时间与成本角度考虑，将问题简化为最短路径问题进行研究，构建了 0-1 整数规划模型进行求解。众多学者从定性与定量的角度对中欧班列开行进行了研究。穆焱杰等基于我国西部地区中欧班列始发城市开行线路与货物种类信息，探索中欧班列开行的线路特征、货物类型以及货源组织特征，研究结果表明近年来运输货物类别日益丰富，且与口岸的过货能力、境外终点城市间表现出一定的联系性与规律性。李玉民等以中欧班列五大集结中心为研究对象，利用基尼系数和偏移—份额分析两种分析方法，研究了五大集结中心的竞争演变特征，并从中欧班列运营能力角度和城市支撑能力角度对比分析五大集结中心各自的竞争力，提出具体的竞争力提升对策。薛锋等以中欧班列去程西通道为研究对象，构建了中欧班列集结方案优化模型，研究在货运量变化的情况下，中欧班列去程的集结中心选择、运输组织模式及其相关变化。付新平等对中西部城市中欧班列通道进行经济性研究，以武汉、郑州、重庆、长沙出发的中欧班列为研究对象，采用集结发车模式，构建了多目标优化模型，并利用遗传算法求得了不同集结路径的运输费用和运输时间。

通过相关分析，我们可以得出结论：中欧班列历经多年的快速发展，在落实"一带一路"倡议、便利我国与"一带一路"沿线各国经济贸易往来方面起到了不可忽视的作用。目前，中欧班列主要运输的货物品类为电子产品、运输设备及零部件等高价值时间敏感性货物以及纺织品原料及纺织品等低价值时间不敏感货物。我国与欧洲各国经贸往来频繁，尤其是德国、俄罗斯等国家，因此中欧班列可以选取上述国家为始发和终到地，促进进出口贸易。考虑中欧班列主要承运货物品类的运输需求，中欧班列应重点加强运输的时效性与快捷性，提高运输效率。通过研究我国与"一带一路"沿线国家的进出口货物品类结构，可以直观展现不同国家去向、不同货物品类对中欧班列运输组织的需求，并为中欧班列的运输组织与货源组织提供市场决策依据。

资料来源：曹宇轩，逯红兵，金锋，等. 进出口货物品类结构与中欧班列运输组织相关性分析 [J]. 铁道货运，2022（2）：11-16.

思维导图

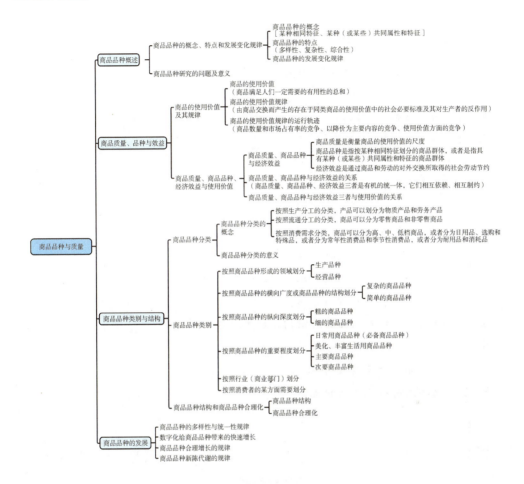

本章小结

在激烈的市场竞争中，商品经济不断发展，重视对商品品种及其规律的研究，加强新品种的开发，及时淘汰没有市场需求的品种，合理调整品种结构，以满足人们日益增长的物质文化需要，已经成为提高商品竞争力的重要方面了。

商品质量和品种是保证商品的使用价值顺利实现和企业最终获得经济效益的关键。质量、品种、效益三者之间是相互依赖、相互制约的。这三者之间存在着不可分性，它们之间的连锁反应体现了有机的内在联系，符合客观事物发展变化的基本规律。

熟悉商品品种的分类、类别，认识商品品种发展变化规律，促进商品品种结构向符合消费需求结构的合理转化，是我国社会主义市场经济不断发展和完善的需要，也是商品学研究必须解决的重要问题之一。

本章重难点

1. 商品品种的特点。
2. 质量、品种、效益的概念及其与使用价值的关系。
3. 商品品种多样性与统一性。
4. 商品品种结构合理化。
5. 商品品种变化规律。

思考题

1. 试述商品品种的特点。
2. 试述如何理解质量、品种、效益与使用价值的关系。
3. 试述商品品种多样性与统一性规律，并指出两者的关系。
4. 试述数字化对商品品种的影响。
5. 试述如何正确理解商品品种结构合理化问题。
6. 试述如何正确理解商品品种齐全的问题。
7. 试述商品品种合理增长的规律。
8. 试述商品品种新陈代谢的规律。

在线测试

第四章

食品的成分与性质

学习目标

- 了解食品相关成分与性质
- 掌握食品相关属性与性质
- 掌握各类商品个性与共性的辩证关系
- 了解并进一步掌握研究其他各类商品的思路与方法

导入案例

我国食品安全总体形势稳定

从 2009 年以后，也就是 2008 年发生三聚氰胺污染婴幼儿配方奶粉的食品安全事件以来，我国各级政府严厉打击食品安全领域里的违法犯罪行为，应该说是非常有成效的。世界上许多国家出现了严重的食品安全事件，非常幸运的是我国没有发生。例如，2011 年，由于食用了肠出血性大肠杆菌污染的黄瓜，德国约 50 人死亡；由于单增李斯特菌污染，美国的香瓜造成了 30 人死亡；由于食用假酒，造成了印度 173 人死亡。2009 年以后，类似恶性食品安全事件在我国没有发生。我国食品安全领域的恶性食品案件得到了有效遏制，食品安全总体形势稳定。

第一节　食品的分类

食品是指经过加工制作可以供人食用的物质。食品的分类标准有很多种，食品可以根据不同的分类标准进行划分。

我国食品安全国家标准《食品添加剂使用标准》（GB 2760—2011）附录 F 的"食品分类系统"，是科学规范食品分类体系的一个标准性文件。它将食品分为 16 个大类、300 多个小类，是我国目前食品安全认证的主要依据性文件。食品的 16 个大类如下：乳与乳制品；脂肪、油和乳化脂肪制品；冷冻饮品；水果、蔬菜（包括块根类）、豆类、食用菌、藻类、坚果以及籽类等；可可制品、巧克力和巧克力制品（包括代可可脂巧克力及制品）以及糖果；粮食和粮食制品；焙烤食品；肉及肉制品；水产及其制品；蛋及蛋制品；甜味料；调味品；特殊膳食用食品；饮料类；酒类；其他类（果冻、茶叶、咖啡、酵母及酵母类制品、干酵母、膨化食品等）。

按照食物来源的不同，食品可以分为植物性食物、动物性食物和矿物性食物（如食盐、食用碱、矿泉水等）。

按照加工程度的不同，食品可以分为初加工食品（米面、油脂、肉类、食用糖等）、再加工食品（如糖果、面包、糕点、酒类、酿造的调味品等）和深加工食品（婴幼儿食品、老年食品、保健食品以及部分方便食品等）。

根据我国的饮食习惯的不同，食品可以分为主食、副食、嗜好品（烟叶制品、酒类、茶叶、咖啡、可可等）。

按照含水量的不同，食品可以分为高水分食品，多属生鲜食品，含水量都在60%以上，如菜果、水产品、鲜蛋等，适宜在低温下储藏；中湿食品，含水量在10%～40%，如面包、糕点、加工的鱼肉制品、菜果制品和烟叶制品等，储存时必须控制在适宜的温度湿度；干燥食品，含水量在10%以下，如饼干、食用糖、乳粉和粉状调味品等，适宜在干燥条件下储藏。

食品中还有一些属于鲜活食品，它们仍具有生命活动，在经营中需创造必要条件，维持它们的生命活动。

第二节　食品的营养成分及其主要性质

食品的营养成分不仅决定食品的营养价值，也是评价食品质量的重要依据。根据国家标准《食品营养成分基本术语》（GB/Z 21922—2008）的说明，食品营养成分是指食品中具有的营养素和有益成分，包括营养素、水分、膳食纤维等。营养素包括碳水化合物、蛋白质、脂肪、维生素、水分、矿物质、膳食纤维七大类。食品的种类不同，其营养成分的含量及种类也不一样，有的以蛋白质为主，有的则以碳水化合物为主。至今尚未发现有哪一种食品能含有人体所需的全部营养成分。因此，人类对食品的需要是多种多样的。

（一）碳水化合物

碳水化合物又称糖类化合物，是由碳、氢和氧三种元素组成的多羟基酮或多羟基醛及其缩聚物和某些衍生物的总称，也是自然界存在最多、具有广谱化学结构和生物功能的有机化合物。碳水化合物可以用通式 $C_x(H_2O)_y$ 来表示。由于它所含的氢氧的比例为2:1，和水一样，因此称为碳水化合物。食物中的碳水化合物分成两类：人可以吸收利用的有效碳水化合物和人不能消化的无效碳水化合物。糖类化合物是一切生物体维持生命活动所需能量的主要来源。它不仅是营养物质，而且有些还具有特殊的生理活性。

1. 基本分类

碳水化合物根据其分子结构的复杂程度不同，分为单糖，如葡萄糖、果糖、半乳糖；双糖，如蔗糖、麦芽糖、乳糖；寡糖，如棉籽糖、水苏糖、异麦芽低聚糖、低聚木糖、低聚甘露糖等；多糖，如淀粉、糖原、纤维素、半纤维素。

2. 主要用途

碳水化合物是生命细胞结构的主要成分及主要供能物质，并且有调节细胞活动的重要功能。

（1）供给能量。每克葡萄糖产生热量17千焦（4千卡），人体摄入的碳水化合物在体内经消化变成葡萄糖或其他单糖参加机体代谢。碳水化合物是人类获取能量的最经济和最主要的来源，能够提供和储存热能。每个人膳食中碳水化合物的比例没有规定具体数量，我国营养专家认为，碳水化合物产热量占总热量的60%~65%为宜。人们平时摄入的碳水化合物主要是多糖，在米、面等主食中含量较高，摄入碳水化合物的同时，能获得蛋白质、脂类、维生素、矿物质、膳食纤维等其他营养物质。人们摄入单糖或双糖（如蔗糖），除能补充热量外，不能补充其他营养素。人们应多食用复合碳水化合物淀粉、不消化的抗性淀粉、非淀粉多糖和低聚糖等碳水化合物，限制纯能量食物，如糖的摄入量，提倡摄入营养素、能量密度高的食物，以保障人体能量和营养素的需要以及改善胃肠道环境和预防龋齿的需要。

（2）构成细胞和组织。每个细胞都有碳水化合物，其含量为2%~10%，主要以糖脂、糖蛋白和蛋白多糖的形式存在，分布在细胞膜、细胞器膜、细胞质以及细胞间质中。

（3）节省蛋白质。食物中碳水化合物不足，机体不得不动用蛋白质来满足机体活动所需的能量，这将影响机体用蛋白质进行合成新的蛋白质和组织更新。因此，完全不吃主食，只吃肉类是不适宜的，因为肉类中含碳水化合物很少，这样机体组织将用蛋白质产热，对机体没有好处。减肥者或糖尿病患者最少摄入的碳水化合物不应低于150克主食。

（4）维持脑细胞的正常功能。葡萄糖是维持大脑正常功能的必需营养素，当血糖浓度下降时，脑组织可能因为缺乏能源而使脑细胞功能受损，造成功能障碍，并出现头晕、心悸、出冷汗甚至昏迷。

（5）抗酮体的生成。当人体缺乏糖类时，可以分解脂类供能，同时产生酮体。酮体会导致高酮酸中毒。

（6）解毒。糖类代谢可以产生葡萄糖醛酸，葡萄糖醛酸与体内毒素结合进而解毒。

（7）加强肠道功能。这与膳食纤维有关，如防治便秘、预防结肠和直肠癌、防治痔疮等。

此外，碳水化合物中的糖蛋白和蛋白多糖有润滑作用，可以控制细胞膜的通透性，并且是一些合成生物大分子物质的前体，如嘌呤、嘧啶、胆固醇等。

3. 主要食物来源

碳水化合物的主要食物来源有糖类、谷物（如水稻、小麦、玉米、大麦、燕麦、高粱等）、水果（如甘蔗、甜瓜、西瓜、香蕉、葡萄等）、干果类、干豆类、根茎蔬菜类（如胡萝卜、番薯等）等。

（二）蛋白质

蛋白质是由碳、氢、氧、氮四种元素组成的含有氨基的羧酸有机物。蛋白质是含氮的有机化合物，以氨基酸为基本组成单位，基酸通过脱水缩合连成肽链。人体中的蛋白质是由 20 种不同的氨基酸以一定的顺序通过脱水缩合成多肽，再由一条或多条多肽按其特定方式结合而成的。蛋白质是一种复杂的有机化合物，旧称"朊"。

蛋白质是生命的物质基础，是有机大分子，是构成细胞的基本有机物，是生命活动的主要承担者。可以说，没有蛋白质就没有生命。蛋白质占人体重量的 16%～20%，人体内蛋白质的种类很多，性质、功能各异，但都是由 20 种氨基酸按不同比例组合而成的，并在体内不断进行代谢与更新。

1. 蛋白质的分类

根据氨基酸的组成不同，蛋白质可以分为完全蛋白质、半完全蛋白质、不完全蛋白质；根据蛋白质的外形不同，蛋白质可以分为球状蛋白质、纤维状蛋白质、膜蛋白质；根据蛋白质的结构种类不同，蛋白质可以分为纤维蛋白、球蛋白、角蛋白、胶原蛋白、肌红蛋白、血红蛋白、伴娘蛋白。除此之外，蛋白质还可以根据其组分、功能、溶解度等进行分类。这里主要介绍根据氨基酸的组成进行的分类。

完全蛋白质所含必需氨基酸种类齐全、数量充足、比例适当，不但能维持成人的健康，并能促进儿童生长发育，如乳类中的酪蛋白、乳白蛋白，蛋类中的卵白蛋白、卵磷蛋白，肉类中的白蛋白、肌蛋白，大豆中的大豆蛋白，小麦中的麦谷蛋白，玉米中的谷蛋白等。

半完全蛋白质所含必需氨基酸种类齐全，但有的氨基酸数量不足、比例不适当，可以维持生命，而不能促进生长发育，如小麦中的麦胶蛋白等。

不完全蛋白质所含必需氨基酸种类不全，既不能维持生命，也不能促进生长发育，如玉米中的玉米胶蛋白、动物结缔组织和肉皮中的胶质蛋白、豌豆中的豆球蛋白等。

2. 生理功能

（1）构建机体的基础材料。蛋白质是一切生命的物质基础，是机体细胞的重要组成部分，是人体组织更新和修补的主要原料。人体的每个组织，如毛发、皮肤、肌肉、骨骼、内脏、大脑、血液、神经、内分泌等都是由蛋白质组成的，所以说饮食造就人本身。蛋白质对人的生长发育非常重要。

例如，大脑发育的特点是一次性完成细胞增殖，人的大脑细胞的增长有两个高峰期。第一个高峰期是胎儿三个月的时候；第二个高峰期是出生后到一岁，特别是 0~6 个月的婴儿是大脑细胞猛烈增长的时期。幼儿一岁时大脑细胞增殖基本完成，其数量已达成人的 90%。

（2）结构物质。人的身体由百兆亿个细胞组成，细胞可以说是生命的最小单位，它们处于永不停息的衰老、死亡、新生的新陈代谢过程中。例如，年轻人的表皮 28 天更新一次，而胃黏膜两三天就要全部更新。因此，一个人如果蛋白质的摄入、吸收、利用都很好，那么皮肤就是光泽而又有弹性的；反之，人则经常处于亚健康状态。组织受损后，包括外伤，不能得到及时和高质量的修补，便会加速机体衰退。

（3）载体的运输。维持肌体正常的新陈代谢和各类物质在体内的输送。载体蛋白对维持人体的正常生命活动是至关重要的，可以在人的体内运载各种物质。例如，血红蛋白输送氧（红细胞更新速率为 250 万/秒），脂蛋白输送脂肪。

（4）抗体的免疫。人体的"免疫部队"有白细胞、淋巴细胞、巨噬细胞、抗体（免疫球蛋白）、补体、干扰素等，它们七天更新一次。当蛋白质充足时，这个部队就很强大，在人体有需要时，数小时内可以增加 100 倍。

（5）酶的催化。人的身体有数千种酶，每一种只能参与一种生化反应。人体细胞里每分钟要进行 100 多次生化反应。酶有促进食物的消化、吸收、利用的作用。相应的酶充足，生化反应就会顺利、快捷地进行，人就会精力充沛，不易生病。否则，生化反应就变慢或被阻断。

（6）激素的调节。人体的胰岛素由 51 个氨基酸分子合成，生长激素由 191 个氨基酸分子合成。

（7）胶原蛋白。胶原蛋白占身体蛋白质的 1/3，生成结缔组织，构成身体骨架，如骨骼、血管、韧带等，决定了皮肤的弹性，保护大脑（在大脑脑细胞中，很大一部分是胶原细胞，并且形成血脑屏障保护大脑）。

（8）能源物质。蛋白质能够提供给人体一部分能量，每克蛋白质在人体代谢中可以产生热量 17 千焦（4 千卡），与葡萄糖相当。从人体能量利用的角度来看，由蛋白质作为热能来源是很不经济的。食品中的蛋白质的主要营养功能在于补偿生命活动造成的人体自身蛋白质的损耗。

3. 蛋白质的补充

我国居民膳食蛋白质每天推荐摄入量如下：成年人每千克体重约需 1.16 克，老年人每千克体重约需 1.27 克。蛋白质供给量按能量计算，应占总摄入能量的 15%。

蛋白质的食物来源可以分为植物性蛋白质和动物性蛋白质两大类。植物性蛋白质中，谷类含蛋白质 10% 左右，蛋白质含量不算高，但由于是人们的主食，因此仍然是膳食蛋白质的主要来源。豆类含有丰富的蛋白质，特别是大豆含蛋白质高达 36%~40%，氨基酸组成也比较合理，在人体内的利用率较高，是植物性蛋白质中非常好的蛋白质来源。

蛋类含蛋白质 11%～14%，是优质蛋白质的重要来源。奶类（牛奶）一般含蛋白质 3.0%～3.5%，是婴幼儿蛋白质的最佳来源。蛋白质由氨基酸构成，在人体必需的 22 种氨基酸中，有 9 种氨基酸（氨基酸食品）是人体不能合成或合成量不足的，必须通过饮食才能获得。

肉类包括禽、畜和鱼的肌肉。新鲜肌肉含蛋白质 15%～22%，肌肉蛋白质营养价值优于植物性蛋白质，是人体蛋白质的重要来源。以每 500 克所含的蛋白质计算，含蛋白质丰富的食品如表 4-1 所示。

表 4-1　含蛋白质丰富的食品（每 500 克食品所含蛋白质）

名称	蛋白质含量/克	名称	蛋白质含量/克
猪肉	84.5	小麦粉	60.5
牛肉	100.5	大麦	50
猪肝	100.5	玉米	42.5
鸡蛋	63.5	绿豆	11
鸭蛋	63	赤小豆	108.5
鲤鱼	88	黑豆	249
草鱼	83	黄花菜	70
海虾	80	海带	41

4. 食物营养价值高低的判定

评定食物营养价值通常可以用蛋白质消化率、蛋白质生物价（BV）、蛋白质净利用率（NPU）、蛋白质功效比值（PER）等数值衡量。

蛋白质消化率是指蛋白质能够被消化酶分解的程度。蛋白质消化率越高，该食物被肌体吸收利用的可能性就越大，其营养价值就越高。不同食品所含蛋白质消化率不一样，如蛋类为 98%、乳品为 97%～98%、肉类为 92%～94%、米饭为 82%、面包为 79%、马铃薯为 74%。一般植物性食品蛋白质消化率比动物性食品蛋白质消化率低，主要是由于其蛋白质被纤维素包围，与人体内消化酶接触程度降低。如果进行烹调加工将其纤维素破坏、软化或去除，则可以提高蛋白质消化率。例如，大豆整粒食用时，其蛋白质消化率仅为 60%，若将其加工成豆浆或豆腐，则蛋白质消化率可以达到 90%。

储留的蛋白质与摄取的蛋白质数量的百分比可以综合反映蛋白质消化率和实际利用程度。蛋白质净利用率（NPU）是指蛋白质利用于肌体生长的效率，以食用每克食物蛋白质增加体重的克数表示。

5. 蛋白质的水解及其应用

在食物加工、储藏中，我们应力求避免其蛋白质的损失与破坏，以提高其利用率。例如，蛋白质在酸、碱以及蛋白质水解酶作用下易水解，酸水解蛋白质可以破坏色氨酸；碱水解蛋白质可以破坏半胱氨酸、苏氨酸、丝氨酸精氨酸；酶水解蛋白质，其氨基酸不会被破坏，相反会使其具有一定的色、香、味，因此在食品加工中，利用水解原理可制成油、酱豆腐、酱类等各种调味品。

（三）脂肪

脂质是脂肪、油、类脂的总称。食物中的油性物质主要是油和脂肪，一般把常温下是液体的称为油，而把常温下是固体的称为脂肪。脂肪由碳、氢、氧三种元素组成。脂肪是由甘油和脂肪酸组成的甘油三酯，其中甘油的分子比较简单，而脂肪酸的种类和长短却不相同。脂肪酸分为三大类：饱和脂肪酸、单不饱和脂肪酸、多不饱和脂肪酸。脂肪可溶于多数有机溶剂，但不溶于水。

脂肪是重要的营养物质之一。近年来的研究结果表明，多不饱和脂肪酸是所有细胞膜的重要成分，对机体的激素代谢和许多酶的活性起调控作用，有降低心脏病发病率、抑制前列腺增生和乳腺肿瘤、延缓免疫功能衰退、促进脑和视力的发育等重要作用。

1. 脂肪的分类及具有重要功能的脂肪

脂肪又称甘油三酯，不溶于水，易溶于有机溶剂。一个脂肪分子由一个甘油分子和三个脂肪酸结合而成，动物体的脂肪主要分布于腹腔、皮下和肌肉纤维之间的脂肪组织之中。

（1）按碳链长度分类。脂肪酸按其碳链长度可以分为长链脂肪酸、中链脂肪酸和短链脂肪酸。

（2）按饱和程度分类。脂肪酸按其饱和程度可以分为饱和脂肪酸、单不饱和脂肪酸和多不饱和脂肪酸。一般含有较多不饱和脂肪酸的脂肪，常温下为液态，熔点比较低，因此又称为油，如各种植物油类。含有较多饱和脂肪酸的脂肪，常温下为固态，熔点比较高，通常称为脂，如动物油类。脂肪是油和脂的总称。油或脂均为混合物，无固定的熔沸点。

脂肪主要源于动物的脂肪组织、肉类、植物油。动物脂肪含有的饱和脂肪酸、单不饱和脂肪酸较多，而多不饱和脂肪酸较少。植物油主要含不饱和脂肪酸。目前营养学上认为最重要的脂肪酸有 Omega-3 和 Omega-6 两类不饱和脂肪酸。有三种脂肪酸是人体必需且人体内不能自行合成的，需要从食物中摄取，称为必需脂肪酸，即亚油酸、亚麻酸、花生四烯酸。这三种脂肪酸均为不饱和脂肪酸，是构成人体细胞膜和细胞内结构的必要成分。缺乏必需脂肪酸可能引起生长迟缓、生殖障碍、皮肤受损、动脉粥样硬化、肿胀、抵抗力减弱等，还可能引起肝脏、神经和视觉等疾病。

亚油酸属于 Omega-6 族脂肪酸，是细胞的组成成分，参与线粒体及细胞膜磷质的合成。缺乏亚油酸可能导致线粒体肿胀，细胞膜结构、功能的改变，膜透性、脆性增加。亚油酸能有效溶解胆固醇，具有降血脂、清除血管内壁沉积物以及降血压的作用。人体只要不缺少亚油酸，在体内就可以合成其他两种必需不饱和脂肪酸。因此，亚油酸是人体内最重要的不饱和脂肪酸和生命的基础物质。

亚麻酸属于Omega-3族脂肪酸，是构成人体组织细胞的主要成分，在人体内不能合成。

花生四烯酸，即二十四碳四烯酸，简称"AA"，也属于Omega-6族脂肪酸。AA对人的生长发育起重要作用，是大多数前列腺素的前体。前列腺素能调节细胞功能。

主要脂肪的脂肪酸成分如表4-2所示。

表4-2　主要脂肪的脂肪酸成分　　　　单位:%

名称	饱和脂肪酸	单不饱和脂肪酸	多不饱和脂肪酸
改良棉籽油	7	55	33
红花油	9	12	75
核桃油	9	16	70
葡萄籽油	11	16	68
橄榄油	13	74	8
玉米油	13	24	59
葵花籽油	13	24	59
豆油	14	23	58
花生油	17	46	32
棉籽油	26	18	50
鸡油	30	45	21
猪油	40	45	11
羊油	47	42	4
棕榈油	49	37	9
牛脂	50	42	4
奶油	62	29	4
棕榈油（核）	81	11	2
椰子油	86	6	2

（3）按空间构象分类。脂肪酸按其空间构象可以分为顺式脂肪酸和反式脂肪酸。天然的不饱和脂肪酸几乎都是顺式结构，其形成的脂肪称为顺式脂肪。

为了使食品外观更好和能长期保存，人们对植物油进行催化加氢，从而将其由液态顺式脂肪转变成室温下更稳定的固态反式脂肪（含反式结构的脂肪），如人造奶油、人造黄油、起酥油等，以替代昂贵的动物饱和脂肪。但是，反式脂肪的摄入会使得能引起血管梗死的低密度脂蛋白增加，使有助于防止血管硬化的高密度脂蛋白减少，从而提高患冠状动脉心脏病的概率。肝脏无法代谢反式脂肪，摄入过多反式脂肪是高血脂、脂肪肝的重要原因之一。

2. 脂肪的生物作用

脂肪是细胞内良好的储能物质，主要提供热能；保护内脏，维持体温；协助脂溶性维生素的吸收；参与机体各方面的代谢活动。

（1）脂肪是生物体的能量提供者。

（2）脂类是组成生物体的重要成分，如磷脂是构成生物膜的重要成分。

（3）脂类物质可以为动物机体提供溶解于其中的必需脂肪酸和脂溶性维生素。

（4）有机体表面的脂类物质有防止机械损伤与防止热量散发等保护作用。

（5）脂类作为细胞的表面物质，与细胞识别、种特异性和组织免疫等有密切关系。

3. 脂肪的吸收代谢

脂肪一般不溶解于水，微溶解于热水，易溶解于有机溶剂，其相对密度小于水。人体摄入的脂肪首先要经过消化和吸收才能进入人体内。其具体过程如下：第一，在胆汁的乳化作用下生成脂肪微粒，之后在肠脂肪酶和胰脂肪酶作用下分解成甘油与脂肪酸，分别被血液和淋巴吸收入体内。第二，吸收入体内的甘油和脂肪酸参与体内物质的代谢，可以合成体内脂肪，在肠系膜、大网膜和肾脏周围以及皮下组织储存；也可以被分解成二氧化碳和水，并释放出能量，供人体代谢使用；还可以转化成糖类及其他化合物。脂肪代谢不平衡会形成脂肪肝，易诱发高血压和心脏病。

脂肪在人体内的消化吸收率与其熔点有关。通常，含不饱和脂肪酸越多熔点越低，越容易消化。因此，植物油的消化率一般可达到100%。动物脂肪，如牛油、羊油，含饱和脂肪酸多，熔点都在40℃以上，消化率较低，为80%~90%。

4. 类脂

人体内的脂类分成两部分，即脂肪与类脂。类脂是人体内性质类似于脂肪的物质，主要有磷脂、固醇和蜡质。类脂在生物学上具有重要的生理意义，但在食品营养上，重要性不如脂肪。

磷脂除了含有甘油和脂肪酸外还含有磷脂与有机碱。磷脂根据组成成分不同，可以分为卵磷脂、脑磷脂、神经鞘磷脂等，各种磷脂在生物体内部具有重要的生理功能，其中以卵磷脂最为重要。植物的种子、动物的卵、神经组织中都含有卵磷脂，蛋黄中的卵磷脂含量最高。

固醇是环戊烷多氢菲醇的衍生物，因常温下为固体而得名。固醇根据来源不同，可分为动物固醇和植物固醇两类。动物固醇最主要的是胆固醇，存在于脑、神经组织和脂肪组织中。胆固醇经紫外线照射可以转变为维生素 D3。植物固醇是植物细胞的成分之一。

蜡质是由高级脂肪酸和高级一元醇缩合而成的类脂。昆虫表皮、植物体及其果实表面都含有蜡质。

5. 脂肪的供给量与来源

（1）脂肪的供给量。脂肪无供给量标准。不同地区由于经济发展水平和饮食习惯的差异，脂肪的实际摄入量有很大差异。中国营养学会建议膳食脂肪供给量不宜超过总能量的 30%，其中饱和脂肪酸、单不饱和脂肪酸、多不饱和脂肪酸的比例应为 1∶1∶1。亚油酸提供的能量能达到总能量的 1%~2% 即可满足人体对必需脂肪酸的需要。

（2）脂肪的来源。脂肪的主要来源是烹调用油脂和食物本身所含油脂。脂肪的来源可以分为以下两种：

①动物性来源。动物体内贮存的脂肪，如猪油、牛油、羊油、鱼油、骨髓、肥肉、鱼肝油等；动物乳中的脂肪，如奶油等。

②植物性来源：从植物中的果实，如芝麻、葵花籽、花生、核桃、松子、黄豆等提取。

主要脂肪的脂肪酸含量如表 4-3 所示。

表 4-3　主要脂肪的脂肪酸含量　　　　　　　　单位：%

名称	饱和脂肪酸	单不饱和脂肪酸	多不饱和脂肪酸
豆油	15	24	61
花生油	17	46	32
橄榄油	13	74	8
玉米油	13	24	59
棉籽油	26	18	50
葵花籽油	13	24	59
红花油（safflower oil）	9	12	75
改良菜籽油（canola oil）	7	55	33
椰子油	86	6	2
棕榈油（核）	81	11	2
棕榈油	49	37	9
葡萄籽油	11	16	68
核桃油	9	16	70
奶油	62	29	4
牛脂	50	42	4
羊油	47	42	4
猪油	40	45	11
鸡油	30	45	21

（四）维生素

维生素（vitamin）是人和动物为维持正常的生理功能而必须从食物中获得的一类微量有机物质，在人体生长、代谢、发育过程中发挥着重要的作用。维生素在体内既不参与构成人体细胞，也不为人体提供能量。这类物质由于体内不能合成或合成量不足，因此虽然需要量很少，但必须经常由食物供给。人体对维生素的需要量很小，每日需要量常以毫克或微克计算，可一旦缺乏就会引发相应的维生素缺乏症，对人体健康造成损害。

大多数维生素都因人体不能合成或合成量不足而必须经常通过食物来获得，只有某些 B 族维生素和维生素 K 是由肠道有益细菌丛合成的。维生素有几十种，它们对人体生理功能的作用与其溶解度有关，通常按溶解性分为脂溶性维生素（维生素 A、维生素 D、维生素 E、维生素 K）、水溶性维生素（维生素 B 族、维生素 C）两大类。一般脂溶性维生素可以在体内大量储存，当吸收量增加时，储存量也随之增加，但摄入过多易发生中毒。水溶性维生素在体内不易储存，需要随时提供。

人体一共需要 13 种维生素，也就是通常所说的 13 种必要维生素，即维生素 A、维生素 D、维生素 E、维生素 K，共 4 种脂溶性维生素；维生素 C；维生素 B1、维生素 B2、维生素 B3、维生素 B5、维生素 B6、维生素 B7、维生素 B9、维生素 B12，共 8 种水溶性维生素（见表 4-4）。

表 4-4　13 种维生素的摄入来源、推荐摄入量和缺乏时的病症

通称	同效的化学名称	溶解性	摄入的食物来源	成人每日推荐摄入量	缺乏时产生的病症
维生素 A	视黄醇	脂溶	鱼肝油、动物肝脏、绿色蔬菜	男：800 微克 女：700 微克	夜盲症、干眼症、视神经萎缩和角膜软化症
维生素 B1	硫胺素	水溶	酵母、谷物、肝脏、大豆、肉类	男：1.5 毫克 女：1.2 毫克	脚气病、神经性皮炎等
维生素 B2	核黄素	水溶	酵母、肝脏、蔬菜、蛋类	男：1.5 毫克 女：1.2 毫克	口腔溃疡、皮炎、口角炎、微血管增生症等
维生素 B3	烟酸	水溶	酵母、肝脏、谷物、米糠	男：15 毫克 女：12 毫克	糙皮病等
维生素 B5	泛酸	水溶	酵母、谷物、肝脏、蔬菜	5~10 毫克	感觉异常、肌肉痉挛、过敏性湿疹
维生素 B6	吡哆醇、吡哆醛、吡哆胺	水溶	酵母、谷物、肝脏、蛋类、乳制品	1.5~2 毫克	贫血
维生素 B7	生物素	水溶	酵母、肝脏、谷物	30 微克	皮肤炎、肠炎
维生素 B9	叶酸	水溶	蔬菜叶、肝脏	400 微克	妊娠期间缺乏维生素 B9 可能导致出生缺陷，如婴儿神经管缺陷；恶性贫血

表4-4（续）

通称	同效的化学名称	溶解性	摄入的食物来源	成人每日推荐摄入量	缺乏时产生的病症
维生素 B12	钴胺素	水溶	肝脏、鱼肉、肉类、蛋类	2.4 微克	巨幼细胞贫血、恶性贫血
维生素 C	抗坏血酸	水溶	新鲜蔬菜、水果	100 毫克	维生素 C 缺乏症（坏血病）
维生素 D	钙化醇	脂溶	鱼肝油、蛋黄、乳制品、酵母	5~10 微克	佝偻病和骨质软化病
维生素 E	生育酚	脂溶	鸡蛋、肝脏、鱼类、植物油	15 微克	维生素 E 缺乏非常少见，新生婴儿缺乏维生素 E 会罹患溶血性贫血；不育症；习惯性流产
维生素 K	萘醌类	脂溶	菠菜、苜蓿、白菜、肝脏	65~80 微克	出血倾向、凝血酶缺乏、不易止血

（五）水分

水是维持动植物和人类生存必不可少的物质之一。水在人体内各种物质成分中含量最高。人的年龄越小，机体含水量越高，如婴儿体内含水量为75%，成人体内含水量为55%~65%。

水是人机体内每个细胞和组织的基本成分，是维持生命、保持细胞外形和构成各种体液必需的物质。正常情况下，人体内的水的摄入与排出应保持相对平衡。水具有溶解能力强、黏度小、比热高等特性，在人体内有特殊的重要作用，如参与机体代谢、调节体温，并且是体内关节、韧带、肌肉、膜等活动所需的润滑剂，维持腺体器官正常分泌，保持肌肤柔软和富有弹性等。通常，每人（成人）每天大约需要水2 500 毫升，主要由食品和饮水供给。

食品中的水分主要有下列两种存在形式：一种是游离水（也称自由水），是指其组织、细胞中容易结冰且能溶解溶质的水。它与普通的水性质相似，可以被微生物利用，存在于动植物细胞内外，如动物的血液、淋巴，植物的汁液等。食品在干制加工或储藏时重量损耗，就是游离水散失所致。二是结合水（也称束缚水），如在食品中与蛋白质活性基或碳水化合物活性基以氢键相结合而不能自由运动的水。它的特点是没有水的三态变化，不能被微生物利用，不易结冰，不能溶解溶质，在一般干燥和潮湿条件下不易发生变化。但是，它对食品的风味起着重要的作用。

研究证明，要延长食品储藏期，就要设法减少食品中的游离水，以防止微生物繁殖。但是，食品中游离水降低到何种程度，才能使微生物生长受到抑制呢？人们通常用水分活度（Aw）直接反映食品储存的安全条件。水分活度是指食品内游离水（溶液）中水蒸气分压与同温下纯水蒸气压之比，即 $Aw = P/P_0$。式中，P 为食品中溶液的水蒸气分压，P_0 为纯水蒸气压。对纯水来说，$P = P_0$，故 $Aw = 1$。食品中的游离水因溶有无机盐和有机物，P 总是小于 P_0，故 Aw<1。显然，Aw 值大小反映了食品中游离水可被微生物利用的程度。Aw 值越大，食品中游离水被微生物利用的可能性越大。各种微生物得以繁殖的 Aw 值分别为：细菌 0.94~0.99、酵母菌 0.88、霉菌 0.80。

在低水分食品（Aw=0~0.6，如面粉、奶粉、饼干、蛋糕、蜂蜜、糖果、巧克力等）和水分食品（Aw=0.6~0.9，如火腿、腌鱼、果酱、干果等）中，降低食品的 Aw 值可以有效阻止微生物的生长、繁殖，提高食品的稳定性和安全性，延长食品的储藏寿命和货架期。降低食品的 Aw 值，传统上采取干燥脱水、浓缩以及加入氯化氢或蔗糖的方法。高水分食品（Aw=0.9~1.0，如鲜牛奶、肉、水果等）的保鲜和储存，不适合采用上述方法来降低 Aw 值，主要采用冷藏或速冻处理。

水的硬度是指溶解在水中的钙离子、镁离子的含量，通常水的硬度以"度"表示。根据水的硬度大小，水可以分为极硬水（>30 度）、硬水（16~30 度）、中硬水（8~16 度）、软水（4~8 度）和极软水（<4 度）。

通常人体适宜的饮用水硬度在 10~20 度。水质过硬，会影响肠胃消化，导致消化不良、腹泻，引起所谓的水土不服。水质过硬还会给生活带来很多不便。例如，硬水会影响洗涤剂的效果；如果锅炉用水硬度高，则十分危险，不仅浪费燃料，而且会使锅炉内管道局部过热，易引起管道变形或损坏；硬水加热会有较多的水垢等。加热煮沸可以降低水的硬度。水质过软，长期饮用易引发心血管疾病等。

（六）矿物质

矿物质又称无机盐，是人体内无机物的总称。矿物质是构成人体组织和维持正常生理功能必需的各种元素的总称，是人体必需的七大营养素之一。

虽然矿物质在人体内的总量不及体重的 5%，也不能提供能量，但是其在人体内不能自行合成，必须由外界环境供给，并且在人体组织的生理作用中发挥重要的功能。矿物质是构成机体组织的重要原料，如钙、磷、镁是构成骨骼、牙齿的主要原料。矿物质也是维持机体酸碱平衡和正常渗透压的必要条件。人体内有些特殊的生理物质，如血液中的血红蛋白、甲状腺素等需要铁、碘的参与才能合成。在人体的新陈代谢过程中，每天都有一定数量的矿物质通过粪便、尿液、汗液、头发等途径排出体外，因此必须通过饮食予以补充。但是，由于某些微量元素在体内的生理作用剂量与中毒剂量非常接近，因此过量摄入不但无益反而有害。

根据无机盐在食物中的分布以及吸收情况，在我国人群中比较容易缺乏的矿物质有钙、铁、锌。如果在特殊的地理环境和特殊的生理条件下，也存在碘、氟、钠、铬等缺乏的可能。

人体必需的矿物质有钙、磷、镁、钾、钠、硫、氯七种，其含量占人体的 0.01%以上或膳食摄入量大于每天 100mg 的被称为常量元素。铁、锌、铜、钴、钼、硒、碘、铬八种矿物质为必需的微量元素。微量元素是指其含量占人体的 0.01%以下或膳食摄入量小于每天 100mg 的矿物质。锰、硅、镍、硼、钒五种矿物质是人体可能必需的微量元素。还有一些微量元素有潜在毒性，一旦摄入过量可能对人体造成病变或损伤，但在低剂量下对人体又是可能的必需微量元素，这些微量元素主要有氟、铅、汞、铝、砷、锡、锂和镉等。

（七）膳食纤维

膳食纤维是指植物中天然存在的、提取或合成的碳水化合物的聚合物。膳食纤维既不能被胃肠道消化吸收，也不能产生能量，但有相当重要的生理作用。

根据是否溶解于水，膳食纤维可以分为两大类：可溶性膳食纤维、不可溶性膳食纤维。

膳食纤维主要的健康功能如下：抗腹泻作用，如树胶和果胶等；预防某些癌症，如肠癌等；治疗便秘；解毒；预防和治疗肠道憩室病；治疗胆石症；降低血液胆固醇和甘油三酯；控制体重；降低成年糖尿病患者的血糖。

第三节　食品安全

【案例 4-1】

问题生姜

2011 年 4 月 15 日，湖北省宜昌市工商部门在一个蔬菜市场查获一批硫磺熏制过的"问题生姜"，共约 1 000 千克。一些商贩把品相不好的生姜用水浸泡清洗，然后用化工原料硫磺进行烟熏。与普通生姜相比，"硫磺姜"看上去又黄又亮，显得很鲜嫩，市场上可以卖出好价。化工原料硫磺对人体健康有害。这批"硫磺姜"已被查扣。执法人员提醒消费者，购买蔬菜等食品时，不要只图"外表好看"，以免上当受骗。

2010 年 7 月，在青海省的一家乳制品厂检测出三聚氰胺超标达 500 余倍，而原料来自河北等地。事件发生后，有关部门要求严肃查处，杜绝问题奶粉流入市场，彻底查清其来源与销路，坚决予以销毁，并依法追究当事人的责任。

一、食品安全的概念

根据《中华人民共和国食品安全法》第一百五十条的规定，食品安全是指食品无毒、无害，符合应当有的营养要求，对人体健康不造成任何急性、亚急性或者慢性危害。世界卫生组织（WHO）将"食品安全"定义为：对食品按其原定用途进行制作或食用时不会使消费者的健康受到损害的一种担保。国际食品法典委员会（CAC）认为，食品安全是消费者在摄入食品时，食品中不含有害物质，不存在引起急性中毒、不良反应或潜在疾病的危险性。

二、食品中的不安全因素

食品中的不安全因素是指有证据证明已经或可能对人体健康造成危害的食品因素。不安全因素主要包括三个方面：第一，食品中本身含有的天然毒素；第二，食品在其种植、养殖、加工、包装、贮藏、运输、销售、消费等生命周期各环节中受到有害的生物性或化学性污染；第三，因食品生产、加工方面的技术发展所引发的不安全问题，如转基因食品的潜在危险性等。

（一）食品中的天然毒素

1. 动物性食品中的天然毒素

动物性食品中的天然毒素可以分为鱼类毒素、贝类毒素和动物腺体毒素三类。

（1）鱼类毒素。鱼类毒素中以河豚毒素最具代表性。河豚肉味鲜美，但在其肝脏、肾脏、血液、皮肤以及卵中含有河豚毒素。雌河豚的毒素含量高于雄河豚。河豚毒素毒性极强，并且对热比较稳定，需要煮沸 2 小时，其毒性才可以减半，而要破坏其全部毒性，必须在 100 摄氏度条件下加热 4 小时。另外，肌肉中组氨酸含量高的鱼类，如鲤鱼、鲐鱼、秋刀鱼、竹荚鱼、沙丁鱼、金枪鱼等，当它们不新鲜或腐败时，鱼体中游离组氨酸经脱羧酶作用产生组胺，当组胺积累到一定量时，人食用后便可能引起中毒。

（2）贝类毒素。通常认为，贝类中的毒素与贝类吸食浮游藻类有关。毒素在贝类的体内蓄积和代谢，人们食用这些贝类后可能造成食物中毒。这类的食物有蛤类、鲍类、海胆类等。常见的文蛤、四角蛤蜊等，它们的肝脏和消化腺内有一种麻痹性贝类毒素。鲍鱼的肝及其他内脏中含有鲍鱼毒素，来源于鲍鱼食饵海藻所含的外源性毒物。人食用海胆的生殖腺或被海胆刺伤也可能引起中毒。

（3）动物腺体毒素。如果食用未摘除甲状腺的猪（牛或羊）的血脖肉可能引起甲状腺中毒。误食家畜的肾上腺（小腰子）或淋巴结，也可能会造成心窝疼痛、恶心手麻、舌麻、心跳过速、瞳孔放大、头痛、腹痛、四肢疼痛等症状。因此，家畜屠宰时必须清除家畜"三腺"。

2. 植物性食品中的天然毒素

植物性食品中所含的天然毒素，根据其化学结构的不同，可以分为有毒蛋白或复合蛋白、有毒肽类、有毒苷类和生物碱四类。

（1）有毒蛋白或复合蛋白。植物中的红细胞凝集素、胰蛋白酶抑制剂、蓖麻毒素、巴豆毒素、刺致毒素等均属于有毒蛋白或复合蛋白，如果处理不当会对人体造成危害。例如，大豆、豌豆、蚕豆、绿豆、菜豆、扁豆、刀豆等豆类的果实中含有红细胞凝集素。它能使红细胞凝集，只有足够的加热温度和时间才能破坏该凝集素。这些豆类不可以生吃，否则会引起食用者恶心、呕吐，甚至死亡。又如，在未煮熟的大豆及其豆乳以及马铃薯的块茎中都存在着胰蛋白酶抑制剂，它有抑制胰脏分泌的胰蛋白酶活性的作用。生吃这些食品不仅降低了蛋白质的消化率，而且会引起胰腺肿大，并抑制生长发育。

（2）有毒肽类。食用野生毒蘑菇而引起的食物中毒称为蕈毒，其有毒物质称为蕈毒素。某些蕈毒素存在着有毒的肽类结构，如鹅膏菌毒素、鬼笔菌毒素等。它们主要损害食用者的肝脏和肾脏，有的会引起神经错乱和溶血性中毒。

（3）有毒苷类。某些植物性食品中含有有毒苷类物质，主要包括氰苷类、硫苷类和皂苷类三种。

某些豆类、核果和仁果的种仁以及木薯的块根中存在的糖苷，如亚麻苦、苦杏仁苷等，它们在酸或酶的作用下，能产生毒性很大的氢氰酸，因此被称为生氰苷。生氰苷产生的氢氰酸被机体吸收后，会使维系人体生命的呼吸链中断，使机体陷于窒息状态，如果抢救不及时会导致死亡。由于氢氰酸遇热挥发，因此将苦杏仁磨成浆后再煮熟或用冷水浸泡后再煮熟、炒热能减少中毒的可能。

硫苷是含硫的糖苷。它存在于甘蓝、萝卜、芥菜等十字花科蔬菜，洋葱、管葱以及大蒜等葱蒜属中的辛辣味成分里。硫苷经水解等作用会生成叫做致甲状腺肿素的新物质，当人体血液中碘的含量低时，致甲状腺肿素会妨碍甲状腺对碘的吸收，从而抑制甲状腺素的合成，甲状腺也因此发生代偿性肿大。

皂苷是广泛分布于植物界的一类糖苷。它能溶于水生成胶体溶液，搅动时会像肥皂一样产生泡沫，因此称为皂苷。皂苷有破坏红细胞的溶血作用，对变温动物有极大的毒性，但食物中的皂苷对人、畜口服多数无毒，少数则有剧毒。茄子、马铃薯等茄属植物中含有有毒的茄苷，其配基为茄碱（花葵素）。正常情况下，茄子、马铃薯等茄属植物中含有有毒的茄苷，其配基为茄碱（花葵素）。每100克茄子、马铃薯中的茄苷含量不超过3毫克，但发芽马铃薯的芽眼附近及见光变绿后的表皮层中茄苷含量极高。当茄苷达到每100克38~45毫克时，足以致人死命。茄苷即使在烹煮以后也不会受到破坏，因此人们不应食用发芽、变绿的马铃薯。

（4）生物碱。生物碱广泛存在于毛茛科、芸香科、豆科等。许多植物根、果中的有毒生物碱成分极其复杂。生物碱一般指存在于植物中含氮的碱性化合物，易与核酸或蛋白质的酸性基团起反应，可以抑制人体内酶的活性，并能强烈地干扰人体内代谢。生物碱能引起摄食者轻微的肝损伤，但人中毒的第一反应是恶心、腹痛、腹泻甚至腹水。人连续食用生物碱食品两周甚至两年才有可能出现死亡，而一般中毒都可康复。

在鲜黄花菜中存在的生物碱叫秋水仙碱。它本身并无毒性，在胃肠内吸收缓慢，但被氧化为氧化二秋水仙碱后则具有剧毒。因此，大量食用炒不熟的鲜黄花菜后，数分钟至数小时后即可发病，主要症状为恶心、呕吐、腹痛、腹泻、头昏等。但是经过焯水或日晒后的干制品，因为在加工过程中破坏了秋水仙碱，所以没有毒性。

（二）微生物对食品的污染

食品的微生物污染是由一些致病微生物引起的，主要包括细菌、真菌和病毒三类。微生物具有较强的生态适应性，在食品原料的种植、收获、饲养、捕捞、加工、包装、运输、销售、保存以及食用等每一个环节都可能被微生物污染。同时，微生物具有易变异性，未来可能不断有新的病原微生物威胁食品安全和人类健康。

1. 细菌性污染

细菌性污染是涉及面最广、影响最大、问题最多的一类食品污染，其引起的食物中毒是所有食物中毒中最普遍、最具爆发性的。细菌性食物中毒全年皆可发生，具有易发性和普遍性等特点，对人类健康有较大的威胁。

细菌性食物中毒可以分为感染型和毒素型。感染型如沙门氏菌属、变形杆菌属引起的食物中毒。毒素型又可以分为体外毒素型和体内毒素型两种。体外毒素型是指病原菌在食品内大量繁殖并产生毒素，如葡萄球菌肠毒素中毒、肉毒梭菌毒素中毒。体内毒素型是指病原体随食品进入人体肠道内产生毒素引起中毒，如产气荚膜梭状芽孢杆菌食物中毒、产肠毒素性大肠杆菌食物中毒等。细菌性食物中毒也有感染型和毒素型混合存在的情况发生。

引起食品污染的微生物主要有沙门氏菌、副溶血性弧菌、志贺菌、葡萄球菌等。近年来，变形菌属、李斯特菌、大肠菌科、弧菌属引起的食品污染呈上升趋势。沙门氏菌是全球报送最多的、各国公认的食源性疾病首要病原菌。

2. 真菌性污染

真菌在发酵食品行业的应用非常广泛，但许多真菌也可以产生真菌毒素，引起食品污染。尤其是 20 世纪 60 年代发现强致癌的黄曲霉素以来，真菌与真菌毒素对食品的污染日益引起重视。真菌毒素不仅具有较强的急性毒性和慢性毒性，而且具有致癌、致畸、致突变性，如黄曲霉和寄生曲霉产生的黄曲霉素、麦角菌产生的麦角碱、杂色曲霉和构巢曲霉产生的杂色曲霉素等。真菌毒素的毒性可以分为神经毒、肝脏毒、肾脏毒、细胞毒等。例如，黄曲霉素具有强烈的肝脏毒，可以引起肝癌。

常见的产毒真菌主要有曲霉、青霉、镰刀菌、交链孢霉等。由于真菌生长繁殖及产生毒素需要一定的温度和湿度，因此真菌性食物中毒往往有比较明显的季节性和地区性。在中国，北方地区食品中黄曲霉素污染较轻，而长江沿岸和长江以南地区食品中黄曲霉素污染较重。也有调查发现，肝癌等癌症的发病率与当地的粮食霉变现象有一定关系。

大型真菌中的毒蘑菇也含有毒素，其毒性有胃肠炎型、神经精神型、溶血型、肝病型等。中国的毒蘑菇有 100 多种，中毒事件经常发生。据统计，2007 年，全国食物中毒 13 280 人，死亡 258 人。其中，因毒蘑菇中毒 526 人，死亡 113 人，死亡人数占食物中毒死亡总人数的 43.80%。

3. 病毒性污染

与细菌、真菌不同，病毒的繁殖离不开宿主，因此病毒往往先污染动物性食品，然后通过宿主、食物等媒介进一步传播。带有病毒的水产品和患病动物的乳、肉制品一般是病毒性食物中毒的起源。与细菌、真菌引起的病变相比，病毒引起的病变大多难以有效治疗，并且更容易暴发流行。

常见食源性病毒主要有甲型肝炎病毒、戊型肝炎病毒、轮状病毒、诺瓦克病毒、朊病毒、禽流感病毒等。这些病毒曾经或仍在肆虐，造成许多重大的疾病事件。

（三）农药对食品的污染

农药污染食品引起的中毒事件在生活中频频出现。据有关部门统计，中国蔬菜农药残留量超过国家卫生标准的比例为 22.1%，部分地区蔬菜农药超标的比例已达 80%。发达国家将农药等化学品对食品的污染作为评价食品质量的首要指标，这种做法值得政府部门及有关研究人员借鉴。

据研究，进入人体的农药，通过大气和饮水进入人体的仅占 10%，通过食物进入人体的则占 90%。农药除了可以造成人体急性中毒外，绝大多数对人体产生慢性毒副作用。人们生产和使用农药的过程中造成对大气、河流、土壤、农产品、水产品的污染，残留在环境和食物中的农药残留进入人体内，积累到一定量后，使人体产生明显的病理变化和损害。

农药在生产和使用中，可以经呼吸道、皮肤等进入人体，但是通过受污染的食品进入人体占相当高的比例。农药污染食品的主要途径如下：

1. 喷洒作物

为防治农作物病虫害而施用农药，直接污染了食用作物，但农药在食用作物上的残留受农药的品种、浓度、剂型、施用次数、施药方法、施药时间、气象条件、植物品种以及生长发育阶段等多种因素的影响。

2. 植物根部吸收土壤中的农药

研究证实，农田喷洒农药后一般只有 10%～20% 是吸附或附着在农作物茎、叶、果实表面，起杀虫或杀菌作用，而有 40%～60% 的农药降落在地面，污染土壤。农药在土壤中的分布，主要是集中在土壤的耕作层。土壤中的农药通过植物的根系吸收转移至植物组织内部和食物中，土壤中农药污染量越高，食物中的农药残留量也越高。

3. 气流扩散或随雨雪降落

农药的喷洒可以直接污染大气层，量虽小，但长时间接触也可以造成土壤和水域的污染，同时还可以通过气流进行远距离扩散。据研究，有机氯杀虫剂可以通过气流污染到南北极地区。另外，施用农药后，有一小部分农药以极细的微粒漂浮于大气中，随雨雪降落到土壤和水域也能造成食品的污染。

4. 生物富集作用

生物富集作用是指环境中一些有害物质（如重金属、化学农药等），通过食物链在生物体内不断积累的过程。因为这些有害物质具有化学性质稳定、不易分解的特点，会在生物体内积累而不易排出，所以随着营养级的升高而不断积累，危害最大的是这一食物链的最高级消费者。有机氯、汞和砷制剂等化学性质比较稳定的农药与酶和蛋白质的亲和力强，在食物链中可以逐级浓缩。实验证明，长期投喂含有农药的饲料可以造成动物组织内的农药蓄积。因此，生物富集作用可以使环境中的微小污染转变成食物的严重污染。

5. 运输和贮存中混放

食品在运输中由于运输工具、车船等装运过农药未予以彻底清洗以及食品与农药混运会引起农药对食品的污染。此外，食品在贮存中与农药混放，尤其是粮仓中使用的熏蒸剂没有按规定存放，也可能导致污染。

（四）有害重金属对食品的污染

有害重金属进入食品的途径主要是自然环境的污染（如当地有害重金属本底含量高或施用含有害重金属的农药以及排放工业"三废"导致的食用作物或饲料的污染）和食品加工过程中机械、管道、容器以及因工艺需要加入的添加剂中存在有害重金属。有害重金属在体内有蓄积性，半衰期较长，能产生急性和慢性毒性反应，还有可能产生致畸、致癌和致突变作用。

常见的有害重金属主要有汞、镉、铅、砷等，它们对人体造成危害的机理和表现的症状各不相同。

人体的汞除职业接触外主要来自食物，特别是鱼贝类。微量汞在人体内能从尿、粪便、汗液中排出，但如果吸收量增多且超过平衡量时，则汞化物会进入血液，并与血红素结合，然后进入脑组织引起脑中毒。汞中毒的主要症状表现为乏力，头晕，失眠，肢体末梢、嘴唇、牙根麻木和刺痛，语言不清，视力模糊，记忆力衰退，严重时会导致痉挛而死亡。

食品中的镉对人体的危害主要是由血液输送并蓄积到肾脏和肝脏，造成慢性镉中毒，特别是损害肾小管上皮细胞，减弱重吸收功能，使钙及其他成分从尿中排出，导致骨钙析出，骨质疏松。镉中毒的主要症状表现为腰酸背疼、膝关节痛或全身疼痛，严重时咳嗽、打喷嚏都会引起骨折，甚至在骨疼痛衰弱中死亡。食品中的镉主要来源于冶金、冶炼、陶瓷、电镀工业及化学工业（如电池、塑料添加剂、食品防腐剂、杀虫剂、颜料）等排出的"三废"。

食用被铅污染的食品，可能引起神经系统、造血器官和肾脏等发生明显的病变。慢性铅中毒的常见症状有食欲不振、胃肠炎、失眠、头昏、关节肌肉酸痛、腹痛、贫血等，严重者会发生休克或死亡。铅被人体吸收后有90%沉积在骨骼中。膳食中蛋白质、钙、磷、铁、铬、硒、维生素 E、维生素 C 等可以降低铅的毒性。

砷对人体的危害是破坏体内酶活性而引起代谢紊乱，进而导致神经系统、微血管及其他系统和组织病变。砷中毒的主要症状为多发性神经炎，皮肤的触觉、痛觉减退，四肢无力，眼帘水肿，表皮角质化和消化道疼痛等，严重时会引起呼吸困难、循环衰退、虚脱而导致死亡。食品中的砷主要来自土壤中的自然本底。工业"三废"以及施用含砷肥料、农药，可以造成砷对食品的污染。

（五）食品添加剂使用不当产生的安全问题

合法合理使用食品添加剂是维护食品安全的需要。食品添加剂作为现代食品工业的重要组成部分，对改善食品色、香、味、形，调整营养结构，改善加工条件，提高食品的质量和档次，防止腐败变质和延长食品的保存期，以及在维护食品安全方面发挥着重要的作用。没有食品添加剂，就没有食品制造和现代食品工业。食品添加剂技术不仅为中国食品工业和餐饮业的发展提供了可靠的技术支持和保障，而且已经成为促进其高速发展的动力和源泉。然而近年来，从"瘦肉精猪肉""红心鸭蛋""三聚氰胺奶粉"事件，到"染色馒头"事件，食品安全问题频频曝光，食品安全问题造成了公众严重的心理不安。调查显示，超过 80% 的消费者认为食品安全问题就是由于食品添加剂造成的。事实上，迄今为止，我国出现的有重大危害的食品安全事件，没有一件是因为合法合理使用食品添加剂造成的。但是，食品添加剂却成了很多食品安全事件的"替罪羊"。导致公众对食品添加剂产生误解的主要原因是公众对食品添加剂缺乏准确、科学、系统的认识，加上个别媒体的不实报道，使得公众对食品添加剂的误解越来越深。

尽管我国食品添加剂的监管体系不断发展，但是由于食品添加剂产业发展较快，仍有些管理机制尚未完善和健全，再加上一些企业盲目逐利等原因，使得围绕食品添加剂的安全问题时有发生。食品加工厂在使用食品添加剂时存在着不同程度的违禁使用、超范围和超量使用等现象。

（六）转基因食品的安全问题

转基因食品（CMF）是指利用基因工程技术改变基因组构成的动物、植物和微生物生产的食品。转基因食品包括转基因动植物、微生物产品，转基因动植物、微生物直接加工品，以转基因动植物、微生物或其直接加工品为原料生产的食品。

转基因食品在节省成本、防治病虫害、增加作物抵抗力、改良作物营养成分、解决粮食短缺问题以及改善全球生态环境等方面无疑具有很多传统食品不具备的优点。其具体体现在：第一，转基因食品可以改良品种；第二，转基因食品可以延长食品保存时间和增加营养成分；第三，转基因食品通过给作物加入防虫、防菌等抗性基因，可以使作物本身产生抵抗病虫害侵袭的能力，因而可以减少农药的使用量，有利于环境保护；第四，转基因技术可以较大幅度提高粮食产量，有助于缓解世界范围内的粮食短缺危机。

20 世纪 80 年代后期，随着转基因作物或食品的商品化生产，食品安全性越来越受到广泛的关注。尽管多数科学家认为，现代生物技术生产的食品本身的安全性并不比传统食品低，但这项技术还是面临着各种争论，争论的焦点主要集中在食品安全性和环境安全性两个方面。

转基因食品在人体内是否会导致基因突变而有害人体健康是人们对其安全性产生怀疑的主要原因。安全性涉及以下几个问题：第一，转基因食品的直接影响，包括营养成分（如营养促进或缺乏、抗营养因子的改变）、毒性（如免疫毒性、神经毒性、致癌性、繁殖毒性）或增加食物过敏物质（是否为变应原）的可能；第二，转基因食品的间接影响，如基因片段导入后，引发基因突变或改变代谢途径，致使其最终物可能含有新的成分或改变现有成分的含量所造成的间接影响；第三，植物里导入了具有抗除草剂或毒杀虫功能的基因后，是否会像其他有害物质那样能通过食物链进入人体；第四，转基因食品经由胃肠道的吸收而将基因转移至肠道微生物中，从而对人体健康造成影响。

环境安全性的问题主要是指转基因植物被释放到田间后，是否会将基因转移到野生植物中，是否会破坏自然生态环境，是否会打破原有生物种群的动态平衡。第一，转基因作物对农业和生态环境的影响；第二，产生"超级杂草"的可能；第三，种植抗虫转基因植物后，可能使害虫产生免疫并遗传，从而产生更加难以消灭的"超级害虫"；第四，转基因向非目标生物转移的可能性；第五，其他生物吃了转基因食品后是否会产生畸变或灭绝；第六，转基因生物是否会破坏生物的多样性。鉴于现代科学技术水平还难以完全准确地预测到外源基因在受体生物遗传背景中的全部表现，人们对转基因食品的潜在危险性和安全性还缺乏足够的预见能力。因此，有关的国际组织和世界各国必须采取一系列严格措施对转基因食品从实验研究到商品化生产进行全程安全性评价和监控管理，以保障人类和环境的安全。

第四节　食品添加剂

有的商家经常宣传自己的食品绝对是天然食品，不含任何化学物质，保证没用食品添加剂。外行一听觉得不错，是否真是这样呢？有的消费者总是觉得只要含有食品添加剂的食品就一定是有毒有害或对身体不好的食品，是否如这些消费者所想的呢？食品添加剂对食品是否真的有副作用呢？我们首先来看看与食品添加剂相关的政策（见表4-5）。

表4-5　食品添加剂相关政策及主要内容

序号	发布时间	发布机关	名称	主要内容
1	2016年7月	国家食品药品监督管理总局	《国家食品药品监督管理总局办公厅关于进一步加强食品添加剂生产监管工作的通知》（食药监办食监〔2016〕96号）	进一步规范食品添加剂生产许可工作，将食品添加剂生产许可工作有关事项加以明确

表4-5（续）

序号	发布时间	发布机关	名称	主要内容
2	2016 年 8 月	江苏省经济和信息化委员会	《江苏省"十三五"食品产业发展规划》	推动江苏食品产业稳定、健康、可持续发展，建设具有江苏特色的现代食品产业体系
3	2017 年 2 月	国务院	《"十三五"国家食品安全规划》	为实施好食品安全战略，加强食品安全治理
4	2017 年 5 月	科技部	《"十三五"食品科技创新专项规划》	深入实施创新驱动发展战略，实现食品产业科技创新发展
5	2017 年 12 月	卫生部	《食品添加剂新品种管理办法》（2017 年修订）	加强食品添加剂新品种管理
6	2019 年 9 月	国家市场监督管理总局	《市场监管总局办公厅关于规范使用食品添加剂的指导意见》（市监食生〔2019〕53 号）	督促食品生产经营者（含餐饮服务提供者）落实食品安全主体责任，严格按标准规定使用食品添加剂，进一步加强食品添加剂使用监管，防止超范围、超限量使用食品添加剂，扎实推进健康中国行动
7	2019 年 10 月	国务院	《中华人民共和国食品安全法实施条例》（2019 年修订）	规定食品安全标准、食品生产经营、食品检验、食品进出口、食品安全事故处置、监督管理等实施细则
8	2020 年 1 月	国家市场监督管理总局	《食品生产许可管理办法》	规范食品、食品添加剂生产许可活动，加强食品生产监督管理，保障食品安全
9	2021 年 4 月	全国人大常委会	《中华人民共和国食品安全法》（2021 年修订）	规定国家对食品添加剂的生产实行许可制度
10	2021 年 11 月	江苏省食品安全委员会	《江苏省"十四五"食品安全规划》	全面加强食品安全工作，提高食品安全保障水平，促进食品产业健康发展

一、食品添加剂的概念、分类及使用标准

（一）食品添加剂的概念

食品添加剂是指为改善食品品质和色、香、味以及为防腐和加工工艺的需要而加入食品中的化学合成物质或天然物质。由于食品工业的快速发展，食品添加剂已经成为现代食品工业的重要组成部分，并且成为食品工业技术进步和科技创新的重要推动力。食品添加剂包括营养强化剂和食品加工助剂。

1. 营养强化剂

营养强化剂是指根据营养需要向食品中添加的一种或多种营养素，或者某些天然

食品。这种经过强化处理的食品称为强化食品。所添加的营养素或含有营养素的物质（包括天然的和人工合成的）称为食品营养强化剂。《中华人民共和国食品卫生法》规定，食品营养强化剂是指为增强营养成分而加入食品中的天然的或者人工合成的属于天然营养素范围的食品添加剂。

2. 食品加工助剂

食品加工助剂是指有助于食品加工顺利进行的各种物质。这些物质与食品本身无关，如助滤、澄清、吸附、润滑、脱模、脱色、脱皮、提取溶剂、发酵用营养物质等。

（二）食品添加剂的分类

1. 根据食品添加剂来源分类

（1）天然食品添加剂。天然食品添加剂包括天然提取物和生物合成（发酵法和酶法等）制取的物质。其中，天然提取物是以动物、植物或微生物的代谢产物为原料提取得到的。例如，茶多酚、食用明胶、卡拉胶、果胶、大豆磷脂。生物合成包括发酵法和酶法。由生物合成制取的物质，如在食品添加剂总量中占很大比例的柠檬酸、乳酸、维生素 C、黄原胶等。这些生物合成的物质的化学结构和天然提取物的化学结构完全一样，在人体中能够吸收和代谢，具有同样的营养和生理活性功能，国际上也称之为天然等同物或等同天然物。

（2）化学合成食品添加剂。化学合成食品添加剂在全部食品添加剂中占大多数，它们是采用化学手段，使元素或化合物通过氧化、还原、缩合、聚合等合成反应得到的物质。化学合成食品添加剂又可以细分为两种：第一种是一般化学合成品，它们在自然界中本身是不存在的。例如，甜蜜素、柠檬黄等。第二种是人工合成天然等同物质，包括天然等同香料、天然等同色素等。例如，从桂皮、丁香、豆蔻这些自然界的原料中提取得到的精油、浸膏、树脂、酊剂等。

2. 根据食品添加剂的功能分类

我国的食品添加剂分为 23 个大类，即酸度调节剂、抗结剂、消泡剂、抗氧化剂、漂白剂、膨松剂、着色剂、护色剂、乳化剂、酶制剂、增味剂、面粉处理剂、被膜剂、水分保持剂、营养强化剂、防腐剂、稳定和凝固剂、甜味剂、增稠剂、胶基糖果中基础物质剂、食品用香料、食品工业用加工助剂、其他。我国目前批准使用的食品添加剂有 2 400 种左右。

（三）食品添加剂的使用标准

国家标准《食品添加剂使用标准》（GB 2760—2014）规定了食品添加剂的使用原则、允许使用的食品添加剂品种、使用范围以及最大使用量或残留量。食品添加剂的使用原则，包括以下四项：

第一，食品添加剂使用时应符合以下基本要求：一是不应对人体产生任何健康危害，二是不应掩盖食品腐败变质，三是不应掩盖食品本身或加工过程中的质量缺陷或以掺杂、掺假、伪造为目的而使用食品添加剂，四是不应降低食品本身的营养价值，五是在达到预期目的的前提下尽可能降低在食品中的使用量。

第二，在下列情况下可以使用食品添加剂：一是保持或提高食品本身的营养价值；二是作为某些特殊膳食用食品的必要配料或成分；三是提高食品的质量和稳定性，改进其感官特性；四是便于食品的生产、加工包装、运输或贮藏。

第三，使用的食品添加剂应当符合《食品添加剂质量标准》（GB 2760—2014）相应的质量规格要求。

第四，带入原则，即在下列情况下食品添加剂可以通过食品配料（含食品添加剂）带入食品中：一是根据《食品添加剂质量标准》（GB 2760—2014）的要求，食品配料中允许使用该食品添加剂；二是食品配料中该添加剂的用量不应超过允许的最大使用量；三是应在正常生产工艺条件下使用这些配料，并且食品中该添加剂的含量不应超过由配料带入的水平；四是由配料带入品中的该添加剂的含量应明显低于直接将其添加到该食品中通常所需要的水平。

如果按照上述国家标准规定的品种、使用范围、使用剂量以及使用原则来使用食品添加剂，通常认为该食品是相对安全的。由于食品添加剂是在食品加工过程中加入，并随着食品进入人体内，如果食品添加剂使用不当或不合理，就必然会不同程度危害人体健康。

二、食品添加剂的使用

（一）重要的食品添加剂

食品添加剂是为了提高食品的色、香、味和延长保质期以及为了食品的加工需要而加入的一种人工合成或天然物质。按规定使用食品添加剂不仅无害而且是有利的。食品添加剂是现代食品工业的灵魂。可以说，没有食品添加剂，就没有现代食品工业。正确使用食品添加剂，可以有效改善食品风味、提高食品营养价值、增强加工的便利性，或者预防食品腐败变质、延长食品保质期。表4-6显示了一些重要的食品添加剂。

表4-6　一些重要的食品添加剂

种类	定义	天然	人工合成
抗氧化剂	抗氧化剂是添加于食品后阻止或延迟食品氧化，提高食品质量的稳定性和延长储存期的一类食品添加剂。主要应用于防止油脂及富脂食品的氧化酸败，引起食品褪色、褐变以及维生素被破坏等	自由基吸收剂、金属离子螯合剂、氧清除剂、单线态氧淬灭剂、氢过氧化物分解剂、紫外线吸收剂、抗氧化剂酶	BHA（丁基羟基茴香醚）、BHT（二丁基羟基甲苯）、PG（没食子酸丙酯）、TBHQ（特丁基对苯二酚），目前食用植物油中常用的是TBHQ

表4-6(续)

种类	定义	天然	人工合成
着色剂	着色剂又称色素,是使食品着色后提高其感官性状的一类物质	我国允许使用的天然色素有甜菜红、紫胶红、越橘红、辣椒红、红米红等45种	我国允许使用的人工合成色素有苋菜红、胭脂红、柠檬黄、日落黄、亮蓝、靛蓝和各自的铝色淀等
防腐剂	防腐剂是指能抑制微生物活动,防止食品腐败变质的一类食品添加剂。要使食品有一定的保藏期,就必须采用一定的措施来防止微生物的感染和繁殖。实践证明,采用防腐剂是达到上述目的的最经济、最有效和最简洁的办法之一	精蛋白、蜂胶、壳聚糖、茶多酚、香精油、大蒜素、乳酸链球菌素、纳他霉素、泰乐菌素、霉菌	苯甲酸钠、山梨酸钾、丙酸钙、对羟基苯甲酸丙酯
甜味剂	甜味剂是指能赋予软饮料甜味的食品添加剂	甜菊糖、赤藓糖醇、木糖醇、雪莲果糖浆、罗汉果甜味剂	糖精、三氯蔗糖、安赛蜜、阿斯巴甜、甜蜜素、纽甜、麦芽糖醇

(二) 食品添加剂及非法添加物不安全问题

我国食品添加剂使用不当的不安全问题主要有使用国家不允许使用的食品添加剂、超范围使用食品添加剂、超限量使用食品添加剂、使用劣质或过期的食品添加剂等。

1. 使用国家不允许使用的食品添加剂

使用国家不允许使用的食品添加剂是指在食品中滥用国家禁用的非食品用的化学物质或化工原料作为添加剂,结果会造成食用者生病、致癌甚至死亡的食品安全事故。

2. 超范围和超限量使用食品添加剂以及使用劣质食品添加剂

超范围使用食品添加剂是指添加剂的使用超出了强制性国家标准《食品添加剂使用标准》规定的某种食品中可以使用的食品添加剂的种类和范围。例如,国家标准规定白油(液状石蜡)的使用范围是在鲜蛋或除胶基糖果以外的其他糖果中作为被膜剂(用于覆盖在食品表面形成薄膜,以使其外表明亮美观且保质、保鲜)使用,但某些企业将其应用于瓜子上光。又如,一些小企业将二氧化钛作为白色素用于乳制品(甜奶、乳饮料等),起增白、乳浊的效果,以达到减少鲜奶(或奶粉)比例的目的,而国家标准规定的二氧化钛使用范围中没有乳制品。

超限量使用食品添加剂是指在食品生产加工过程中使用的食品添加剂的剂量超出了国家标准《食品添加剂使用标准》规定的能够使用的最大剂量。企业滥用、超剂量使用添加剂的现象较为普遍,成为食品添加剂使用的主要安全问题。超量使用的食品添加剂主要是面粉改良剂、防腐剂、甜味剂。例如,面粉中的过氧化苯甲酰、溴酸钾的超量使用；蜜饯类产品中的甜味剂、防腐剂、色素的超量使用；乳饮料中的甜味剂、防腐剂的超量使用；冷饮、果冻中的甜蜜素的超量使用；酱菜中的苯甲酸的超量使用。

3. 使用劣质或过期的食品添加剂

使用劣质的食品添加剂不仅起不到应有的功效，还会将含有铅、汞、砷等重金属的杂质带进食品。食品添加剂也是一种产品，也有一定的保质期，在保质期内才具有一定的功效。因此，使用劣质或过期的食品添加剂将会影响到食品的质量，甚至可能危害食用者的身体健康。

（三）针对问题的相关措施

1. 扩大监管范围

对食品添加剂的规范管理，一直以来都是关注食品生产企业，从其是否规范使用情况入手，虽然取得了一定的成效，但是由于我国食品行业从业企业众多，若想实现全面监管，存在着较大的难度。面对这样的现实情况，相关部门要整合资源力量，逐步扩大监管范围，从食品添加剂生产到使用全周期加大对生产企业和使用企业的监督管理；充分发挥群众的力量，落实各项监督管理工作。

2. 加大监管力度

如果想提升食品行业整体质量安全水平，相关部门要加大对食品添加剂采购企业的监督管理，重点检查食品添加剂使用量。对需要严格控制的食品添加剂，相关部门必须要加大监管力度，禁止"带入"行为的发生。对未经批准以及审批私自采购食品添加剂的行为，相关部门要加大惩罚力度，如禁止其从事食品生产。除此之外，相关部门要注重利用电子科技技术，完善检查制度，从进入市场前就强化对食品添加剂的监管，严格落实食品安全法律法规的规定，做好对食品行业的监管，控制添加剂的使用，最大程度上保证食品安全，进而保障消费者的基本权益以及生命健康。食品生产企业在进行食品加工的过程中，必须严格按照食品加工标准和添加剂使用标准来选择和使用食品添加剂。

3. 坚持有效原则生产

对食品添加剂的规范，要以生产加工环节为重点，坚持有效原则，有序开展生产作业。生产企业必须严格遵循使用原则和标准，保证食品添加剂的质量，合理使用、控制使用量。生产企业对使用的添加剂要做好质量检查，若发现劣质或过期的产品，要及时清理，不予使用。生产企业对此类添加剂要及时销毁，强化对添加剂质量的把控，保证食品生产的质量，达到食品安全的要求。

4. 做好使用范围的把控

食品添加剂种类较多，在食品行业中以复合添加剂的使用居多。复合添加剂的使用最方便，但也最危险，因此要加强把控。相关部门要加大打击及惩治力度，联合社会各方力量做好监管工作，减少食品安全问题的发生。

【案例4-2】

生产超范围使用食品添加剂的食品烤鱿鱼案

某有限公司生产的食品烤鱿鱼，经抽样检验，脱氢乙酸及其钠盐（以脱氢乙酸计）项目不符合食品安全国家标准《食品添加剂使用标准》（GB 2760—2014）的要求，检验结论为不合格。

当事人生产超范围使用食品添加剂的食品烤鱿鱼的行为，违反了《中华人民共和国食品安全法》第三十四条第（四）项的规定，依据《中华人民共和国食品安全法》第一百二十四条第一款第（三）项的规定予以处罚。监管部门对该公司作出责令改正上述违法行为、没收违法所得0.07万元、罚款2万元的行政处理决定。

生产油脂酸败的食品油炸花生米案

某食品有限公司生产的油炸花生米，经抽样检验，过氧化值（以脂肪计）项目不符合食品安全国家标准《坚果与籽类食品》（GB19300—2014）的要求，检验结论为不合格。

当事人生产油脂酸败的食品油炸花生米的行为，违反了《中华人民共和国食品安全法》第三十四条第（六）项的规定，依据《中华人民共和国食品安全法》第一百二十四条第一款第（四）项的规定给予处罚。当事人未按规定建立进货查验记录的行为违反了《中华人民共和国食品安全法》第五十条第二款的规定，依据《中华人民共和国食品安全法》第一百二十六条第一款第（三）项的规定给予处罚。综上，监管部门对该公司作出责令改正上述违法行为、警告、没收违法所得0.04万元、罚款6.5万元的行政处理决定。

生产超范围使用食品添加剂的大馒头案

某食品有限公司生产的大馒头，经抽样检验，脱氢乙酸及其钠盐（以脱氢乙酸计）项目不符合食品安全国家标准《食品添加剂使用标准》（GB2760—2014）的要求，检验结论为不合格。

当事人生产超范围使用食品添加剂的大馒头行为，违反了《中华人民共和国食品安全法》第三十四条第（四）项的规定，依据《中华人民共和国食品安全法》第一百二十四条第一款第（三）项的规定给予处罚。当事人未按规定保存生产涉案食品所使用的食品原料、食品添加剂的进货查验记录、凭证以及涉案食品的出厂检验记录、凭证的行为，违反了《中华人民共和国食品安全法》第五十条第二款及第五十一条的规定，依据《中华人民共和国食品安全法》第一百二十六条第一款第（三）项的规定给予处罚。综上，监管部门对该公司作出责令改正上述违法行为、警告、没收违法所得0.06万元、罚款2万元的行政处理决定。

经营超限量使用食品添加剂的食品油条案

某馅饼店经营的油条，经抽样检验，铝的残留量（干样品）项目不符合食品安全国家标准《食品添加剂使用标准》（GB2760—2014）的要求，检验结论为不合格。

当事人经营超限量使用食品添加剂的食品油条（油炸面制品）的行为，违反了《中华人民共和国食品安全法》第三十四条第（四）项的规定，依据《中华人民共和国食品安全法》第一百二十四条第一款第（三）项的规定给予处罚。监管部门对该店作出责令改正上述违法行为、没收违法所得 33 元、罚款 2 000 元的行政处理决定。

经营超限量使用食品添加剂的食品油条案

某包子铺经营的油条，经抽样检验，铝的残留量（干样品）项目不符合食品安全国家标准《食品添加剂使用标准》（GB2760—2014）的要求，检验结论为不合格。

当事人经营超限量使用食品添加剂的食品油条的行为，违反了《中华人民共和国食品安全法》第三十四条第（四）项的规定，依据《中华人民共和国食品安全法》第一百二十四条第一款第（三）项的规定给予处罚。监管部门对该包子铺作出责令改正上述违法行为、没收违法所得 83 元、罚款 2 000 元的行政处理决定。

【拓展阅读】

中国已批准脂质的转基因作物只有棉花和木瓜

2014 年 12 月 5 日，国务院新闻办公室在其发布厅举行新闻发布会，请农业部总经济师、新闻发言人毕美家回答记者问。

《金融时报》记者："中国以后为了保持粮食的总量，会不会用转基因技术，如果有这个计划的话，能不能给我们解释一下？"

毕美家："我们农业部对转基因问题的态度是一贯的，也是明确的。简单地讲是两条：一是在研究上要大胆，坚持自主创新；二是在推广上要慎重，做到确保安全。因为转基因是一项新技术，也是一个新产业，具有广阔的发展前景，现在全球农业转基因的技术研发态势是非常强劲的，发达国家全力抢占技术制高点，发展中国家也要积极跟进。中国作为农业生产大国、农产品消费大国，人多地少，旱、涝、病虫害频繁发生，保证粮食等主要农产品长期有效供给的压力是很大的。在转基因这项新技术上，我们更应有一席之地，抢占制高点。正因为如此，2008 年国务院批准设立了转基因的重大专项。专项设立以后，我们国家转基因的研发态势越来越好。尤其是我们在转基因抗虫棉这方面，目前 95% 的市场产品是我们自主研发的。在确保安全的方面，根据国家的法律法规制定了一整套制度，今天由于时间关系就不一一说了。目前，中国批准种植的转基因作物只有棉花和木瓜，没有批准任何转基因主粮的商业化生产。但是我们的态度是坚定的，今后我们将遵循这样一个线路：先是非食用，然后是间接食用，最后是食用——我们以这样的步骤来稳步推进。首先发展非食用的经济作物，其次是饲料作物、加工原料作物，再次是一般食用作物，最后才是主粮作物。在这个过程当中，我们农业部一定会依法履职尽责，确保安全。"

思维导图

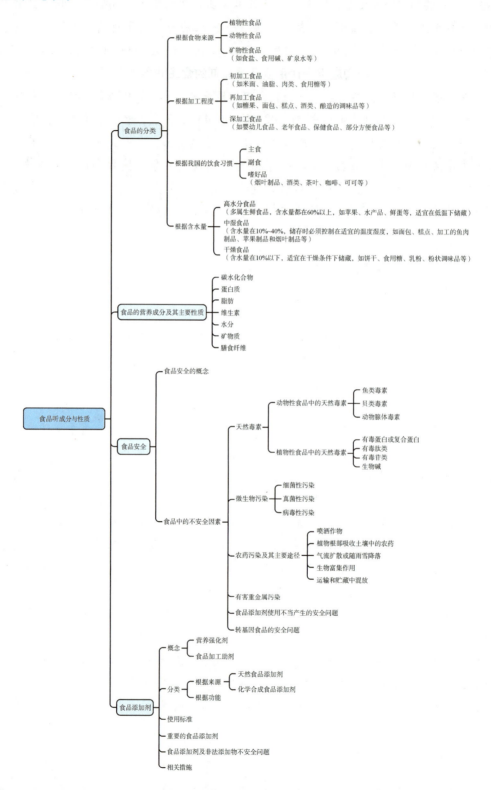

食品听成分与性质
- 食品的分类
  - 根据食物来源
    - 植物性食品
    - 动物性食品
    - 矿物性食品（如食盐、食用碱、矿泉水等）
  - 根据加工程度
    - 初加工食品（如米面、油脂、肉类、食用糖等）
    - 再加工食品（如糖果、面包、糕点、酒类、酿造的调味品等）
    - 深加工食品（如婴幼儿食品、老年食品、保健食品、部分方便食品等）
  - 根据我国的饮食习惯
    - 主食
    - 副食
    - 嗜好品（烟叶制品、酒类、茶叶、咖啡、可可等）
  - 根据含水量
    - 高水分食品（多属生鲜食品，含水量都在60%以上，如苹果、水产品、鲜蛋等，适宜在低温下储藏）
    - 中湿食品（含水量在10%~40%，储存时必须控制在适宜的温度湿度，如面包、糕点、加工的鱼肉制品、苹果制品和烟叶制品等）
    - 干燥食品（含水量在10%以下，适宜在干燥条件下储藏，如饼干、食用糖、乳粉、粉状调味品等）
- 食品的营养成分及其主要性质
  - 碳水化合物
  - 蛋白质
  - 脂肪
  - 维生素
  - 水分
  - 矿物质
  - 膳食纤维
- 食品安全
  - 食品安全的概念
  - 食品中的不安全因素
    - 天然毒素
      - 动物性食品中的天然毒素
        - 鱼类毒素
        - 贝类毒素
        - 动物腺体毒素
      - 植物性食品中的天然毒素
        - 有毒蛋白或复合蛋白
        - 有毒肽类
        - 有毒苷类
        - 生物碱
    - 微生物污染
      - 细菌性污染
      - 真菌性污染
      - 病毒性污染
    - 农药污染及其主要途径
      - 喷洒作物
      - 植物根部吸收土壤中的农药
      - 气流扩散或随雨雪降落
      - 生物富集作用
      - 运输和贮藏中混放
    - 有害重金属污染
    - 食品添加剂使用不当产生的安全问题
    - 转基因食品的安全问题
- 食品添加剂
  - 概念
    - 营养强化剂
    - 食品加工助剂
  - 分类
    - 根据来源
      - 天然食品添加剂
      - 化学合成食品添加剂
    - 根据功能
  - 使用标准
  - 重要的食品添加剂
  - 食品添加剂及非法添加物不安全问题
  - 相关措施

本章小结

　　人体所需的各种营养素，必须通过每天所吃的食物不断得到供应和补充。学习本章要清晰了解食品的组成成分与相关性质、七种营养素的生理作用，并了解食品中的不安全因素，帮助膳食搭配和营养健康。

　　学习食品添加剂的相关知识具有很强的实际意义。食品添加剂的运用范围广，我们买的很多食品都能看到食品添加剂的身影。食品添加剂虽然为人类的饮食安全带来很多前所未有的问题，但不可否认的是，食品添加剂大大促进了食品工业的发展，它被誉为"现代食品工业的灵魂"。如果没有食品添加剂的出现，我们吃的食品也一样会有各类安全问题。食品添加剂给食品工业和人类健康带来许多益处，一些使用的禁忌也需要我们去了解，清楚食品添加剂的作用，才能更好地生活。

本章重难点

1. 食品安全与食品中的不安全因素。
2. 七大营养素的成分组成和性质。
3. 各类营养素的功能。
4. 食品根据不同的分类标准的分类。
5. 食品安全的概念。
6. 特殊的食品添加剂以及非法食品添加物。
7. 重要的食品添加剂及其相关性质。

思考题

1. 七大营养素的成分组成和性质是什么？
2. 七大营养素的生理功能是什么？
3. 碳水化合物摄入量不足与过量时的症状是什么？
4. 反式脂肪酸对人体健康的危害是什么？
5. omega-3 与 omega-6 的功能是什么？
6. 食品根据不同的分类标准如何分类？
7. 食品安全的概念是什么？食品中的不安全因素有哪些？
8. 水的硬度及其影响是什么？
9. 我们应如何看待食品添加剂，如何更好地发挥食品添加剂的作用？

10. 一些老板所说的自己卖的产品是天然产品，不含任何添加剂，是否真如老板所说呢？天然产品一定比添加了食品添加剂的产品好吗？

在线测试

第五章

化妆品的成分与性质

学习目标

- 了解化妆品相关成分与性质
- 掌握化妆品相关属性与性质
- 掌握各类成分个性与共性的辩证关系
- 了解并进一步掌握研究其他各类商品成分的思路与方法

导入案例

奥古斯丁·巴德（Augustinus Bader）是一个著名的德系功效护肤品牌，品牌名字来自创始人奥古斯丁·巴德（Augustinus Bader）博士，他是全球领先的干细胞和生物医学科学家。巴德博士立足于治疗烧伤患者的技术经验，历经多年研发出品牌的核心成分"细胞触发因子TFC8"。这是一种由天然氨基酸、高质维生素和皮肤所需各种营养物质组成的天然产物复合物，在某种程度上能模仿人体细胞间焕活信息的传导能力。这个成分应用在其2018年推出的"The Rich Cream"系列产品中，主打延缓衰老、改善肤色、镇静和保护皮肤。2021年，该系列产品进行了配方升级，在原有基础上选择了100%纯素的配方，加入透明质酸、水解大米蛋白以增强保湿和强化皮肤屏障的功效。

资料来源：佚名. 拒绝内卷！9个国外品牌案例让你借鉴功效护肤品怎么创新［EB/OL］. (2021-09-15)［2023-05-18］. https://weibo.com/ttarticle/p/show? id=2309404681640277573896.

第一节　化妆品的成分

化妆品是我们生活中很常见的用品，但实际上，你真的了解化妆品吗？我们先来提个小问题：香水、古龙水、面霜、护手霜、眼影、防晒霜、隔离霜、腮红、BB霜、沐浴露、洗发水、洗面奶、发胶、口红、剃须膏这些日常生活用品中，哪些属于化妆品，哪些不属于化妆品呢？化妆品绝不仅仅包含了化妆用品，还包含很多其他日化用品。为了解开大家的疑惑，我们就从国家相关标准和规范来看化妆品的定义，弄清楚究竟什么才算得上是化妆品。

一、化妆品的概念

《化妆品卫生监督条例》中给化妆品下的定义如下：化妆品是指以涂擦、喷洒或者其他类似的方法，散布于人体表面任何部位（皮肤、毛发、指甲、口唇等），以达到清洁、消除不良气味、护肤、美容和修饰目的的日用化学工业产品。

《化妆品标识管理规定》指出，化妆品是指以涂抹、喷、洒或者其他类似方法，施于人体（皮肤、毛发、指趾甲、口唇齿等），以达到清洁、保养、美化、修饰和改变外观，或者修正人体气味，保持良好状态为目的的产品。

以上的标准和规范文件决定了哪些产品属于化妆品。判断一个产品是否属于化妆品，首先它必须是日用化学工业产品，并同时满足表5-1所示的条件。

表5-1　化妆品满足的条件

条件	使用方法	人体的使用部位	使用目的
满足要求	涂抹、喷、洒或其他类似方法（揉、擦、敷等）	人体表面任何部位（皮肤、毛发、指甲、口唇等）	清洁、芳香、改变外观、修正不良气味、保养、保持状态

在这个定义中，化妆品不包括牙膏等与口腔黏膜接触的产品。

同样，像驱蚊花露水、抑菌洗手液、祛疤疤痕膏、香薰精油、复方薄荷脑软膏等产品，或者宣称特殊功能、使用方法与化妆品不符的，均视为超出化妆品定义，不属于化妆品。但是通过涂抹、按摩等方式，用于滋润肌肤的精油是属于化妆品的。

二、化妆品的主要成分

常见的化妆品成分主要包含油脂、烃类、合成油脂原料、无机粉质、有机粉质、表面活性剂以及天然化合物等。以下主要介绍一些化妆品中常见的化学物质及其在化妆品中的作用。

（一）天然成分

化妆品中的天然成分有许多种，它们来自自然界，往往需要提取提纯，然后再使用。表5-2显示了化妆品中的主要天然成分及其作用机理。

表5-2　化妆品中的主要天然成分及其作用机理

主要功能	成分名称	作用机理
美白	熊果苷	熊果苷可以有效减少黑色素的形成。通过冻结酪氨酸酶的活性，帮助抑制黑色素的形成，同时有漂白细胞的作用
	甘草黄酮	甘草黄酮是从特定品种甘草中提取的天然美白剂，它能抑制酪氨酸酶的活性，又能抑制多巴素互变和二羟基吲哚酸（DHICA）氧化酶的活性，是一种快速、高效、绿色的美白祛斑化妆品添加剂

表5-2（续）

主要功能	成分名称	作用机理
补水保湿	泛醇	泛醇又称维生素原B5（维生素B5的前体）
	芦荟	芦荟对晒后的皮肤有很好的护理作用，能减轻由于紫外线的刺激而带来的皮肤黑化，具有保湿、防晒、祛斑、除皱、美白、防衰老甚至护发的功能
	海藻精华	具有美白、保湿与吸除脸部过多油脂的功能
	HA天然保湿因子	HA天然保湿因子又称透明质酸，广泛存在于动物组织细胞间质和眼玻璃体中，主要的生理功能是保水和润滑。其水溶液具有较强的黏弹性和润滑性，涂于皮肤表面，可以形成一层保湿透气膜，保持皮肤滋润亮泽。小分子HA天然保湿因子能渗透到真皮层，促进血液微循环，有利于皮肤对营养物质的吸收，起到美容抗皱的保健作用。HA天然保湿因子可以消除紫外线照射产生的活性氧自由基，保护皮肤免受其害。HA天然保湿因子通过促进表皮细胞的增殖和分化，促进受伤部位皮肤的再生
	NMF保湿因子	NMF保湿因子与皮肤天然保湿成分相同，具有吸湿性，可以维持肌肤正常含水量
	玻尿酸	玻尿酸具有高效保湿功能，可以迅速改善皮肤松弛、促进胶原蛋白再生、阻挡自由基的破坏、提升细胞能量与修复能力，具有抗老化、快速美白、淡化脸部黑斑、消除细纹以及使皮肤柔嫩明亮的效果
	甲壳素	甲壳素可以强化保湿度、活化细胞组织、再生皮肤、保护皮肤、消炎杀菌
抗老除皱	活细胞酵素	活细胞酵素将皮肤中的老化细胞消化分解，加速其正常的脱落过程
	可可巴微粒	可可巴微粒又称霍霍巴颗粒，可以除去死皮角质
	海藻素	海藻素含有丰富的胶原成分及皮肤所需各种氨基酸、微量元素，其分子量小，能快速吸收。植物萃取具有调理作用，能改善血液循环，让皮肤更紧实，更具弹性
	水解胶原蛋白	水解胶原蛋白是通过酶解方式，将复杂的螺旋状态的胶原蛋白分子羟化为极易分解的小分子多肽结构，易于人体吸收，生物利用度可大幅度提高
	水解蛋白	水解蛋白的有效成分可以与肌肤产生相溶性和黏性，有利于营养物质渗透至皮肤中，令肌肤细致光洁，减少皱纹产生，避免皮肤老化
	胶原蛋白	胶原蛋白对皮肤有很好的营养性、亲和性、修复性、保湿性的作用，可以补充人体流失的胶原蛋白、氨基酸，涵养皮肤水分，提高皮肤密度，修复皮肤组织，使皮肤柔软有弹性，润滑角质层，刺激皮肤微循环，促进皮肤的新陈代谢，使皮肤光滑、亮泽，减少皱纹
	天然蛋白	天然蛋白是人体所需的基本蛋白质，能促进细胞生长和修复
	卵磷脂	卵磷脂可以使皮肤毛发得到营养滋润，从而让真皮组织充盈，增强表皮的张力，减缓和消除因表皮组织松弛而形成的皱纹，保持肌肤的水分平衡和皮肤组织弹性
	神经酰胺	神经酰胺是一种能够保湿、抑制黑色素生成和防止皮肤粗糙的有用物质

表5-2(续)

主要功能	成分名称	作用机理
抗老除皱	神经酰胺脂质体	神经酰胺脂质体是采用现代生物工程技术，将提取得到的神经酰胺经脂质体工序而制得的一种纯天然功能性化妆品添加剂
	葡萄籽	葡萄籽具有抗自由基、抗氧化功能，能活化细胞，达到长效保湿功能
其他	山金车花	山金车花具有舒缓疼痛的功能
	甘菊	甘菊含有大量的甘菊环，其主要成分从花头（花瓣及花蕊）中萃取出来，含有6%~7%的矿物质、三黏类及少量胶质，0.4%~1%的植物精油，另外还含有多酚酸、咖啡酸。甘菊具有抗发炎、抗过敏以及杀菌的功效，对皮肤保湿及增加细胞活性、杀菌具有一定效果，因此也适用于过敏性皮肤。在药理学上，甘菊外用，用于治疗风湿病、结膜炎、伤口以及溃疡
	控油分子	控油分子能减缓油脂分泌，缩小毛孔，去除多余油脂。其特别的滋润调理成分能保持肌肤的水油平衡，使肌肤清爽不干燥
	丹参酮	丹参酮有利于平衡肌肤酸碱度，收敛毛孔，补充水分，消炎杀菌等
	鳄梨油	鳄梨油具有较好的润滑性、温和性、乳化性、稳定性，对皮肤的渗透力要比羊毛脂强，可以作为乳液、膏霜、香波以及香皂等的原料，对炎症、粉刺有一定的疗效
	甘草	甘草可以抑制酪氨酸酶和多巴色素互变酶的活性，水溶性的甘草酸盐有温和的消炎作用，用来消除强烈日晒后皮肤上的细微炎症。此外，甘草提取物的安全性较好
	绿海藻	绿海藻可以协助传送营养要素，刺激新陈代谢
	角质素	角质素是一种蛋白质，含有碳、氮、氢、磷、氧、硫等元素

（二）润肤成分（不包括油脂）

皮肤保湿是非常重要的，可以减少皱纹的产生。市面上加在护肤品中的主要润肤成分有透明质酸钠、银耳多糖、葡聚糖、壳多糖、聚谷氨酸、泛醇、赤藓醇、尿素、甜菜碱、海藻糖、乳酸钠、卵磷脂、神经酰胺等。润肤成分的作用主要是让皮肤柔嫩光滑、湿润、有弹力。最常见的润肤成分是透明质酸钠、神经酰胺、泛醇、尿素、海藻糖（见表5-3）。

表 5-3　主要润肤成分及其作用机理

成分名称	成分概念	提取来源	作用机理
透明质酸钠	透明质酸钠是人体内一种固有的成分，是一种葡聚糖醛酸，没有种属特异性。透明质酸钠分布在细胞质、细胞间质中，对其中所含的细胞和细胞器官本身起润滑与滋养作用	透明质酸钠广泛存在于胎盘、羊水、晶状体、关节软骨、皮肤真皮层等组织、器官中	透明质酸钠是将人体天然的"透明质酸"配合其他促进细胞再生除皱药物制成的凝胶，通过注射方法使用。保湿作用是透明质酸钠在化妆品中最重要的作用。与其他保湿剂相比，周围环境的相对湿度对透明质酸钠的保湿作用的影响较小

表5-3(续)

成分名称	成分概念	提取来源	作用机理
神经酰胺	神经酰胺是角质层细胞之间的物质,占据的比例能够达到50%,相当于神经酰胺在皮肤表面形成了一层保护膜,能够抵抗外界的腐蚀	天然提取的神经酰胺源于动物和植物。化学合成的拟神经酰胺的结构与神经酰胺相似,功能也相似。已有多种拟神经酰胺被成功合成。微生物发酵法是近年来的常用制备神经酰胺的方法	含有神经酰胺的护肤品能够让皮肤柔嫩光滑、温润、有弹力,而且亲水性强、可以深入皮肤表层之外,还具有锁水的机制,让水分全部被锁在肌肤内,抑制黑色素的生成,有效提升皮肤内的含水量,进而达到修护受损肌肤的功效
泛醇	泛醇是一种维生素B5衍生物,通常被称为"前维生素B5"。这种衍生物广泛应用于美容品行业。泛醇在孤立时是一种清澈的透明液体,由于可以溶解于特定的酒精和水,因此也被称为美容添加剂。泛醇的作用有很多,经常添加到洗发水和护发素中	泛醇是由蜂蜜中的d-泛内酯制成的。泛醇不是由蜂蜜制成,而是由其成分之一制成。泛醇在活细胞(如人的皮肤细胞)中转变为泛酸	使用包含泛醇的洗发水或护发素后,可以给头发留下一些黏稠透明的残留物。这些物质能够包裹头发,起到亮泽作用。这种形式的维生素B5可以作为润滑剂改善头发质量。泛醇还经常添加到药膏和乳液中,因为它有舒缓皮肤、减少阳光灼伤、干燥皮肤和对特定皮肤疾病产生影响的作用。含泛醇的产品施用于皮肤,皮肤就可以有效彻底地吸收这种添加剂,然后转变成维生素B5
尿素	尿素又称碳酰胺,是白色的晶状体	尿素是哺乳动物和某些鱼类体内蛋白质代谢分解的主要含氮终产物,因为其氮代谢过程使用的水量比较少。工业上用氨气和二氧化碳在一定条件下合成尿素	尿素可以缩小表皮层和外层肌肤的水分流失量,同时还具有皮肤保湿的功能,能够充当皮肤屏障,提升其他成分的渗透能力。尿素能够去掉老化角质,起到角质层的保水作用。尿素具有超强的锁水能力,可以滋润皮肤干燥区域;能够帮助皮肤细胞再生,可以增强皮肤防护功能;能够提高其他成分的渗透能力。尿素可以帮助其他成分,尤其是一些消炎作用的成分渗透、吸收
海藻糖	海藻糖的性质很稳定,不容易被破坏,在恶劣的环境都能够生存下来,几乎被添加到任何护肤品或化妆品中,对多种生物活性物质有非特异性保护作用	海藻糖是从黑麦的麦角菌中首次提取出来的。随后的研究发现,自然界许多的微生物体内都广泛存在海藻糖。海藻糖是一种安全、可靠的天然糖类	海藻糖对化妆品中生物体有神奇的保护作用,有很好的保湿作用,能和透明质酸互补,不仅能在中保持组织和皮肤、化妆品本身的新鲜,还能让肌肤喝足水,提高肌肤适应环境的能力。海藻糖的分子量很小,涂抹在肌肤上,很容易就会被吸收,当它进入细胞中的时候,能发挥独特的功能,提高细胞的抗干燥和抗冷冻能力,从而提高肌肤适应不同环境的能力。此外,海藻糖能有效保护辐射放射线引起的损伤

随着年龄的增长和进入老年期，人体皮肤中存在的神经酰胺会渐渐减少。干性皮肤和粗糙皮肤的皮肤异常症状的出现也是由于神经酰胺含量减少。因此，要防止这类皮肤异常，补充神经酰胺是很好的办法。

（三）防晒成分

化妆品中的防晒成分主要分为物理防晒成分和化学防晒成分。物理防晒成分主要有二氧化钛、氧化锌两种，化学防晒成分主要有水杨酸乙基己酯、胡莫柳酯、甲氧基肉桂酸乙基己酯、二苯酮、丁基甲氧基二苯酰化甲烷、奥克立林等。表5-4是主要防晒成分及其作用机理。

表5-4　主要防晒成分及其作用机理

类别	成分名称	成分概念	作用机理
物理防晒	二氧化钛	二氧化钛是一种白色固体或粉末状的两性氧化物，因为其具备良好的性质，所以应用广泛。二氧化钛具有良好的化学稳定性、热稳定性，并且无毒、无味、使用安全。二氧化钛主要应用在防晒化妆品和遮盖类化妆品中	二氧化钛对紫外线有良好的吸收作用和发射、散射作用，还对长波区和中波区的紫外线具有阻挡作用，因此是很好物理防晒剂。化妆品中添加少量二氧化钛可以有很好的遮掩瑕疵、均匀肤色的作用。一些粉类的化妆品会添加二氧化钛
	氧化锌	氧化锌是一种无机物，是锌的一种氧化物。氧化锌难溶于水，可溶于酸和强碱。氧化锌是一种常用的化学添加剂，广泛应用于塑料、硅酸盐制品、合成橡胶、润滑油、油漆涂料、药膏、黏合剂、食品、电池、阻燃剂等制作中。氧化锌在化妆品、护肤品中的主要作用是作为收敛剂、物理防晒剂，没有致痘性	氧化锌可以作为紫外线吸收剂，利用反射方式抵抗紫外线。氧化锌具收敛性，并具有中度遮盖力
化学防晒	水杨酸乙基己酯	水杨酸乙基己酯是一种化学成分，常与其他防晒剂为伍，用以增强二苯酮类防晒剂的溶解度。水杨酸乙基己酯添加剂量上限为5%，属于水杨酸类的衍生物	水杨酸乙基己酯可以增强肌肤对紫外线的承受能力，减少被晒黑的可能性，而且能有效预防黑色素的沉淀和自由基对皮肤的损害，能起到美白肌肤、淡化色斑的作用

防晒霜中添加的防晒成分可能不同，但是原理都是将皮肤与紫外线隔离开，以此来防止皮肤被晒黑、晒伤、光老化。物理防晒是在肌肤表面形成防护层，化学防晒是将紫外线中的有害成分吸收掉。

（四）抗衰老成分

抗衰老一直是人类追求的目标。抗衰老不仅仅需要开始得早，更重要的是选对产品。抗衰老成分主要有辅酶Q10（泛醌）、谷胱甘肽、视黄醇、抗坏血酸及其衍生物、维生素E、橙皮苷、大豆异黄酮、肌肽、积雪草、咖啡因、麦角硫因、七叶树皂苷、绿茶提取物等。主要抗衰老成分及其作用机理如表5-5所示。

表5-5　主要抗衰老成分及其作用机理

成分名称	成分概念	提取来源	作用机理
谷胱甘肽	谷胱甘肽是一种抗氧化物质，还有祛斑的作用。谷胱甘肽是由谷氨酸半胱氨酸和甘氨酸通过肽键缩合而成的三肽化合物，是一种用途广泛的活性短肽	肝脏是人体谷胱甘肽含量最高的器官。化妆品中的谷胱甘肽主要是化学合成	能延缓和抵抗衰老；抑制酪氨酸酶的合成。使用者在使用后，可以结合肌肤上面的一些重金属等物质，帮助肌肤排毒；清除肌肤上面的一些自由基，延缓肌肤的衰老
视黄醇	视黄醇本质上是维生素A的衍生物。维生素A是促进细胞更新的重要营养元素之一	动物肝脏、动物肾脏、鱼类奶酪、人造黄油、黄油、蛋黄	有助于应对自由基损伤；促进皮肤细胞更新，促进胶原蛋白的产生；清除死皮细胞，防止毛孔堵塞和肌肤暗沉；减少皱纹、均匀肤色、修复色斑
维生素E	维生素E具有滋润皮肤、保护皮肤、延缓衰老、减少细纹、淡化色斑的作用。维生素E是一种脂溶性的维生素，其水解产物为生育酚，是最主要的抗氧化剂之一。维生素E多溶于脂肪和乙醇等有机溶剂中，不溶于水，对热、酸稳定，对碱不稳定，对氧敏感，对热不敏感	水果、蔬菜、坚果、乳制品、植物油	综合自由基，有利于色素性斑点的祛除；促进女性雌性激素水平升高，使皮肤更有弹性、延缓衰老、减少细纹、淡化色斑
肌肽	肌肽原液的主要功效是保护皮肤，延缓肌肤衰老，具有很强的抗衰老抗氧化作用	人体是能够生成肌肽的，肌肽大量存在于人的肌肉和脑部，可以调节机体功能，阻挡有害物质的入侵	均衡面膜中营养物质分配；维持肌肤正常新陈代谢，避免黑色素沉积；充盈皮肤，使皮肤水润有光泽；均匀肤色，提升肌肤自身抵抗能力
积雪草	积雪草的成分非常温和，因此几乎对所有的肤质都是非常友好的。但是，为了保险起见，第一次使用含有积雪草成分护肤品的人最好先试用一下，如果没有反应再持续使用	积雪草生长于路旁、田坎、沟边湿润而肥沃的土地上，分布于长江以南各地区，在全世界热带及亚热带地区分布广泛	进入肌肤内部刺激肌肤深层细胞，促使肌肤深层细胞更新；刺激肌肤真皮层中的胶原蛋白，促使胶原蛋白的生成；抗菌消炎
咖啡因	咖啡因在化妆品、护肤品中的主要作用是防脱发及养发，还具有健美功效	植物、咖啡豆、茶	有效地促进脂肪分解；有紧肤除皱的效果
抗坏血酸	抗坏血酸又称维生素C、维他命C等。抗坏血酸在化妆品、护肤品里的主要作用是抗氧化、消炎、美白祛斑	水果、蔬菜	抗氧化剂；与铜离子在酪氨酸酶活动部位相互作用，以减少多巴醌等多步黑色素合成过程来影响黑色素的产生；消炎

（五）祛痘成分

痘痘对皮肤往往有着严重的破坏作用，有的人长痘之后，会留下印记，并且痘痘几乎是在青少年时期就开始，持续到年老。因此，我们需要对痘痘采取攻势，化妆品中的祛痘成分主要为以下几种：杜鹃花酸（壬二酸）、水杨酸、吡哆素、茶树精油（互生叶白千层叶油）、苦参碱、丹参提取物、过氧化苯甲酰等。其中，水杨酸、茶树精油、丹参提取物是运用在化妆品中最多的祛痘成分。

表 5-6　主要祛痘成分及其作用机理

成分名称	成分概念	提取来源	作用机理
水杨酸	水杨酸使用广泛，治疗湿疹、干癣、青春痘以及去头皮屑都可能用到水杨酸。浓度在3%～6%的水杨酸可以用来去角质，浓度高于6%的水杨酸对组织有破坏性。浓度在40%以下的水杨酸适于治疗鸡眼、厚茧、病毒疣	水杨酸可以从杨树、柳树、冬青树以及猕猴桃果实中提取，其中杨树以及柳树富含丰富的水杨酸	水杨酸有脂溶特性，分子量较大，可以将作用锁定在浅层角质中，不会影响活性表皮细胞。水杨酸的脂溶特性可以通过与脂质融合的方式，渗透进入角质层及毛孔深处，不会对真皮组织产生刺激。水杨酸可以顺着分泌油脂的皮脂腺渗入毛孔的深层，溶解毛孔内老旧堆积的角质层，改善毛孔阻塞状况
茶树精油	茶树精油是无色或淡黄色液体，具有抑菌、抗炎、驱虫、杀螨的功效。茶树精油无污染、无腐蚀性、渗透性强，可以治疗粉刺、痤疮。其独特香郁气味还有助于提神醒脑	以蒸馏的方式从桃金娘科白千层叶中可以提取茶树精油	茶树精油可以彻底清除多余油脂分泌，调节水油平衡；为肌肤提供水分同时加强细腻修复能力，促进皮肤光滑，令毛孔更健康细致
丹参提取物	丹参提取物的主要成分是菲醌衍生物	丹参	在纤维芽细胞等的培养中，丹参提取物对胶原蛋白的增殖有很好的促进作用，因此可以增强皮肤真皮层的新陈代谢。丹参提取物具有抗氧化性，可以在活肤抗皱化妆品中使用。丹参提取物可以用作抗菌剂、抗炎剂、生发剂、减肥剂和保湿剂

时下，不少知名化妆品添加水杨酸成分，但是由于高浓度的水杨酸具有一定的伤害性，化妆品中所含的水杨酸浓度一般被限制在 0.2%～1.5%。含水杨酸的化妆品必须加注警示语以确保长期使用的安全性。

（六）美白成分

市面上的美白产品有很多，美白产品发挥作用的就是其中的美白成分，常见的美白成分有熊果苷、抗坏血酸葡糖苷、曲酸衍生物、光甘草定、根皮素、烟酰胺、氨甲环酸、阿魏酸、白藜芦醇、传明酸等。其中，曲酸、传明酸、烟酰胺、熊果苷是常用的传统成分，白藜芦醇是新兴的美白成分（见表5-7）。

表5-7　主要美白成分及其作用机理

成分名称	成分概念	提取来源	作用机理
曲酸	曲酸为皮肤调理剂、抗氧化剂、祛斑剂。但是，曲酸有很强的致敏性，可能会产生刺激性接触性皮炎和白斑	青霉、曲霉等丝状真菌	抑制酪氨酸酶的合成
传明酸	传明酸是一种白色结晶粉末，无臭、味苦	主要通过化学合成	抑制蛋白酶对肽键水解的催化作用，断绝因为紫外线照射而形成的黑色素发生的途径
烟酰胺	烟酰胺又称烟碱，是烟酸（维生素B3）的一种形式。这种维生素帮助身体利用食物中的能量，经常作为营养补充剂推荐给病人治疗营养不良或疾病导致的烟酸缺乏症。除了很多食物自然包含烟酰胺以外，一些外用软膏和美容品也含有烟酰胺	肉类食品含有大量烟酰胺，很多蔬菜的烟酰胺含量也很丰富。啤酒酵母和糙米是烟酰胺的谷物食品来源。此外，烟酰胺还可以在花生、松子、葵花籽和芝麻中提取	烟酰胺在人体生物代谢中起着递氢作用，促进组织呼吸、生物氧化进程和新陈代谢。烟酰胺能显著抑制皮脂的产生，让皮脂的分泌更为适量和均匀。烟酰胺通过增加角质层中神经酰胺含量而增强皮肤屏障功能，减少经皮水分流失，提高皮肤抵抗力，促进表皮层蛋白质的合成
熊果苷	熊果苷为白色针状的结晶或粉末，主要用于高级化妆品中，可以配制成护肤霜、祛斑霜、高级珍珠膏等，既能美容护肤，又能消炎、抗刺激性	熊果苷又名熊果素，是源于绿色植物的天然活性物质，萃取于熊果的叶子	熊果苷可以收缩毛孔，紧致肌肤，杀菌消炎，迅速消除红肿、止痛，促进愈合
白藜芦醇	白藜芦醇具有清除自由基、抗氧化等功效，广泛应用于天然保健食品，在化妆品中也有应用	白藜芦醇是一种生物活性很强的天然多酚类物质，主要来源于葡萄、虎杖、花生、桑葚等植物	白藜芦醇可以对黑色素形成过程中的多个基因控制点进行有效抑制；清除氧自由基；激活与生命相关的多种转录因子相关的STRT1酶活性，延长细胞生命周期；有效对抗细胞的氧化过程，净化肌肤

【案例5-1】

烟酰胺很早就被发现了，最开始是用于防治糙皮并口炎、舌炎。1974年，一名叫吉里什·帕尔萨·马图尔（Girish Parsad Mathur）的英国人将1%～5%的烟酰胺使用在了防晒霜中，意外达到了美白的效果。

资料来源：佚名. 号称"洗白利器"的烟酰胺，到底是个什么玩意？[EB/OL].（2018-02-04）[2023-05-20]. https://baijiahao.baidu.com/s？id=1591479626240755358.

【案例 5-2】

据报道，与熊果苷和乙基抗坏血酸相比较，白藜芦醇对 B16 细胞内的酪氨酸酶具有更好的抑制作用。白藜芦醇已被列入《国际化妆品原料标准目录》（INCI），欧盟、美国和日本未明确对其在化妆品中的用量进行限制，说明其安全性高。白藜芦醇具有对皮肤作用温和、功效显著等优点，因此近年来受到消费者的追捧，并已规模化地应用到了美白、抗氧化等多类化妆品中。在我国，白藜芦醇也被列入了国家食品药品监督管理总局发布的《国际化妆品原料标准中文名称目录》。

资料来源：周泽琳，顾宇翔. 白藜芦醇在化妆品中的应用与检测展望［EB/OL］.（2017-04-19）［2023-05-20］. https://www.docin.com/p-1898593742.html.

（七）抗过敏成分

化妆品中常加入的抗过敏成分有甘草酸二钾、红没药醇、芦荟提取物、马齿苋提取物、洋甘菊提取物、丹皮酚、甘草亭酸、燕麦生物碱、薄荷乳酸等。主要抗过敏成分及其作用机理如表 5-8 所示。

表 5-8　主要抗过敏成分及其作用机理

成分名称	成分概念	提取来源	作用机理
芦荟提取物	芦荟提取物具有使皮肤收敛、柔软化、保湿、消炎、漂白的性能，具有解除硬化、角化、改善伤痕的作用，能防止小皱纹、眼袋的产生和防止皮肤松弛，能保持皮肤湿润、娇嫩，能使头发保持湿润光滑，并能预防脱发	芦荟提取物源于芦荟。芦荟原产于地中海、非洲，现世界各地广泛种植	芦荟提取物具有杀菌、抑菌、消炎、解毒、促进伤口愈合、舒缓镇静等作用，对紫外线有强烈的吸收作用，防止皮肤灼伤，使皮肤收敛、毛孔收敛
马齿苋提取物	马齿苋提取物具有在冬季防皮肤干燥老化、增加皮肤舒适度以及清除自由基的作用	马齿苋的茎和叶	马齿苋提取物既有广谱的抗菌性，又有消炎的作用，可以防止皮肤湿疹、过敏性皮炎和接触性皮炎等皮肤病；可以清除自由基，具有良好的皮肤保湿性
洋甘菊提取物	洋甘菊提取物具有很好的舒缓作用，对修复敏感型肌肤有着很大的帮助。洋甘菊对皮肤的作用较为温和，使用时不会给皮肤带来刺激	洋甘菊植物的花和叶	洋甘菊提取物对敏感性肌肤出现的过敏症状有很好的缓解作用；清凉舒爽，具有消炎杀菌的功效；补水效果好，有助于平衡皮肤表面油脂分泌；可以舒缓神经紧张，改善失眠症状，从而帮助皮肤更好地进行新陈代谢，修复和激活细胞再生，以延缓皮肤的衰老

化妆品的功效通常需要几种成分配合使用来实现。主要成分发挥作用的含量比例如表5-9所示。

表5-9　主要成分发挥作用的含量比例

作用	成分名称	含量
保湿	透明质酸（玻尿酸）	补水保湿的优秀辅助，通常添加0.1%就有效果
	泛醇（维生素B5）	可以渗透到角质层，浓度在1%～5%，对皮肤屏障的修复会较为有效
	神经酰胺	锁住水分，修复保湿，浓度一般在0.05%～0.5%就会有效果
	角鲨烷	有封闭性保湿效果，能较好地改善皮肤粗糙缺水问题
	甘油和丁二醇	常用的保湿锁水成分
美白	抗坏血酸（维生素C）	浓度达到5%就有较好的美白抗氧化效果
	烟酰胺（维生素B3）	浓度达到2%～5%就能改善色素沉积，美白提亮效果明显
	传明酸	一般浓度在2%～3%，相对比较温和
	熊果苷	一般浓度在3%左右，刺激性较弱，最高浓度能到7%，但可能刺激性较强
	曲酸	遇光和热容易氧化，所以只能晚上使用。浓度一般在0.5%～2.0%，但刺激性较强，敏感肌不适合采用
抗氧抗老	视黄醇	一般而言视黄醇浓度为0.1%就开始起作用了，含量比例通常在0.15%～0.3%，既保证有效又不会刺激性过强
	维生素E（生育酚）	浓度在0.1%～1%的维E就能起到抗氧化
	肌肽	浓度大于1%就能有不错的效果了，但很多产品肌肽含量占比达不到1%
祛痘	水杨酸	有一定的刺激性，含量一般不超过2%
	壬二酸（杜鹃花酸）	浓度达到10%以上才能起效，浓度达到20%刺激性较强，但是祛痘效果显著
	羟基乙酸（甘醇酸）	浓度高于3%效果会更好
	扁桃酸（杏仁酸）	浓度不超过20%，初次尝试可以先从8%左右的浓度开始，浓度超过20%可能促使表皮剥落，能够有效去除细小皱纹和浅斑痘印

三、独特的去屑成分

在化妆品中，洗护用品是独特的分类，洗发水中含有一种独特的成分——去屑成分。洗发水中含有去屑成分，为的就是满足人们的去屑需求。去屑剂是去屑洗发产品的核心原料，吡啶硫酮锌（ZPT）是现在最常使用的去屑剂之一。

洗发水中的去屑成分主要有吡啶硫酮锌（ZPT）、吡罗克酮乙醇胺盐（OCT）、氯咪巴唑、己脒定二（羟乙基磺酸）盐等。主要去屑成分及其作用机理如表 5-10 所示。

表 5-10　主要去屑成分及其作用机理

成分名称	成分概念	作用机理
吡啶硫酮锌（ZPT）	ZPT 有一定的毒性和刺激性，存在一定的安全风险，是洗发产品中常见的去屑成分，具有较好的去屑功能，很早就被应用于洗发产品中	ZPT 具有较强的抗菌能力，能够有效杀死导致头皮屑的真菌。ZPT 无异味，对真菌、细菌、病毒有较强的杀灭和抑制作用，但皮肤渗透性很弱，不会杀灭人体细胞。ZPT 可以抑制皮脂溢出
吡罗克酮乙醇胺盐（OCT）	OCT 是一种稳定性好、无毒、高效的去屑剂，广泛应用于去屑香波、养发液和护发素等洗护类化妆品中	OCT 通过杀菌和抗氧化作用从根本上消除头屑，而不是通过脱脂等方式从表象上暂时消除头屑。除了去屑作用外，OCT 还具有防腐、祛味、祛痘等作用

去屑洗发产品一般属于普通化妆品，也有部分属于特殊化妆品。

尽管 ZPT 具有诸多优点，但 ZPT 还存在一些缺点。例如，ZPT 不溶于水，在洗发液中容易下沉，会导致产品分层，不能应用于透明香波等产品中。在洗发液中，ZPT 微粒的大小保持在适宜的范围内（直径 $2.5\mu m$ 左右为最佳），才能使 ZPT 大面积地覆盖和保持在头皮上。ZPT 微粒如果太小、覆盖率低，则会影响产品去屑效果；ZPT 微粒如果太大，会对光产生散射作用，在一定程度上减弱洗发液的珠光效果，影响产品外观。

四、化妆品中的原料

化妆品种类繁多，不同用途、不同类别的化妆品都有其特定的原料配方，同样功能同样品类的各化妆品在原料选择与配比上也各有差异。从整个化妆品体系来看，各产品的原料组成有很多共性。根据化妆品原料的用途与功能，组成化妆品的原料可以分为基质原料、辅助原料和功能性原料三大类。

（一）基质原料

基质原料是构成各种化妆品的主体，在化妆品配方中占有较大比重，决定了化妆品的功能和性质。基质原料一般包含油性原料、粉质原料、溶剂类原料、烃类等。

1. 油性原料

油性原料是化妆品的主要基质原料，包括油脂、蜡类、高级脂肪酸、脂肪醇和酯类。

油脂主要由脂肪酸甘油酯（甘油三酯）构成。一般来说，常温下为液态的称为油，半固态和固态的称为脂。油脂可以在皮肤表面形成疏水性薄膜，防止皮肤角质层水分过快蒸发，同时起到一定的保护皮肤、抵御有害物质侵袭的作用。另外，油脂还能溶解皮肤表面油溶性污垢，可以作为油性物质的清洁剂。

蜡类是一类具有不同光泽、滑润和塑性的疏水性物质的总称，包括以高级脂肪酸与高级脂肪醇形成的酯类为主要成分的动物蜡和植物蜡；以烃类化合物为主要成分的矿物蜡；经过化学合成的蜡；各种蜡的混合物以及蜡与胶或蜡与树脂的混合物。蜡类原料可以作为固化剂提高产品的成型性和稳定性，提高液态油的熔点，赋予产品触变性并提高光泽度和加强防水效果。

油脂和蜡类是膏霜类化妆品、乳液类化妆品、唇膏等固体类化妆品的主要基质原料，主要起到护肤、柔滑、滋润、清洁、固化赋形等作用，同时可以作为溶剂和乳化剂等。

2. 粉质原料

粉质原料是粉底类产品、香粉、爽身粉、胭脂、眼影等产品的重要基质原料，在这些化妆品中用量高达30%~80%，包括无机粉质原料、有机粉质原料和其他粉质原料，均不溶于水，在化妆品中起遮盖、吸收、延展、调色、填充、摩擦等作用，可遮盖皮肤瑕疵、吸收油脂和汗液、赋予皮肤色彩，也可以做芳香制品中的香料载体。

无机粉质原料包括滑石粉、高岭土、膨润土、云母、钛白粉、锌白、硬脂酸锌、硬脂酸镁、碳酸钙、碳酸镁等。化妆品中选用的粉质原料通常需要符合一定要求，如粉末细度需达300目以上，水分含量应在2%以下，不能对皮肤有刺激性，不得检出致病菌，重金属含量需要严格控制等。

有机粉质原料有硬脂酸锌、硬脂酸镁、聚乙烯粉、纤维素微珠、聚苯乙烯粉等，主要用于爽身粉、香粉、粉饼、胭脂等各种粉类的化妆品中作为吸附剂。

其他粉质原料主要有尿素甲醛泡沫、微结晶纤维素、混合细粉、丝粉以及表面处理细粉。

3. 溶剂类原料

溶剂是香脂、雪花膏、香水、润肤乳、爽肤水等液状、浆状、膏状化妆品中不可缺少的组成部分，在制品中主要起溶解作用，使制品具有一定的物理性能和剂型，还通常有挥发、润湿、润滑、增塑、保香、防冻以及收敛等作用。许多固体类化妆品中也需要溶剂配合，比如粉饼类产品的制作过程中需要溶剂辅助胶黏，化妆品中的香料、颜料也常常需要借助溶剂进行均匀分散。

溶剂类原料主要包括水，醇类，酮、醚、酯类芳香族有机化合物等。

水是良好的溶剂，化妆品中最常用的溶剂就是高品质的去离子水。不同的化妆品对用水的要求也有差别。

醇类是香料、油脂的溶剂。化妆品中常用高碳醇、低碳醇和多元醇。高碳醇可以直接作为油性原料使用，还可以作为合成表面活性剂的原料。低碳醇可以使化妆品具有清凉感，并具有杀菌作用。多元醇主要作为香料的溶剂、定香剂、黏度调节剂、凝固点降低剂、保湿剂等。

酮、醚、酯类芳香族有机化合物中小分子的酮、醚、酯类通常用作指甲油的溶剂组成，但一般存在些许毒性或刺激性。

4. 烃类

烃是指源于天然的矿物精加工而得到的一类碳水化合物。烃类的沸点高，多在300℃以上，无动植物油脂的皂化价与酸价。按其性质和结构不同，烃类可以分为脂肪烃、脂环烃和芳香烃三大类。在化妆品中，烃类主要是起溶剂作用，用来防止皮肤表面水分的蒸发，提高化妆品的保湿效果。通常用于化妆品的烃类有液体石蜡、固体石蜡、微晶石蜡、地蜡、凡士林等。

液体石蜡又称白油或蜡油，是一种无色、透明、无味的黏稠液体。液体石蜡广泛用在发油、发蜡、发乳、雪花膏、冷霜、剃须膏等化妆品中。

固体石蜡由于对皮肤无不良反应，主要作为发蜡、香脂、胭脂膏、唇膏等油脂原料。地蜡在化妆品中分为两个等级，一级品熔点在74℃~78℃，主要作为乳液制品的原料；二级品熔点在66℃~68℃，主要作为发蜡等的重要原料。

凡士林又称矿物脂，为白色和淡黄色均匀膏状物。凡士林主要为 C16~C32 高碳烷烃和高碳烯烃的混合物，具有无味、无臭、化学惰性好、黏附性好、价格低廉、亲油性和高密度等特点，用于护肤膏霜、发用类、美容修饰类等化妆品，如清洁霜、美容霜、发蜡、唇膏、眼影膏、睫毛膏以及染发膏等。在医药行业，凡士林还作为软膏基质或含药物化妆品的重要成分。

(二) 辅助原料

辅助原料是指为化妆品提供某些特定功能的辅助性原料，在化妆品中添加量相对较小，但作用不可忽视。化妆品中的辅助原料主要包括香精和香料、颜料和色素、防腐剂与抗氧剂、表面活性剂、水溶性高分子等。需要说明的是，辅助原料和基质原料之间并没有严格的界限。

1. 香精和香料

一般来说，凡是能被嗅觉或味觉感觉出香味的物质都属于香料。在香料工业中，香料是指用来调配香精的各种中间产品。香精又称调和香料，是指人工配制的香料混合物。化妆品可以通过添加一定量的香精赋予其特定的香气。化妆品中的香精一般有两个作用：一是可以用来掩盖产品中原料的不良气味；二是可以赋予产品独特的魅力，给使用者带来愉悦感。

2. 颜料和色素

颜料和色素又称着色剂，是利用吸收或反射可见光的原理，为使化妆品或其使用部分呈现颜色而在化妆品中加入的物质。着色剂可以赋予化妆品悦目的颜色，主要用于美容化妆品中，如口红、胭脂、眼影等，是化妆品中重要的组成部分。

化妆品中常用的着色剂有有机合成色素、天然色素、无机颜料和珠光颜料等。

由于有些合成色素对人体健康有不同程度的影响，因此化妆品中对着色剂有严格的安全要求和卫生标准。

3. 防腐剂与抗氧剂

化妆品在生产和使用过程中，难免会混入一些微生物。为了防止微生物在化妆品中大量生长导致化妆品劣化变质，化妆品需要加入防腐剂。化妆品中添加的防腐剂一般有醇类，如乙醇、苯甲醇、苯氧乙醇等；酯类，如甲酯、乙酯、丙酯、丁酯等（尼泊金酯类）；酸类，如苯甲酸、水杨酸、山梨酸等以及季铵盐类等。

化妆品中多含有动植物油脂、矿物油等组分，这些组分能在空气中自动氧化而使得化妆品变质，因此化妆品需要加入抗氧剂。常用的抗氧剂可以分为五大类：酚类，醌类，胺类，有机酸、醇与酯类，无机酸及其盐类。化妆品中常用的抗氧剂有丁基羟基茴香醚（BHA）、叔丁基羟基甲苯（BHT）、五倍子酸丙酯、生育酚（维生素 E）、磷脂等。抗氧剂单独使用效果不明显，需配合使用，以提高抗氧化效果。

4. 表面活性剂

表面活性剂是一类长链的有机化合物，分子中既有亲水基团又有亲油基团，是两亲性化合物。表面活性剂能使溶液表面张力急剧下降。

在化妆品中，表面活性剂的主要作用是去污、洗涤、润湿、分散、发泡、消泡、杀菌、乳化、抗静电等。根据表面活性剂的来源和性质不同，表面活性剂可以分为天然表面活性剂和合成表面活性剂两类；根据其分子能否在水中解离，表面活性剂可以分为离子型表面活性剂和非离子型表面活性剂两类，其中离子型表面活性剂又分为阴离子型表面活性剂、阳离子型表面活性剂和两性离子表面活性剂三种。

5. 水溶性高分子

水溶性高分子在水中能溶解或膨胀而成为溶液或凝胶状分散体系，也称为胶质类原料，是面膜和凝胶剂型化妆品中的主要原料。水溶性高分子的亲水性来自其结构中的亲水性官能团，如羧基、羟基、酰氨基、氨基、醚基等，这些基团使大分子具有亲水性，还使得其具有特殊的特性和功能。化妆品利用了其成膜性、胶凝性、黏合性、触变性、增稠性、悬浮性、保水性以及助乳化性等性质，产生多种功用。早期的化妆品中的胶质原料大多来自天然动植物，如黄原胶、果胶、淀粉、海藻胶、明胶和矿物凝胶等。现在的化妆品中大都为合成或天然改性高分子水溶性化合物，如聚乙烯醇、聚乙烯吡咯烷酮、聚乙二醇、丙烯酸聚合物、羧甲基纤维素钠（CMC）、羟乙基纤维素（HEC）、羟丙基纤维素（HPC）、改性淀粉和改性瓜耳胶等。

（三）功效性原料

功效性原料是赋予化妆品特殊功能或强化化妆品对皮肤生理作用的原料，如保湿剂、美白剂、防晒剂、营养添加剂、除臭剂、脱毛剂等。这类原料在化妆品中的用量不多，却是化妆品发挥功能性作用的关键原料。

第二节 化妆品中的添加剂

一、营养成分

（一）抗老营养物质

化妆品中常用抗老营养物质有果酸（AHAS）、辅酵素（辅酶）、脂质体、胶原蛋白、弹性蛋白等。

果酸提取自牛奶和苹果等天然物质，能促进细胞新陈代谢，加快死皮的消除。皮肤表面去掉死皮细胞之后，通常能消除皱纹，亮白肤色。

辅酵素（辅酶）具有相当强的抗衰老作用，对细菌也有一定的抵抗力，还能帮助修复皱纹，使肌肤更有弹性，更紧致。

脂质体最初是用于对身体特定部位的药物治疗，能深入滋润表皮以下肌肤，从而使肌肤饱满起来，防止皱纹的产生。

肌肤要保持弹性和平滑，胶原蛋白、弹性蛋白两种成分必不可少。含有这两种成分的产品，能使肌肤变得年轻，甚至可以取代肌肤天然的胶原蛋白和弹性蛋白。含有这些成分的化妆品往往能使肌肤得到滋养。

（二）保湿营养成分

化妆品中常用保湿营养成分有保湿剂、神经酰胺（高效保湿因子）等。

保湿剂能将空气中的水分锁在皮肤表面，对于干性肌肤来说，其湿润作用不可估量。普通的保湿剂含有丙三醇（甘油）、山梨（糖）醇、鲨烯和尿素。

神经酰胺是一种水溶性脂肪，存在于细胞最上面的一层，能帮助肌肤保持水分。含有神经酰胺的产品，特别适用于干性肌肤、成熟肌肤或被阳光损害的肌肤。

（三）SOD 超氧化物歧化酶

SOD 超氧化物歧化酶又称超氧歧化酶，是化妆品中加入的供皮肤新陈代谢所需的各种营养成分。其活细胞成分能使皮肤增白变细，是抵制黑色素形成及延缓衰老的重要物质。

（四）维生素系列

维生素 A 如今已成为许多皱纹修复护肤品的主要配方之一。维生素 A 能促进胶原蛋白的生产，甚至能去除污点并改善肌理。但是，维生素 A 也可能使肌肤对阳光更加敏感。

维生素醇化物（纯植物性维生素原 B5）由维生素 B 中提取出来，过去一直被添加于护肤和护发产品当中。它们能使皮肤变得丰润，并强化护发产品的效果。

维生素 C 属于抗氧化成分，添加于化妆品中能调节酸碱值和起防腐作用。抗坏血酸是一种水态维生素 C，能帮助减少细纹，使肌肤重新变得光滑细腻，还能通过促进胶原蛋白和弹性蛋白的生产，增加深层肌肤的丰满度。

维生素 E 能延缓皮肤衰老，舒展皱纹，抑制皮肤因过氧化脂质导致的弹性降低、过剩色素沉积等变化。

（五）熊果苷

熊果苷又名熊果素，是源于绿色植物的天然活性物质，萃取于熊果的叶子。熊果苷属于生化制剂，能强烈抑制酪氨酸酶的活化，阻断黑色素的生成，祛斑美白，是常添加在化妆品中的起均匀肤色和美白作用的成分。

（六）新型科技成分

众所周知，护肤品的科技含量越来越高。表 5-11 显示了新型科技成分及其作用。

表 5-11　新型科技成分及其作用

成分名称	推测作用
伊色	一种保持肌肤弹性并修复皱纹的化合物
动力精（激动素）	一种植物激素，能防止皮肤细胞的受损
植物精	帮助阻止胶原蛋白的受损
前磷氨基酸	一种能有效调整皮肤内部细胞结构的自然配方，使皮肤肌理更加紧致
碧萝芷	一种松树皮精华，能防止细胞受损
乳清蛋白质	牛奶提取物，能促进皮肤胶原蛋白的生产

二、添加剂

化妆品中的添加剂主要有抗氧化剂、防腐剂、保湿剂、表面活性剂、香精、色素、特殊添加物以及酸、碱、盐类物质。前文已分别述及，此处不再赘述。

化妆品的部分有害成分如表 5-12 所示。

表 5-12　化妆品的部分有害成分

成分名称	作用	危害
丁二醇	丁二醇是卸妆乳或卸妆霜中常见的亲水保湿成分	被吸收就会导致呼吸系统问题以及精神错乱、失去知觉、昏迷甚至死亡
对羟基苯甲酸丁酯	对羟基苯甲酸丁酯属于防腐剂，能防止护肤品腐败变质、延长护肤品的保存时间	容易引起许多过敏反应、皮疹等，对乳腺癌也有激发作用
羟苯甲酮	羟苯甲酮是防晒产品中常见的紫外线吸收剂，能保护皮肤免受紫外线伤害	有可能导致皮肤过敏和影响大脑接收信号

表5-12（续）

成分名称	作用	危害
曲酸和汞	曲酸和汞主要出现在美白祛斑产品中	具有致癌性，长期使用会对人体神经、消化道和泌尿系统造成严重危害
二苯甲酮	二苯甲酮经常出现在化学防晒剂中，主要起到吸收紫外线的作用	当添加量达到一定水平时会干扰激素系统，还会导致癌性肿瘤和其他发育障碍
碘丙炔醇丁基氨甲酸酯	防腐剂的一种	在护肤品中浓度高于0.1%的话容易堵塞毛孔，导致粉刺；高于0.5%的话会对皮肤有轻微刺激。人体吸入后会引起神经毒性、肝脏毒性
苯氧乙醇和二苯氧基乙醇	这两种成分都属于防腐剂	在面膜中浓度超过0.3%的话就会容易引起皮肤发热、刺痛等情况
十二烷基硫酸钠	主要用在男性洗面奶或油性皮肤洗面奶中，去除油脂能力强	容易过度去除皮脂膜，长时间使用会引起皮肤炎、皮肤老化等情况
氢醌	主要用在美白祛斑产品中，有抑制黑色素产生的作用	对器官有毒害作用，如今该成分已被禁用
苯酚	价格低廉，有美白的作用	对细胞有直接的毒害作用，会腐蚀和损害黏膜、心血管和中枢神经系统

第三节　化妆品的性能

化妆品的性能有安全性、稳定性、使用性和有用性，是消费者最关心的问题。因为化妆品是与眼睛、皮肤、毛发等直接接触的日用化学品，因此讲求卫生、保障安全更为重要。消费者选用化妆品，首先关心的是对皮肤的保健美化效果，其次是有无副作用、舒适感如何以及保质期长短。化妆品质量优劣的本质属性是由其"四性"好坏决定的，而不是取决于化妆品的进口与否、价格贵贱。

一、安全性

安全性是指无皮肤刺激性、无过敏性、无经口毒性。对化妆品要进行安全性评价，包括急性毒性试验，动物皮肤、黏膜试验，亚慢性毒性试验和致畸试验，致突变、致癌短期生物筛选试验，慢性毒性试验和致癌试验，人体激发斑贴试验和试用试验。

化妆品的安全性取决于原料的安全性。通用的化妆品基质原料均已通过安全性评价试验。只要使用合格的原料，生产环境、生产过程无微生物污染，则不必进行全部的安全性评价试验。新原料或加药物的化妆品均应按要求进行部分或全部安全性评价试验，从而确保化妆品的安全性。

二、稳定性

化妆品的稳定性是指化妆品在保质期内无变质、无变色、无微生物污染现象。化妆品经耐寒、耐热试验或长期储存，其颜色、香气、形体等应无任何变化。影响稳定性的因素主要是微生物污染。化妆品的组成给微生物的繁殖创造了良好的条件，因此化妆品很容易造成微生物污染。

化妆品从生产到消费，有两种途径可能受到微生物污染。生产过程受到的污染又称第一次污染；消费者使用过程受到的污染，又称第二次污染。化妆品在生产过程中的污染来源包括：第一，生产环境不卫生，易受细菌感染；第二，原料不洁净，带有细菌；第三，设备、管道不清洁，留有细菌；第四，生产工艺不达标，带入细菌；第五，包装容器不洁净，留有细菌。这五个过程都必须做到无菌操作，那么生产的产品经严密封装后，即使长期储存，也不会有细菌滋生，在保质期内使用是安全的。

对于化妆品的第二次污染而言，根本的防止办法是加强宣传，让广大消费者懂得化妆品是细菌最容易滋生的场所，一定要洗净手后再使用，尽量避免交叉感染。此外，生产厂家应根据不同品种、配方、估计使用时间，选加适量防腐剂，以确保化妆品在使用期内不发霉变质。

三、使用性

化妆品的使用性是指不仅在色彩、香味、包装上吸引消费者，还应有使用舒适感。一个好的化妆品，应从香气、颜色到外形，从内在质量到外在包装，都经得起检验，而且要迎合广大消费者的爱好，使消费者用后感觉良好。

四、有用性

化妆品的有用性包括生理学上的有用性（改善皮肤粗糙、增白、防止脱发等），物理化学上的有用性（防紫外线、遮盖黑斑、烫发效果、染发效果等），心理学上的有用性（化妆和使用香水起到使心情舒畅、增强自信的作用等）。例如，基础化妆品应能收敛皮肤、保护皮肤；清洁类化妆品应能洗净毛发及化妆残迹；美容化妆品应能使人色彩鲜艳，形象得到美化；添加了营养剂或药物的化妆品应具有独特的功能。这些有用性不能光凭消费者的自我感觉，而应有一定的客观标准与测试方法。

对化妆品有用性的测试，需要使用一些专用测试仪器与试验，如皮肤平滑仪、毛发卷曲弹力试验、拉伸试验、皮肤毛发状态测试，评价化妆品使用前后，角质层含水量变化、润肤性变化、色素斑变化、对皮肤柔软作用等。这些仪器与试验可以客观评价化妆品的有用性。

第四节　如何选购化妆品

一、化妆品的作用

根据化妆品的定义，化妆品的主要作用可以概括为以下五项：

（一）清洁作用

化妆品可以清除皮肤及毛发以及人体分泌与代谢过程中产生的不洁物，如清洁奶液（包括洗面奶等）、净面面膜、清洁用化妆水、泡沫乳液、洗发香波等。

（二）保护作用

化妆品可以保护皮肤及毛发等，使其滋润、柔软、光滑、富有弹性，以抵御寒风、烈日、紫外线辐射等损害，防止皮肤皲裂、毛发枯断，如雪花膏、润肤乳液、防裂油膏、防晒霜、润发油、护发素等。

（三）营养作用

化妆品可以补充皮肤及毛发营养，激发组织活力，保持皮肤角质层的含水量，减少皮肤皱纹，减缓皮肤衰老以及促进毛发生长，或者防止脱发，如人参膏、维生素霜、珍珠霜等各种营养霜、营养面膜、生发水、药性发乳等。

（四）美化作用

化妆品可以美化皮肤及毛发，如粉底霜、粉饼、胭脂、唇膏、发胶、染发剂、烫发剂、眼影、睫毛膏、香水等。

（五）防治作用

化妆品可以预防或治疗皮肤及毛发等部位影响外表或功能的生理病理现象，如祛斑霜、抑汗液、生发水等。

二、选购化妆品的方法

（一）一般情况下选购化妆品

能够选择正确的化妆品，是养护好皮肤的第一步也是最重要的一步。世界上没有两片完全相同的叶子，皮肤同样也是，每个人的肤质、状态都是不一样的，所遇到的问题也是不一样的，不能只是一味地去追求"高大上"的产品，而应该选择一款适合自己肌肤的产品。没有选择正确的化妆品，可能会对皮肤造成损伤，皮肤原有的问题可能会更加严重，甚至产生新的问题。购买化妆品的步骤如图 5-1 所示。

图 5-1　购买化妆品的步骤

第一步：确认肤质。在选购化妆品前，消费者应该对自己的肤质有一定了解，了解自己的实际情况和需求才能更好地选择合适自己的化妆品。

第二步：选择正规途径。消费者应选择超市、百货商场等有合法营业执照的门店或正规电商平台购买化妆品。

第三步：查询产品登记信息。消费者应通过国家药品监督管理局网站查询化妆品的注册备案情况。

第四步：观察产品质量与成分标识。消费者应查看化妆品是否有变色、油水分离或长霉斑等现象，闻一闻化妆品有没有变味。一方面，只有化妆品质量好，才能具有好的效果；另一方面，使用变质化妆品可能会产生负面影响。化妆品成分表标识的成分名称按其在配方中含量由高到低进行顺序，即排位越靠前，表明这个成分在该化妆品中的含量越高。消费者在购买化妆品时要选择与自己需要的功效相一致的产品。

第五步：试用产品并留存购买凭证。消费者应取少量化妆品涂抹在耳朵后面或前臂屈侧处，确定没有刺激或过敏后才购买。消费者在购买时应索要发票或商场小票，并保留化妆品的包装留作维权时的证据。

（二）网购化妆品的注意事项

网购已日益成为人们生活中的一部分。网购化妆品的注意事项如下：

（1）消费者应选择到正规合法的网站购买化妆品。

（2）在购买化妆品时，消费者要仔细查看产品标签和产品资质证明，不购买标签信息不完整的化妆品。

（3）消费者不要盲目轻信互联网广告和宣传，对与市场价格相比明显过低的产品，要谨慎购买。

（4）消费者要注意索要发票和保存电子购物凭证，核对内容并妥善保存。

（5）"海淘"化妆品（跨境电商零售进口化妆品）按个人自用入境物品监管，不适用我国化妆品监管要求。

三、辨识化妆品质量的方法

有的化妆品由于保存不当，就算没有过期也出现了变质的现象。在这种情况下，消费者不能为了省钱或舍不得丢弃还继续使用，否则可能会对皮肤造成很严重的后果。

（一）观颜色

化妆品原有颜色发生了改变，可能是由于微生物产生色素让化妆品变黄、变褐甚至变黑，也可能是由于化妆品中某些成分的变质产生颜色改变。

（二）闻气味

化妆品产生气泡和怪味是由于微生物的发酵，使化妆品中的有机物分解产生酸和气体。

（三）看稀稠

化妆品变稀出水是由于菌体里含有水解蛋白质和脂类的酶，使化妆品中的蛋白质和脂类分解，乳化程度受到破坏，导致变质；也可能是由于配方不稳定、物理稳定性不佳或贮藏条件不当等导致的乳剂破裂，形成油水分离现象。

（四）察表层

化妆品出现绿色、黄色、黑色等霉斑，是由于霉菌污染了化妆品。

四、儿童化妆品的特点和选购建议

在我国，儿童化妆品是指供年龄12岁以下（含12岁）儿童使用的化妆品。基于该类人群的特点，往往有更谨慎的产品配方安全考量。产品使用的原料都要安全性高，并有一定的安全使用历史。产品及其所含原料都必须通过针对儿童使用的安全风险评估，才能作为儿童化妆品投放于市场上。

家长为儿童选购化妆品时，有以下三点需要注意：第一，家长应该注意产品是否适用于儿童，在选购新的化妆品前，可以先给儿童做个"皮试"。家长应先在儿童前臂内侧中下部做少量涂抹，观察一段时间之后涂抹部位的皮肤是否有红肿现象，或者是否有瘙痒、灼热和刺痛感，如无异常现象，再按照使用说明涂抹于所用部位正常使用。第二，家长不要让儿童随意用成人的化妆品，成人的化妆品中可能会添加一些功能性成分，会对儿童的肌肤产生较大的刺激。第三，儿童应该在成人监护下使用化妆品，确保遵循正确的使用方法使用化妆品。

消费者可以根据不同年龄段的儿童需求选择合适的产品。

（一）防晒产品

对于新生儿来说，其户外活动需求较少。6个月龄以下婴儿皮肤娇嫩，体表面积与体重的比值较高，涂抹防晒产品更容易发生不良反应，因此不宜使用防晒产品，应当避免在日光直射期外出（每日上午10点至下午2点）。需要外出的话，家长应尽量以戴帽子、打伞、穿着浅色纯棉衣物等物理遮盖的方式来让婴儿防晒。6个月龄以上至2岁的婴幼儿的防晒仍然以衣物遮盖防晒为主，也可以使用物理性防晒产品，以霜剂产品为宜。

（二）沐浴和护肤产品

婴幼儿皮肤表面的pH值为4.0~5.9。现有研究表明，维持皮肤的弱酸性环境对皮肤屏障的发育很重要，因此婴幼儿适宜选择弱酸性的洗护产品。婴幼儿沐浴的频率和时间应根据个体需要，结合不同的季节、环境来确定，通常每天或隔日沐浴一次即可，并选择刺激性小、温和的沐浴及洗发产品。婴幼儿沐浴后5分钟内，应使用婴幼儿皮肤护理产品涂抹全身，每12小时使用一次或按需使用，并根据皮肤干燥程度、季节、环境等选择不同的沐浴和护肤产品。

五、常用化妆品的选购和使用建议

（一）肤用化妆品

1. 洁面类产品

理想的洁面类产品应该具有较好的清洁力，能去除面部的多余油脂以及皮屑、灰尘等污垢，使用后皮肤水润、不紧绷，另外配方还应温和、无刺激。

2. 护肤类产品

护肤类产品应选择易在皮肤上铺展和分散，且肤感润滑，使用后能保持一段时间湿润，无黏腻感的产品。消费者应根据皮肤的类型选择更合适的产品，以达到更好的护肤效果。敏感性皮肤的消费者应考虑选择不含酒精、香精等，或者其含量较低的护肤类产品。

3. 美白祛斑类产品

消费者在选购美白祛斑类产品时除应注重其美白祛斑的功效外，更应重视其使用的安全性。消费者应查看产品标签的内容是否完整规范。在我国，美白祛斑类化妆品属于特殊用途化妆品，产品标签上必须要有特殊用途化妆品批准文号。同时，消费者不要急于求成，不可轻信快速美白祛斑类产品。

4. 防晒类产品

消费者在选购防晒类产品时最关心的就是产品的防晒效果，而判断防晒效果的标识有两个：一个是 SPF 值，另一个是 PA 等级。SPF 值称为日光防护系数，是对中波紫外线（UVB）防护效果的评定。与之对应的是 PFA 值，它反映的是产品对长波紫外线（UVA）的防护效果，通常用与其数值相对应的 PA 等级表示。消费者在购买防晒类产品时应查看产品标签的内容是否完整规范。在我国，防晒化妆品属于特殊用途化妆品，产品标签上必须要有特殊用途化妆品批准文号，并且标明防晒系数 SPF 值和 PA 等级。一般情况下，SPF 值和 PA 等级越高，防晒效果越好，但同时刺激性也越大，带来的不安全因素也就越多。因此，消费者应根据日光暴露情况选择适宜防护强度的防晒类产品。消费者使用防晒类产品时应注意：第一，涂抹时间应在出门前 15~20 分钟，使其在出门时已经均匀紧密地附着于皮肤表面。第二，涂抹量要保证足量。在正常情况下，产品用量达到 $2mg/cm^2$ 时才能到产品标签上所标识的防晒程度，另外每隔两小时可重复涂抹一次。第三，涂抹方法为涂抹防晒产品时应轻拍，不应来回揉搓，更不能用力按摩，以防产品中的粉末类防晒剂被深压入皮纹或毛孔中，造成堵塞毛孔、清洗困难。

5. 面膜类产品

面膜是指涂或敷于人体皮肤表面，经一段时间揭离、擦洗或保留，起到集中护理或清洁作用的产品。面膜主要分为四大使用类型，包括敷贴型、撕拉型、即洗型和水凝胶型。敷贴型面膜是一类传统型面膜，其面膜材质不尽相同；撕拉型面膜在面部形成一层易于撕脱的膜，可起到封闭和直接黏附皮肤表面污物的作用；即洗型面膜可以有多种功效类，如保湿、清洁；水凝胶型面膜通常具备舒缓和保湿的作用。消费者在选购面膜时，应根据个人的需求及皮肤情况进行相应的选择。同时，消费者应选择正规厂家生产的合格产品，看清产品的批准文号、中文标识、说明书、生产日期、保质期等，索要并保留购物票据。消费者在更换新的面膜前，应先进行过敏性测试。消费者可以取适量产品在前臂内侧涂抹，观察 48~72 小时，如皮肤出现红斑、皮疹、红肿等症状或感到瘙痒、刺痛、灼热等，则不适合使用。有反复过敏史的人群应观察测试两周。消费者提前进行过敏性测试能有效避免化妆品皮炎的发生。除产品说明书标明可长时间使用外，消费者使用面膜不宜过频繁和过多。正常皮肤面膜使用的频率为每周 2~3 次，每次在面部停留的时间不宜超过 15 分钟。敏感性皮肤及屏障受损的皮肤应适当减少使用面膜的频率和时长。

（二）美容用化妆品

1. 面部彩妆类产品

关于粉底和遮瑕类产品，消费者应选择易于涂抹，容易在面部均匀分布，形成平滑的覆盖层，使用后感觉爽滑、无异物感的产品。同时，消费者应根据肌肤颜色深浅、白皙度、皮肤类型，选择更加适合的色号及保湿程度的产品，起到更为自然地修饰妆容的作用。

2. 眼部彩妆类产品

眼部肌肤是人体皮肤最薄的部位，消费者在选择眼部化妆品时更要注重安全、无刺激性。消费者应选择附着均匀、质地适当，且有一定的耐久性和卸妆容易的产品。

3. 唇部彩妆类产品

唇部彩妆类产品在选购过程中的安全性尤为重要，消费者一定要选择正规途径购买。唇部彩妆类产品不仅要滋润、色泽鲜艳均匀，还要有较好的附着力、持久性，但又不至于很难卸妆。

同时，由于彩妆类产品含有色素、颜料以及粉质原料等物质，附着在皮肤表面不易清洗，消费者使用后要注意及时、彻底地清洁卸妆。如果卸妆不彻底，长时间残留在皮肤表面的化妆品会堵塞毛孔，影响皮肤正常的新陈代谢，甚至会引起痤疮、色素沉着等皮肤问题。

消费者卸妆时应注意以下几个问题：第一，卸妆顺序是先卸眼部及唇部彩妆，之后是眉毛，最后是面部。第二，卸妆手法应采用轻柔的方式，避免过度摩擦而伤害皮肤。第三，使用卸妆类产品后，消费者最好再用性质温和的洗面奶清洁一次，达到彻底清洁的效果。消费者怎样才算卸妆卸干净了呢？如果卸妆 10 分钟后，面部皮肤无紧绷感，摸起来清爽不油腻，说明卸妆适度而干净，卸妆产品选择得当。

（三）发用产品

1. 洗护发类产品

消费者在洗发后应该经常对头发进行养护。消费者可以根据自己的发质特点选择合适的产品，更有针对性地起到清洁、滋养等作用。

2. 染发类产品

在我国，染发类产品属于特殊用途化妆品，消费者在追求美的同时，更要注重产品的安全性。消费者在选购染发类产品时要注意以下几个方面的问题：第一，消费者在选购或在美发店使用染发类产品时，应仔细审核产品标签是否完整规范，认准特殊用途化妆品批准文号。第二，消费者在染发前应进行手腕或耳后皮肤试验，确保无过敏反应后方可使用，如有过敏症状，最好更换其他类型的染发剂。第三，消费者在染发前最好不洗头，头发分泌的油脂可以在一定程度上保护头皮，避免有害物质通过头皮渗入体内。第四，消费者在涂抹染发产品时应佩戴手套，染完头发后，应将残留在手上及头发上的染发产品彻底清洗掉。第五，在染发过程中，消费者应尽量避免染发剂直接接触头皮，减少过敏反应的发生。第六，染发次数不宜过多，一年最好不超过两次。

【拓展阅读】

成分表能告诉我们什么？

一、大概判断产品的特性

消费者如果对化妆品成分有一些基本的了解，就可以根据核心成分的作用，大致判断一款产品的特性。例如，对有些宣传美白的产品，消费者应认真观察其成分表，如果排在前面的成分没有任何美白功效，只在成分表末尾看到美白成分，这类美白产品的效果就要打个问号。

有些宣传具有祛痘效果的产品，成分中却没有任何消炎、杀菌、控油的成分，它的祛痘效果是怎么达到的呢？只有一种解释，成分中添加了一些违禁成分，比如激素、抗生素等，起到祛痘的效果，但这些成分是不允许在化妆品中添加的。

只要成分表是真实的，并且按照国家规定排序，消费者可以通过成分表大概判断一款产品的特性。这种能力可以让消费者过滤掉很多无效产品，少踩很多坑。

二、判断商家是否诚信

虽然国家在《化妆品标签全成分标注详细说明》中对化妆品成分的标示、排序都有严格规定，但有些商家为了迎合一些消费者的错误观念，故意省略一些成分，或者把成分排序打乱，达到混淆视听的目的。如果商家有这种行为，基本上就可以进入黑名单了，广告做得再好，都不建议选用。

有些商家故意把一些看起来"高大上"的成分放在成分表的前面，误导消费者。如果一款产品的成分表的前五位全部都是所谓的植物提取物、活性成分，这款产品的成分排序很可能有问题。

还有些成分，国家指导最大添加量低于1%，但这些成分却排在成分表的前几位，这款产品的可信度就很低了。

在成分表中，所有成分的排列顺序，按含量、浓度由高到低，依次降序排列。含量在1%以下的成分，可以在最后一种含量大于或等于1%的成分后随意排列。

成分表排位在后面的成分，含量基本都低于1%，真正的用处不大，功效性核心成分应排在前几位。

三、判断有效成分添加量够不够

按照国家关于化妆品成分标示方法的规定，成分的排序是按照含量多少，由高到低排序。浓度越高，排序越靠前。因此，大部分化妆品排在第一位的成分往往是水，因为水的含量最高。但是，含量1%以下的成分，商家可以自由排序。因此，判断1%这个分割线就非常重要了。

防腐剂含量都不会超过1%，如果一些成分排列在防腐剂的后面，说明添加量肯定会低于1%。

大部分产品总增稠剂添加量都不会超过1%。但是，这并不绝对，有些啫喱、凝胶、少部分防晒霜增稠剂添加量会超过1%。

香精的添加量非常低，一般添加量都会在1%以下。不过，消费者现在对香精比较抵触，商家通常会把香精放在成分表最后，不会放在成分表前面。

还有些成分，通常添加量都会低于1%，比如透明质酸钠、尿素、甘草酸二钾、人寡肽、谷胱甘肽等。这类成分非常多，消费者只要多留意，会发现很多。

成分表不能告诉我们什么？

成分表虽然可以告诉我们很多，但是我们不能把成分表神化。很多方面是通过成分表判断不出来的，比如原料来源、成分之间相互作用、生产设备和工艺。

一、原料来源

成分表只是告诉我们添加了某个成分，但没有办法告诉我们商家用了什么等级的原料以及这个原料有效成分的含量。同样是矿物油，高品质矿物油封闭性高，保湿效果好，不含杂质，不会刺激皮肤，性质温和。但是，一些低质量矿物油杂质含量高，会刺激皮肤，引发敏感，甚至会长痘。

二、成分之间相互作用

化妆品通常会含有很多成分，这么多成分添加在一起，相互之间会发生什么反应，是增效还是减效，稳定性是增加还是减少。这些是无法通过成分表简单判断的，即使是顶级配方师，都不能100%地判断一款产品的特性。

成分之间相互搭配，有时候会产生几倍的效果。这种搭配是通过大量的实验总结出来的。这有点类似中药之间的搭配。有时候一种组合被发现具有运气的成分。这些成分之间的相互作用和搭配，属于商家的核心机密，其他的人很难通过成分表判断出来。

三、生产设备和工艺

一款产品使用什么生产设备生产、工艺流程与产品品质息息相关。虽然现在随着原料品质的提升，生产设备对产品外观和质量影响没有原来那么大，但还是有影响的。

厂家使用了什么生产设备？工艺流程是否严谨？工人操作是否规范？这些环节都无法通过成分表判断出来。

成分表给消费者打开了一个判断产品特性的窗口，消费者利用好成分表，可以少走很多弯路，避免很多不必要的坑。但是，消费者不能神化、迷信成分表，有很多内容在成分表中显示不出来。有些商家利用消费者对成分表的盲目信任，使成分表看起来很漂亮，而产品实际上很一般。

思维导图

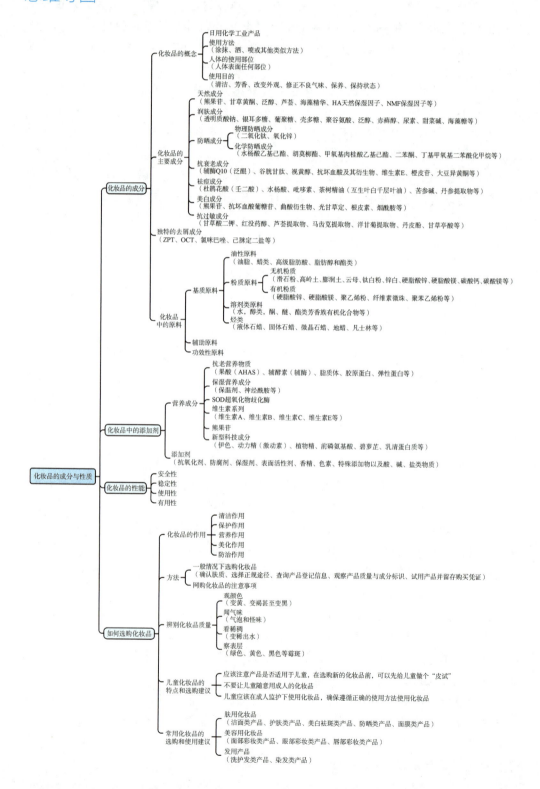

本章小结

在现代商品体系中，化妆品已经成为不可缺少的产品。近年来，我国化妆品发展得更加迅速，电商的飞速发展更是起到了促进作用。化妆品成分越来越注重使用天然成分，功能越来越齐全。化妆品不仅能够起到美化肌肤的作用，还能够在一定程度上从根源上改善肌肤问题。但是，化妆品作为直接使用在肌肤上的物质有一定的危险性。因此，认识化妆品的成分、选择合适的化妆品是现代人需要去学习的知识。

本章重难点

1. 如何依据成分表选择化妆品。
2. 化妆品中相关的有效成分。
3. 化妆品中的营养成分与添加剂。
4. 化妆品的安全性、稳定性、使用性与有用性的概念。

思考题

1. 我们如何通过成分表选择化妆品？
2. 儿童应该使用化妆品吗？家长该如何选择儿童化妆品？
3. 化妆品中的有效成分含量是不是越高越好？

在线测试

第六章

纺织品的成分与性质

学习目标

- 了解纺织品的概念与分类
- 掌握纺织品的主要成分与性质
- 掌握纺织品成分的鉴别方法
- 了解纺织品与服装的联系
- 了解并进一步掌握研究其他各类商品的思路与方法

导入案例

2018 年 10 月 1 日，原告刘先生在某百货商场购买某品牌女装外套一件，花费 1 328 元，吊牌标识锦纶含量为 100%。2018 年 10 月 11 日，经原告刘先生委托，某省级纤维检验局出具了检验报告。该报告显示，刘先生购买的衣服面料锦纶含量为 80%、聚酯纤维含量为 20%，单项判定为不合格，用去检验费 210 元。在与某百货商场多次协商未果的情况下，刘先生认为某百货商场构成消费欺诈，遂诉至法院，要求某百货商场给予价款 3 倍赔偿并承担检验费。

法院经审理查明，被告某百货商场作为经营者，对其销售的产品质量负责。原告购买的某品牌女装标识的锦纶含量与实际检测结果不符，且判定为不合格，经营者的行为构成消费欺诈。

2019 年 2 月 26 日，法院判决：某百货商场于本判决生效后 10 日内赔偿刘先生损失 4 194 元。

第一节　纺织品的概念与分类

一、纺织品的概念

广义的纺织品是以天然纤维或化学纤维为主要原料，经纺、织、染等加工工艺或再经缝制、复合等工艺而制成的产品。它是各类服装、机织物、针织物、非织造布、产业用布、线类、带类、绳类等纺织和服装工业产品的总称。

狭义的纺织品是指除服装以外的以机织物、针织物为主的其他纺织产品。

本节讨论的纺织品主要是指狭义的纺织品。

二、纺织品的分类

纺织品是人们生活和生产的必需品，通常根据其最终用途不同划分为服装用纺织品、装饰用纺织品和产业用纺织品三大类。

（一）服装用纺织品

服装用纺织品主要是指制作服装用的纺织面料、里料。纺织面料是服装的主要材料，常用的纺织面料有机织物和针织物。纺织里料是服装夹里的纺织材料，多选用平滑光亮、美观大方的机织物（见表6-1）。

表6-1　服装用纺织品的分类

类型	主要纺织物	性质
纺织面料	机织物	结实耐穿，外观挺括，多用作外衣和衬衣
	针织物	富有弹性，松软适体，可用作内衣、运动衣，也可用作外衣
纺织里料	机织物	增加服装厚度、保暖性，使服装穿脱方便，遮盖、保护衬布和装饰美化服装

（二）装饰用纺织品

装饰用纺织品是起美化作用的纺织品，它在品种结构、织纹图案和色彩搭配等方面较其他纺织品具有更突出的特点。

装饰用纺织品分为床上用品、铺饰用品、卫生用品、户外用品（见表6-2）。

表6-2　装饰用纺织品的分类

类型	主要纺织物
床上用品	床单、被面、被罩、床罩、毛毯、绒毯、线毯、毛巾被、枕套等
铺饰用品	地毯、壁毯、台布、茶巾、沙发套、椅套、窗帘、门帘、贴墙布等
卫生用品	毛巾、浴巾、手帕等
户外用品	遮阳伞、帐篷、人造草坪等

随着生活水平的提高，人们对装饰用纺织品的使用更加广泛，旅馆、饭店、影院、歌舞厅、汽车、轮船、飞机等，都需要相应配套的装饰用纺织品。装饰用纺织品除具有美化功能外，还具有阻燃功能、卫生功能和特别要求的实用功能等。

（三）产业用纺织品

产业用纺织品是用于农业、工业、建筑业等产业生产用的纺织品。产业用纺织品的分类如表6-3所示。

表 6-3　产业用纺织品的分类

纺织品的使用方式	主要纺织物
直接用于生产的	防寒布、遮阳布、渔网，工业用的过滤布、筛网、毡制品、隔层材料、包装材料，道路、堤坝、桥涵、路基等建设用的土工织物等
作为基布与橡胶或塑料黏合而成为复合制品的	篷盖布、轮胎帘子布、传送带、水龙带、人造血管等

随着生产的发展，产业用纺织品的需求日益增长，它与服装用纺织品和装饰用纺织品一起形成纺织品的三个重要的使用领域。

【案例 6-1】

产业用纺织品对原料的一些要求

产业用纺织品的原料大部分为化学纤维，约占88%，其中涤纶约占化学纤维用量的53%（长丝占1/3，短纤维占2/3）；其他的是天然纤维，约占12%。出于工艺要求和用途不同，产业用纺织品对原料的要求也有差异。非织造布中涤纶产品主要有土工布、防水材料、包装材料、革基布、农用材料、新型建材以及卫生用品等。其他种类非织造布大部分需求的原料为短纤维。

产业用纺织品使用的涤纶工业丝根据不同的用途有不同的要求。涤纶工业丝具有强度高、模量大、伸长小、耐热性能好、耐冲击、耐疲劳性能好等优点，是许多工业用纺织品和橡胶骨架的良好材料。我国已开发出多种涤纶工业丝产品，如高压水龙带、安全网、土工布、土工格栅、防水材料、帘子布、灯箱布、建筑用膜结构材料、吊装带、工业缝纫线、安全气囊、胶管、蓬帆布、运输带和其他增强材料等。

据报道，目前全球对各种工业纤维的年需求量为200多万吨，其中涤纶制品超过100万吨，占总量的50%以上。涤纶工业纤维在西方工业化国家使用最多，其中北美洲每年需求35万吨以上，欧洲每年需求25万~30万吨，亚太地区每年需求30万吨左右。2003年，我国工业用化纤长丝的总需求为77.65万吨，其中涤纶长丝需求为40.3万吨，锦纶长丝需求为26万吨，其他为丙纶等。

第二节　纺织纤维

一、纺织纤维的概念与分类

（一）纺织纤维的概念

纺织纤维是指可以经过纺织加工制成纺织品的纤维。纺织纤维是纺织品的主要原材料。

（二）纺织纤维的分类

根据其来源和获得方法不同，纺织纤维通常可以分为两大类，即天然纤维和化学纤维。

天然纤维是自然界生长或形成并适合纺织加工的纤维的总称。

化学纤维是人们用化学和机械的方法制得的纺织纤维的总称。

纺织纤维的分类如表6-4所示。

表6-4　纺织纤维的分类

种类			品种
天然纤维	植物纤维	种子纤维	棉、木棉等
		韧皮纤维	亚麻、苎麻、黄麻、大麻、槿麻、罗布麻等
		叶子纤维	剑麻、蕉麻、芦荟麻、马奎麻、针茅麻等
		果实纤维	椰子纤维等
		其他植物纤维	竹原纤维
	动物纤维	动物毛发	羊毛、山羊绒、马海毛、兔毛、骆驼绒（毛）、牦牛绒（毛）、羊驼绒（毛）、骆马绒（毛）、美洲驼绒（毛）
		昆虫腺分泌物	桑蚕丝、柞蚕丝、蓖麻蚕丝、木薯蚕丝、樟蚕丝等
	矿物纤维	无机物类	石棉等
化学纤维	人造纤维	人造纤维素纤维	黏胶纤维、铜氨纤维、醋酯纤维、莱赛尔纤维、莫代尔纤维、竹纤维、海藻纤维、天丝等
		人造蛋白质纤维	大豆纤维、花生纤维、牛奶纤维等
		人造无机纤维	玻璃纤维、金属纤维、碳纤维、陶瓷纤维等
	合成纤维	聚烯烃类纤维	聚乙烯纤维（乙纶）、聚氯乙烯纤维（氯纶）、聚乙烯醇缩醛纤维（维纶）、聚丙烯纤维（丙纶）、聚丙烯腈纤维（腈纶）等
		聚酰胺类纤维	聚己内酰胺纤维、聚己二酰己内胺纤维等
		聚酯类纤维	聚对苯二甲酸乙二酯纤维（涤纶）等
		其他类纤维	聚氨酯弹性纤维（氨纶）等

人造纤维是用天然的高分子物质，经过化学、机械加工等方法制得的化学纤维。由于高分子化学成分不同，人造纤维又分为人造纤维素纤维（又称再生纤维素纤维）、人造蛋白质纤维和人造无机纤维三类。人造纤维素纤维是用天然纤维素（如棉短绒、木材等）为原料经过化学、机械加工制得的纤维。人造蛋白质纤维是采用天然的蛋白质（如牛奶、大豆等）为原料经过化学机械加工而制得的纤维。

合成纤维是将人工合成的并具有可溶（或可熔）性的线型高分子化合物，经纺丝成型和处理加工而制得的纤维。这类纤维主要有涤纶、锦纶、腈纶、丙纶、氯纶、维纶、氨纶等。

二、纺织纤维的主要成分与性质

(一) 天然纤维的主要成分与性质

1. 棉纤维

棉纤维是一种种子纤维，主要成分是纤维素，约占纤维总量的94%，其他非纤维素成分是少量的蜡状物质、果胶质、含氮物、色素和灰分。非纤维素成分对纤维的润湿性、染色性、白度、手感影响较大，通常大部分要在染色、印花前去除。棉纤维一般呈白色或淡黄色，为细长、中空、多孔而较扁的管状，具有天然捻曲，纤维易抱合，可纺性好。

2. 麻纤维

麻纤维是一种植物干茎的韧皮纤维，主要成分是纤维素，其他还有半纤维素、果胶质和木质素等。麻纤维主要是指苎麻和亚麻纤维。苎麻、亚麻的纤维素含量分别为65%～75%、70%～80%。

3. 羊毛纤维

通常所说的羊毛是指绵羊毛。它的主要成分是角朊，含量为97%。此外，羊毛含有少量的脂汗等杂质、色素和灰分。羊毛角朊大分子由20余种α-氨基酸的残基连接而成，排列较疏松，因此纤维较柔软。羊毛大多呈白色或乳白色，纤维呈细长柱体，有天然形成的波浪形卷曲，纤维外层有鳞片，截面为圆形或椭圆形。

羊绒是指克什米尔山羊或其他种山羊身上的动物纤维，是从山羊身上梳取下来的绒毛。羊绒有白、青、紫三种颜色，其中以白羊绒为最珍贵。羊绒横截面多为规则的圆形，暖湿性强，可以充分吸收染料，不易褪色。羊绒比羊毛细很多且自然卷曲度高，外层鳞片也比羊毛细密、光滑，因此重量轻、手感滑、柔软、弹性好，保暖性是羊毛的1.5~2倍。羊绒对酸、碱、热的反应比羊毛敏感，即使在较低的温度和较低浓度的酸、碱液条件下，纤维损伤也很显著，对含氯的氧化剂尤为敏感。

4. 蚕丝

蚕丝包括桑蚕丝和柞蚕丝，主要成分是丝朊（又称丝素），占总量的70%～80%，另外有少量的丝胶和其他成分等，丝朊和丝胶的大分子均是由多种α-氨基酸的残基以肽键连接而成，但因构成不同而性能差异较大，生产中用此差异来脱胶。

5. 竹原纤维

竹原纤维是将天然的竹材锯成生产上所需要的长度，之后通过机械、物理的方法去除竹子中的木质素、多戊糖、竹粉、果胶等杂质，从竹材中直接分离出来的天然纤维。竹原纤维的化学成分主要是纤维素、半纤维素和木质素，它们的总量占纤维干燥质量的90%以上，其余成分是蛋白质、脂肪、果胶、色素、灰分等。竹原纤维有蚕丝般的光泽和手感，其纵向有横节，粗细分布很不均匀，纤维表面有无数微细凹槽；其横向为不规则的椭圆形、腰圆形等，内有中腔。

天然纤维的主要成分与性质如表6-5所示。

表6-5　天然纤维的主要成分与性质

天然纤维的主要成分	性质	常用举例
棉纤维	吸湿性、透气性和保暖性良好，对碱的抵抗力强，耐热性、耐晒性和耐燃性一般，耐无机酸能力弱，抗霉性较差，缩水率较大，一般染料均可对其染色	细绒棉（陆地棉），长绒棉（海岛棉），粗绒棉（亚洲棉、非洲棉），常用来制作衬衣、裤子
麻纤维	苎麻纤维细而长，颜色较白，有绢丝般的光泽，其横截面呈椭圆形，纵向有节。在天然纤维中，苎麻纤维最具有质感，拉伸断裂强度也最好，散热性、吸湿性和散湿性好，抗碱、抗霉和防蛀性较好，不耐酸，耐晒性和耐霉性较差	夏布是手工织制的苎麻纤维面料的统称，优质夏布非常适宜用作夏装衣料，质量差的夏布可以作为蚊帐和服装衬里、工业用布。长苎麻纤维面料以纯纺为主，常用作床单、被套、台布、手帕等。短苎麻纤维面料多是与棉混纺制成平纹或斜纹组织，主要用作低档服装、餐巾、餐布等
	亚麻纤维粗而短，手感柔软与棉相同，颜色是亚麻特有黄（也叫亚麻色），白色光泽度次于苎麻纤维。亚麻纤维的横截面呈多角形，纵向有裂节。亚麻纤维的吸湿性、散湿性和拉伸断裂强度仅次于苎麻纤维，其他性质与苎麻纤维相似	以粗纱制成的亚麻纤维面料常用作外衣、制服面料，以细纱制成的亚麻纤维面料常用作内衣、衬衫、床上用品等
羊毛纤维	羊毛纤维具有较突出的缩绒性，良好的吸湿性、保暖性、蓬松性和弹性，不耐碱、不耐含氯的氧化剂、易虫蛀	羊毛纤维可用于制作呢绒、绒线、毛毯、毡呢等生活用和工业用的纺织品
蚕丝	桑蚕丝多为白色，柔软且有弹性，吸湿性优于棉而不如羊毛，对人体无刺激性，是高级纺织原料。桑蚕丝的断裂强度和绝缘性良好，但不耐碱，耐光性也较差，易脆化泛黄	桑蚕丝可以用于制作各类丝织品，用作服装、室内用品、工艺品、装饰品等
	柞蚕丝颜色淡黄，光泽柔和，断裂强度、弹性、吸湿性和耐酸碱性均优于桑蚕丝，耐热性强于其他纤维，但染色性较差。柞蚕丝的热传导系数小，有良好的电绝缘性能	柞蚕丝常用作各种衣着面料和装饰用织物，在工业和国防上用于制作耐酸工作服、带电作业服等
竹原纤维	竹原纤维具有良好的透气性、吸湿性，具有较强的断裂强度、耐磨性和良好的回弹性、染色性，同时又具有天然抗菌、抑菌、除螨、防臭和抗紫外线功能。竹原纤维无任何化学添加成分，可以自然降解，是一种真正意义上的绿色环保型纤维	竹原纤维适合制作夏季服装、贴身内衣、运动服饰、毛巾和床上用品等与人体肌肤亲密接触的纺织品

（二）化学纤维的主要成分与性质

化学纤维又称合成纤维，主要由石油、煤炭、天然气等聚合加工而成，主要种类包括涤纶、锦纶、氨纶、腈纶、维纶等。

1. 涤纶

涤纶是聚对苯二甲酸乙二酯聚酯类纤维的商品名称。涤纶具有圆形的横截面，无特殊的纵向结构，其表面光滑，内部分子排列紧密，分子间缺少亲水基团。

2. 锦纶

锦纶是聚酰胺纤维的商品名称。锦纶具有圆形的横截面，无特殊的纵向结构。

3. 氨纶

氨纶俗称"莱卡"，是聚氨酯弹性纤维的商品名称。氨纶长丝的横截面大部分为狗骨形，也有一些氨纶长丝表面光滑或呈锯齿状。

氨纶一般不单独使用，而是少量掺入织物中，广泛用来制作弹性编织物，如袜口、家具罩、滑雪衣、运动服、医疗织物、带类、军需装备、宇航服的弹性部分等。

4. 腈纶

腈纶是聚丙烯腈纤维的商品名称。

5. 维纶

维纶又叫维尼纶，是聚乙烯醇缩醛纤维的商品名称。其性能接近棉花，有"合成棉花"之称，是现有合成纤维中吸湿性最强的品种，但不耐热水。维纶主要用于外科手术缝线。

化学纤维的主要成分与性质如表6-6所示。

表6-6　化学纤维的主要成分与性质

化学纤维类型	性质	常用举例
涤纶	涤纶的抗折皱性最强，产量最高，吸湿性差，易产生静电，染色性也较差。涤纶的断裂强度高，耐磨性仅次于锦纶，比其他天然纤维和合成纤维都好。涤纶的弹性好，弹性接近羊毛。涤纶的耐热性和热稳定性是合成纤维中最好的。涤纶的耐光性好，仅次于腈纶。涤纶可耐漂白剂、氧化剂、烃类、酮类、石油产品及无机酸，同时也耐稀碱，但热碱可以使其分解	涤纶短纤维可纯纺或与其他天然纤维和化学纤维混纺制成各种服用性能优良的机织物及针织物。涤纶厚呢可以制帽、地毯以及滤布等。涤纶长丝纤维可制造薄纱女衫、帷幕窗帘、帐子、花边以及手套等。涤纶广泛用于针织和机织。长丝变形纱可用于制作外衣、衬衫等纺织品。涤纶用作缝纫线，缒鞋线极好。另外，涤纶单丝可织成造纸用过滤网

表6-6（续）

化学纤维类型	性质	常用举例
锦纶	锦纶的耐磨性突出，被称为"强力大王"，其耐磨性是棉纤维和干态黏胶纤维的10倍，居所有纺织纤维之首，耐用性极佳。锦纶有良好的耐虫蛀性、耐腐蚀性，但耐热性和耐光性差。锦纶在合成纤维中属于吸湿性较好的品种，但比天然纤维和再生纤维素纤维差。锦纶的回弹性较好，但在外力下易变形，其织物在穿用过程中易变形皱褶，并且易产生静电	锦纶多用于制作轻便服装、羽绒服或雨衣布，也适合制作夏季衣裙、春秋两用衫等，是制作耐摩擦制品的理想材料
氨纶	氨纶富有弹性，能够拉长6~7倍，回弹性最强，随张力的消失能迅速恢复到初始状态。氨纶的断裂强度在所有纺织纤维中是最低的，具有中等水平的热稳定性，软化温度约在200℃以上。氨纶的染色性能较优，可染成各种颜色。氨纶的吸湿性较弱，但氨纶具有较好的耐化学性，耐汗，耐大多数的酸碱、化学药剂、有机溶剂、干洗剂和漂白剂，耐日晒和风雪，不耐氧化物。氧化物易使氨纶变黄、强度减弱	氨纶主要用于紧身服、运动装、护身带以及鞋底等的制造
腈纶	腈纶的弹性较好，蓬松柔软，保暖性比羊毛高15%。腈纶的性能极似羊毛，有"人造羊毛"或"合成羊毛"之称。 腈纶的断裂强度比羊毛高1~2.5倍，但吸湿性差、染色难。腈纶耐日光性与耐气候性最好。腈纶能抗菌、耐虫蛀、耐酸、耐氧化剂和一般有机溶剂，但耐碱性较差	腈纶织物适合制作户外服装、泳装以及儿童服装
维纶	维纶的断裂强度稍高于棉花，比羊毛高很多，坚牢耐用，比棉布更结实。维纶耐酸碱、耐腐蚀、不怕虫蛀、耐日晒，适合制作工作服。维纶的吸湿性强，吸湿率为4.5%~5%，接近于棉花（8%）。 维纶的热传导率低，保暖性好。维纶的尺寸稳定性较差，弹性较差，织物易起皱。维纶的染色性能较差，色泽不鲜艳。维纶的耐热水性差，湿态遇热会收缩变形	维纶主要用于制作外衣、棉毛衫、运动衫等针织物，还可用于制作帆布、渔网、外科手术线、自行车轮胎帘子线、过滤材料等

（三）纺织纤维的使用性能

1. 吸湿性

纺织纤维的吸湿能力大小通常用回潮率表示。纤维的回潮率用纤维试样所含水分重量占干燥试样重量的百分数表示。回潮率有实际回潮率和公定回潮率两种。

由于各种纤维的实际回潮率随其环境温度和湿度的变化而改变，因此在不同条件下其重量也不相同。为了消除因回潮率不同而引起的重量不同，满足纺织纤维贸易计重和核价的需要，国家必须对各种纺织纤维的回潮率作出统一规定并制定相应的标准，我们称之为公定回潮率。

表6-7列出了节选自国家标准《纺织材料公定回潮率》（GB 9994—2008）的各种常见纤维的公定回潮率。

表6-7　常见纤维的公定回潮率　　　　　　　　　　单位:%

纤维种类	纺织材料		公定回潮率	纤维种类	纺织材料	公定回潮率
棉	棉纤维		8.5	化学纤维	黏胶纤维	13.0
毛	羊毛	洗净毛(异质毛)	15.0		莫代尔纤维	11.0
		洗净毛(同质毛)	16.0		莱赛尔纤维	10.0
	山羊绒	分梳山羊绒	17.0		锦纶	4.5
	兔毛		15.0		涤纶	0.4
	牦牛绒/毛		15.0		腈纶	2.0
	马海毛		14.0		丙纶	0.0
麻	苎麻		12.0		氯纶	0.0
	亚麻		12.0		氨纶	1.3
（蚕）丝	桑蚕丝		11.0	其他纤维	玻璃纤维	0.0
	柞蚕丝		11.0		金属纤维	0.0

2. 热学性能

热学性能是指纺织纤维在热的作用下表现出来的性能。

各种纤维的耐热情况是不同的，一般来说，棉纤维与黏胶纤维的耐热性比亚麻和苎麻好，特别是黏胶纤维，加热到180℃时强度损失很少。羊毛耐热性比较差，加热到110℃时就会变黄且强度下降。蚕丝比羊毛好些，短时加热到110℃时纤维强度没有显著变化。合成纤维中的涤纶和腈纶耐热性比较好，不仅熔点或分解点高，而且在长时间受到较高温度作用时，强度损失也比较少。涤纶在150℃左右加热168小时后，颜色不会发生变化，强度损失不超过30%。锦纶的耐热性比较差，维纶的耐热性更差，若在沸水中煮沸，织物会变形或部分溶解。

此外，不同纤维的燃烧性能、导热系数等也不同。例如，纤维素纤维和腈纶易燃烧且燃烧速度快；羊毛、蚕丝、锦纶、维纶等可燃烧但燃烧速度慢；氯纶与火焰接触时燃烧，离开火焰时自行熄灭。涤纶和锦纶的导热系数比棉和羊毛的导热系数大，当其表面与热体接触时，热物的热量会很快传导到织物的邻近部分。

3. 静电性能

纺织纤维会产生静电，是因为在纺织品使用过程中，纤维之间、纤维与外界物体发生摩擦或挤压时，纤维上电荷的产生速度大于散失速度，结果形成静电荷积累。纺织纤维的电绝缘性，通常用质量比电阻 p 表示。它是指长 1 厘米、重 1 克的纤维在长度方向所具有的电阻，单位是"欧姆·克·平方厘米"。

比电阻越高，导电性越差，纤维上电荷的散失越困难，静电积累就越多，因此抗静电性就越差。一般吸湿性差的涤纶、腈纶、氯纶、丙纶等合成纤维，比电阻远高于天然纤维，容易形成静电危害。

降低比电阻的方法，一是在纺织品中混入导电纤维，二是将抗静电剂加入合成纤维内部或固着在纤维表面。

【案例 6-2】
为什么要研究纺织品抗静电技术——纺织品静电的危害

在民用方面，静电会导致纺织品在使用过程中吸尘玷污，服装"纠缠"人体使人产生黏附不适感。有研究表明，静电刺激会对人体健康产生不利影响。在产业应用方面，静电是化工、石油等加工等行业引起火灾、爆炸等事故的主要诱发因素之一，也是化纤等纺织行业加工过程中的质量及安全事故隐患之一。随着高科技的发展，静电造成的后果已突破了安全问题的界限。静电放电造成的频谱干扰危害，会引起电子、通信、航空、航天以及一切应用现代电子设备、仪器的场合导致设备运转故障、信号丢失等结果。因此，抗静电纺织品的需求量越来越大。

（四）纺织纤维的鉴别方法

纺织纤维的鉴别方法一般有感官、燃烧、显微镜观察、溶剂溶解、试剂呈色法，常用感官法（感觉鉴别法）和燃烧法。

1. 感觉鉴别法

感觉鉴别法是指通过人的感觉器官，即手摸眼看的方法来鉴别纤维或织品。手摸旨在鉴别纤维的柔软性、弹性和褶皱情况，眼看旨在鉴别纤维或织品的外观、光泽、纤维粗细、弯曲状态等，初步判断纤维种类（见表 6-8）。

表 6-8　感官鉴别

纤维类型	检验条件
蚕丝	蚕丝手感平滑柔软，具有天然的闪烁光彩。蚕丝纤维细长，手触有寒冷的感觉。干燥的蚕丝相互摩擦时会发出一种特有的声音（称为"丝鸣声"）
棉花	棉花纤维有天然捻曲，纤维较短，手感柔软，弹性差，有潮湿感
羊毛	羊毛纤维的弹性好，通常呈卷曲（毛波）状态，保暖性强，手触有温暖之感，光泽柔和，吸湿性好。山羊绒质地轻柔，手感软滑，绒面丰满

2. 燃烧法

燃烧法，即燃烧鉴别试验，是一种简便的鉴别方法。首先，鉴别者将试样靠近火焰；其次，鉴别者将试样放入火焰；最后，鉴别者将试样取出。在此过程中，鉴别者观察试样软化情况、燃烧情况、气味等，再根据已知的一些经验，大致鉴别纺织品的情况（见表6-9）。

表6-9　燃烧鉴别不同纺织品的成分

纤维种类	燃烧情况	气味	灰烬颜色和形状
棉	燃烧很快，产生黄色火焰及蓝烟	有烧纸气味	灰烬少，灰末细软，呈浅灰色
麻	燃烧快，产生黄色火焰及蓝烟	有烟草气味	灰烬少，粉末状态，呈灰色
羊毛	一边徐徐冒烟、一边燃烧	有烧毛发的臭味	灰烬为黑色有光泽的发脆块状
蚕丝	燃烧慢，燃烧时缩成一团	有烧毛发的臭味	灰烬为黑褐色小球，用手指一压即碎
醋酯纤维	燃烧速度快，有火花，一边熔化、一边燃烧	有刺鼻的醋酸味	灰烬为黑色有光泽的不规则块状，可用手指压碎
氨纶	接近火焰时先膨胀成圆形，而后收缩熔化；在火焰中燃烧速度比较缓慢；离开火焰边熔化边燃烧，缓慢自灭；火焰呈黄色或蓝色	有特殊的刺激性气味	灰烬为白色
氯纶	难以燃烧；在火焰中燃烧冒黑色浓烟；离开火焰立即熄灭，不能续燃	有难闻的刺鼻氯臭味	灰烬为不规则黑褐色硬块，用手指不易捻碎
丙纶	缓慢燃烧，有蓝色明亮火焰，冒黑色浓烟，有胶状物滴下；离开火焰继续燃烧，有时会自灭	有类似烧石蜡的气味	灰烬为不规则硬块状，透明，用手指不易捻碎

第三节　纺织品与服装

一、纺织品与服装的纤维含量标签

（一）纤维含量标签要求

国家标准《纺织品纤维含量的标识》（GB/T 29862—2013）规定如下：

（1）每件产品应附着纤维含量标签，标明产品中所含各组分纤维的名称及其含量。

（2）每件制成品应附着纤维含量的耐久性标签。

（3）对采用耐久性标签影响产品的使用或不适宜附着耐久性标签的产品（例如，面料、绒线、手套和袜子等），可以采用吊牌等其他形式的标签。

（4）如果产品没有提供纤维含量标签，或者没有提供纤维含量耐久性标签，或者没有标明产品中应标识的各纤维的含量，或者纤维名称与产品中所含纤维不符，等等，产品判定为纤维含量标识不符合。

（二）纤维含量表示方法

只有一种纤维组分的纺织产品，在纤维名称的前面或后面加"100%"，或者在纤维名称前面加"纯"或"全"字（见示例1）。

示例1：① 棉100% ② 纯棉 ③ 全棉

两种及以上纤维组分的纺织产品，一般按纤维含量递减顺序列出每种纤维的名称，并在名称的前面或后面列出该纤维含量的百分比（见示例2）。当产品中各种纤维含量相同时，纤维名称的顺序可任意排列（见示例3）。

示例2：①
60%棉
30%聚酯纤维
10%锦纶
②
棉60%
聚酯纤维30%
锦纶10%

示例3：①
50%棉
50%粘纤
②
50%粘纤
50%棉

含量5%的纤维，可以列出该纤维的具体名称，也可用"其他纤维"来表示。当产品中有两种及以上含量≤5%的纤维且其总量≤15%时，可集中标为"其他纤维"（见示例4）。

示例4：①
90%棉
5%聚酯纤维
3%粘纤
2%氨纶
②
90%棉
5%聚酯纤维
5%其他纤维

含有填充物的产品应分别标明面料、里料和填充物的纤维名称及其含量。羽绒填充物应标明羽绒的品名和含绒量（见示例5）。

示例5：
面料：80%棉/20%锦纶
里料：100%涤纶
填充物：灰鸭绒（含绒量80%）

在产品中含有能判断为特性纤维（如弹性纤维、金属纤维等），或者存在易于识别的花纹或图案的装饰线，当其含量≤5%时，可表示为"××除外"，也可单独将其含量标出，如可以标明特性纤维或装饰线的纤维成分及其占总量的百分比（见示例6）。

示例6：

①	80%羊毛 20%涤纶 装饰线除外

②	羊毛80% 涤纶20% 装饰线100%聚酯薄膜纤维

③	77%羊毛 19%涤纶 4%聚酯薄膜纤维

二、服装标签应包含的内容

（一）制造者名称、地址和产品名称

（1）内销产品使用依法登记注册的内容。

（2）外销产品应使用中文标示各项内容，如原产地及代理商或销售商依法登记注册的名称和地址。

（二）服装号型

1. 服装号型的概念

（1）号是指人体的身高，以厘米（cm）为单位表示，是设计和选购服装长短的依据。

（2）型是指人体的上体胸围或下体腰围，以厘米（cm）为单位表示，是设计和选购服装肥瘦的依据。

（3）体型是以人体的胸围与腰围的差数为依据来划分的人体体型。"体型"以人体胸腰围的差值为依据划分，分为Y、A、B、C四类（见表6-10）。

表6-10　体型分类代号　　　　　　　　　　　　　　　　单位：厘米

体型	男（胸围和腰围的差数）	女（胸围和腰围的差数）
Y	17~22	19~24
A	12~16	14~18
B	7~11	9~13
C	2~6	4~8

2. 服装型号的表示方法

服装号型的表示方法为"号"与"型"用斜线分开，后接"体型分类代号"。根据男子、女子和儿童的身高及形体差异，服装号型分成三部分。男子和女子服装号型的表示方法相同，儿童服装型号的表示方法与之略有差别，上下装应分别标明号型。

由于服装号型的分档不可能过细，每个人的身体尺寸与服装号型的档次不一定很吻合，因此消费者选购服装时要向上或向下靠档。挑选服装号型示例如表6-11所示。

表 6-11　挑选服装号型示例　　　　　　　　　　单位：厘米

项目	身体尺寸			胸腰落差	体型分类	建议选择的号型	
	身高	胸围	腰围			上装类	下装类
某男	177	94	79	15	A	175/96A	175/80A
某女	164	90	80	10	B	165/92B	165/80B
某儿童	104	58	52	6	—	110/60	110/53
某男	170	98	100	−2	—	不属于号型系列范围，需定做	

三、纺织品与服装的性能

（一）基本性能

1. 重量与厚度

织物（纺织品与服装，下同）的重量主要是指织物的单位面积重量，通常用平方米重量（g/m^2）表示。不同品种的织物重量在技术标准中都有明确规定。重量是考核织物品质和对织物进行经济核算的主要指标，它与织物的性能和原材料消耗有密切的关系。

织物厚度一般是指织物在一定压力下的厚薄程度，精确至 0.01 毫米。厚度的大小与织物的手感、重量、耐用性、抗皱性、透气性、舒适性、悬垂性以及缝纫加工性都有着密切的关系。

2. 幅宽与匹长

织物的幅宽与匹长是反映织物有效使用面积的指标，是消费者和服装加工企业十分关心的一项指标。

幅宽是织物的横向宽度，以厘米为单位表示。品质优良的织物不仅要达到产品标准规定的幅宽，而且各部位要宽窄一致。

匹长是一匹织物的长度，通常以米为计量单位。匹长决定于织物的用途、重量、厚度、织机的卷装容量以及包装、运输、销售和进一步加工的需要。

（二）外观保持性

1. 抗起球性

织物在使用过程中经摩擦，其表层会呈现许多毛茸，称为"起毛"。如果这些毛茸在继续使用中不能及时脱落而相互缠绕在一起，便会形成许多球形小粒，称为"起球"。

抗起球性是指织物对穿用和洗涤中起毛起球现象的抵抗能力。专业测评通常用起球试验仪模拟上述起毛起球过程，作用于织物试样，再根据其起球严重程度与标准样对照，进行评级。抗起球性分为 5 级，1 级起球最严重，5 级起球最轻。

2. 尺寸稳定性

织物的尺寸稳定性是指织物经穿着、使用或洗涤后保持原有尺寸形态的性能。

尺寸变化率是指织物水洗或干洗后的尺寸变化率。通常，织物水洗或干洗后尺寸收缩变小，因此尺寸变化度又称缩水率。

检测织物的这一性能指标，需要将织物试样进行一定方式的松弛处理，并将处理前后的试样尺寸变化率作为尺寸稳定性指标。

（三）耐用性能

1. 拉伸断裂性能

拉伸断裂性能主要包括断裂强力、断裂伸长率等。断裂强力是指拉断一定尺寸织物试样所需要的负荷，以 N（牛顿）为单位来表示。断裂伸长率是指试样被拉断时的长度与原试样长度的差占原试样长度的百分比。这两个指标间接反映了织物的耐用性能。

2. 撕裂性能

撕裂性能可以用撕破强力表示，是指一定尺寸织物试样按规定方法撕破成一定长度裂缝所需要的最大负荷。撕破强力以 N（牛顿）为单位来表示，用于评价织物的韧性。

3. 耐磨性能

耐磨性能可以用耐磨强度表示，是指织物抵抗摩擦坏损的能力。织物的耐磨性能直接影响织物及其制品服装的耐用性能，是织物的重要质量指标。

（四）舒适性能

1. 刚柔性

刚柔性是指织物抵抗弯曲变形的能力，通常用硬挺度和悬垂系数来表示。

硬挺度用斜面悬臂法测试织物试样因其自重而达到一定程度弯曲变形时所悬空的长度的半值来表示。其值越大，该织物越刚挺。

悬垂系数用悬垂仪测定一定直径的圆形织物试样因其自重和刚柔性影响而下垂的投影面积与试样原面积的百分比来表示。其值越小，该织物越柔软。

织物的刚柔性与织物的手感、成型性、保型性、舒适合体、视觉美感有着密切的关系。

2. 透气性与透湿性

织物能被空气透过的特性称为透气性，通常用透气率来表示。透气率是指织物试样的两面在规定的压力差下，在规定时间内，垂直流过试样给定面积的气流流量。

织物能被水蒸气透过的特性称为透湿性或透水气性。透湿性通常用透湿量来表示。透湿量是指在织物试样两面分别存在恒定的水蒸气压的条件下，规定时间内通过单位面积织物试样的水蒸气的重量。透湿量以上述条件下的每天每平方米织物能透过的水蒸气的克数来表示。

透气性直接影响穿着时的舒适感，透湿性影响人体的汗液蒸发及散热。我国在国家标准《服装理化性能的技术要求》（GB/T 21295—2014）中规定，有透气要求的纺织成品的透气率不小于 180 毫米/秒，有透湿要求的成品的透湿量不小于每天每平方米 2 500 克。

3. 保温性

织物的保温性是指织物能够阻止人体热量通过它向较冷的外界传递的性能，或者说是织物能保持被包覆体温度的性能。保温性又称保暖性或隔热性。

保温性可以用平板式保温仪测定，其试验板温度恒定在 36℃，热量仅向上传递。测试者实验时分别测试平板上无织物试样时保持试验板恒温所需要的热量、平板上覆盖有织物试样时保持试验板恒温所需要的热量。保温性通常用保暖率来表示。国家标准《服装理化性能的技术要求》（GB/T 21295—2014）规定，有保温要求的纺织成品的保温率不应小于 30%。

衣着材料实质上可看成一个由纤维材料、空气和水分组成的混合体。不同纤维材料的导热系数相差不大，但却是静止空气导热系数的 2~3 倍。水的导热系数大约是静止空气的 27 倍。因此，衣着材料的保温性主要取决于其内部所含的静止空气的量。一般而言，材料厚且蓬松，则含气量大，保温性好；起绒、起毛的织物和毛皮含气量大，保温性也好。

（五）安全性能

1. 色牢度

色牢度是指染色或印花的纺织成品在使用过程中，抵抗各种化学和物理机械作用并能保持原来色泽的能力。

色牢度主要有耐光色牢度、耐洗色牢度、耐干洗色牢度、耐摩擦色牢度、耐酸汗渍色牢度、耐碱汗渍色牢度、耐水色牢度、耐唾液色牢度等。各种色牢度按标准试验方法在露天试验或实验室模拟试验，根据试样试验前后颜色变化的程度和贴衬织物试样的沾色程度评级。耐光色牢度和耐气候色牢度分为八级评定，一级最差，八级最好。其他色牢度均分为五级评定，一级最差，五级最好。

2. 甲醛含量

织物中的甲醛主要是来自织物的整理加工。含有甲醛的纺织成品在穿着使用过程中会逐渐释放出游离甲醛，通过人体呼吸道和皮肤接触，对呼吸道黏膜和皮肤产生强烈的刺激，引发呼吸道炎症和皮肤炎，长期作用将引起肠胃炎、肝炎、手指及趾甲发痛。另外，甲醛对眼睛也有强烈的刺激。临床证明，甲醛还是多种过敏症的显著诱发物，也可能会诱发癌症。

3. pH 值

人体皮肤的表面呈弱酸性，这样有利于防止病菌的侵入，因此直接与皮肤接触的纺织品的 pH 值在弱酸性和中性之间，将不会引起皮肤的瘙痒，不会破坏皮肤表面的弱酸环境。

国家标准《服装理化性能的技术要求》（GB/T 21295—2014）规定，婴幼儿用品的 pH 值限量为 4.0~7.5。直接接触皮肤产品的 pH 值限量为 4.0~7.5。非直接接触皮肤产品的 pH 值限量为 4.0~9.0。

4. 可萃取重金属含量

使用金属络合染料是纺织品中重金属的重要来源，而天然植物纤维在生长加工过程中也可能从土壤或空气中吸收重金属。此外，染料加工和纺织品印染加工过程中也可能带入一部分重金属。重金属对人体的累积毒性是相当严重的。重金属一旦为人体所吸收，则会倾向累积于人体的骨骼和肾、肝脏，当受影响的器官中重金属积累到某一程度时，便会对健康造成一定的危害。这种情况对儿童更为严重，因为儿童对重金属的吸收能力远高于成人。

【案例 6-3】

2016 年，全国消费者协会组织共受理服装鞋帽类投诉 57 009 件，其中质量问题投诉 37 629 件，占服装鞋帽投诉总量的 66.01%。服装鞋帽类投诉主要集中于做工粗糙，销售前存有瑕疵；服装面料没有规范、醒目的洗涤说明，造成洗后串色、缩水、褪色、出现小孔；羊毛衫、西装起球；甲醛超标等问题。

2016 年 10 月 12 日，在某省质监局召开的以"服装扮靓生活，质量惠及民生"为主题的纺织服装质量提升新闻发布会上，相关负责人介绍，在 2015 年和 2016 年开展的纺织服装监督抽查和执法检查中，合格率呈逐年上升趋势，未发现系统性、区域性、成规模的质量安全事故，但仍存在纺织面料成分含量不合格、基本安全指标不合格、标识不规范、功能服装主要功能指标不合格等质量问题。该省开展的纺织服装监督抽查和执法检查中，共抽查纺织服装 1 114 批次，其中不合格 318 批次。成分含量不合格 171 批次，占不合格批次总数的 53.8%。

2016 年，某省质监局对该省生产经销单位的 30 个批次的牛仔裤质量进行了监督抽查，合格 23 批次，不合格 7 批次，不合格产品检出率为 23.3%。存在的主要质量问题是纤维含量不合格、色牢度不合格。

【案例 6-4】

某地海关在对多批法国进口的某品牌婴童服装进行实验室检测过程中先后检出 pH 值、色牢度等项目不符合《婴幼儿及儿童纺织产品安全技术规范》（GB 31701—2015）的相关要求，判定为不合格，责令企业做退运或销毁处置。

穿着 pH 值不合格的服装产品有可能破坏人体皮肤酸碱度而引发不适，特别是对婴幼儿和敏感性皮肤的人，容易引起皮肤瘙痒等过敏症状。色牢度是判断纺织品服装质量的主要指标之一，反映了服装颜色的耐久性。此类不合格纺织品与人体皮肤直接摩擦或是与汗渍接触后，染料会在汗液等的作用下转移至皮肤上，不仅引起服装面料的脱落掉色，影响美观及穿着适用性，而且可能在细菌的生物催化作用下，成为人体病变的诱发因素，对人体造成伤害。

四、纺织品与服装安全

纺织品和服装在其生产加工的各个阶段几乎都要涉及化学品的使用。据不完全统计，纺织品和服装从纤维生产、织物织造、染整加工、成品制造到产品使用，整个生命周期中要使用 8 000 多种化学品，且还呈现不断增加的趋势。这些化学品有些是产品生产必备，有些是为了改善产品的使用性能，有些则大大简化了生产流程，提高了劳动生产率。但是，部分化学品的使用会对人类健康和生态环境产生严重的危害。

（一）纺织生态学

自 20 世纪 90 年代以来，欧盟国家、日本、美国等发达国家非常重视纺织品和服装对人体健康与生态环境的影响，并进行了纺织生态学的研究。纺织生态学可以从如表 6-12 所示的三个方面来理解。

表 6-12　纺织生态学的三个方面

纺织生态学的维度	概念	举例
生产生态学	生产生态学是指纤维、纺织品、服装的生产和制造过程应该有利于环境保护，同时，对于空气纯度的保持、水纯度的保持、废物的处理及无噪声的保护都能满足合理的条件	种植培育有机棉
人类生态学	人类生态学是指以纺织品和服装对使用者及其周围环境的影响为基础的，它要求纺织品和服装在正常使用时，对人体健康和环境的有害影响应降至最低	绿色纺织品或环保纺织品
处理生态学	处理生态学是指以纺织品和服装的处理为基础的，包括它的再循环、分解时不释放有害物质、不危害生态环境	可回收循环利用的纺织品

（二）生态纺织品标准

《生态纺织品标准》（Oeko-Tex Standard 100）是于 1992 年由国际环保纺织协会的成员机构——德国海恩斯坦研究院和奥地利纺织研究院共同制定的，是用来检测纺织品和成衣制品在影响人体健康安全方面的技术标准。该标准规定了在纺织品和服装产品上禁止或限制使用的有害物质，包括 pH 值、甲醛、可萃取的重金属含量、氯苯酚、杀虫剂（除草剂）、有机锡化物、禁用偶氮染料、致敏染料、氯苯和氯甲苯、色牢度等。该标准还规定了上述有害物质的限量和测试项目。

《生态纺织品标准》将纺织品与服装产品分为如表 6-13 所示的四个级别。

表 6-13　纺织品与服装产品的级别

级别	特征	常用举例
级别一	这一类产品是婴儿用品，是指除了皮革服装以外，一切用来制作婴儿以及两岁以下儿童服装的织物、原材料和附件	婴儿用品
级别二	这一类产品是与皮肤直接接触的产品，是指穿用时大部分材料直接和皮肤接触的纺织服装产品	床上用品、内衣、衬衫以及宽松的上衣等
级别三	这一类产品是不直接接触皮肤的产品，是指穿用时只有一小部分直接和皮肤接触的产品	外衣（男女套装、外套）和填充物、衬里等
级别四	这一类产品主要是指那些用于装饰的产品，包括最初的原料和副料	桌布、墙壁覆盖物、家具用布、窗帘、装潢用布、地板遮盖物和床垫等

《生态纺织品标准》是世界上影响最广的纺织品生态标签，从 2008 年到 2012 年，每年修订一次。多年来，该标准在预防有害化学物质的危害方面为消费者提供了有效的保护，并成功地被用于纺织品服务业及其零售和分销系统的有害物质控制与质量管理体系中。

（三）我国关于纺织品和服装安全的相关标准

我国现行法律法规及政策对服装行业的准入尚无具体针对性的相关规定。目前，适用于服装行业的主要法律法规包括《中华人民共和国消费者权益保护法》《中华人民共和国产品质量法》《中华人民共和国商标法》《国家纺织产品基本安全技术规范》《零售商促销行为管理办法》以及《零售商供应商公平交易管理办法》等。我国关于纺织品和服装安全的相关标准主要如表 6-14 所示。

表 6-14　我国关于纺织品和服装安全的相关标准

实施时间	发布单位	标准
2003 年 3 月	国家质量监督检验检疫总局	《生态纺织品技术要求》（GB/T 18885—2002）
2005 年 1 月	国家质量监督检验检疫总局	《国家纺织产品基本安全技术规范》（GB 18401—2003）
2007 年 10 月	国家环境保护总局	《环境标志产品技术要求 生态纺织品》（HJ/T 307—2006）
2008 年 10 月	国家发改委	《婴幼儿服装》（FZ/T 81014—2008）

2003 年 11 月，国家质量监督检验检疫总局发布了强制性国家标准《国家纺织产品基本安全技术规范》（GB 18401—2003），自 2005 年 1 月 1 日起实施。它是纺织品和服装产品进入市场的必要条件，是为了保证纺织品和服装产品对人体健康无害而提出的最基本的安全技术要求（见表 6-15）。

表 6-15　《国家纺织产品基本安全技术规范》

项目		A 类	B 类	C 类
甲醛含量/（mg/kg）≤		20	75	300
pH 值[a]		4.0~7.5	4.0~7.5	4.0~9.0
色牢度[b]/级 ≥	耐水（变色、粘色）	3~4	3	3
	耐酸汗渍（变色、粘色）	3~4	3	3
	耐碱汗渍（变色、粘色）	3~4	3	3
	耐干摩擦	4	3	3
	耐唾液（变色、粘色）	4	—	—
异味		无		
可分解芳香胺染料[c]		禁用		

　　a. 后续加工工艺中必须要经过湿处理的产品，pH 值可放宽至 4.0~10.5。

　　b. 洗涤褪色型产品不要求。

　　c. 在还原条件下染料中不允许分解出的致癌芳香胺清单见附录 C。

第四节　正确选购纺织品

一、如何正确选购纺织品

　　随着经济的发展，人们对服装的要求已由只求保暖而逐步转为讲究美观、舒适。消费者购买纺织品服装，要辨别其质量，主要途径是感官鉴别。其主要方法如下：

（一）看标识

　　1. 看服装内标识的成分、含量，根据不同的穿着需要，选择不同成分含量的服装

　　产品标识是一种向消费者传达产品的性能、质量状况、使用方法等信息的工具，《消费品使用说明　纺织品和服装使用说明》（GB 5296.4—1998）规定，纺织品服装应标注原料的成分和含量。目前，市场上大部分服装执行此国家标准，服装内侧缝有纤维成分含量、洗涤说明等标识，消费者购买时要加以注意。消费者应尽量不选购无使用说明标识的纺织产品，以保护自己的权益。

　　2. 看服装号型和规格

　　我们购买服装必须适合自己的体型，可以通过服装号型来选择。

　　号是指人体的身高，是设计和选购服装长短的依据。

　　型是指人体的上体胸围和下体腰围，是设计和选购服装肥瘦的依据。

　　体型分类以人体的胸围与腰围差数来确定，分为 Y、A、B、C 四类。胸围差数过

大或过小的特殊体型、儿童没有体型划分。

（二）看服装外观是否有疵点

消费者手摸眼看服装的外观质量，主要从面料的手感、布面的瑕疵、色差、污渍、缝制、拉链、纽扣的牢固程度进行观察，对照标注的材质、质量等级等性能方面，查看标注的内容与货品的真实现状是否相符。

消费者看服装外观是否有疵点时特别要关注以下部位：领面、口袋等部位与整体色差是否明显；面料有明显条、格的服装，左右前后、衣袖与前身、背缝、领子等是否条料对称，格料对横；服装表面有无明显瑕疵，如断纱、跳丝、色渍、污渍等；领子、门襟是否平服。

消费者应优先选择购买纯棉等透气性好的产品，面料应以浅色、手感柔软为宜。产品如果有刺激性气味，消费者在选购时需慎重。消费者应到有信誉的商场选购服装，并留存购物凭证，以便出现质量问题后能够有效维护自身的合法权益。

（三）看做工，即缝制质量

俗话说，一件衣服的制作是"三分裁工，七分做工"，由此可见缝制质量的重要性。消费者首先应看各部位缝制线路是否整齐、牢固；其次看上下线松紧程度，有无跳线、断线；最后看针距密度是否均匀。

（四）看辅料

消费者应注意衬布、缝线以及扣子色泽是否与面料相适应，钉扣线与扣子的色泽是否相适宜。

（五）看外观颜色、质地和光泽，并手摸其质感

消费者如果对服装有所研究或有一定的专业基础，可以观察服装的外观颜色、质地、光泽并手摸其质感。纤维的形成结构、分子结构决定了纤维的性能，从而决定了其颜色、质地、光泽以及手感。不同种类纺织物的鉴别如表6-16所示。

表6-16　不同种类纺织物的鉴别

种类	鉴别条件
棉	棉具有良好的吸湿能力，棉织物的手感柔软，有潮湿感，穿着舒适
麻	麻虽有较好的吸湿性，但弹性很差，因此麻织物手感粗硬，织品挺括，柔软性差，有的还有自然的疙瘩
蚕丝	蚕丝具有良好的吸湿性、透气性和保暖性，其手感平滑柔软，织品穿着舒适，富有弹性，具有天然的闪烁光彩，给人以高端感。干燥的真丝织品，相互摩擦时会发出一种特有的声音（称为"丝鸣声"）
羊毛	羊毛高贵典雅，织品挺括且有弹性，光泽柔和，吸湿性好。山羊绒质地轻柔，手感软滑，绒面丰满，光泽好，保暖性强
黏胶纤维	黏胶纤维吸湿性好，清爽柔软，但不挺括；光泽虽亮，但不像蚕丝那样柔和

表6-16（续）

种类	鉴别条件
合成纤维	合成纤维，如锦纶、涤纶、丙纶等，吸湿性差，手感干燥，硬挺。合成纤维中的腈纶被人们称为"合成羊毛"，其质地轻柔，色泽鲜艳，蓬松性好，酷似羊毛，但手感不如羊毛有滋润感

二、正确维护自己的合法权益

消费者在选购纺织品时，要及时、正确维护自身购物的合法权益，需要做到以下几个方面：

（一）了解自己的权利

根据《中华人民共和国消费者权益保护法》《中华人民共和国产品质量法》《中华人民共和国民法典》等法律的规定，消费者在购买商品或接受服务时，主要享有以下权利：安全权、知情权、自主选择权、公平交易权、求偿权、维护自身合法权益权、获得知识权、人格尊严权和监督举报权。

（二）不忘索要发票

发票不仅是购物的凭证，更是消费者维权的基本证据。因此，消费者在购物时不要忘记索要发票并予以妥善保管。除此之外，产品保修卡、信誉卡、使用说明书、合格证、警示标志等凭据，都要保管好，以备急用。

（三）牢记维权时限

根据《部分商品修理更换退货责任规定》的要求，部分商品修理、更换、退货时间规定如下：

1."7日"规定

产品自售出之时起7日内，发生性能故障，消费者可以选择退货、换货或修理。

2."15日"规定

产品自售出之日起15日内，发生性能故障，消费者可以选择换货或修理。

3."三包"有效期规定

"三包"有效期自开具发票之日起计算。"三包"有效期应扣除因修理占用的时间，换货后的"三包"有效期自换发之日起重新计算。

4."30日"和"5年"的规定

修理者应保证修理后的产品能正常使用30日以上。生产者应保证在产品停产后5年内继续提供符合技术要求的零配件。

（四）知晓维权渠道

《中华人民共和国消费者权益保护法》第三十九条明确规定，消费者和经营者发生消费者权益争议的，可以通过下列途径解决：

（1）与经营者协商和解。

（2）请求消费者协会或者依法成立的其他调解组织调解。

（3）向有关行政部门申诉。

（4）根据与经营者达成的仲裁协议提请仲裁机构仲裁。

（5）向人民法院提起诉讼。

同时，消费者还要注意和掌握诉讼时效。根据有关规定，身体受到损害要求民事赔偿和寄存财物丢失或毁损的诉讼时效期间为一年；因产品存在缺陷造成损害要求赔偿的诉讼时效期间为两年。据此，消费者在权益受到侵害时，一定要及时向人民法院提出诉讼请求。

【案例 6-5】

2016 年 6 月，曹某花 5 000 余元从某纺织品牌天猫旗舰店网购了 50 条天丝夏被。天丝夏被的商品描述为被子面料是天丝，即莱赛尔纤维，填充物为桑蚕丝。卖家承诺假一赔三、正品保障、7 天退换。曹某签收后，发现被子的面料偏硬，不像是天丝材质，便将其中一条被子送至国家丝绸及服装产品质量监督检验中心进行检验。检验结果为面料、填充物都是聚酯纤维。曹某将商家起诉法院，请求判令被告商家退一赔三。

法院经审理认为，曹某购买了天丝夏被，支付了相应的价款，双方成立买卖合同关系，应受法律保护。商家在网页上宣传涉案商品面料是天丝，填充物是桑蚕丝，但是经检测，真实面料和填充物材料与约定内容完全不相符，因此存在违约，且其销售行为为构成欺诈。商家的违约致使买卖合同目的无法实现，曹某主张解除合同并返还货款应支持。法院遂依法作出判决。

第五节　特殊纺织品用途

一、防火卷帘

防火卷帘是一种适用于建筑物较大洞口处的防火、隔热设施，防火卷帘通过传动装置和控制系统达到卷帘的升降，起到防火、隔火作用。

防火卷帘广泛应用于工业与民用建筑的防火隔断区，能有效阻止火势蔓延，保障生命财产安全，是现代建筑中不可缺少的防火设施。

根据国家标准《防火卷帘》（GB 14102—2005）的规定，防火卷帘按耐火极限分类，可分为钢制防火卷帘，钢制防火、防烟卷帘，无机纤维复合防火卷帘，无机纤维复合防火、防烟卷帘，特级防火卷帘五类。

二、量子隐形衣

量子隐形衣是通过特殊的"量子隐形"材料制成的衣服。该材料可以折射周围光线来实现"完全隐形"。利用量子隐形衣，士兵可以通过"隐形"来完成高难度的作战任务。穿上量子隐形衣的物体将无法被肉眼、雷达等观察或探测到。

视觉隐身的原理实际上是引导光波等"转向"。人之所以能看到物体，是因为物体反射了不同的色光。如果有一种材料敷在物体表面，能引着被物体阻挡的光波"绕着走"，仿佛没有任何阻挡，那么肉眼就会觉得物体似乎不存在了。

量子隐形伪装材料是由加拿大生物公司研发出来的先进材料，通过弯曲光线达到隐形的目的。

由于目前该公司仅在其官方网站上发布了一些"量子隐形"材料的效果图，并没有披露更多的技术细节，因此关于"量子隐形"材料没有权威的介绍。基于国内对隐形材料的研究，我们推测此种"量子隐形"材料可能是使用"超材料"研制而成的。

超材料（metamaterial）是指具有天然材料所不具备的超常物理性质的人工复合结构材料。超材料可以研制出使光线弯曲的材料。理论学家认为，超材料能够被用来制造各种各样的隐形装置。这些装置能使物体周围的光等电磁波"绕道而行"，从而使物体变得不可见。

【拓展阅读】

不惧火、不畏高温的防护"战士"——芳纶纤维

某仓库突发大火，仓库中的货物几乎完全焚为灰烬。在这一堆废墟中，保险公司的人员惊讶地发现，大量芳纶纤维材料虽然被熏黑，但依然完整，没有被大火焚毁。究其原因，芳纶纤维除了拥有非常卓越的耐磨性和强度外，同时也具有出色的阻燃、耐高温特性。

芳纶纤维究竟是何方神圣，又到底能耐受多高的温度呢？芳纶纤维诞生于20世纪60年代末，最初作为宇宙开发材料和重要的战略物资而秘不示人，平添了许多神秘色彩。冷战结束后，芳纶纤维作为高技术含量的纤维材料大量用于民用领域，逐渐露出庐山真面目。芳纶的全称是"芳香族聚酰胺纤维"（aramid fibers），是一类新型的特种用途合成材料。因为构成纤维的高聚物长链分子中含有酰胺基，所以与锦纶一样，芳纶纤维同属于聚酰胺类纤维。不同的是，构成锦纶的高聚物大分子中连接酰胺基的是脂肪链，而芳香族聚酰胺纤维中连接酰胺基的是芳香环或芳香环的衍生物，因此这类纤维被称为芳香族聚酰胺纤维，简称"芳纶纤维"。

芳纶纤维主要分为两种：间位芳酰胺纤维（PMIA）和对位芳酰胺纤维（PPTA）。其中，间位芳酰胺纤维主要以芳纶1313为代表，有"防火纤维"之美称；

对位纤维以芳纶 1414 为代表，有"防弹纤维"之美称。

芳纶 1313 最突出的特点就是耐高温性能好，可以在 220 ℃高温下长期使用而不老化，其电气性能与机械性能的有效性可以保持 10 年之久，而且尺寸稳定性极佳，在 250 ℃左右的热收缩率仅为 1%，短时间暴露于 300 ℃高温中也不会收缩、脆化、软化或融熔，只在 370 ℃以上的强温下才开始分解，在 400 ℃左右开始碳化。如此高的热稳定性在目前有机耐温纤维中是绝无仅有的。

用芳纶 1313 制作的特种防护服，遇火时不燃烧、不滴熔、不发烟，具有优异的防火效果。尤其在突遇 900 ℃～1 500 ℃的高温时，布面会迅速碳化及增厚，形成特有的绝热屏障，保护穿着者逃生。加入少量抗静电纤维或芳纶 1414，可以有效防止布料爆裂，避免雷弧、电弧、静电、烈焰等危害。用芳纶 1313 有色纤维可制作飞行服、防化作战服、消防战斗服以及炉前工作服、电焊工作服、均压服、防辐射工作服、化学防护服、高压屏蔽服等各种特殊防护服装，用于航空、航天、军事、消防、石化、电气、燃气、冶金、赛车等领域。除此之外，在发达国家，芳纶织物还普遍用作宾馆纺织品、救生通道、家用防火装饰品、熨衣板覆面、厨房手套以及保护老人和儿童的难燃睡衣等。

芳纶 1414 有极高的强度，其强度是优质钢材的 5～6 倍，模量是钢材或玻璃纤维的 2～3 倍，韧性是钢材的 2 倍，而重量仅为钢材的 1/5。芳纶 1414 的连续使用温度范围极大，在-196 ℃～204 ℃范围可以长期正常运行。芳纶 1414 在 150 ℃下的收缩率为 0，在 560 ℃的高温下不分解不熔化，耐热性更胜芳纶 1313 一筹，并且具有良好的绝缘性和抗腐蚀性，生命周期很长，因此赢得"合成钢丝"的称号。

芳纶 1414 首先被应用于国防军工等尖端领域。为适应现代战争及反恐的需要，美、俄、英、德、法、以色列、意大利等许多国家军警的防弹衣、防弹头盔、防刺防割服、排爆服、高强度降落伞、防弹车体、装甲板等均大量采用了芳纶 1414。除军事领域外，芳纶 1414 已作为一种高技术含量的纤维材料被广泛应用于航天航空、机电、建筑、汽车、海洋水产、体育用品等国民经济各个方面。

思维导图

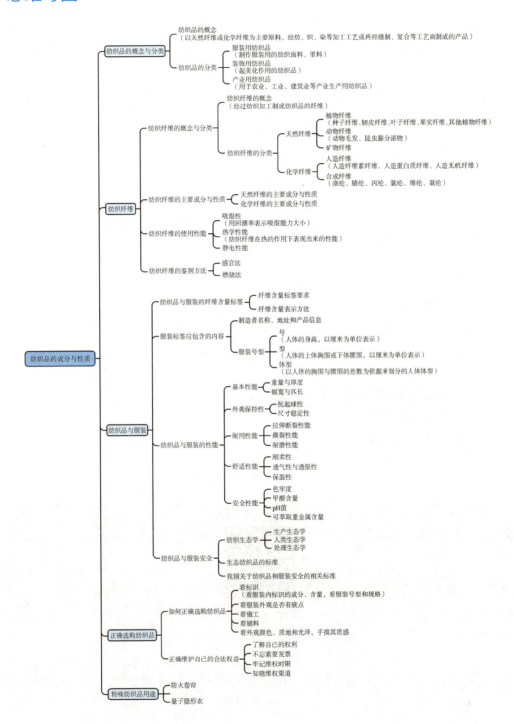

纺织品的成分与性质
- 纺织品的概念与分类
  - 纺织品的概念
    （以天然纤维或化学纤维为主要原料，经纺、织、染等加工工艺或再经缝制、复合等工艺而制成的产品）
  - 纺织品的分类
    - 服装用纺织品
      （制作服装用的纺织面料、里料）
    - 装饰用纺织品
      （起美化作用的纺织品）
    - 产业用纺织品
      （用于农业、工业、建筑业等产业生产用纺织品）
- 纺织纤维
  - 纺织纤维的概念与分类
    - 纺织纤维的概念
      （经过纺织加工制成纺织品的纤维）
    - 纺织纤维的分类
      - 天然纤维
        - 植物纤维
          （种子纤维、韧皮纤维、叶子纤维、果实纤维、其他植物纤维）
        - 动物纤维
          （动物毛发、昆虫腺分泌物）
        - 矿物纤维
      - 化学纤维
        - 人造纤维
          （人造纤维素纤维、人造蛋白质纤维、人造无机纤维）
        - 合成纤维
          （涤纶、腈纶、丙纶、氯纶、维纶、氨纶）
  - 纺织纤维的主要成分与性质
    - 天然纤维的主要成分与性质
    - 化学纤维的主要成分与性质
  - 纺织纤维的使用性能
    - 吸湿性
      （用回潮率表示吸湿能力大小）
    - 热学性能
      （纺织纤维在热的作用下表现出来的性能）
    - 静电性能
  - 纺织纤维的鉴别方法
    - 感官法
    - 燃烧法
- 纺织品与服装
  - 纺织品与服装的纤维含量标签
    - 纤维含量标签要求
    - 纤维含量表示方法
  - 服装标签应包含的内容
    - 制造者名称、地址和产品信息
    - 服装号型
      - 号
        （人体的身高，以厘米为单位表示）
      - 型
        （人体的上体胸围或下体腰围，以厘米为单位表示）
      - 体型
        （以人体的胸围与腰围的差数为依据来划分的人体体型）
  - 纺织品与服装的性能
    - 基本性能
      - 重量与厚度
      - 幅宽与匹长
    - 外观保持性
      - 抗起球性
      - 尺寸稳定性
    - 耐用性能
      - 拉伸断裂性能
      - 撕裂性能
      - 耐磨性能
    - 舒适性能
      - 刚柔性
      - 透气性与透湿性
      - 保温性
    - 安全性能
      - 色牢度
      - 甲醛含量
      - pH值
      - 可萃取重金属含量
  - 纺织品与服装安全
    - 纺织生态学
      - 生产生态学
      - 人类生态学
      - 处理生态学
    - 生态纺织品的标准
    - 我国关于纺织品和服装安全的相关标准
- 正确选购纺织品
  - 如何正确选购纺织品
    - 看标识
      （看服装内标识的成分、含量，看服装号型和规格）
    - 看服装外观是否有疵点
    - 看做工
    - 看辅料
    - 看外观颜色、质地和光泽，手摸其质感
  - 正确维护自己的合法权益
    - 了解自己的权利
    - 不忘索要发票
    - 牢记维权时限
    - 知晓维权渠道
- 特殊纺织品用途
  - 防火卷帘
  - 量子隐形衣

本章小结

　　纺织行业与人们的生活息息相关，纺织品慢慢融入我们的生活，使我们可以遮盖身体，增加生活的舒适度，更为我们的生活增添了色彩和情趣。近年来，越来越多的海内外纺织与时尚资源集结于中国，我们生活中的衣、食、住、行、健康等都与纺织息息相关。因此，如何鉴别各类纺织成分以及纺织品与服装的联系，对我们在日常生活中选择适合自己的纺织品具有很大的好处。

本章重难点

1. 纺织品相关分类以及不同类型纺织品的用途。
2. 纺织品的主要成分及性质。
3. 纺织品成分鉴别方法。
4. 纺织品与服装的服用性能。
5. 如何选购纺织品。

思考题

1. 我国服装号型的组成及其意义是什么？
2. 燃烧法适用于哪些纺织品的鉴别？为什么？
3. 如何提高纺织品的抗静电性。

在线测试

第七章

商品质量管理

学习目标

- 掌握质量、质量管理、质量方针、质量目标和概念
- 了解影响商品质量的内部因素、外部因素
- 了解产品和服务的质量特征
- 了解质量管理发展历程和常用的质量管理模式

导入案例

第四届中国质量奖评选结果揭晓

2021年9月16日举行的中国质量（杭州）大会上，第四届中国质量奖评选结果揭晓，9家组织和1名个人获得第四届中国质量奖，80家组织和9名个人获得第四届中国质量奖提名奖。

在各地区各行业广泛推荐的基础上，经中国质量奖评选表彰委员会评选，市场监管总局审定并核报国务院，决定对京东方科技集团股份有限公司、中铁工程装备集团有限公司、美的集团股份有限公司、福耀玻璃工业集团股份有限公司、博世汽车部件（苏州）有限公司、宁波舟山港集团有限公司、银行间市场清算所股份有限公司、北京空间飞行器总体设计部、中国核电工程有限公司"华龙一号"研发设计创新团队等9家组织及中国交通建设股份有限公司总工程师林鸣授予第四届中国质量奖，对徐工集团工程机械股份有限公司等80家组织和李万君等9名个人授予第四届中国质量奖提名奖。

建立国家质量奖励制度是国际通行做法。中国质量奖是中国质量领域的最高荣誉，于2012年经中央批准设立，每两年评选一次，已开展四届评选表彰活动。中国质量奖旨在推广科学的质量管理制度、模式和方法，促进质量管理创新，传播先进质量理念，激励引导全社会不断提升质量，推动建设质量强国。

本届中国质量奖评选凸显五大特点：一是参评范围广泛，从各行业各地方推荐产生出696个组织和168名个人参评，数量为历届之最；二是外资企业首次参评并获奖，体现了中外质量管理交流互鉴的积极成果；三是民营企业等踊跃参评，获奖组织中民营及混合所有制企业占将近一半，显示了中国民营经济不断迸发的质量创新活力；四是首次为中小企业单设评选类别，共有6家中小企业获得中国质量奖提名奖，引领广大中小企业走"专精特新"发展之路；五是有一批"链主"企业获奖，鼓励发挥标杆引领作用，推动产业链质量协同提升。

　　社会各类组织特别是广大企业是建设质量强国的生力军。第四届中国质量奖获奖组织长期践行科学质量管理，坚持走质量效益型发展道路，在质量、创新、品牌、效益等方面取得了突出成绩，形成了各具特色的质量管理制度、模式和方法，具有很高的社会推广价值；获奖个人都是长期从事质量工作的管理人员和一线工匠，具有很强的榜样和示范作用。

　　在中国质量（杭州）大会上，市场监管总局还举办"先进质量管理经验分享"分论坛，宣传推广中国质量奖获奖组织的质量管理创新成果与最佳实践。

资料来源：赵文君. 第四届中国质量奖评选结果揭晓［EB/OL］.（2021-09-17）［2023-06-06］. https://www.gov.cn/xinwen/2021-09/17/content_5638009.htm.

第一节　质量与商品质量

一、质量的概念

　　质量的内涵十分丰富，随着社会经济和科学技术的发展，在不断充实、完善和深化。同样，人们对质量的概念的认识也经历了一个不断发展和深化的历史过程，有代表性的质量的概念主要有以下几种：

（一）朱兰的定义

　　美国著名的质量管理专家朱兰（J M Juran）博士从顾客的角度出发，提出了产品质量就是产品的适用性，即产品在使用时能成功满足用户需要的程度。用户对产品的基本要求就是适用，适用性恰如其分地表达了质量的内涵。

　　这一定义有两个方面的含义，即使用要求和满足程度。人们使用产品，总对产品质量提出一定的要求，而这些要求往往受到使用时间、使用地点、使用对象、社会环境和市场竞争等因素的影响，这些因素的变化会使人们对同一产品提出不同的质量要求。因此，质量不是一个固定不变的概念，而是动态的、变化的、发展的，随着时间、地点、使用对象的不同而不同，随着社会的发展、技术的进步而不断更新和丰富。

　　用户对产品的使用要求的满足程度，反映在对产品的性能、经济特性、服务特性、环境特性和心理特性等方面。因此，质量是一个综合的概念，它并不要求技术特性越高越好，而是追求诸如性能、成本、数量、交货期、服务等因素的最佳组合，即所谓的最适当。

（二）国际标准（ISO 8402）的定义

质量是反映实体满足明确或隐含需要的能力的特性总和。这里需要说明的是：第一，在合同情况中，或者在法规规定的情况下，需要是明确规定的；在其他情况中，隐含的需要应加以识别和确定。第二，在许多情况下，需要会随着时间而变化，这就意味着要对质量要求进行定期评审。

从这一定义可以看出，质量就其本质来说是一种客观事物具有某种能力的属性。只有客观事物具备了某种能力，才可能满足人们的需要。需要由两个层次构成：第一层次是产品或服务必须满足规定或潜在的需要，这种需要可以是技术规范中规定的要求，也可能是在技术规范中未注明，但用户在使用过程中实际存在的需要。需要是动态的、变化的、发展的和相对的，需要随时间、地点、使用对象和社会环境的变化而变化。因此，这里的需要实质上就是产品或服务的适用性。第二层次是在第一层次的前提下的产品特征和特性的总和。因为需要应加以表征，必须转化成有指标的特征和特性，这些特征和特性通常是可以衡量的。全部符合特征和特性要求的产品，就是满足用户需要的产品。因此，这里的需要实质上就是产品或服务的符合性。另外，质量的定义中所说的"实体"是指可以单独描述和研究的事物，可以是活动、过程、产品、组织、体系、人及其任何组合。

从以上分析可知，企业只有生产出用户使用的产品，才能占领市场。就企业内部来讲，企业又必须要生产符合质量特征和特性指标的产品。因此，企业除了要研究"适用性"外，还要研究"符合性"。

（三）国家标准 GB/T 19000—2016/ISO 9000：2015 的定义

国家标准《质量管理体系 基础和术语》（GB/T 19000—2016/ISO 9000：2015）将质量定义为："客体的一组固有特性满足要求的程度。"该标准还对质量的概念做了如下说明："产品和服务的质量不仅包括其预期的功能和性能，而且还涉及顾客对其价值和受益的感知""组织的产品和服务质量取决于满足顾客的能力，以及对有关相关方的有意和无意的影响""一个关注质量的组织倡导一种通过满足顾客和其他有关相关方的需求和期望来实现其价值的文化，这种文化将反映在其行为、态度、活动和过程中"。

为了准确把握上述质量的定义，我们必须理解以下几个关键术语：

1. 客体

客体是指可感知或可想象到的任何事物，如组织、过程、顾客、产品、服务等。组织是指为实现目标，由职责、权限和相互关系构成自身职能的一个人或一组人，如代理商、公司、集团、商行、企事业单位、行政机构、协会、慈善机构或研究机构，或者上述组织的部分和组合，无论其是否为法人组织，是公有的还是私有的，都可称为组织。提供产品或服务的组织，如制造商、批发商、零售商或商户等，也称供方。过程是指利用输入实现预期结果，即输出（如产品或服务）的相互关联或相互作用的一组活动。顾客是指能够或实际接受为其提供的，或者应其要求提供的产品或服务的个人或组织，如消费者、委托人、最终使用者、零售商、内部过程的产品或服务的接收人、受益者和采购方。产品是指在组织（供方）和顾客之间未发生任何交易的情况下，组织能够产生的输出。当产品交付给顾客时，通常包含服务因素。通常，产品的主要因素是有形的。服务是指至少有一项活动必须在组织和顾客之间进行的组织的输出。也就是说，至少有一部分输出是组织在与顾客的接触面上实现的。通常，服务的主要因素是无形的。服务的提供可能涉及在顾客提供的有形产品（如需要维修的汽车）上所完成的活动、在顾客提供的无形产品（如为准备纳税申报单所需的利润表）上所完成的活动、无形产品的交付（如知识传授方面的信息提供）以及为顾客创造氛围（如在宾馆和饭店）等。通常，服务由顾客体验。

2. 特性

特性是指可区分的特征。它可以是客体固有的或被人赋予的，也可以是定性的或定量的。特性有各种类别，包括物质的特性（如机械的、电的、化学的或生物学的特性），感官的特性（如嗅觉、触觉、味觉、视觉、听觉），行为的特性（如礼貌、诚实、正直），时间的特性（如准时性、可靠性、可用性、连续性），人类工效学的特性（如生理的特性或有关人身安全的特性），功能（使用中表现出来）的特性（如飞机的最高速度）等。

3. 固有特性

固有特性是指客体本来就有的，存在于客体内的那种特性，如产品的机械（力学）特性、化学特性等，而不是被人赋予的特性。被人赋予的特性，如产品的价格、产品的分类代码、产品的供货时间和运输方式等，不属于质量的范畴，因此不是客体（产品）的质量特性。

4. 要求

要求是指明示的、通常隐含的或必须履行的需求或期望。其中，"明示的"可以理解为组织的规定要求就是经明示的要求，如组织在成文信息中阐明的要求；"通常隐含的"是指组织和相关方的一种惯例或一般做法，所考虑的需求或期望应当是不言而喻的，习惯上应该这样做的；"必须履行的"是指法律、法规、强制性技术规范或标准要求的，组织必须执行、兑现的。"相关方"是指可以影响决策或活动、受决策或活动所影响，或者自认为受决策或活动影响的个人或组织，如顾客、所有者、组织内的人员、供方、银行、监管者、工会、合作伙伴以及竞争对手或相对立的社会群体等。特定要求可以使用限定词表示，如产品要求、顾客要求、质量要求、质量管理要求等。质量要求就是关于质量的要求。要求可以由不同的相关方提出，不同的相关方对同一产品的要求可能不同。例如，对于汽车来说，顾客要求美观、舒适、省油，社会要求对环境不产生污染。组织在确定产品要求时，应兼顾顾客及其他相关方的要求。

从上述质量的定义及其阐释可以知道，质量（也称为品质）的内容是从特性和要求两者之间关系的角度来描述的。也就是说，质量（品质）是指某种客体（如产品或服务）的固有特性能够满足顾客及其他相关方要求的程度，满足的程度越高，就可以说这种客体的质量（品质）越好，反之则认为该客体的质量（品质）越差。只有对功能用途相同的产品或服务，才能比较它们质量的优劣。

随着科技进步和社会经济的发展，客体内涵和特性内涵也会随着顾客及其他相关方要求的改变而发生变化，因此质量的内涵不是静态的，而是动态的、变化的。

【案例7-1】

"哄睡神器"暗藏致命隐患

每当儿童节将至，婴儿床、衣橱等大件儿童家具就会持续走俏。但是，由于存在隐含风险、标识不清等问题，包括美国费雪在内的多家国内外公司对婴儿摇床、床护栏、抽屉柜等儿童家具进行了召回，国家市场监督管理总局也发布了消费提示，儿童家具，尤其是婴幼儿家具的质量、款式、使用方法以及隐含的安全问题，越来越成为消费者关注的焦点。

费雪摇床、摇椅，是父母眼中的"哄睡神器"。2019年4月，知名母婴品牌费雪宣布召回470万件婴儿摇床，引发关注。美国消费品安全委员会表示，由于婴儿未绑系带、身体翻转而导致的窒息等，该款费雪婴儿摇床在过去10年间已导致超过30名婴儿死亡，以"享受在妈妈肚子中的律动与安全感"为卖点的婴儿摇床，极有可能成为隐形"杀手"。

二、商品质量

（一）商品质量的概念

商品质量（merchandise quality，MQ）的概念有狭义和广义之分。

狭义的商品质量，即自然质量，是反映商品满足规定或潜在需要的自然特性的总和，通常是指用来评价商品的使用价值及其规定标准技术条件的符合程度。狭义的商品质量一般以国家标准、行业标准、地方标准或订购合同中的有关规定作为最低技术条件，是商品质量的最低要求和合格的依据。生活中人们常说的产品质量、实用质量、技术质量、商品品质等，指的就是狭义的商品质量。狭义的商品质量可以概括为商品的性能、精度、寿命、美观、气味、手感、安全性、艺术性、可靠性、经济性以及售后服务等。狭义的商品质量又可以分为外观质量和内在质量，人们在评定商品质量时，通常以这两个要素为依据。

广义的商品质量是指在一定条件下，评价商品具有的各种自然、经济、社会属性的综合及其满足消费者使用、需求的程度，具有主观性、客观性、相对性和社会性等特性。广义的商品质量是一个动态的、发展的、相对的概念，主要表现在具有时间性、空间性和消费对象性。消费者对商品质量的评价受时间、地点、使用条件、使用对象、用途和社会环境以及市场竞争等因素的影响。不同时期、不同地区、不同消费对象对同一商品有不同的质量要求，并随着科技进步、生活水平提高和社会发展而不断变化。

(二) 现代商品质量观

商品质量是一个综合性的概念，涉及商品本身及商品流通过程中各种因素的影响。从现代市场观念来看，商品质量是内在质量、外观质量、社会质量和经济质量等方面内容的综合体现。

1. 商品的内在质量

商品的内在质量是指商品在生产过程中形成的商品本身固有的特性，包括商品的实用性能、可靠性、寿命、安全与卫生等。它构成商品的实际物质效用，是最基本的质量要素。

2. 商品的外观质量

商品的外观质量是指商品的外表形态，包括外观构造、质地、色彩、气味、手感、表面疵点和包装等。它已成为人们选择商品的重要依据。

3. 商品的社会质量

商品的社会质量是指商品满足全社会利益需要的程度，如是否违反社会道德、是否对环境造成污染、是否浪费有限的资源等。一种商品不管其技术如何进步，只要有碍于社会利益，就难以生存和发展。

4. 商品的经济质量

商品的经济质量是指人们按其真实的需要，希望以尽可能低的价格，获得尽可能性能优良的商品，并且在消费或使用中付出尽可能低的使用和维护成本。

商品的内在质量是由商品本身的自然属性决定的；商品的外观质量、社会质量和经济质量则是由商品的社会效应决定的，涉及诸多社会因素的影响。

三、商品质量特性

(一) 商品质量特性的概念

质量的定义表明，研究某一客体的质量必须了解其质量特性。确定质量特性，是指将相关方要求转化为可以定性或定量描述的标准或指标，这是开展质量管理的核心内容，也是最困难的工作。

国际标准把质量特性定义为与要求有关的、客体的固有特性。换言之，质量特性是指产品、过程或体系与要求有关的固有特性。质量的定义的关键就是"满足要求"，这些要求必须转化为有指标的特性，作为评价、检验和考核的依据。由于顾客的需求是多种多样的，因此反映产品质量的特性也是多种多样的，包括性能、适用性、可信性（可靠性、维修性、维修保障性）、安全性、环保性、经济性和美学性。

其中，部分质量特性可定量，部分质量特性不可定量、只可定性。在实际工作中，质量测量通常把不定量的特性转化为可定量的代用质量特性。

商品质量特性是指与顾客及其他相关方要求有关的产品或服务的固有特性。例如，顾客如果要求某种服装材料穿着舒适，那么如何保证它具有穿着舒适的质量呢？于是，研究人员结合人体生理试验与穿着试验对服装材料穿着舒适性进行研究，发现服装材料穿着舒适的质量取决于服装材料本身固有的热传递舒适性（冬季保温性或夏季散热性）、水分传递舒适性（汗液、汗气的透过）、空气传递舒适性（透气性）、表面特性、厚度和抗静电性等质量特性，如果相关方在此基础上再附加护身的要求，还要考虑服装材料的防火性、防菌性、防辐射性或耐化学药品性等质量特性。生产者通过对这些特性参数综合开发设计、生产，就保证了该服装材料的舒适安全质量。由于顾客及其他相关方的要求是多种多样的，因此商品的质量特性也是多种多样的。

商品质量特性应当准确反映顾客及其他相关方对商品质量的客观要求。把反映商品质量特性和技术经济参数或指标明确规定下来，形成技术文件，作为衡量商品质量的尺度，这就是商品技术标准或商品质量标准。商品技术标准标志着商品质量特性应达到的技术要求。

每种质量特性对商品质量都有一定的贡献，但其重要程度并不相同，而且由于使用目的或用途不同而发生变化。通常，按照质量特性的重要程度，商品质量特性可以分为关键质量特性、重要质量特性和次要质量特性。关键质量特性是指若达不到规定的该特性值要求，会直接影响商品安全性或造成商品整体功能丧失的质量特性。重要质量特性是指若达不到规定的该特性值要求，会造成商品部分功能丧失的质量特性。次要质量特性是指若达不到规定的该特性值要求，暂时不影响商品功能，但可能会导致商品功能逐渐丧失的质量特性。如果我们在评价商品质量时不区分众多特性的重要程度，就无法抓住关键，甚至本末倒置，导致错误的评价，还会浪费大量的人力、物力，使质量成本上升。

（二）产品质量特性

产品质量特性依其载体不同，可以分为硬件产品的质量特性和软件产品的质量特性两类。

1. 硬件产品的质量特性

一般而言，硬件产品是指加工、装配类的生产过程的结果。其质量特性通常包括以下内容：

（1）性能。性能是指产品的内在特性，如理化、电气、结构等。

（2）寿命。寿命是指产品在规定的使用条件下可以使用的总时间。产品的寿命一般分为如下三种：

①自然寿命。自然寿命是指产品在规定的使用条件下完成规定功能的总时间。

②技术寿命。因为技术进步，技术上更先进的产品会不断出现，而技术落后的产品就会被淘汰，产品从开始使用到被淘汰为止经历的时间，称为技术寿命。

③经济寿命。经济寿命是指产品自然寿命后期，由于性能退化，故障频发，使用费日益增加，只能依靠大量的维修费用来延长自然寿命，这在经济上并不合算。

（3）可信性。可信性是用于表述可用性及其影响因素（可靠性、维修性和保障性）的集合术语，是对产品的非量化的描述。可靠性是指产品在规定的条件下和规定的时间内，完成规定功能的能力。维修性是指产品在规定的条件、时间、程序和方法下进行维修，保持或恢复到规定状态的能力。保障性是指按规定的要求和时间，提供维修所必需的资源的能力。

（4）安全性。安全性是指产品在使用时保障人身和环境安全的能力。

（5）经济性。经济性是指产品在整个寿命周期内的费用，是制造费用和使用费用的总和。

2. 软件产品的质量特性

软件作为信息产品，是一种逻辑的而不是物理的系统。因此，对软件质量进行定量度量比较困难。相关国际标准（ISO/IEC 9126）定义了以下六个方面的质量特性，为软件质量的评价和度量奠定了基础。

（1）功能性。软件所实现的功能，即满足用户要求的程度，包括用户陈述的或隐含的需求程度。这是软件产品的首选质量特性。

（2）可靠性。可靠性是软件产品最重要的质量特性，它反映了软件在稳定状态下维持正常工作的能力。

（3）易用性。易用性反映了软件与用户之间的友善性，即用户在使用软件时的方便程度。

（4）效率。效率是指在规定的条件下，软件实现某种功能耗费物力资源的有效程度。

（5）可维护性。可维护性是指软件在环境改变或发生错误时，进行修改的难易程度。易于维护的软件是一个易理解、易测试和易修改的产品。因此，可维护性是软件的又一重要特性。

（6）可移植性。可移植性是指软件能够移植到不同运行环境的方便程度。

（三）服务质量特性

服务是指至少有一项活动必须在组织和顾客之间进行的组织的输出。相对于其他产品类型来说，服务具有一定的特殊性。服务作为无形的活动，不像实体产品那样展示在顾客的面前。服务的提供和消费在时间和空间上并存，具有不可存储的特点，如果服务发生了问题或事故，不可能通过重复来消除已发生的问题或事故，只能做某种程度的弥补。顾客的文化背景和心理需求等方面的差异带来的对服务需求的不一致，导致某种程度上服务的质量更依赖于服务者的素质。基于服务的特点，服务质量特性一般包括以下几个方面：

（1）功能性。功能性是指某项服务发挥的效能和作用，是服务质量中最基本的特性，如饭店的功能是让顾客吃到可口的饭菜。

（2）时间性。时间性是服务在时间上能够满足顾客需要的能力，如及时、准时和省时等。

（3）安全性。安全性是指服务过程中顾客的生命和财产不受伤害和损失的特征，如商店内防火和防盗措施的健全等。

（4）经济性。经济性是指顾客为了得到不同服务所需费用的合理程度。

（5）舒适性。舒适性是指服务过程的舒适程度，包括服务设施的完备、方便、舒适、环境整洁、美观和有秩序等。

（6）文明性。文明性是指顾客在接受服务过程中满足精神需要的程度。顾客期望得到一个自由、亲切、尊重、友好、自然和谅解的气氛。

四、商品质量的形成与实现

（一）产品质量的形成与实现

产品都要经历设计、制造和使用的过程，产品质量相应也有个形成与实现的过程，该过程的每个环节都直接或间接地影响产品的质量。世界著名质量管理专家朱兰用质量螺旋模型来表示产品质量形成的这种规律性。该模型被称为朱兰质量螺旋。

朱兰质量螺旋是一条螺旋式上升的曲线。它把产品全过程的各个环节按逻辑顺序串联起来，反映了产品质量形成的整个过程及其规律性。朱兰质量螺旋是质量管理的理论基础。

朱兰质量螺旋深刻形象地揭示了产品质量形成和实现的客观规律。

（1）产品质量形成全过程包括一系列环节。这些环节构成一个系统，系统目标的实现取决于每个环节质量工作的落实和各环节之间的协调，因此必须对质量形成全过程进行计划、组织和控制。

（2）产品质量的形成和发展是一个循序渐进的螺旋式上升过程。这些环节构成一轮循环，每经过一轮循环，产品质量就有所提高。产品质量在一轮又一轮的循环中，总是在原有基础上有所改进和突破。

（3）质量系统是一个开放系统，与外部环境有密切联系，既有直接的联系，也有间接的联系。例如，采购环节与物料供应商、销售环节与零售批发商、售后服务与顾客都有直接的联系。此外，系统中几乎所有环节都离不开人力资源，人力资源要靠社会来提供和培养。因此，产品质量的形成与实现并不只是企业内部行为的结果，还需要考虑各种外部因素的影响。

（4）产品质量形成全过程中的每个环节都要依靠人去完成，人的素质及对人的管理是过程质量及工作质量的基本保证。因此，人是产品质量形成全过程中最重要、最具能动性的因素。

（二）服务质量的形成与实现

服务质量的形成与实现过程可以用服务质量环表示。服务质量环把服务质量的全过程分为服务的市场开发、服务的设计、服务的提供、服务的业绩分析与改进四个主要的关联环节。

1. 服务的市场开发

服务的市场开发是从服务组织与顾客接触面来考虑问题的。首先，组织要从顾客和社会角度出发，了解、识别和确定顾客对服务的需要。其次，组织要结合人、财、物方面的条件和组织经营管理的经验，调查、研究和开发服务市场。最后，组织提出一个完整的服务提要。服务提要应包括服务需要、服务类型、服务规模、服务档次、服务质量、服务承诺、服务基本方式等方面的内容。

2. 服务的设计

服务的设计是要在服务的市场开发的基础上解决如何进行服务的问题。这一环节要制定出服务过程中使用的服务规范、服务提供规范和服务质量控制规范，还要对服务设施、服务环境、服务方式和方法进行设计，并把它们反映在下述三种规范中：

（1）服务规范。服务规范应规定服务需要达到的水准和要求，也就是服务质量标准。

（2）服务提供规范。服务提供规范规定在服务提供过程中应达到的水准和要求，也就是怎样达到服务的设计中制定的服务规范的水准和要求。组织依据服务规范来制定服务提供规范。服务提供规范应明确每一项服务活动怎样做才能保证服务规范的实现，也就是要实现服务过程的程序化和服务方法的规范化。

（3）服务质量控制规范。服务质量控制规范规定了怎样去控制服务的全过程，即怎样去控制服务质量环的各个阶段的质量，特别是服务提供过程的质量。

3. 服务的提供

服务的提供是指依据服务的设计所制定的三种规范向顾客提供服务。顾客和组织在服务提供结束后应对服务的结果进行评估或评定（包括顾客评价和组织评价）。服务的提供过程是涉及服务组织各个部门和全体员工的过程，也是与顾客直接接触的过程，还是考察和评定服务提供规范及其实践的过程。

4. 服务的业绩分析与改进

在对服务结果做出供方评定和顾客评定的基础上，组织对服务的业绩进行分析与改进，并将分析与改进的结果、建议反馈到服务的市场开发、服务的设计和服务的提供等过程中去，形成服务质量信息的闭环系统，使得服务质量的形成与实现过程成为一个不断循环上升的过程。

第二节　商品质量的影响因素

商品质量不仅受生产者内部条件的约束，还受外部环境的约束；不仅受物质因素的影响，还受政策、社会、自然、经济等因素的影响。

一、人的因素

人的因素是最基本、最重要的因素。其他因素都要通过人的因素才能起作用。

（一）质量意识

质量意识是决定商品质量的关键要素。增强人的质量意识，可以调动人的积极性、创造性，激发人们重视质量、提高质量的主动性。

企业领导的质量意识是关键。作为企业的决策人员，企业领导的作用最为直接，影响程度最深、作用持续时间最长。企业领导要不断更新经营思想，增强自身的质量意识和竞争意识。

要想增强人的质量意识，首先，组织需要大力开展质量教育，督促各级人员认真学习质量管理理论，增强人的质量意识、责任感、事业心。其次，组织要推行严格的质量责任制，重视建立质量激励机制，奖惩分明，激发职工重视质量、生产优质产品的积极性和主动性。

（二）技术水平

人的技术水平是保证商品质量的必要前提。保证产品质量的工作是由人完成的，只有人的专业知识和技能合乎要求并不断提高，才能提高工作质量。企业应明确各类人员的素质要求，正确选拔培养人才，制定培训考核规划，并有效执行，督促全体员工提高工作技能。

（三）质量管理水平

质量管理水平通过人的质量管理知识、方法和组织能力得以体现，是保证和提高商品质量的重要基础。生产者建立健全内部的质量决策机构、质量管理机构、质量检验机构，以完善的质量信息系统、齐全的质量体系文件来确保质量管理的计划、组织、控制、协调、监督职能正常发挥。

二、生产过程中的影响因素

对于工业产品来说，其生产过程中的研发设计、原材料、生产工艺、机器设备、商品检验与包装等环节都会影响其质量。

对于农业、林业、牧业、渔业等产业的天然商品来说，其质量主要取决于品种选择、栽培和饲养方法、生长的自然环境、收获季节以及方法等因素。

（一）研发设计

研发设计是形成商品质量的前提和首要环节，决定了商品满足用户需求的程度。研发设计包括使用原材料的配方、商品的结构原理、性能、外观结构及包装装潢等的研发设计。如果研发设计质量不好，就会给商品质量留下许多后遗症。设计出了差错，制造工艺再高超，生产操作再精细，也生产不出合格的商品来。

在研发设计工作开始之前，企业应加强对市场的调查和研究，这是商品研发设计的基础。企业应充分调研商品消费需求，研究影响商品消费的因素，收集、分析与比较国内外、同行业不同生产者的商品质量信息，通过市场预测来确定何种质量等级、品种规格、数量、价格的商品才能适应目标市场的需要。

设计方案不仅要考虑安全、环保以及法律法规要求，还应考虑商品的适用性、可靠性、可维修性、耐用性、防误用措施等。

【案例 7-2】

宝马自燃——设计缺陷之过

截至 2018 年 11 月底，因车辆尾气处理系统出现故障，宝马已经在韩国发生 52 起车辆自燃事件。2018 年 12 月下旬，韩国交通部认定宝马蓄意隐瞒机械问题，宣布召回维修问题车速度过慢。韩国交通部宣布对宝马公司处以 112 亿韩元（约合 6 875 万元人民币）高额罚款，并对宝马公司提出刑事起诉。宝马起火事故的原因是废气再循环（EGR）系统的冷却器设计存在缺陷导致冷却剂泄漏。

（二）原材料

原材料是形成商品质量的物质基础。原材料的成分、结构、性质不同，决定了所形成的商品质量也有所不同。例如，棉纤维织品透气性好、吸湿性好，穿着舒服、不起球、不起毛，但易皱、耐用性差。化学纤维虽然不易收缩、耐磨，但透气性、吸湿性不好，穿着不舒服，又易起球、起毛。原材料本身的质量又受品种、成分、结构、性质、产区的自然条件及饲养或栽培方法等因素的影响。因此，企业选择确定原材料的成分、结构、物理性能、化学性能，就可以获得具备一定性质和质量的商品。

研究分析构成商品的原材料，可以明确商品的质量特征和对商品质量的基本要求，揭示商品在流通过程中的质量变化规律；可以确定商品的包装、储存方法及使用注意事项，为正确使用商品提供重要依据。同时，研究分析构成商品的原材料可以为发掘新材料、开辟原材料的来源、节约资源和合理使用原材料提供重要参考。但是，企业在生产中决不能把节约原材料同保证与提高商品质量对立起来，不能把节约与偷工减料等同。

对于农产品而言，原材料主要体现为动植物品种。原材料不仅决定着动植物产品的产量，更决定着动植物产品的质量。因此，优良种畜、种子和种苗的培育已经成为一项重要工作。

（三）生产工艺

生产工艺主要包括商品在生产制造过程中的配方、操作规程、设备条件以及技术水平等。具体来讲，生产工艺可以包括生产流程之间的衔接、生产环境条件的选择、装备配置及参数的选择、工序加工的指导文件（如工艺卡、操作规程、作业指导书、工序质量分析表等）的编制等。

生产工艺是商品质量形成过程中的重要环节，对商品质量起决定性作用。因为商品的各种外形、结构以及用途都是在生产过程中形成和固定下来的，所以生产工艺不但可以提高产量，也可以提高质量。在很多情况下，虽然采用的原材料相同，但因生产工艺和技术水平不同，不仅产品数量会有差异，产品质量也会相差悬殊。例如，生产电冰箱、电视机，虽然采用同样的材料和原件，但由于装配、调试水平不同，也会使它们的质量产生极大的差异。棉布漂白时，氧化剂的用量、温度、时间都会影响漂白布的质量。纺纱过程增加精梳工序，其外观、强度有明显提高。同样，即使原材料的质量发生变化，如果进行必要处理，采取补救性工艺技术，也有可能改变因原材料质量变化而造成的对产品质量的影响。

对于农产品而言，生产工艺主要体现为植物栽培技术和动物饲养技术。农作物在栽培过程中，如播种、施肥灌溉等环节，存在着许多技术问题。只有掌握了各种农作物的生长发育规律，才能高产高质。动物的成长和发育也有自己的规律，不同物种的成长和发育又各有特点。因此，由于动物不同及饲养动物的目的不同，饲养者在饲养过程中必须有针对性地进行科学管理。

（四）机器设备

机器设备不但包括生产作业设备、检测设备、机械及装置，还包括刀板、模具、夹具、量具等辅助性生产用具。设备的加工精度，仪器、仪表的准确度，设备的自动化、现代化程度，工具的精度和维护保养状况都是保证商品质量的必要条件。设备的缺陷和毛病将会造成系统误差故障，测量设备的质量会影响检测结果的准确性。

（五）商品包装与检验

商品包装是构成商品质量的重要因素，良好合理的包装不仅可以避免商品在运输、储藏和销售等环节中的外界因素（温度、湿度、日照、微生物等）和人为因素对商品的损伤，同时商品包装又能起到装饰和美化商品、方便使用、增加商品价值的作用。

商品检验是根据商品生产标准和其他技术文件的规定，保证商品质量符合要求的有力措施。商品检验除了正确选择和使用具有所需准确度与精密度能力的测试设备外，测量时采取的方法是否正确也很关键。检验总是对既定成果而言的，因此它有事后把关的意义。但是，在质量的形成和实现过程中，每个环节的检验对于下一个环节而言又属于事前的控制。原材料、外购件和半成品的检验与质量控制，工序间检验质量的控制，成品检验和包装检验，检测设备的质量控制和检测数据的质量控制等，都对商品质量起着重要作用。

对于大批量的商品来说，通常重要的质量特征、安全及外观项目要全部检验，其他项目可以采用分批抽样或连续抽样的检验方法。不合格返修的商品仍需重新检验。

三、流通过程中的影响因素

流通过程是指商品离开生产过程进入消费过程前的整个区间。商品在流通过程中都要经过时间和空间的转移，商品的储存和运输是不可避免的。流通过程对商品质量的影响，主要体现在商品运输、商品储存、商品销售等方面。

（一）商品运输

商品运输是商品流通的必要条件，没有运输，商品不会自己到达消费者手中。商品运输对商品质量的影响与运输路程、运输时间、运输环境、运输方式、运输工具等有关。因此，以最少的环节、走最近的路程、用最短的时间、选择恰当的运输方式，避免震动、撞击、磨损、风吹、日晒、雨淋，安全地将商品运到目的地，是防止商品运输对商品质量造成不良影响的有效措施。在商品流通过程中的搬运装卸也会对商品质量有一定影响，装卸方式和装卸工具不当，商品会发生碰撞、跌落、倒置、破碎、散失等问题，导致商品质量下降。例如，一套精美的陶瓷餐具经过漫长的运输终于到达目的地，但在搬运装卸时操作不当造成商品毁损，那么前期的所有努力都化为泡影。

（二）商品储存

如果商品需要远距离运输，又或者说目前无法全部销售出去，结果就会涉及影响商品质量的又一个因素——储存因素。储存就是商品脱离生产领域，尚未进入消费领域之前的存放。商品储存是商品流通的一个重要环节，没有商品储存，就难以保证商品流通的正常运转。储存过程中影响商品质量的因素包括商品自身的性质、储存场所的内外环境条件、储存时间长短、储存措施与技术、商品存放数量等。储存时间越长、环境条件越差、储存技术与措施越不到位，商品质量就越容易下降。

【案例7-3】

巧克力中的虫子

据报道，某地一消费者在某知名巧克力中吃出虫子，撕开包装时虫子还在蠕动。问题巧克力是从当地大型超市购买的，都是正品且在保质期内。该消费者将物品封存起来，并投诉给"12315"相关部门。市场监管部门对此事进行调查处置，经查情况属实。市场监管部门在现场未发现同批次产品，对库存其他批次的食品拆盒检查时未发现存在类似问题。

出现此情况的原因，有可能是该食品在运输、仓储或销售环节过程中，接触到含有虫卵的谷类食物，卵生长成虫子侵入食品包装袋内。

（三）商品销售

生产企业通过销售环节将商品让渡给消费者，在实现商品的使用价值的同时获得了它的价值。商品良好的售前、售中、售后服务质量已逐渐被消费者视为商品质量的重要组成部分。商品在销售过程中，必然离不开商品陈列、包装、搬运、装配、维修等各项工作。每个环节都涉及维护和损害商品质量的问题。例如，商品的暴露、陈列组合不当、陈列时间过长、陈列环境及卫生条件差、拆零与分装捆扎不讲究、装配及维修水平低等因素，会使商品在外力、温度、湿度、光、热、微生物、环境污染等影响下引起商品质量变化。经销人员的态度和礼仪、装配调试、维修和退换等售后服务措施等都直接影响商品的使用价值的实现。

四、使用过程中的影响因素

除了生产过程、流通过程会对商品质量产生影响外，使用过程中的有些因素同样也会影响商品质量。例如，毛、丝类纺织品，洗涤晾晒的方法不得当也会影响商品质量，从而缩短使用寿命。

（一）使用范围

任何商品都有一定的使用范围和条件，使用者在使用过程中只有遵从其使用范围和条件，才能发挥商品的正常功能，否则就会对商品质量造成严重的影响。例如，家用电器要区分交流电和直流电以及电源电压值，电脑要注意工作场所的温度、湿度等。

（二）使用方法

正确使用、维护和保养商品是保证商品质量、延长商品寿命的前提，消费者必须要具备一定的使用、维护和保养商品的知识，才能保证商品质量得以体现。在很多情况下，不是商品本身有质量问题，而是使用不当、维护和保养不当等引起的商品质量问题。如果方法不当，环境条件不利，违反了规定要求，不仅损坏了商品，降低了使用价值，甚至会直接危及人身安全。例如，燃气热水器如果使用不善，会造成人身伤亡事故；皮革服装穿戴时要避免坚硬物质摩擦或划伤等；农药"敌百虫"可以用于多种农作物防治病虫害，但如果用于高粱防虫，反而会造成药害。正确安装也是保证商品质量的因素之一。例如，有些要求安装地线保护的电器必须按要求正确安装，否则无法保证电器安全，甚至会造成人员伤亡。

综上所述，商品应认真编制使用（食用）和养护说明书，采取多种形式向消费者宣传，传授使用（食用）和养护知识，设立必要的咨询中心、维修网点等，这些都是使用过程中保护商品质量的重要途径和措施。

（三）废弃处理

商品（包括包装）废弃物是否容易处理以及是否对环境有害将成为决定商品质量高低的又一重要影响因素。由于世界各国越来越关注环境问题，不少国际组织积极建议，把对环境的影响纳入商品质量指标体系中。按照可持续发展的原则，这些废弃物不应对环境造成污染，不应破坏生态平衡，这是生态性商品（环保性绿色商品）的重要质量指标。生态指标要求废弃物做到可回收利用。不能回收利用的废弃物应能被自然环境或微生物分解，不应对自然环境造成污染和破坏。

五、其他影响因素

（一）环境因素

环境因素既包括生产现场的环境，也包括运输环境、储存环境以及使用环境。温度、湿度、海拔、噪声、照明、微生物、鼠虫害、危险品控制等都属于环境因素范畴。例如，影响食品质量的因素主要包括：第一，光线。光线会引发、加速食品中营养成分的分解。第二，温度。温度对食品中微生物的繁殖影响较大，对食品腐烂速度的影响也相当明显。第三，氧气。空气中的氧气对食品营养成分有破坏作用。第四，湿度。食品吸收水分以后，不但会改变和丧失它的固有性质，甚至容易导致食品的氧化、腐烂变质。第五，微生物。微生物对食品腐烂变质的影响是不言而喻的，食品包装的目的之一就是要防止食品受外界微生物的污染，从而延长食品的保质期。第六，污染。物理污染、化学污染、生物性污染等不同原因的污染也会影响食品质量。又如，影响农产品质量的环境因素包括光照、气温和地表温度、土壤和墒情以及产出地生态环境等。这些因素不仅影响农产品的收获期和产量，而且影响农产品的质量。塑料大棚技术、塑料地膜技术的研究与应用就是通过形成农田小气候，使农作物得到光照还能起到升温、保温、保持水分的作用，从而提高产量和品质。

（二）心理因素

商品的价值不仅在于能满足消费者对其使用功能的需要，还在于能满足消费者对其实用艺术美的精神需要。商品的"美"对商品质量的影响越来越重要。通常，在商品内在质量达到一定标准的前提下，审美价值越高，其价值也就越高。不同时代、民族、宗教、区域、阶层、环境、职业、年龄、性别的审美观是有差异的。因此，不同消费者对商品美的认同和追求是不一样的。例如，年轻人喜爱的商品不能缺少时尚的外观、最新的科技与使用功能等；年纪大的中老年人则认为产品的材质、耐用性更为重要。商品质量需要得到消费者的认同，只有消费者认可商品质量好才是真的好，否则即使商品在制作过程中使用了优良的材质、先进的工艺和包装技术，消费者无法感知或认为使用不方便，也会对商品的质量认知产生影响。

（三）社会因素

随着社会的发展、科技的进步和经济水平的提高，人们对商品的需求也呈现出不同的变化。需求高档化，导致商品质量等级相应提高；需求多样化，导致商品质量等级增多，商品品种范围扩大。此外，市场竞争加剧，促进企业改进生产技术，提高服务质量，降低成本，丰富品种，延长商品寿命。

第三节　商品质量管理

一、质量管理的相关概念

（一）质量管理的定义

质量管理是在质量方面组织、协调的活动。质量管理围绕商品质量形成的全过程，涉及组织的各个方面。企业通过质量管理，向市场提供符合顾客及其他相关方要求的商品。

质量管理专家约瑟夫·莫西·朱兰博士对质量管理的基本定义如下：质量管理就是适用性的管理和市场化的管理。适用性是指使商品在使用期间能满足使用者的需求。朱兰博士把质量管理活动中质量策划、质量控制和质量改进称为质量管理三部曲。

全面质量管理创始人之一阿曼德·费根堡姆指出，全面质量管理是为了能够在最经济的水平上考虑到充分满足顾客要求的条件下，开展市场研究、设计、制造和售后服务，把企业内各部门的研制质量、维持质量和提高质量的活动构成一个有效的体系。费根堡姆进而指出，有效的人际关系和完善的技术方法是质量管理的基础。从这一概念可以看出，费根堡姆的全面质量管理思想已经突破了传统质量观的制造过程中的质量控制范围，发展到了对满足顾客要求所必须关注的各方面的控制和管理，如产品设计、营销、工程、采购、制造、装运、安装和售后服务等领域。

根据国家标准《质量管理体系 基础和术语》（GB/T 19000—2016/ISO 9001:2015）的定义，质量管理（quality management）是指关于质量的管理，可以包括制定质量方针和质量目标以及通过质量策划、质量保证、质量控制和质量改进实现这些质量目标的过程。

从上述定义可以看出，质量管理的主要活动通常包括制定质量方针和质量目标，开展质量策划、质量控制、质量保证和质量改进。在这些活动中，质量策划、质量控制、质量保证和质量改进都是为制定与实施质量方针和质量目标而进行的。不同的时期、不同的阶段，质量方针和质量目标会有所调整，因此质量管理是一种不断进行质量策划和质量改进的循环活动，是一个周而复始、不断进步的过程。

（二）质量方针

根据国家标准《质量管理体系 基础和术语》（GB/T 19000—2016/ISO 9001:2015）的定义，质量方针（quality policy）是关于质量的方针。通常，质量方针与组织的总方针一致，可以与组织的愿景和使命一致，并为制定质量目标提供框架。

对于企业来讲，质量方针是企业质量行为的指导准则，反映企业最高管理者的质量意识，也反映企业的质量经营目的和质量文化。从一定意义上来说，质量方针就是企业的质量管理理念，因此质量方针又称为质量政策，是由组织的最高管理者正式发布的该组织总的质量宗旨和方向。

组织的最高管理者制定质量方针应满足下列要求：适应组织的宗旨和环境，并且支持其战略方向；为建立质量目标提供框架；满足适用要求的承诺；持续改进质量管理的承诺。同时质量方针要在组织内得到沟通、理解和应用，可以为相关方获取。

（三）质量目标

根据国家标准《质量管理体系 基础和术语》（GB/T 19000—2016/ISO 9001：2015）的定义，质量目标（quality objective）是关于质量的目标。通常，质量目标依据组织的质量方针制定，并且在组织的相关职能、层次和过程分别制定质量目标。

质量目标应在质量方针的框架下制定，即质量目标应与质量方针保持一致。例如，某物业公司的质量方针中提到"给业主提供便捷的维修服务"，则其相应的质量目标就可规定"24 小时服务""电话铃响不超过五声内必须接听""接到维修电话后，15 分钟上门"等。此外，为了使质量目标能够具体，并体现满足顾客的需求和期望，质量目标中应包括满足产品要求所需的内容，并且能够测量。例如，某家电企业在质量方针中承诺"为顾客提供高保真的音响产品"，其质量目标中则应考虑诸如音响的频率响应、音噪比等具体的质量特性。

为了使质量目标的实现能够得到落实，组织在制定了质量目标后，必须在各相关的职能和层次上加以展开。质量目标分解到哪一层次，视具体情况而定，通常应展开到可实现、可检查的层次。例如，一个物业公司质量目标中规定了业主满意率达90%以上，而满意率是通过保洁、保安、绿化、维修等服务满意率达到的，相关职能部门可以制定相应的质量目标，如绿化植物的存活率、安保责任事故的发生率、垃圾清运的及时率，以此来达到业主满意率的总目标。

二、质量管理的发展历程

自有商品生产以来，就有了以检验为主的质量管理方法。按照质量管理依据的手段和方式，质量管理发展至今大致经历了以下四个阶段：

（一）传统质量检验阶段

从原始质量管理方法的出现到 19 世纪末，受手工业作坊或家庭生产经营方式的影响，产品质量主要依靠工人的操作经验，靠手摸、眼看等感官估计和简单的度量衡工具测量确定。工人既是操作者又是检验员，经验就是"质量标准"。这个阶段被称为传统质量检验阶段或操作者的质量管理阶段。

（二）质量检验阶段

20 世纪初到 20 世纪 40 年代，随着工业革命的到来，机械化生产取代了手工作坊，劳动者集中到工厂内进行批量生产劳动。由于生产规模扩大以及职能的分解，独立的质量部门承担了质量控制职能。专业的检验员使用各种各样的检测设备和仪表，对产品质量严格把关，进行 100% 的检验。这个阶段被称为质量检验阶段或检验员的质量管理阶段。

在此阶段，质量检验是在成品中挑出废品，以保证出厂产品质量。但是，这种事后检验把关，无法在生产过程中起到预防、控制的作用。废品已成事实，很难补救并且 100% 的检验增加了检验费用。在生产规模进一步扩大及大批量生产的情况下，其弊端就突显了出来。一些著名的统计学家和质量管理专家就注意到质量检验的问题，尝试运用数理统计学的原理来解决这些问题，使质量检验既经济又准确。1924 年，美国的休哈特提出了"控制和预防缺陷"的概念，并成功地创造了控制图，把数理统计方法引入质量管理中，使质量管理推进到新阶段。

（三）统计质量控制阶段

20 世纪 40 年代初到 20 世纪 50 年代末，统计质量管理得到了广泛应用。由于战争的需要，美国军工生产急剧发展，尽管大量增加检验人员，但产品积压待检的情况仍日趋严重，有时又不得不进行无科学根据的检查，结果不仅废品损失惊人，而且在战场上经常发生武器弹药的质量事故，比如炮弹炸膛事件等，产生了极坏的影响。在这种情况下，美国军政部门随即组织一批专家和工程技术人员，于 1941—1942 年先后制定并公布了《质量管理指南》《数据分析用控制图》《生产过程中质量管理控制图法》，强制生产武器弹药的厂商推行，并收到了显著的效果。从此，统计质量管理的方法才得到很多厂商的应用，统计质量管理的效果也得到了广泛的承认。

抽样检验把数理统计技术引入质量管理领域。工程师运用数理统计方法，在产品的质量波动中寻找客观规律，制定措施，消除异常波动，将生产的各个环节控制在稳定状态，质量由事后检验逐渐向事前预防转化。但是，由于这个阶段过分强调统计方法，忽视了组织内部的管理，使人们误以为"质量管理就是统计方法"，对质量管理产生了一种"高不可攀、望而生畏"的感觉。同时，这一阶段的质量控制和管理只局限于制造和检验部门，忽视了其他部门的工作对质量的影响。这样就不能充分发挥各个部门和广大员工的积极性，制约了质量管理的推广和运用。

（四）全面质量管理阶段

20 世纪 50 年代以来，生产力迅速发展，科学技术日新月异，出现了很多新情况。科学技术和工业生产的发展对质量的要求越来越高。火箭、宇宙飞船、人造卫星等大型、精密、复杂的产品出现，对产品的安全性、可靠性、经济性等要求越来越高，质量问题更为突出。现实的发展要求人们运用系统工程的概念，把质量问题作为一个有机整体加以综合分析研究，实施全员、全过程、全企业的管理。

鉴于上述情况的出现，仅仅依靠质量检验和运用统计方法显然已难以保证和提高产品质量，这进一步促使全面质量管理的理论逐步形成。通用电气公司质量经理费根堡姆在《全面质量管理》一书中提出，执行质量管理职能是公司全体人员的责任，大家都应具有质量意识，并承担质量管理的职责。质量管理过程从原来的制造、检验，延伸到市场调研、设计、采购、包装、运输、使用等各个环节。

20 世纪 80 年代以后，全面质量管理的思想被世界各国接受，不同国家在运用过程中也各有所长，衍生出系列国际标准及六西格玛管理、卓越绩效等沿用至今。

综上所述，随着生产力和科学技术的发展，质量管理的理论逐趋成熟，更趋科学性和实用性。可以预料，随着新技术的不断发展及由此提出新的挑战，人们解决质量问题的方法、手段必将更加丰富、更趋完善。

三、质量管理方法

在质量管理中，常见的质量管理模式有全面质量管理、卓越管理模式、精益生产、六西格玛管理，质量管理体系系列标准（GB/T 19000/ISO 9000）等。

（一）全面质量管理

全面质量管理（total quality management，TQM）是指一个组织以质量为中心，以全员参与为基础，目的在于通过顾客满意和本组织所有成员及社会受益而达到长期成功的管理途径。

1. 全面质量管理的基本指导思想

（1）质量第一，以质量求生存。任何产品都必须达到所要求的质量水平，否则就没有或未完全实现其使用价值，从而给消费者及社会带来损失。从这个意义上讲，质量必须是第一位的。市场的竞争其实就是质量的竞争，企业的竞争能力和生存能力主要取决于它满足社会质量需求的能力。"质量第一"并非"质量至上"。质量不能脱离当前的消费水平，也不能不考虑成本而一味追求质量。企业应该重视质量成本分析，综合分析质量和质量成本，确定最适宜的质量。

（2）以顾客为中心，坚持用户至上。外部的顾客可以是最终的顾客，也可以是产品的经销商或再加工者；内部的顾客是企业的部门和人员。实行全过程的质量管理要求企业各个工作环节都必须树立为顾客服务的思想。内部顾客满意是外部顾客满意的基础。因此，企业在内部要树立"下道工序是顾客"和"努力为下道工序服务"的思想。只有每道工序在质量上都坚持高标准，都为下道工序着想，都为下道工序提供最大的便利，企业才能目标一致地、协调地生产出符合规定要求和满足用户期望的产品。可见，全过程的质量管理就意味着全面质量管理要始于识别顾客的需要，终于满足顾客的需要。

（3）预防为主，不断改进产品质量。优良的产品质量是设计和生产制造出来的，而不是靠事后的检验决定的。事后的检验面对的是已经既成事实的产品质量。根据这一基本道理，全面质量管理要求把管理工作的重点，从"事后把关"转移到"事前预防"上来；从"管结果"转变为"管因素"，实行"预防为主"的方针，把不合格品消失在其形成过程之中，做到"防患于未然"。当然，为了保证产品质量，防止不合格产品出厂或流入下道工序，并把发现的问题及时反馈和解决，防止再出现、再发生，加强质量检验在任何情况下都是必不可少的。强调预防为主、不断改进的思想，不仅不排斥质量检验，甚至要求其更加完善、更加科学。

（4）用数据说话，以事实为基础。有效的管理是建立在数据和信息分析的基础上的。全面质量管理工作需要具有科学的工作作风，必须做到"心中有数"，以事实为基础。为此，企业必须广泛收集信息，用科学的方法处理和分析数据、信息，不能够凭经验、靠运气。为了确保信息的充分性，企业应该建立内外部的信息系统。坚持以事实为基础，就是要克服"情况不明决心大，心中无数点子多"的不良决策作风。

（5）重视人的积极因素，突出人的作用。各级人员都是组织之本，只有他们的充分参与，才能使他们的才能为组织带来收益。产品和服务的质量是企业中所有部门和人员工作质量的直接或间接的反应。因此，全面质量管理不仅需要最高管理者的正确领导，更需要充分调动企业员工的积极性。为了调动全体员工参与的积极性，管理者应该对职工进行质量意识、职业道德、以顾客为中心的意识和敬业精神的教育，还要通过制度化的方式激发他们的积极性和责任感。

2. 全面质量管理的特点

全面质量管理具有全面性，控制产品质量的各个环节、各个阶段。全面质量管理是全过程的质量管理，是全员参与的质量管理，是全社会参与的质量管理。

3. 全面质量管理的意义

全面质量管理有利于提高产品质量，改善产品设计，加速生产流程，鼓舞员工的士气，增强员工的质量意识，改进产品售后服务，提高市场的接受程度，减少经营亏损和责任事故。

4. 全面质量管理的不足

全面质量管理的宣传、培训、管理成本较高。

全面质量管理的基本原理与其他概念的差别在于，它强调为了取得真正的经济效益，管理必须始于识别顾客的质量要求，终于顾客对其手中的产品感到满意。全面质量管理就是为了实现这一目标而指导人、机器、信息的协调活动，是系统管理思想，即全面质量的管理、全过程的管理、全员参加的管理、综合性的管理。

（二）卓越管理模式

国家标准《卓越绩效评价准则》（GB/T 19580—2012）中对卓越绩效的定义如下：通过综合的组织绩效管理方法，为顾客、员工和其他相关方不断创造价值，提高组织整体的绩效和能力，促进组织获得持续发展和成功。

1. 基本理念

（1）有远见卓识的领导。有远见卓识的领导能够以前瞻性的视野、敏锐的洞察力，确立组织的使命、愿景和价值观，带领全体员工实现组织的发展战略和目标。

（2）战略导向。战略导向是指以战略统领组织的管理活动，获得持续发展和成功。

（3）顾客驱动。顾客驱动是指将顾客当前和未来的需求、期望、偏好作为改进产品和服务质量，提高管理水平及不断创新的动力，以提高顾客的满意度和忠诚度。

（4）社会责任。社会责任是指为组织的决策和经营活动对社会的影响承担责任，促进社会的全面协调可持续发展。

（5）以人为本。员工是组织之本，一切管理活动应以调动员工的主动性、积极性为中心，促进员工的发展，保障员工的权益，提高员工的满意度。

（6）合作共赢。合作共赢是指与顾客、关键的供方以及其他相关方建立长期伙伴关系，互相为对方创造价值，实现共同发展。

（7）重视过程与关注结果。组织的绩效源于过程，体现于结果。因此，企业既要重视过程，又要关注结果。企业要通过有效的过程管理，实现卓越的结果。

（8）学习、改进与创新。培育学习型组织和个人是组织追求卓越的基础，传承、改进和创新是组织持续发展的关键。

（9）系统管理。系统管理是指将组织视为一个整体，以科学、有效的方法，实现组织经营管理的统筹规划、协调一致，提高组织管理的有效性和效率。

（三）精益生产

精益生产是美国麻省理工学院于 1990 年提出的生产制造模式，起源于日本丰田汽车公司的制造车间。第二次世界大战后，日本汽车工业开始起步，但此时统治世界的生产模式是以美国福特汽车公司为代表的大量生产方式。这种生产方式以流水线形式生产大批量、少品种的产品，以规模效应带动成本降低，并由此带来价格上的竞争力。当美国汽车工业处于发展的顶点时，日本的汽车制造商是无法与其在同一生产模式下进行竞争的。因此，丰田汽车在分析大批量生产方式后，根据自身的特点，逐步创立了一种独特的多品种、小批量、高质量和低消耗的生产方式。美国麻省理工学院的研究小组在对日本汽车工业的生产管理方式进行调查研究之后对这种生产方式赋予了"精益生产"的名称。

"精益"的"精"是指精干，"益"是指"效益"。"精益"就是要以最小的投入取得最大的产出，并用最快的速度设计、生产出来，以最低的成本、合理的价格在市场上销售，以明显的竞争优势，全面、灵活、优质、丰富的品种为用户提供满意的服务，把成果最终落实到经济效益上。

精益生产的核心内容就是在企业内部减少资源浪费，以最小的投入获得最大的产出。其最终目标就是要以具有最优质量和最低成本的产品，对市场需求作出最迅速的响应。

精益生产是通过系统结构、人员组织、运行方式和市场供求等方面的变革，使生产系统能很快适应用户不断变化的需求，并能使生产过程中一切无用、多余的东西被精简，最终达到包括市场供销在内的生产的各个方面最优的结果。

美国麻省理工学院介绍了将大规模生产的工厂转换成精准组织的概念，提出了五个需要考虑的指导原则，即按产品区分价值、确定每个产品（价值链）、价值流动、顾客拉动价值、追求完美。归纳起来，精益生产的主要特征为对外以顾客为上帝，对内以人为中心，在组织机构上以精简为手段，在工作方法上采用团队工作和并行设计方案，在供货方式上采用准时生产方式，在最终目标方面力争零缺陷。

（四）六西格玛管理

六西格玛管理是以项目的策划和实施为主线，以数据和数理统计技术为基础，以满足顾客需求为导向，以过程分析和管理为重点，以零缺陷和卓越质量为追求目标，以科学的工作程序为模式，以降低成本取得经济效益和社会效益为目的的一种管理方法和企业战略工具。

六西格玛管理起源于美国摩托罗拉公司。20世纪70年代末，日本的汽车、电子等制造业产品大举出口美国，摩托罗拉公司发现日本的产品质量远优于本公司的同类产品质量。1985年，摩托罗拉公司质量水平为四西格玛水平，而日本的同行已经达到五西格玛水平。美国人认识到，正是与日本同行的这一差距，严重影响了顾客满意度，使产品竞争力受到影响。

为了提高产品质量，1985年，摩托罗拉公司通信部门出台了有关六西格玛的质量文件，在公司内大力推行。在短短几年时间里，摩托罗拉公司运用六西格玛管理使其产品质量提高了10倍，从而在1988年荣获美国国家质量奖——马尔科姆·波多里奇奖。随后部分美国公司开始尝试推行六西格玛管理。2000年，这项举措在通用电气公司的年收益更高达25亿美元（约合178亿元人民币）。六西格玛管理取得成功的故事，特别是给通用电气公司带来的巨大变化吸引了华尔街的注意力，这使得六西格玛管理的理念和方法犹如旋风般迅速传遍全球。

六西格玛管理对质量的要求可以从两个方面理解：一是产品质量特征必须满足顾客的需求，使顾客满意和忠诚；二是产品的实现过程和结果避免缺陷，达到六西格玛水平，即百万机会缺陷数为3.4。因此，六西格玛质量是过程或产品业绩的一个统计量，是产品和业绩改进趋于完美的一个目标，也是能实现持续领先和卓越业绩的一个管理系统。

六西格玛管理的特点如下：

第一，对顾客需求的高度关注。六西格玛管理以更为广泛的视角，关注影响顾客满意的所有方面。六西格玛管理的绩效评估首先就是从顾客开始的，其改进的程度用对顾客满意度和价值的影响来衡量。六西格玛质量代表了对顾客要求极高的符合性和极低的缺陷率。六西格玛管理把顾客的期望作为目标，并且不断超越这种期望。

第二，高度依赖统计数据。统计数据是实施六西格玛管理的重要工具。六西格玛管理以数字来说明一切，所有的生产表现、执行能力等，都量化为具体的数据，成果一目了然。决策者及经理人可以从各种统计报表中找出问题所在，真实掌握产品不合格情况和顾客抱怨情况等，而改善的成果，如成本节约、利润增加等，也都以统计资料与财务数据为依据。

第三，重视改善业务流程。传统的质量管理理论和方法往往侧重结果，通过在生产的终端加强检验以及开展售后服务来确保产品质量。然而，生产过程中已产生的废品对企业来说已经造成损失，售后维修需要花费企业额外的成本支出。更为糟糕的是，由于容许一定比例的废品已司空见惯，人们逐渐丧失了主动改进的意识。六西格玛管理将重点放在产生缺陷的根本原因上，认为质量是靠流程的优化，而不是通过严格的对最终产品的检验来实现的。企业应该把资源放在认识、改善和控制原因上而不是放在质量检查、售后服务等活动上。质量不是企业内某个部门和某个人的事情，而是每个部门和每个人的工作，追求完美成为企业中每一个成员的行为。六西格玛管理有一整套严谨的工具和方法来帮助企业推广实施流程优化工作，识别并排除那些不能给顾客带来价值的成本浪费，消除无附加值的活动，缩短生产、经营循环周期。

第四，积极开展主动改进型管理。掌握了六西格玛管理的方法，就好像找到了一个重新观察企业的放大镜。人们惊讶地发现，缺陷犹如灰尘，存在于企业的各个角落。这使管理者和员工感到不安，进而想要变被动为主动，努力为企业做点什么。这样企业就始终处于一种不断改进的过程中。

第五，倡导无界限合作。六西格玛管理扩展了合作的机会。当人们确实认识到流程改进对提高产品质量的重要性时，就会意识到在工作流程中各个部门、各个环节的相互依赖性，加强部门之间、上下环节之间的合作和配合。由于六西格玛管理追求的质量改进是一个永无终止的过程，而这种持续的改进必须以员工素质的不断提高为条件，因此有助于营造勤于学习的企业氛围。事实上，导入六西格玛管理的过程，本身就是一个不断培训和学习的过程。企业通过组建六西格玛管理的骨干队伍，对全员进行分层次的培训，使大家都了解和掌握六西格玛管理的要点，充分发挥员工的积极性和创造性，在实践中不断进取。

（五）质量管理体系系列标准

1. 质量管理体系系列标准简介

第二次世界大战后，国际政治气候的稳定和人们对生活需求的增加极大地促进了科学和生产的发展。科学研究成果被迅速转化为技术，随后被应用到生产制造过程中。

为了应对制造技术的快速发展带来的运营和管理问题，1959 年，美国制定了《质量项目要求》。这是一个用于军事采购的质量标准，其中对供应商必须履行的质量要求做出了详细的规定。

1962 年，美国国家航空航天局（NASA）也开发了相似的、针对供应商的质量体系要求。

1968 年，北约组织（NATO）采用协约国质量保证程序（aliel qulity assurance

procedures，AQAP）作为其采购武器装备的标准。

随着质量标准在军工企业的成功，这种质量保证的观点也迅速传播和应用到军工行业以外的领域。1969年，英国中央电力开发委员会和加拿大安大略水利公司共同开发了《供应商质量保证标准》。

这时出现了一种情况：同一个供应商会受到来自不同顾客的审查。人们认识到，这种重复的劳动既增加了社会成本，又造成了极大的资金浪费。1969年，一份来自英国专家委员会的报告建议：制定一套通用的质量保证标准对供应商进行评估。

1971年，英国标准学会（BSI）发布了第一个英国国家质量保证标准，即针对电子工业的国家质量保证标准（BS 9000）。

1974年，英国标准学会发布了《质量保证指南》（BS 5179）。1979年，英国标准学会发布的国家质量保证标准（BS 6750），表明已经获得认证的组织能够不断提供符合标准的产品和服务，因而在英国得到了广泛的认同。为了减轻顾客的负担，供应商们同意通过第三方评审的办法来保证供方的质量。各主要的行业实体一致同意放弃自己的标准而采用国家质量保证标准（BS 5750）。国家质量保证标准（BS 5750）的目的是提供一个通用的协议文件，证明工业生产在受控的过程中进行。此后，英国标准学会发布了一系列标准，即适用于制造业企业的国家质量保证标准（BS 5750）。该标准强调通过评审和审核对产品生产过程进行控制。

由于许多国家和地方性组织相继发布了一系列质量管理和质量保证标准，制定质量管理国际标准已成为一项迫切的需要。

1979年，国际标准化组织（ISO）单独建立质量管理和质量保证技术委员会（TC176），负责制定质量管理的国际标准。1987年3月，国际标准化组织（ISO）正式发布 ISO 9000~9004 质量管理和质量保证系列标准。该标准总结了各先进国家的管理经验，将之归纳、规范。该标准发布后引起世界各国的关注，并予以贯彻，适应了国际贸易发展需要，满足了质量方面对国际标准化的需求。质量管理与质量保证开始在世界范围对经济和贸易活动产生影响。基于 ISO 9000 系列标准的第三方质量认证普遍开展，有力促进了质量管理的普及和管理水平的提高。

1994年、2000年、2008年、2015年，ISO 9000 系列标准分别被修订。因为具有许多共同的原则，ISO 9000 系列标准可以与其他管理系统标准和规范通过整合、拓展方式进行兼容。因此选择整合的管理体系可以带来极大的经济效益。

ISO 9000 系列标准规定的所有要求是通用的，适用于各种类型、不同规模和提供不同产品和服务的组织，即非限定性的，它们只是描述管理系统必须或应当具备哪些功能，但并不限定应如何来实施这些功能。因此，国民经济所有行业，如农业、工业、服务业和社会事业，规模以上企业、小微企业等都可以实施 ISO 9000 系列标准。

组织通过实施 ISO 9000 系列标准，可以证实组织具有稳定提供满足顾客要求及适用法律法规要求的产品和服务的能力。

ISO 9000 系列标准是全球多年来管理理论与管理实践发展的总结，体现了一种管理哲学和质量管理方法及模式，是迄今为止世界上最成熟的一套管理体系和标准，是 24 000 多项国际标准化组织（ISO）标准中最畅销、最普遍的产品，已被世界上多数国家和地区采用。我国于 1992 年开始采标 ISO 9000 系列标准，陆续发布系列国家标准（GB/T 19000）等。

2. 质量管理的基本原则

国家标准《质量管理体系　要求》（GB/T 19001—2016/ISO 9001：2015）确定了以下质量管理的七项基本原则：

（1）以顾客为关注焦点。质量管理的首要关注点是满足顾客要求，并且努力超越顾客期望。只有赢得和保持顾客及其他相关方的信任才能获得持续成功。

（2）领导作用。组织各级领导应建立统一的宗旨和方向，并创造全员积极参与实现组织的质量目标的条件。统一的宗旨和方向的建立以及全员的积极参与，能够使组织将战略、方针、过程和资源协调一致。

（3）全员积极参与。整个组织内各级胜任、经授权并积极参与的人员，是提高组织创造和提供价值能力的必要条件。为了有效和高效地管理组织，各级人员得到尊重并参与其中是极其重要的。组织通过表彰、授权和提高能力，促进在实现组织的质量目标过程中的全员参与。

（4）过程方法。组织将活动作为相互关联、功能连贯的过程组成的体系来理解和管理时，可以更加有效和高效地得到一致的可预知的结果。过程方法包括按照组织的质量方针和战略方向，对各过程及其相互作用进行系统的规定和管理，从而实现预期结果。

（5）改进。成功的组织持续关注改进。改进对组织保持当前的绩效水平，对其内外部条件的变化做出反应，并创造新的机会，都是非常必要的。

（6）循证决策。基于数据和信息的分析与评价的决策，更有可能产生期望的结果。决策是一个复杂的过程，并且总是包含某些不确定性。决策经常涉及多种类型和来源的输入及其理解，而这些理解可能是主观的，重要的是理解因果关系和潜在的非预期。对事实、证据和数据的分析可能导致决策更加客观、可信。

（7）关系管理。为了持续成功，组织需要管理与相关方（如供方、股东）的关系。相关方影响组织的绩效，组织管理与相关方的关系，以尽可能有效地发挥其在组织绩效方面的作用。

目前，我国已发布并实施的质量管理体系系列标准如下：

《质量管理体系　汽车生产件及相关服务件组织应用 GB/T 19001—2008 的特别要求》（GB/T 18305—2016）。

《质量管理体系　基础和术语》（GB/T 19000—2016）。

《质量管理体系　要求》（GB/T 19001—2016）。

《质量管理体系 GB/T 19001—2016 应用指南》（GB/T 19002—2018）。

《质量管理 组织的质量 实现持续成功指南》（GB/T 19004—2020）。

《质量管理 顾客满意 组织行为规范指南》（GB/T 19010—2021）。

《管理体系审核指南》（GB/T 19011—2021）。

《质量管理 顾客满意 组织投诉处理指南》（GB/T19012—2019）。

《质量管理 顾客满意 组织外部争议解决指南》（GB/T 19013—2021）。

《质量管理 顾客满意 监视和测量指南》（GB/T 19014—2019）。

《质量管理 质量计划指南》（GB/T 19015—2021）。

《质量管理 项目质量管理指南》（GB/T 19016—2021）。

《质量管理 技术状态管理指南》（GB/T 19017—2020）。

《质量管理 顾客满意 企业-消费者电子商务交易指南》（GB/T 19018—2017）。

《质量管理体系文件指南》（GB/T 19023—2003）。

《质量管理 人员参与和能力指南》（GB/T 19028—2018）。

《质量管理体系咨询师的选择及其服务使用的指南》（GB/T 19029—2009）。

【拓展阅读】

质量基础设施

质量基础设施的全称为国家质量基础设施（national quality infrastructure，NQI），理念最早由联合国贸易发展组织（UNCTAD）和世界贸易组织（WTO）在 2005 年共同提出。2006 年，联合国工业发展组织（UNIDO）和国际标准化组织（ISO）正式提出"国家质量基础设施"的概念，将计量、标准化、合格评定（认证认可和检验检测为主要内容）并称为国家质量基础的三大支柱，认为国家质量基础设施已经成为未来世界经济可持续发展的关键支柱。国家质量基础设施包括计量、标准化、认证认可、检验检测等要素，对支撑产业升级、加强质量安全、保护消费者权益、促进公平竞争、推进国际贸易便利化、营造商业环境具有积极促进作用。

2017 年，经过国际上负责质量管理、工业发展、贸易发展、监管合作的 10 个相关国际组织共同研究，在 2018 年联合国工业发展组织（UNIDO）发布的《质量政策——技术指南》一书中提出了新的质量基础设施定义。新的定义指出，质量基础设施是由支持与提升产品、服务和过程的质量、安全和环保性所需的组织（公、私）与政策、相关法律法规框架和实践构成的体系。质量基础设施体系涉及消费者、企业、质量基础设施服务、质量基础设施公共机构、政府治理五个方面。质量基础设施体系依赖于计量、标准、认可（从合格评定中单列出来）、合格评定和市场监督。

质量基础设施"一站式"服务是通过有机融合计量、标准、认证认可、检验检测、质量管理等要素资源，面向企业、产业、区域特别是中小企业提供的全链条、全方位、全过程质量基础设施综合服务。

思维导图

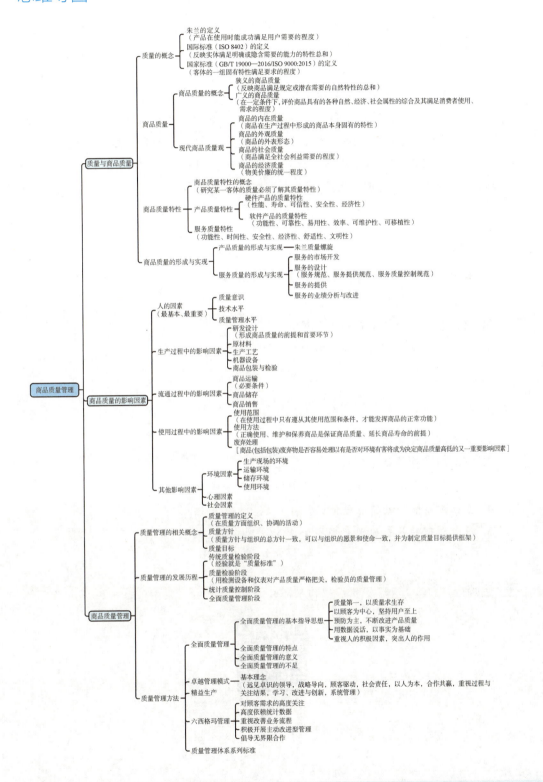

本章小结

质量是客体的一组固有特性满足要求的程度。要求是指明示的、通常隐含的或必须履行的需求或期望。在影响商品质量的内部因素、外部因素中，最基本、最重要的因素是人。质量管理是指关于质量的管理，包括制定质量方针和质量目标以及通过质量策划、质量保证、质量控制和质量改进实现这些质量目标的过程。

按照质量管理依据的手段和方式，质量管理发展至今大致经历了传统质量检验、质量检验、统计质量控制、全面质量管理四个阶段。常见的质量管理模式有全面质量管理、卓越管理模式、精益生产、六西格玛管理、国家标准（GB/T 19000—2016/ISO9000：2005）质量管理体系等。

本章重难点

1. 质量、质量管理、质量方针和质量目标的概念。
2. 商品的质量特征。
3. 全面质量管理的基本指导思想。
4. 确定的质量管理的七项基本原则。

思考题

1. 如何理解质量的定义？
2. 产品的质量特征是什么？
3. 影响商品质量的内部因素、外部因素分别有哪些？
4. 全面质量管理的特点是什么？
5. 质量管理的基本原则有哪些？

在线测试

第八章

商品标准与认证

学习目标

- 掌握标准、标准化、商品标准、认证认可的概念
- 理解标准与标准化的区别
- 掌握标准的分类、认证的分类
- 掌握商品标准的结构与基本内容
- 了解认证的发展历程

导入案例

建立在手工生产基础上的古代标准化

人类有意识地制定标准，是由社会分工所引起的。在历史上，人类社会进行了两次大分工：第一次是农业和畜牧业的分离，第二次是手工业从农业中分离出来。经过这两次大分工之后，社会上出现了专门的农业、畜牧业和手工业。

社会分工引起的直接结果是生产的发展和产品的交换。或者用粮食去交换兽皮，或者用工具去交换粮食。不管最初的交换方式多么简单，它一开始就遵循一条客观法则，即等价交换原则。为了体现交换过程中的等价原则，人们就必须对交换物进行计量，或者以轻重进行计量，或者以多少进行计量，或者以长短进行计量。这就是最初的计量器具——度、量、衡产生的社会经济原因。计量器具一开始被用作交换和分配社会产品的衡量准绳，从本质上起着标准的作用。虽然最初人们建立的"标准"比较粗略，在不同时期里用麦粒、黍粒、竹筒、手指、脚、前腕、两臂等做过计量单位，但随着生产的发展，人们总是一次又一次地对计量单位进行改革和统一，这是计量器具和计量单位的标准化。

随着生产的发展和手工业技术的进步，手工业内部的细密分工和手工业技术的规范化，就成了这一时期手工业发展的突出特点。春秋战国时期的《考工记》，就是一部手工业生产技术规范的总汇。书中记述了30项手工业生产的技术规范、制造工艺等，对手工业生产有一定的规范和指导意义，是手工业生产发展到一定阶段的产物。以车轮的技术要求和检验方法为例，书中记载了以下几方面的规定：第一，要用规校准轮子，检验其外形是否正圆；第二，轮子的平面必须平整，检验时把轮子放在同轮子等大的平整圆盘上，视其是否彼此密合；第三，用悬垂线查看相对应的辐条是否笔直；第四，将轮子放在水中，看其

沉浮是否一致，以确定轮子的各部分是否均衡；第五，一辆车两个轮子的尺寸大小和轮重都要相等；第六，轮子的整体结构必须坚固；第七，毂的粗细、长短要适宜，不同用途的车辆，选用不同的尺寸；第八，轮子的直径要适中，依省力和上下车方便为原则确定其尺寸；第九，轴的材质要好，要坚固耐用、转动灵活；第十，及时选伐坚实的木材。这些规定用今天的观点来衡量，仍不失为严谨而科学的车轮质量标准。此外，宋代李诫所著的《营造法式》中对建筑材料和建筑结构方面的规定，明代李时珍在《本草纲目》中关于药物特性、制备方法和方剂的记载，都可以视为规范化了的经验总结。

秦统一中国以后，用政令对计量器具、文字、货币、道路、兵器等进行了全国规模的统一化，同时还颁布了各种律令。例如，《工律》中规定："为器同物者，其小大、短长、广亦必等。"很显然，这是要求同类器物的外形尺寸应一致。这些措施对当时经济、文化的发展，起了重要的促进作用。被称为"标准化发展的里程碑"的活字印刷术是北宋时期的毕昇在1041—1048年首创的。这一伟大发明不仅是对人类科学文化的宝贵贡献，而且孕育着现代标准化方法和原理的萌芽，毕昇非常成功地运用了标准件、互换性、分解组合、重复利用等方法和原则。这些先进思想和伟大发明引起国外的重视并广为流传。英国科学史学家李约瑟认为，在公元3世纪到13世纪，中国保持一个西方所望尘莫及的科学知识水平……中国的这些发明和发现往往远远超过同时代的欧洲，特别是15世纪之前更是如此。马克思也曾高度评价中国的四大发明是"资产阶级发展的必要前提"。但是，由于自给自足的小农经济和高度中央集权的封建统治严重地束缚着生产力的发展，中国资本主义的萌芽长期未得到发展。在近代史上，中国渐渐落在西方的后面并沦为半殖民地半封建社会。

资料来源：李春田.标准化概论［M］.北京：中国人民大学出版社，2014：249.

第一节 标准

一、标准的定义

我国国家标准《标准化工作指南 第1部分：标准化和相关活动的通用术语》（GB/T 20000.1—2014）对"标准"所下的定义是："通过标准化活动，按照规定的程序经协商一致制定，为各种活动或其结果提供规则、指南或特性，供共同使用和重复使用的文件。"①

由于该定义是等同转化国际标准化组织（ISO）/国际电工委员会（IEC）第 2 号指南的定义，因此它又是 ISO/IEC 给"标准"所下的定义。

世界贸易组织技术壁垒协议（WTO/TBT）的技术性贸易协议规定：标准是被公认机构批准的、非强制性的为了通用成反复使用的目的，为产品或其加工或生产方法提供规则、指南或特性的文件。这可以被视为世界贸易组织给"标准"所下的定义。

上述定义从不同侧面揭示了"标准"这一概念的含义，归纳起来主要有以下几个方面：

（一）制定标准的出发点

获得最佳秩序和促进最佳共同效益是制定标准的出发点。这里所说的最佳秩序指的是通过制定和实施标准，使对象的有序化程度达到最佳状态。这里所说的最佳共同效益指的是相关方的共同效益，而不是仅仅追求某一方的效益，这是作为"公共资源"的国际标准、国家标准所必须具备的。建立最佳秩序和取得最佳公共效益集中概括了标准的作用和制定标准的目的，同时又是衡量标准化活动、评价标准的重要依据。

（二）标准产生的基础

每一项标准的制定都必须踏踏实实地做好以下两方面的基础工作：

（1）将科学研究的成就、技术进步的新成果同实践中积累的先进经验相互结合，纳入标准，奠定标准科学性的基础。这些成果和经验不是不加分析地纳入标准，而是要经过分析、比较、选择以后再加以综合。标准的制定是对科学、技术和经验加以消化、融会贯通、提炼和概括的过程。标准的社会功能，总体来说就是将社会积累的科学技术和实践经验予以规范化，以促成对资源更有效的利用和为技术的进一步发展搭建一个平台。

（2）标准反映的不应是局部的、片面的经验，也不能仅仅反映局部的利益。标准的制定不能凭少数人的主观意志，而应该同有关人员、有关方面（如用户、生产方、政府、科研机构以及其他利益相关方）进行认真的讨论，充分协商一致，最后从共同利益出发做出规定。这样制定的标准才能既体现出其科学性，又体现出其民主性和公正性。标准的这些特性越突出，在执行中便越有权威性。

（三）标准化对象的特征

制定标准的对象，已经从技术领域延伸到经济领域和人类生活的其他领域，其外延已经扩展到无法枚举的程度。因此，对象的内涵便缩小为有限的特征，即重复性事物。

什么是重复性事物？这里所说的"重复"，指的是同一事物反复多次出现的性

---

① 注：标准宜以科学、技术和经验的综合成果为基础。

质。例如，成批大量生产的产品在生产过程中的重复投入、重复加工、重复检验、重复出产；同一类技术活动（如某零件的设计）在不同地点、不同对象上同时或相继发生；某一种概念、方法、符号被许多人反复应用，等等。

标准是实践经验的总结。具有重复性特征的事物，才能把以往的经验加以积累，标准就是这种积累的方式之一。一个新标准的产生是这种积累的开始（当然在此以前也有积累，那是通过其他方式），标准的修订是积累的深化，是新经验取代旧经验的结果。标准化过程就是人类实践经验不断积累与不断深化的过程。

事物具有重复出现的特性，标准才能重复使用，才有制定标准的必要。对重复事物制定标准的目的是总结以往的经验，选择最佳方案，作为今后实践的目标和依据。这样既可以最大限度地减少不必要的重复劳动，又能扩大"最佳方案"的重复利用次数和范围。标准化的技术经济效果有相当一部分就是从这种重复中得到的。

（四）标准的批准需要公认的权威机构

国际标准、区域性标准以及各国的国家标准是社会生活和经济技术活动的重要依据，是人民群众、广大消费者以及标准各相关方利益的体现并且是一种公共资源，它必须由能代表各方面利益，并为社会所公认的权威机构批准，方能被各方接受。

（五）标准的属性

ISO/IEC 将标准定义为"规范性文件"，WTO 将标准定义为非强制的、提供规则、指南和特性的文件。其中虽有微妙的差别，但本质上说明标准是为公众提供一种可共同使用和反复使用的最佳选择，或者为各种活动及其结果提供规则、导则、规定特性的文件。企业标准则不同，它不仅是企业的私有资源而且在企业内部是具有强制力的。

二、标准的分类

（一）按标准的法律约束性分类

标准的法律约束性是指实施标准的强制性程度。按标准的法律约束性分类，我国将标准分为强制性标准、推荐性标准和标准化指导性技术文件三类。

1. 强制性标准

强制性标准是指在一定范围内，根据法律或法规的规定应强制实施的标准。《中华人民共和国标准化法》第二条规定："国家标准分为强制性标准、推荐性标准。"

《中华人民共和国标准化法》第二条规定："强制性标准必须执行。"该法第二十五条规定："不符合强制性标准的产品、服务，不得生产、销售、进口或者提供。"该法第三十六条规定："生产、销售、进口产品或者提供服务不符合强制性标准，或者企业生产的产品、提供的服务不符合其公开标准的技术要求的，依法承担民事责任。"该法第三十七条规定："生产、销售、进口产品或者提供服务不符合强制性标准的，依照《中华人民共和国产品质量法》《中华人民共和国进出口商品检验法》《中华人民共和国消费者权益保护法》等法律、行政法规的规定查处，记入信用记录，并依照有关法律、行政法规的规定予以公示；构成犯罪的，依法追究刑事责任。"由此可见，违反强制性标准就是违法，就要受到法律的制裁。

随着我国市场经济的发展和与国际全面接轨的需求，我国强制性标准涵盖的内容也在不断完善和调整，逐渐摆脱计划经济色彩。强制性国家标准范围严格限定为：国家安全、保障人身健康和生命财产安全、生态环境安全、满足经济社会管理基本需要。

强制性标准还可进一步分为全文强制和条文强制两种形式，即标准的全部技术内容需要强制时，为全文强制形式；标准中部分技术内容需要强制时，为条文强制形式。

2. 推荐性标准

推荐性标准是指推荐采用、自愿执行的标准。《中华人民共和国标准化法》第二条规定："国家鼓励采用推荐性标准。"也就是说，企业等有关各方可以按照自愿原则选择采用或不采用。

企业采用推荐性标准的自愿性和积极性一方面来自市场需求和顾客要求，另一方面来自企业发展和竞争的内在需求。企业一旦采用某推荐性标准作为产品标注标准，或者与客户商定将某推荐性标准作为合同条款，则该标准对该企业来说成为必须执行的标准，即"推荐性"转化为"强制性"，也具有法律约束力。

对同一产品或产品的某些要求，如果同时存在强制性标准和推荐性标准，则后者的技术水平高于前者。《中华人民共和国标准化法》第二十一条明确要求："推荐性国家标准、行业标准、地方标准、团体标准、企业标准的技术要求不得低于强制性国家标准的相关技术要求。"

3. 标准化指导性技术文件

标准化指导性技术文件是为技术尚在发展中（如变化快的技术领域）的标准化工作提供指南或信息，供科研、设计、生产、使用和管理等有关人员参考使用而制定的标准化文件。标准化指导性技术文件不宜由标准引用使其具有强制性或行政约束力。

符合下列情况之一的项目，可以制定标准化指导性技术文件：

（1）技术尚在发展中，需要有相应的标准文件引导其发展或具有标准化价值，尚不能制定为标准的项目。

（2）采用国际标准化组织、国际电工委员会及其他国际组织（包括区域性国际组织）的技术报告的项目。

国务院标准化行政主管部门统一负责国家标准化指导性技术文件的管理工作，负责编制计划、组织草拟、统一审批、编号和发布。

（二）按标准的制定主体分类

按照标准的制定主体和有效范围分类，标准可以分为国际标准、区域标准、国家标准、行业标准、地方标准、团体标准和企业（组织）标准共七类。其中，前两类是国外标准的分类，后五类是我国标准的分类。

1. 国外标准的分类

（1）国际标准。这里所谓的国外标准不是指某个国家的标准，而是指国际上共同使用的标准。

狭义的国际标准是由国际标准化组织（ISO）、国际电工委员会（IEC）和国际电信联盟（ITU）以及国际标准化组织确认并公布的其他国际组织制定的标准。其具体包括以下两类：

①ISO、IEC、ITU 的标准。

②ISO（WSSN）公布的其他国际组织，如国际计量局（BIPM）、食品法典委员会（CAC）、国际原子能机构（IAEA）、国际海事组织（IMO）、联合国教科文组织（UNESCO）、世界卫生组织（WHO）等的标准。

广义的国际标准还包括一些国际组织和跨国公司制定的标准。这些标准在国际经济活动中客观上起着国际标准的作用，被称为"事实上的国际标准"。这些标准在形式上、名义上不是国际标准，但发挥着国际标准的作用。例如，国际纺织品生态学研究与检测协会发布的标准（OKO-TEX100）是各国普遍认可的生态纺织品标准。又如，微软公司的计算机操作软件标准、施乐公司的复印机标准等都是各国普遍认可的相关领域标准。能够掌握这些"事实上的国际标准"的组织和企业往往能形成技术垄断，在国际竞争中保持领先优势和占有较大的市场份额，从而获得高额利润。

（2）区域标准。区域标准是由某一区域标准化或标准组织通过，并公开发布的标准。

国际区域性标准是为发展某一区域经济，维护该区域国家的利益，协调各国标准，推行统一的认证制度而通过公开发布的标准。区域标准的种类通常按照制定区域标准的组织进行划分。目前，有影响力的区域标准主要有欧洲标准化委员会和欧洲电工标准化委员会的欧洲标准（EN）、非洲区域标准化组织的非洲地区标准（ARS）、拉丁美洲地区泛美技术标准委员会的泛美标准（PAS）、阿拉伯标准化与计量组织的阿拉伯地区标准（ASMO）。

2. 我国标准的分类

根据《中华人民共和国标准化法》的规定，我国标准包括国家标准、行业标准、地方标准、团体标准和企业标准五类。

（1）国家标准。国家标准是指对关系到全国经济技术发展和社会管理的标准化对象所制定的标准，它在全国各行业、各地方都适用。《中华人民共和国标准化法》第十条规定："对保障人身健康和生命财产安全、国家安全、生态环境安全以及满足经济社会管理基本需要的技术要求，应当制定强制性国家标准。"该法第十一条规定："对满足基础通用、与强制性国家标准配套、对各有关行业起引领作用等需要的技术要求，可以制定推荐性国家标准。"

国家标准由国务院有关行政主管部门、国务院标准化行政主管部门制定发布，以保证国家标准的科学性、权威性、统一性。

国家标准一般为基础性、通用性较强的标准，是我国标准体系中的主体。国家标准的年限一般为五年，达到规定的年限后，国家标准就要被修订或重新制定，是一种动态信息。

国家标准的编号由国家标准代号、标准发布顺序号和发布的年号（年代号）组成。国家标准的代号由大写的汉语拼音字母构成，强制性国家标准的代号为"GB"，推荐性国家标准代号为"GB/T"，指导性技术文件的代号为"GB/Z"。标准顺序号用阿拉伯数字，后面加"—"，再加发布的年号表示。国家标准的编号规则如图8-1所示。此外，我国还有其他几类特殊国家标准：国家军用标准（GJB）、国家实物标准（GSB）、国家标准物质（GBW）、国家计量技术规范（JJF）、国家计量检定规范（JJG）、中国药典、国家药品标准等。

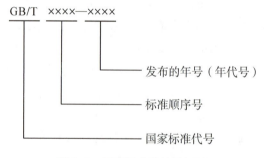

图 8-1　国家标准的编号规则

示例：
中华人民共和国国家标准公告（部分）
2016 年第 27 号
GB 4094—2016　汽车操纵件、指示器及信号装置的标志
GB/T 19001—2016　质量管理体系 要求
GB/Z 33440—2016　进入长输管网天然气互换性一般要求

注：该示例所示的三项标准均是于 2016 年发布，其中《汽车操纵件、指示器及信号装置的标志》（GB 4094—2016）为强制性标准，《质量管理体系 要求》（GB/T 19001—2016）是推荐性国家标准，《进入长输管网天然气互换性一般要求》（GB/Z 33440—2016）是指导性技术文件。

（2）行业标准。对于需要在全国某个行业范围内统一的标准化对象所制定的标准称为行业标准。行业标准专业性较强，是国家标准的补充。《中华人民共和国标准化法》第十二条规定："对没有推荐性国家标准、需要在全国某个行业范围内统一的技术要求，可以制定行业标准。"

行业标准由国务院有关行政主管部门制定，报国务院标准化行政主管部门备案。行业标准制定的范围有专业性较强的名词术语、符号、规划、方法等；专业范围内的产品，通用零部件、配件、特殊原材料；典型工艺规程、作业规范；在行业范围内需要统一的管理标准。

根据《行业标准管理办法》的规定，行业标准代号由国务院标准化机构规定，不同行业的代号各不相同，行业标准的编号由行业标准代号、标准顺序号和年代号组成（见图8-2）。例如，纺织行业的行业标准代号为"FZ"、轻工行业的行业标准代号为"QB"、医药行业的行业标准代号为"YY"等。推荐性行业标准的编号应在其行业标准代号之后加上"/T"。表8-1展示了我国各行业的行业标准代号。

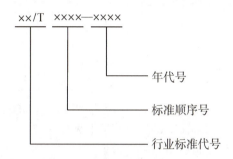

图8-2 行业标准的编号规则

示例：
林业行业标准 LY/T 3292—2021 自然保护地生态旅游规范
旅游行业标准 LB/T 082—2021 旅游休闲街区等级划分
安全行业标准 AQ/T 2076—2020 页岩气钻井井控安全技术规范

我国行业标准代号如表8-1所示。

表8-1 我国行业标准代号

序号	代号	行业标准	发布部门	序号	代号	行业标准	发布部门
1	AQ	安全生产	应急管理部	36	NY	农业	农业农村部
2	BB	包装	工业和信息化部	37	QB	轻工	工业和信息化部
3	CB	船舶	工业和信息化部	38	QC	汽车	工业和信息化部
4	CH	测绘	自然资源部	39	QJ	航天	国家国防科技工业局
5	CJ	城镇建设	住房和城乡建设部	40	QX	气象	中国气象局
6	CY	新闻出版	国家新闻出版广电总局	41	RB	认证认可	国家认证认可监督管理委员会
7	DA	档案	国家档案局	42	SB	国内贸易	商务部
8	DB	地震	中国地震局	43	SC	水产	农业农村部
9	DL	电力	国家能源局	44	SH	石油化工	工业和信息化部

表8-1（续）

序号	代号	行业标准	发布部门	序号	代号	行业标准	发布部门
10	DZ	地质矿产	自然资源部	45	SF	司法	司法部
11	EJ	核工业	国家国防科技工业局	46	SJ	电子	工业和信息化部
12	FZ	纺织	工业和信息化部	47	SL	水利	水利部
13	GA	公共安全	公安部	48	SN	出入境检验检疫	海关总署
14	GH	供销合作	中华全国供销合作总社	49	SW	税务	国家税务总局
15	GM	国密	国家密码管理局	50	SY	石油天然气	国家能源局
16	GY	广播电影电视	国家广播电视总局	51	TB	铁路运输	国家铁路局
17	HB	航空	国家国防科技工业局	52	TD	土地管理	自然资源部
18	HG	化工	工业和信息化部	53	TY	体育	国家体育总局
19	HJ	环境保护	生态环境部	54	WB	物资管理	国家发展和改革委员会
20	HS	海关	海关总署	55	WH	文化	文化和旅游部
21	HY	海洋	自然资源部	56	WJ	兵工民品	国防科技工业局
22	JB	机械	工业和信息化部	57	WM	外经贸	商务部
23	JC	建材	工业和信息化部	58	WS	卫生	卫生健康委员会
24	JG	建筑工程	住房和城乡建设部	59	WW	文物保护	国家文物局
25	JR	金融	中国人民银行	60	XB	稀土	工业和信息化部
26	JT	交通	交通运输部	61	XF	消防救援	应急管理部
27	JY	教育	教育部	62	YB	黑色冶金	工业和信息化部
28	LB	旅游	文化和旅游部	63	YC	烟草	国家烟草专卖局
29	LD	劳动和劳动安全	人力资源和社会保障部	64	YD	通信	工业和信息化部
30	LS	粮食	国家粮食和物资储备局	65	YJ	减灾救灾与综合性应急管理	应急管理部
31	LY	林业	国家林业和草原局	66	YS	有色金属	工业和信息化部
32	MH	民用航空	中国民用航空局	67	YY	医药	国家药品监督管理局
33	MT	煤炭	国家煤矿安全监察局	68	YZ	邮政	国家邮政局
34	MZ	民政	民政部	69	ZY	中医药	国家中医药管理局
35	NB	能源	国家能源局				

【案例8-1】

随着一些保健品企业失范事件引发关注，保健品监管再次成为舆论热点。2018年12月28日，专家在接受记者采访时表示，保健品是暴利型行业，在暴利驱动下，保健品行业良莠不齐，一些小、乱、差企业成了整个行业中的害群之马。上海市人大代表潘书鸿表示，问题主要在于保健品处在食品和药品之间，标准模糊、没有规范，使监管力量也无处发力。我国应将保健品纳入专门的监管范围，制定明确的行业标准，杜绝虚假宣传。中国品牌研究院食品饮料行业研究员朱丹蓬表示，国家政策还没有对会议营销有一个细化的、落地性的指导性意见，会议营销已经成为很多保健品公司"忽悠"消费者的重要手段。上海日盈律师事务所合伙人律师阮传胜认为，治理保健品市场乱象，监管落实到位是最重要也是最关键的。

资料来源：陈斯斯，李佳蔚. 如何管好保健品市场？上海市人大代表建议保健品纳入专项监管 [EB/OL].（2018-12-28）［2023-05-20］. https://www.thepaper.cn/newsDetail_forward_2786081.

（3）地方标准。地方标准是在国家的某个省、自治区、直辖市等特定范围内需要统一的标准。《中华人民共和国标准化法》第十三条规定："为满足地方自然条件、风俗习惯等特殊技术要求，可以制定地方标准。"我国将地方标准定位于推荐性标准。

地方标准由省、自治区、直辖市人民政府标准化行政主管部门制定；设区的市级人民政府标准化行政主管部门根据本行政区域的特殊需要，经所在省、自治区、直辖市人民政府标准化行政主管部门批准，可以制定本行政区域的地方标准。地方标准由省、自治区、直辖市人民政府标准化行政主管部门报国务院标准化行政主管部门备案，由国务院标准化行政主管部门通报国务院有关行政主管部门。

地方标准的编号由地方标准代号、标准顺序号和年代号组成（见图8-3）。省级地方标准代号由汉语拼音字母"DB"加上省、自治区、直辖市行政区划代码前两位数字加斜线和推荐性标准符号"T"组成，如 DB 11/T 表示北京市地方标准代号，DB 31/T 表示上海市地方标准代号，DB 50/T 表示重庆市地方标准代号，DB 33/T 表示浙江省地方标准代号。市级地方标准代号由汉语拼音字母"DB"加上设区的市行政区划代码前四位数字加斜线和推荐性标准符号"T"组成，如 DB 3301/T 表示浙江省杭州市地方标准代号。

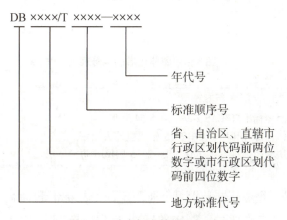

图 8-3 地方标准的编号规则

示例：
北京市地方标准 DB 11/T 3028—2022 古柏树养护与复壮技术规程
重庆市地方标准 DB 50/T 1201—2021 区域界线标识标志设置规范
浙江省杭州市地方标准 DB 3301/T 0344—2021 人民防空工程维护管理规范

（4）团体标准。团体标准是依法成立的社会团体为满足市场和创新需要，协调相关市场主体共同制定的标准。《中华人民共和国标准化法》第十八条规定："国家鼓励学会、协会、商会、联合会、产业技术联盟等社会团体协调相关市场主体共同制定满足市场和创新需要的团体标准，由本团体成员约定采用或者按照本团体的规定供社会自愿采用……由国务院标准化行政主管部门会同国务院有关行政主管部门对团体标准的制定进行规范、引导和监督。"

我国境内的学会、协会、商会、联合会、产业技术联盟等社会团体协调相关市场主体共同根据满足市场和创新需要制定团体标准。当前，国家重点支持在重要行业、战略性新兴产业、关键共性技术等领域利用自主创新技术制定团体标准，并鼓励社会团体制定的团体标准在技术要求上高于推荐性标准（国家标准、行业标准、地方标准）。

根据《团体标准管理规定（试行）》的规定，团体标准的编号依次由团体标准代号、社会团体代号、标准顺序号和年代号组成。团体标准代号是固定的，为"T/"；社会团体代号由各团体自主拟定，可以使用大写拉丁字母或大写拉丁字母与阿拉伯数字的组合，同时不得与现有标准代号重复。团体标准的编号规则如图 8-4 所示。

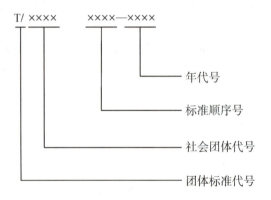

图 8-4　团体标准的编号规则

示例：
中国标准化协会团体标准 T/CAS 249—2016 捆钞机
中国电子学会团体标准 T/CIE 002—2015 轮式机器人 术语
中国纺织品商业协会团体标准 T/CTCA 1—2015 PM2.5 防护口罩

（5）企业标准。企业标准是指由企业制定的产品标准和为企业内需要协调统一的技术要求与管理、工作要求所制定的标准。《中华人民共和国标准化法》规定："企业可以根据需要自行制定企业标准，或者与其他企业联合制定企业标准。"

企业标准的编号由企业标准代号、企业代号、标准顺序号和年代号组成。企业标准代号是固定的，为"Q/"；企业代号可以用汉语拼音字母、用阿拉伯数字或两者兼用组成，具体办法由当地行政主管部门规定。企业标准的编号规则如图 8-5 所示。

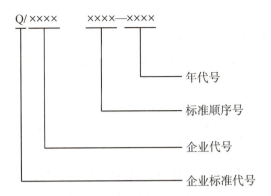

图 8-5 企业标准的编号规则

示例：
青岛海尔空调器有限总公司企业标准 Q/0212HKT 102—2016 HBC 空气净化器
华为技术有限公司企业标准 Q/DKBA 1276—2016 平板电脑
杭州娃哈哈集团有限公司企业标准 Q/WHJ0522—2015 塑料提手

（三）按标准化对象的特征分类

按照标准化对象的特征分类，标准可以分为技术标准和管理标准两类。

1. 技术标准

技术标准是指对标准化领域中需要协调统一的技术事项所制定的标准，其形式可以是标准、技术规范、规程等文件以及标准样品等实物。技术标准是标准化工作的主体，量大、面广、种类繁多，其中主要有技术基础标准、产品标准、设计标准、工艺标准、检测试验方法标准以及安全、卫生、环保、节能标准等。

（1）技术基础标准。基础标准是指具有广泛的适用范围或包含一个特定领域的通用条款的标准。

技术基础标准可以直接使用，也可以作为其他标准的基础。技术基础标准的使用范围广，使用频率高，具有普遍的指导意义。例如，标准化工作基础标准包括标准的结构文件格式要求、标准编写的基本规定、标准中特定内容的起草规则等；通用科学技术语言标准包括名词、术语、符号、代号、标志、图样、信息编码和程序语言等；保证精度与互换性方面的标准包括公差与配合、形位公差、表面粗糙度、螺纹与齿轮精度零件的结构要素等；实现产品系列化和保证配套关系方面的标准包括优先数与优先数系、标准长度、标准直径、标准锥度等。

（2）产品标准。产品标准是指规定产品应满足的要求以确保其适用性的标准。

产品标准的主要作用是规定产品的质量要求，包括适用范围、品种规格、产品技术要求（性能要求和适用性要求等）、产品试验方法、检验规则、产品包装、运输、储存要求等，是设计、生产、制造、质量检验、使用维护和贸易洽谈的技术依据。产品标准的制定以面向市场、面向功能需求、面向最终使用者或消费者为主，主要规定产品的质量结果及其评定方法，而不是主要规定产品的设计要求和工艺要求。

（3）设计标准。设计标准是指为保证与提高产品设计质量而制定的技术标准。设计标准包括设计图形、符号、代号、术语标准，设计准则和专业设计规范，设计文件标准。设计的任务是将顾客的期望和要求等产品决策输出的信息作为输入，进行方案拟定、研究试验、设计评审后转化为产品标准，制定相关的原材料、外购件等技术标准以及图纸、图样、工艺流程、工艺规范等技术文件，进行样品试制和小批量产品试制，并最终完成产品定型。

（4）工艺标准。工艺标准是指依据产品标准要求，对产品实现过程中材料、零部件、元器件进行加工、制造、装配的方法以及有关技术要求的标准。工艺标准包括工艺基础标准、工艺流程、工艺规程、工序能力标准、工序控制标准。工艺标准的主要作用在于规定正确的产品生产、加工、装配方法，使用适宜的设备和工艺装备，使生产过程规范、稳定，以生产出符合规定要求的产品。

（5）检测试验方法标准。检测试验方法标准是指以通用的检验、试验、检查、分析、抽样、统计、计算、测定、作业等各种方法为对象制定的标准，如试验方法、分析方法、抽样方法、设计规范、计算公式、工艺规程等方面的标准。方法标准是为了提高工作效率，保证工作结果必要的准确一致性，对生产技术和组织管理活动中最佳的方法所做的统一规定。属于某个具体产品的试验方法和检验方法则应包含在该产品标准中，不应单独制定方法标准。

（6）安全、卫生、环保、节能标准。安全标准是指以保护人和物的安全为目的而制定的标准。安全标准主要包括安全技术操作标准、劳保用品使用标准、危险品和有毒品使用标准等。对于某些产品而言，为了保证使用安全，也在产品标准中规定了安全方面的要求。

卫生标准是指为保护人的健康，对食品、医药及其他方面的卫生要求所制定的标准。卫生标准的范围包括食品卫生标准、药物卫生标准、生活用水卫生标准、企业卫生标准、环境卫生标准等。

环境保护标准是指为了保护人身健康和社会物质财富、保护环境和维护生态平衡，对大气、水、土壤、噪声、振动等环境质量、污染源、监测方法以及满足其他环境保护方面要求所制定的标准。环境保护标准主要有"三废"排放标准、噪声控制标准、粉尘排放标准等。

节能标准是为了提高能源使用效率，降低因消耗能源对环境造成的破坏程度，对各类能源的使用及相关耗能产品使用所制定的标准。节能标准主要有能耗限额标准、能效标准、节能设计标准、节能监测及测试标准、用能设备经济运行标准等。

2. 管理标准

管理标准是指对标准化领域中需要协调统一的管理事项制定的标准。管理标准包括管理基础标准、技术管理标准、经济管理标准、行政管理标准、生产经营管理标准等。

（1）管理基础标准。管理基础标准是指对一定范围内的管理标准化对象的共性因素所做的统一规定，并在一定范围内作为制定其他管理标准的依据和基础。管理基础标准的内容主要包括管理标准化工作导则，管理名词术语、编码、代号，计划、组织机构，人事、财务、会计、统计的各种管理规定以及管理信息系统、通用管理程序和管理方法等方面的企业管理基础标准。

（2）技术管理标准。技术管理标准是指为保证各项技术工作更有效地进行，建立正常的技术工作秩序，针对技术领域的某些管理事项所制定的标准。技术管理标准的内容主要包括技术图样、技术文件、标准资料、情报档案的管理标准，为进行科研、设计、工艺、原材料、设备等技术管理活动而制定的有关工作程序、工作方法、工作内容的标准，企业为合理利用资源所做的技术规定和计算、管理方法的标准，与企业质量管理和建立质量管理体系有关的标准。

（3）经济管理标准。经济管理标准是指对生产、建设、投资的经济效果，对生产、分配、交换、流通、消费、积累等经济关系的调节和管理所制定的标准。经济管理标准的内容主要包括决策与计划管理标准，如目标管理标准、决策方法与评价标准、可行性分析规程、优先顺序评定标准、投资决策管理标准、投资收益率标准等；资金、成本、价格、利润等方面的管理标准；劳动、人事、工资、奖励、津贴等标准。

（4）行政管理标准。行政管理标准是指政府机关、社会团体、企事业单位为实施有效的行政管理，正确处理日常行政事务所制定的标准。行政管理标准的内容主要包括管理组织设计、行政管理区划及编号、组织机构属性分类，交通信号和标志、安全管理，管理人员分类、管理档案、行政机构办公自动化等方面的标准。

（5）生产经营管理标准。生产经营管理标准是指企业为了正确地进行经营决策，合理地组织生产经营活动所制定的标准。生产经营管理标准的内容主要包括企业市场调查、经营决策与计划、产品设计与生产、劳动组织与安全卫生等企业生产全过程中的各个环节和各个方面的管理标准。

（四）按标准的信息载体分类

按照标准的信息载体分类，标准可以分为文字形态标准（规范性文件）和实物形态标准（标准样品）。

1. 文字形态标准

文字形态标准通过采用文字或图表的方式，对标准化对象作出要求和规定，作为某一领域的共同准则，如正式出版的各类文本形式的标准。

2. 实物形态标准

实物形态标准又称为标准样品，是通过提供实物，作为质量检验、鉴定的对比依据，测量设备检定、校准的依据以及作为判断测试数据准确性和精准度的依据。

标准样品是具有足够均匀的一种或多种化学的、物理的、生物学的、工程技术的或感官的等性能特征，经过技术鉴定，并附有说明相关性能数据证书的一批样品。标准样品作为实物形态的标准，按其权威性和适用范围分为内部标准样品和有证标准样品。

内部标准样品是企事业单位或其他组织内部使用的标准样品，其性质是实物形式的企业内控标准。例如，涂料生产企业用于控制各批产品色差的涂料标样就是一种内部标准样品。内部标准样品可以由组织自行研制，也可以从外部购买。

有证标准样品是具有一种或多种性能特征，经过技术鉴定附有说明上述性能特征的证书，并经国家标准化管理机构批准的标准样品。其特点是经过国家标准化管理机构批准并发给证书，由经过审核和准许的组织生产和销售。有证标准样品既广泛用于企业内部质量控制和产品出厂检验，又大量用于社会上或国际贸易中的质量检验和鉴定、测量设备检定以及环境监测等方面。

（五）按标准的服务宗旨分类

按标准的服务宗旨分类，标准可以分为两类：一类是为社会公众服务的公标准（公共标准），另一类是为某一社会组织自身服务的私标准（私有标准）。

1. 公标准（公共标准）

公标准是指通过消耗公共资源而制定出的标准。其主要宗旨是维护公共秩序，保护公共利益，为全社会服务。我国的国家标准、行业标准和地方标准均属于公标准。公标准的主要特点如下：

（1）通过消耗公共资源而制定。

（2）为获得最近公共利益而制定。

（3）依据有关法律并由相关行政部门审批而制定。

（4）标准制定程序公开透明、接受监督，利益相关方广泛参与、充分协调。

（5）与安全、环保、节能、健康等相关的标准均属于公标准。

2. 私标准（私有标准）

私标准是通过消费非公共资源而制定出的标准。私标准具有独占性。其主要宗旨是为相关组织的利益服务，如提升组织的竞争力、获取最大利益等。我国的各类企事业单位的企业标准、团体标准以及各类事实上的标准均属于私标准。私标准的主要特点如下：

（1）通过消耗非公共资源而制定。

（2）主要为市场竞争而服务。

（3）与创新、专利、技术等密切相关。

（4）独占性与不公开性。

（5）在遵守法律法规前提下拥有独立支配权。

需要注意的是，国家实行企业产品或服务标准自我声明公开制度。企业执行的产品标准如果是自行制定的企业标准或团体标准，也应当向社会公开，不具有不公开性。

第二节　标准化与商品标准化

一、标准化的定义

国家标准《标准化工作指南 第 1 部分：标准化和相关活动的通用术语》（GB/T 20000. 1—2014）对"标准化"给出了如下定义："为了在既定范围内获得最佳秩序，促进共同效益，对现实问题或潜在问题确立共同使用和重复使用的条款以及编制、发布和应用文件的活动。"[①]

该定义等同采用 ISO/IEC 第 2 号指南的定义，因此这也可以说是 ISO/IEC 给出的"标准化"定义。

上述定义揭示了"标准化"这一概念的如下含义：

第一，标准化不是一个孤立的事物，而是一个活动过程，主要是制定标准、实施标准进而修订标准的过程。这个过程也不是一次就完结了，而是一个不断循环、螺旋式上升的运动过程。每完成一个循环，标准的水平就提高一步。标准化作为一门学科，旨在研究标准化过程中的规律和方法；标准化作为一项工作，旨在根据客观情况的变化，不断促进这种循环过程的进行和发展。

标准是标准化活动的产物。标准化的目的和作用都是要通过制定和实施具体的标准来体现的。因此，标准化活动不能脱离制定、修订和实施标准，这是标准化的基本任务和主要内容。

标准化的效果只有当标准在社会实践中实施以后，才能表现出来，绝不是制定一个标准就可以了事的。因此，标准化的全部活动中，实施标准是个不容忽视的环节。这一环中断了，标准化循环发展过程也就中断了，那就谈不上标准"化"了。

第二，标准化是一项有目的的活动。标准化可以有一个或更多个特定的目的，以使产品、过程或服务具有适用性。这样的目的可能包括品种控制、可用性、兼容性、互换性、安全性、环境保护、产品防护、相互理解、经济效益、贸易等。一般来说，标准化的主要作用除了为达到预期目的改进产品、过程或服务的适用性之外，还包括防止贸易壁垒、促进技术合作等。

第三，标准化活动是建立规范的活动。"标准化"的定义中所说的"条款"，即规范性文件内容的表述方式。标准化活动建立的规范具有共同使用和重复使用的特征。条款或规范不仅针对当前存在的问题，而且针对潜在的问题，这是信息时代标准

[①]　注 1：标准化活动确立的条款，可形成标准化文件，包括标准和其他标准化文件。

注 2：标准化的主要效益在于为了产品、过程或服务的预期目的改进它们的适用性，促进贸易、交流以及技术合作。

化的一个重大变化和显著特点。

二、标准化的地位和作用

标准化的地位和作用体现在以下几个方面：

（一）标准化是组织现代化生产的手段，是实施科学管理的基础

随着科学技术的发展和生产的社会化、现代化，生产规模越来越大，分工越来越细，生产协作越来越广泛，许多产品和工程建设往往涉及几十个、几百个甚至上千个企业，协作点遍布全国各地甚至跨越几个国家。这样广泛、复杂的生产组合，需要技术保持高度的统一和协作一致。要满足这一要求，就必须制定和执行一系列的统一标准，使得各个生产部门和生产环节在技术上有机地联系起来，保证生产有条不紊地进行。标准化又是实施科学管理的基础。实施科学管理必须做到管理机构高效化、管理工作计划化、管理技术现代化，建立符合生产活动规律的生产管理、技术管理、物资管理、劳动管理、质量管理、安全管理等一整套科学管理制度，制定一系列工作标准和管理标准，实现管理工作规范化。

（二）标准化是不断提高产品质量的重要保证

产品质量合格中的这个"格"就是标准。标准不仅对产品的性能和规格进行了具体规定，而且对产品的检验方法、包装、标志、运输、储存也进行了相应的规定，只要严格按标准组织生产，按标准检验和包装，产品质量就能得到可靠的保证。随着科学技术的发展，标准需要适时进行复审和修订。特别是对于企业产品标准而言，企业应根据市场变化和用户要求及时进行修订，不断满足用户要求，才能保持自己的产品在市场中的竞争力。不仅产品本身要有标准，而且生产产品所用的原料、材料、零部件、半成品以及生产工艺等都应制定相互适应、相互配套的标准。标准不仅是生产企业组织生产的依据，也是国家及社会对产品进行监督检查的依据。《中华人民共和国产品质量法》第十五条规定："国家对产品质量实行以抽查为主要方式的监督检查制度。"监督检查的主要依据便是产品标准。国家组织的产品质量监督检查不仅促进产品质量的提高，而且对标准本身的质量完善也是一种促进。

（三）标准化是合理简化品种、组织专业化生产的前提

许多企业追求"大而全"或"小而全"生产品种多、批量少、质量差、管理混乱、劳动生产效率不高、经济效益差。要改变这种状况，主要途径就是广泛组织专业化生产，而标准化正是组织专业化生产的重要前提。标准化活动的一项重要内容是"合理简化品种"，提高零部件"通用化"程度，变品种多、批量少为品种少、批量多，有利于组织专业化生产，有利于采用先进技术装备，实现优质、高产、低耗、低成本、高效率的效果。

(四) 标准化有利于合理利用国家资源，节约能源、原材料

标准化对合理利用国家资源有重要的作用。例如，我国新修订的水泥国家标准，由于合理地规定了氧化镁的含量，可以使一些石灰石矿山资源延长开采期 10 年以上。世界各国都把节约能源和资源作为今后标准化工作的中心任务之一，而我国这方面的任务极为艰巨，标准化工作可谓任重道远。

(五) 标准化可以有效保障人体健康和人身、财产安全，保护环境

《中华人民共和国标准化法》第十条规定："对保障人身健康和生命财产安全、国家安全、生态环境安全以及满足经济社会管理基本需要的技术要求，应当制定强制性国家标准。"强制性标准的广泛制定和强制实施对保障人体健康和人身、财产安全，保护环境起到重要作用。生产、销售、进口产品或提供服务不符合强制性标准的，依照《中华人民共和国产品质量法》《中华人民共和国进出口商品检验法》《中华人民共和国消费者权益保护法》等法律法规的规定查处，记入信用记录，并依照有关法律法规的规定予以公示；构成犯罪的，依法追究刑事责任。

(六) 标准化是推广应用科研成果和新技术的桥梁，是科研、生产和使用三者之间的桥梁

一项科研成果，包括新产品、新工艺、新材料和新技术，开始只能在小范围内试验和试制，只有在试验成功，并经过技术鉴定，纳入相应标准之后，才能得到迅速推广和应用。

(七) 标准化可以消除贸易技术壁垒，促进国际贸易的发展，提高我国产品在国际市场的竞争力

世界贸易组织有一项《贸易技术壁垒协议》，又称《标准守则》，要求缔约国准备建立或采用某一标准系统或认证系统时，必须遵守这些规定。其要点包括：缔约国标准的制定应以有关的国际标准或其中有关部分作为依据；应保证制定和采用技术规则与标准的目的不是在国际贸易中制造壁垒；标准的实施在任何可能采用标准的地方进行；鼓励参加有关国际标准和认证方面的活动；为国家级和区域性认证系统的评定创造条件；缔约国对进口国产品和国内产品的测试一视同仁，并鼓励接受另一缔约国得出测试数据。测试方法和测试数据的互相承认，可以极大促进国际贸易自由化。为达到这一目的，各国缔结双边或多边协议是必要的。根据《标准守则》的规定，我国应采取的对策和措施包括：积极采用国际标准和国外先进标准，使产品质量达到国际水平；在积极采用国际标准、完善我国标准体系的同时，积极参加国际标准化活动，反映我国的要求，维护我国的利益；积极推行质量管理和质量保证系列标准（GB/T 19000-ISO 9000），开展产品质量认证，包括取得进口国或第三方权威机构的质量认证或安全认证，提高我国产品在国际市场的竞争力。

三、标准化的各种具体形式与方法

（一）标准化的形式

形式即内容，没有无形式的内容，也没有无内容的形式。标准化的形式是标准化内容的存在方式。标准化有多种形式，每种形式都表现不同的标准化内容，针对不同的标准化任务，达到不同的目的。标准化的形式是由标准化的内容决定的，并随着标准化内容的发展而变化，但标准化的形式又有其相对的独立性和自身的继承性，并反作用于内容，影响内容。标准化过程是标准化的内容和形式的辩证统一过程。

我国要根据不同的标准化任务，选择和运用适宜的标准化形式，达到既定的目标，根据标准化内容的发展和客观的需要及时地创立新形式取代旧形式，为标准化的进一步发展开辟道路。

主要的标准化的形式是简化、统一化、系列化、通用化、组合化、模块化等。

（二）参数选择和标准化的数学方法

参数，即表明任何现象、产品或过程中某些重要性质的量。这个定义表明参数有两个同时发生的作用，即表明事物的性质和事物的量值。有时前者被称为参数，后者被称为参数值。

基本参数，即表征产品基本技术特征的参数。表 8-2 是普通车床的基本参数及参数值系列。

表 8-2 普通车床的基本参数及参数值系列　　　　　　　　　　　单位：毫米

参数	参数值系列							
工件最大回转直径	250	320	400	500	630	800	1 000	1 250
刀架上最大回转直径	125	160	200	250	320	450	630	800
主轴通孔直径	25	36	50	63	80	80	100	100
主轴头号	3.4	4.5	8	11	11	15	15	6
装刀基面与主轴中心距	18	22	28	36	36	45	56	56
最大工件长度	350~12 000							

主参数，即在一个标准化对象的若干基本参数中，起主导作用的参数（主要参数），它反映该事物最主要的特性。

参数选择，即确定或选定用哪些参数表征标准化对象的特性的活动。

参数分级，即在同一种事物内部，彼此间以某一特性（参数）的数值不同而互相区别，则说它们分属不同的级。例如，同一种车床的不同规格、同一种服装的不同号型等都是参数分级的结果。

经过分级后的参数常按一定规律形成数列。标准化活动中经常借用数学方法建立数列。标准化工作中常用的参数分级数值系列有等差数列、等比数列、优先数系列、E 系列、模数数列等。

等差数列是最简单、最常用的数值分级方法，它最主要的缺点是相邻两项之间的相对差不均匀，不适于机电设备产品的参数分级。

分段等差数列在一定程度上减轻了相对差不均匀的缺点，但却出现了数列跳跃式变化的问题，在应用上仍有局限性。

等比数列虽然能接近实际需要，但是仍难以满足相关产品之间的参数协调问题。

优先数系列是一种无量纲的数值系统，它又是十进几何级数，它由公比分别为 $\sqrt[5]{10}$、$\sqrt[10]{10}$、$\sqrt[20]{10}$、$\sqrt[40]{10}$、$\sqrt[80]{10}$，且项值中含有 10 的整数幂的理论等比数列导出的一组近似等比的数列。各数列分别用符号 R5、R10、R20、R40 和 R80 表示，分别称为 R5 系列、R10 系列、R20 系列、R40 系列和 R80 系列。系列中的任何一个项值均称为优先数，即优先选用之意。

E 系列也是优先数系列，仅适用于电容器、电阻器设定电阻值和电容量值。

模数数列是在模数基础上通过组合或分割形成的模数数列标准。

四、商品标准化

（一）商品标准化的概念

商品标准化是指在商品生产和流通过程中编制、发布和实施标准的活动。推行商品标准化的最终目的是达到统一，从而获得最佳市场秩序和社会效益。

（二）商品标准化的内容

商品标准化主要包括商品名词术语标准化、商品质量标准化、商品质量管理标准化、商品分类编码标准化、商品零部件通用化、商品品种规格系列化、商品检验与评价方法标准化、商品包装与储存运输标准化等内容。

商品名词术语标准化是指关于商品使用的名词、术语、代号、符号、图形等，必须统一、简化、明确，以利于提高工作效率，便于相互交流和正确理解。

商品质量标准化是指必须按照统一的技术标准（质量标准）进行商品的生产和检验，并对同类所有商品进行质量评定。

商品质量管理标准化是指对质量管理的所有要素进行的标准化，实质上就是质量管理体系标准的建立、发布、实施以及不断修订的活动过程。

商品分类编码标准化是指对我们前面提到的商品代码、商品条码以及商品目录或商品分类体系等进行的标准化。

商品零部件通用化是指在相互独立的商品体系中，选择和确定具有功能互换性或尺寸互换性的标准零部件，也就是使得同一类商品或不同商品零件、部件的一部分或大部分相互通用。

商品品种规格系列化是指将同类商品，依据一定的规律和技术要求，按照不同的规格、尺寸等进行合理分档，使之形成系列。

商品检验与评价方法标准化是指对商品检验的程序、依据、抽样方法、检测仪器、检测方法、评价方法等要素的标准化。

商品包装与储存运输标准化包括商品包装的标准化、商品储存的标准化和商品运输的标准化。商品包装的标准化是指针对商品包装有关事项，如术语、容器、标志、抽样检验、试验方法、回收利用等所做出的统一规定（包括包装基础标准、专业标准和产品包装标准）。商品储存运输的标准化是指针对储存要素（储存场所、条件、期限、维护）和运输要素（运输方式、条件、注意事项等）所做出的统一规定。

商品标准化是一项系统的管理活动，涉及面广，专业技术要求高，政策性强，因此必须遵循统一管理与分级管理相结合的标准化体制，建立一套完善的标准化机构和管理系统，调动各方面的积极性，搞好分工协作，吸收国外标准化先进经验，才能顺利完成商品标准化工作的任务。

（三）商品标准化的作用

1. 商品准化是现代化商品生产和流通的必要前提，是巩固和发展专业化协作的基本条件

现代化商品生产是以先进的科学技术和生产高度社会化为特征的复杂的生产组合。生产的连续性和节奏性要求日益增强，专业化协作的深度和广度日益提高，生产各部门和企业内部各工序间专业分工越细，协作联系就越密切。这种社会化大生产要求以技术上的高度统一和广泛协调为前提，单靠行政手段是不行的，标准化是实现这统一和协调的有效手段。标准化对现代化商品流通同样必不可少。因此，在现代化商品生产和流通中，只有通过标准化才能使各部门及各环节有机地联系起来，从而使社会再生产过程得以顺利进行，以获得最佳经济效益。

2. 商品标准化是建立最佳现代化科学管理系统的基础

商品标准是企业管理目标在质量方面的具体化和定量化，各种商品质量标准是生产经营活动在时间和数量方面的规律性反映。因此，商品标准可以为企业编制计划、商品设计和制造、商品检验、商品质量管理、商品质量监督、质量仲裁等提供科学依据。质量管理是企业管理的核心，商品标准化是全面质量管理的一个重要组成部分，没有标准就没有管理，要科学管理，就必须制定标准。企业通过制定各种技术标准和管理标准，建立生产技术和物流技术上的统一性，以保证企业整个管理系统功能的发挥。因此，企业只有推行标准化，才能实现管理的现代化。

3. 商品标准化是提高商品质量和合理发展商品品种，提高企业竞争力的技术保证

商品标准既是企业管理的目标，又是衡量商品质量的重要依据。根据商品标准，企业明确了质量差距，制定措施、提高等级、开发新品种就有了方向。企业在商品设计中贯彻标准化，简化多余或低功能的商品品种；通过系列化，以最佳的品种构成满足消费者的广泛需要；根据组合化原则用少量的要素组合成较多的新品种等。这些对

提高商品质量、合理开发新品种、降低商品成本、提高企业竞争力和应变能力都具有重要的意义。

4. 商品标准化是合理利用国家资源、保护环境、增产节约、促进经济全面发展和提高社会经济效益的有效手段

合理利用国家资源、保护环境、节约原材料是一项好的经济技术和环境保护政策，也是制定商品标准的重要原则。商品标准化的任何一种形式都会产生增产节约效果，有助于合理利用国家资源和保护环境，并可以促进经济的全面发展，增加社会效益和经济效益。

5. 商品标准化是积累实践经验、推广应用新技术、促进技术进步的桥梁

标准化是连接商品研制、开发、生产、流通、使用各环节的纽带，新工艺、新材料、新技术、新产品或新服务研发成功，通过技术鉴定后，就被纳入相应的标准，从而能得到迅速推广和应用，获得显著的经济效益。

6. 商品标准化是国际贸易的推动器和调节器

各级标准化组织应该努力协调各方的标准和合格评定程序，尽可能减少贸易技术壁垒。世界贸易组织的《贸易技术壁垒协议》中制定、批准和实施标准的良好行为规范，就是为避免假借标准或滥用标准来炮制规范，给进出口设置障碍。我国积极参与国际标准化活动，参与制定、采用和推广国际标准，推进中国标准与国际标准的转化运用，有利于夺得国际标准制定的话语权和消除国际贸易技术壁垒。在国际贸易中，商品标准特别是其中的试验方法、检验方法、抽样方法等，还是进行仲裁的依据。因此，标准化在国际贸易中可以起到协调、推动、仲裁和保护的作用。

第三节　商品标准

一、商品标准的概念

（一）商品标准的定义

如前所述，标准是对重复性事物和概念所做的统一规定，那么商品标准则是对商品质量及与商品质量有关的各方面所做的技术规定。例如，在商品生产中，对商品的品种、结构、规格、技术性能、试验方法、检验规则、包装、储藏和运输等所做的统一规定。对于某一种商品来说，制定统一的符合各种质量要求的实物或文件可以作为标准。

广义的商品标准是产品标准和服务标准的总称。狭义的商品标准是指产品标准。在大多数情况下，我们所说的商品标准是狭义的商品标准。

（二）产品标准的定义

《标准化工作指南第 1 部分：标准化和相关活动的通用术语》（GB/T 20000.1—

2014）将"产品标准"定义为："规定产品需要满足的要求以保证其适用性的标准。"一方面，产品标准除了包括适用性的要求外，也可以直接包括或以引用的方式，包括诸如术语、取样、检测、包装和标签等方面的要求，有时还可以包括工艺要求；另一方面，产品标准根据其规定的是全部的还是部分的必要要求，可以区分为完整的标准和非完整的标准。由此，产品标准又可以分为不同类别的标准，如尺寸类产品标准、材料类产品标准和交货技术通则类产品标准。

产品标准的主要作用是规定产品的质量要求，包括适用范围、品种规格、产品技术要求（性能要求和适用性要求等）、产品试验方法、检验规则、产品包装、运输、储存要求等，是设计、生产、制造、质量检验、使用维护和贸易洽谈的技术依据。产品标准的制定以面向市场、面向功能需求、面向最终使用者或消费者为主，主要规定产品的质量结果及其评定方法，而不是主要规定产品的设计要求和工艺要求。

（三）服务标准的定义

《标准化工作指南第 1 部分：标准化和相关活动的通用术语》（GB/T 20000.1—2014）将"服务标准"定义为："规定服务需要满足的要求以保证其适用性的标准。"服务标准的制定可以涉及服务业的各个领域，如居民社区服务、行政公共服务、汽车销售、保险、律师服务、医疗服务、旅游、美容美发、文化娱乐、文化创意、饭店管理、运输、气象服务等。规范的内容包括服务组织、服务人员、顾客、合同、支付方式、服务交付、服务结果、支持服务支付的硬件设备、支持服务交付的环境、补救措施、服务组织和顾客之间的沟通、服务组织内部的沟通、服务组织与供应商之间的沟通等。

二、商品标准的作用

商品标准是科学技术和生产力发展水平的一种标志，它是社会生产力发展到一定程度的"物"，又是推动生产力发展的一种手段。凡正式生产的各类商品，都应制定或符合相应的商品标准。商品标准是商品生产、检查、验收、监督、使用、维护和贸易洽谈的技术准则，一旦由主管部门批准、发布后，就是一种技术法规，具有法律效力，同时也具政策性、科学性、先进性、民主性和权威性。商品标准是生产、流通、消费等部门在商品质量出现争议时执行仲裁的技术依据，因此商品标准对保证和提高商品质量、提高生产和使用的经济效益、维护用户的合法权益等具有重要作用。

商品标准的作用主要表现在以下三个方面：

（一）商品标准是评定商品质量的准则

商品的种类繁多，质量千差万别，判断商品质量的依据就是商品标准。尤其是当产销双方、销售与使用双方对商品质量发生争议时，标准是仲裁的统一准则和依据。

《中华人民共和国标准化法》第二十七条规定："国家实行团体标准、企业标准自我声明公开和监督制度……企业应当按照标准组织生产经营活动，其生产的产品、提供的服务应当符合企业公开标准的技术要求。"生产部门按技术标准生产，质量检验也按技术标准对商品质量进行检验，可见商品标准对生产的重要性。

【案例8-2】

2019年4月15日，京津冀三地消费者协会重点针对此前实验发现的五项安全风险，如通过复制指纹、复制智能卡（IC卡）进行解锁；在非正常条件下异常解锁和无法解锁；在磁场干扰下存在异常反应；在零下40摄氏度低温环境下无法解锁等情况，约谈部分智能门锁生产企业。2019年4月30日，上海市消费者权益保护委员会发布电子防盗锁比较试验结果。11件样品因冲击后锁体损坏、无报警功能、静电干扰下出现异常反应等问题，不符合标准要求，存在安全隐患。

资料来源：孙冰洁. 中消协：半数智能门锁开锁方式存在安全隐患 应尽快出台智能门锁产品标准［EB/OL］.（2019-05-06）［2023-05-20］. https://finance.sina.com.cn/roll/2019-05-06-doc-ihvhiews0170764.shtml.

（二）商品标准能促进商品质量的提高

商品标准体现了一个国家的技术经济政策，反映了一个国家生产力发展水平。制定标准的过程是科学的反映过程，使商品的设计、生产、加工、流通都建立在科学的基础之上，都能"有章可循""有法可依"，从而使商品质量得到基本保证。《中华人民共和国标准化法》第二十五条规定："不符合强制性标准的产品、服务，不得生产、销售、进口或者提供。"企业如能认真贯彻执行，必能保证和促进商品质量不断提高。

（三）商品标准是冲破技术壁垒、扩大对外贸易的手段

随着经济全球化、贸易国际化快速发展，商品和服务的国际竞争越来越激烈。各国、各地区的消费者对商品和服务的要求不同，各国、各地区在技术水平和技术发展政策上存在差异，造成各国、各地区的各行各业就同一商品和服务制定的标准存在着差异。相关标准不统一往往会形成技术性贸易壁垒，阻碍了国际贸易的发展。在国际贸易中的贸易摩擦，起因于标准和合格评定程序的事例不断增多。因此，开展标准化工作，特别是国际标准化工作，使相关标准协调统一，通过标准和合格评定程序的协调一致，可以减少技术性贸易壁垒，促进贸易自由化。

国际标准的发布和应用为衡量进出口商品质量提供了重要依据，为技术法规和合格评定程序的制定与实施提供了技术支撑。可以说，标准化是打破技术性贸易壁垒、简化贸易的有效手段，是沟通国际贸易和国际技术合作的技术纽带。标准化能够很好地解决商品交换中的质量、安全、可靠性和互换性等问题，大大推动了国际贸易的发展。

三、商品标准的制定原则

制定和修订商品标准，必须依据标准化原理和方法，在国家有关方针政策的指导

下，提出明确的原则，以保证制定和修订商品标准满足国家在一定历史时期内经济建设的需要。制定商品标准的基本出发点是建立最佳秩序和取得最佳经济效益，这也是制定商品标准的目的。为了实现这一目的，商品标准的制定应遵循以下原则：

（一）符合国家和地方有关的法律、法规、规章和强制性标准

符合国家和地方有关的法律、法规、规章是开展标准化工作的基本前提，制定和修订商品标准也应当在国家和地方有关方针政策的指导下开展。根据《中华人民共和国标准化法》的规定，强制性标准必须执行；推荐性国家标准、行业标准、地方标准、团体标准、企业标准的技术要求不得低于强制性国家标准的相关技术要求；不符合强制性标准的产品、服务，不得生产、销售、进口或者提供；生产、销售、进口产品或者提供服务不符合强制性标准，或者企业生产的产品、提供的服务不符合其公开标准的技术要求的，依法承担民事责任。可见，强制性标准同法律、法规、规章同理，都是企业生产、销售、进口产品或者提供服务必须要执行的内容。因此，符合强制性要求是制定和修订商品标准的前提与基本要求。

（二）充分考虑使用要求

所谓使用要求，是指用户或消费者对商品的质量要求。在社会主义市场经济体制下，企业生产必须面向市场，按用户或消费者的需要和使用要求组织生产。商品标准是为了保证商品的适用性而对商品的质量特性应达到的要求所做的规定，它是商品设计、生产和检验的技术依据。因此，在制定和修订商品标准时，首先要从社会需要出发，广泛听取用户或消费者等方面的意见，充分考虑用户或消费者的使用要求以及实现这些要求的可能性，千方百计满足用户或消费者的需要。规定商品质量指标要考虑商品的用途和实际使用条件。

（三）有利于保障安全和人身健康，保护消费者权益，保护环境

制定和修订商品标准必须充分考虑商品生产、运输和使用中的安全、卫生、可靠以及环境保护、消费者权益保护等要求。特别是制定药品标准、食品卫生标准、压力容器标准、电器商品标准、危险品包装运输标准等，必须把人身健康和卫生安全放在首位。制定生产工艺标准要考虑生产技术方法对环境的污染问题。

（四）技术上先进、经济上合理

《中华人民共和国标准化法》第二十二条规定："制定标准应当有利于科学合理利用资源，推广科学技术成果，增强产品的安全性、通用性、可替换性，提高经济效益、社会效益、生态效益，做到技术上先进、经济上合理。"

技术上先进是指商品标准中规定的各项质量指标和要求应当适应国家技术经济发展水平，力求反映科学、技术和生产的先进成果，有利于发展生产，促进企业技术进步和商品质量、经济效益的不断提高。因此，制定和修订商品标准要以科学技术和生产的先进经验的综合成果为基础，适应现代科学技术和生产发展的要求以及赶超世界先进水平和超越国际市场竞争的要求。确定质量指标和检验方法应力求科学合理，各

项质量指标的规定既不能过高，也不能过低，并要符合使用要求。

经济上合理是衡量技术可行性的重要标志和依据。任何先进技术的推广和应用，都受经济条件的制约。真正先进的商品或技术应是在同等水平中比较经济的。因此，制定和修订商品标准不仅要考虑技术先进，而且要通过全面的技术经济分析和论证，寻求经济上的合理性，把提高商品标准水平、商品质量与取得最佳经济效益统一起来。

（五）结合自然条件，合理利用社会资源

资源是一个国家发展经济最基本的物质基础。制定商品标准要密切结合本国的自然资源情况，努力提高资源利用率，尽可能节约原材料，努力开发新材料，尽可能采用代用品，大力回收利用废旧物资。开发利用资源必须考虑资源保护、生态环境等问题。任何商品总是在一定的环境条件下使用的，有些商品的性能要受到环境条件的制约。因此，制定商品标准要研究如何使商品既适应环境条件，又合理利用社会资源。

（六）积极采用国际标准和国外先进标准，以适应对外贸易发展的需要

中国已加入世界贸易组织，进出口贸易呈现快速发展的趋势，而发达国家凭借先进标准这一技术壁垒保护本国市场。积极采用国际标准和国外先进标准已成为世界各国技术经济发展的普遍趋势。

采用国际标准和国外先进标准要从我国经济技术发展和对外贸易的需要出发。对国际标准中的基础标准、方法标准、原材料标准、通用零部件标准以及有关安全、卫生、环境保护标准，我国要尽量优先采用；对商品质量指标和测试方法，我国可以择优采用，以提高商品质量，开拓国际市场，增强我国商品在国际市场上的竞争能力，促进我国对外经济技术合作和对外贸易的发展。

（七）商品标准尽量协调、配套

制定标准要对国内外同类商品的品种、规格、性能、用途等进行选优和合理的分类、分档，形成系列，特别是那些工业商品中量大面广的零件、部件、元件、配件等，做到尽量扩大使用范围，提高通用互换的程度，使各类商品的标准尽量协调、配套。

（八）商品标准要做到与时俱进

商品标准要视国内外科技和生产发展的情况，适时地、主动地进行修订，以适应新变化的环境。例如，我国国家标准一般每隔 3~5 年复审一次，分别予以确认、修订和废止，以便适应新的环境和社会发展现状。

四、商品标准的构成要素和基本内容

根据《标准化工作导则 第 1 部分：标准化文件的结构和起草规则》（GB/T 1.1—2020）、《标准编写规则第 10 部分，产品标准》（GB/T 20001.10—2014）、《服务业组织标准化工作指南 第 3 部分：标准编写》（GB/T 24421—2009）以及《服务标准编写

通则》（GB/T 28222—2011）的规定，我国商品标准（产品标准、服务标准）的构成要素如表8-3所示。

表8-3表明了按照前述方法划分后的要素类型和包含的具体要素。

表8-3　我国商品标准的构成要素

要素	要素类型	
	必备或可选	规范性或资料性
封面	必备	资料性
目次	可选	
前言	必备	
引言	可选	
范围	必备	规范性
规范性引用文件*	必备/可选	资料性
术语和定义*	必备/可选	规范性
符号和省略语	可选	规范性
分类和编码/系统构成	可选	
总体原则或总体要求	可选	
核心技术要素	必备	
其他技术要素	可选	
参考文献	可选	资料性
索引	可选	

注：* 章编号和标题的设置是必备的，要素内容的有无根据具体情况进行选择。

（一）商品标准的构成要素

当前，商品标准种类繁多，不同领域的商品标准之间具有差异性，并不能针对所有标准固化为一种模式。但是，鉴于标准的实施性要求，标准本文中还是具有共性元素。针对这些共性元素，当前标准化学科将其从两个不同的角度对标准的结构进行划分，即按照标准要素的性质划分和按照标准要素必备的或可选的状态划分。

1. 按照标准要素的性质划分

根据标准中各种要素在标准实施中所发挥的作用，标准中的要素可以划分为两大类：规范性要素和资料性要素。

（1）规范性要素。规范性要素是鉴定文件范围或设定条款的要求。规范性要素是标准的核心内容，其内容存在的作用在于告知标准实施方按照其内容开展工作，使其相关过程、结果符合标准。相关方一旦声明其产品、过程或服务符合某一项标准，就必须符合该标准中规范性要素的条款内容。

（2）资料性要素。资料性要素是给出有助于文件的理解或使用附加信息的要素。资料性要素在标准中存在的目的是提供一些附加信息或资料，其存在的作用在于促进利益相关方更好地理解标准、掌握标准，提高标准的适用性和可操作性。相关方在声明符合标准时，资料性要素的内容并非必须遵守。

2. 按照标准要素必备的或可选的状态划分

根据实际需要加以选择的状态，标准中的所有要素可以分为必备要素和可选要素。需要注意的是，这里的分类仅表明是否存在的状态，并不直接指向要素的重要性。

（1）必备要素。必备要素是在不同类型、不同对象的标准都必须存在的要素。标准中的必备要素包括封面、前言、范围、规范性引用文件（标题）、术语和定义（标题）、核心技术要素。这些要素各自发挥着重要作用。

（2）可选要素。可选要素是在标准中并非必须存在的要素，编制标准时根据标准实现的目标和标准条款表达的具体需要加以选择。这直接反映出不同标准的差异性。标准中除了上面列明的必备要素之外，其他要素都是可选要素。

在商品标准中，产品标准与服务标准均可由如表8-3所示的各项要素构成，而两者在分类和编码/系统构成、技术要素（包括核心技术要素和其他技术要素）上有所区别。

（二）产品标准的技术要素及内容

1. 分类和编码/系统构成

分类和编码/系统构成是可选要素，它们可以为符合规定要求的产品建立一个分类（分级）、标记和编码体系。

根据产品不同的特性（如来源、结构、性能或用途），产品分类一般包括下述内容：第一，分类原则与方法；第二，划分的类别，如产品品种、型式（或型号）和规格及其系列；第三，类别的识别，通常可用名称（一般由文字组成）、编码（一般由数字、字母或它们的组合组成）或标记（可以由符号、字母、数字构成）进行识别。

产品分类要符合下列基本要求：第一，划分的类别应满足使用的需要；第二，尽可能采用系列化的方法进行分类；第三，对系列产品应合理确定系列范围与疏密程度等，尽可能采用优先数和优先数系或模数制。

2. 技术要素

技术要素为必备要素，也是产品标准技术要素的重要组成部分，过去常常被称为商品的"质量要求"。产品标准的技术要素内容见表8-4。

表 8-4　产品标准的技术要素内容

要求类型	具体要求	说明
适用性要求	使用性能要求	产品的使用性能是指产品为满足一定的使用要求所应具备的性质与功能。标准应根据产品的具体情况，选择直接反映产品使用性能的指标或间接反映其使用性能的代用指标。使用性能包括以下内容： （1）几何性能（几何形状、角度、相互位置、尺寸、厚度等）； （2）人体工效学特性（产品结构要与人体尺寸和体型以及各个部分相适应，产品要与人的视、听、触、嗅、味觉以及速度能力和信息再处理能力相适应）； （3）物理性能（密度、黏度、粒度、熔点、燃点、沸点、力学性能、电学性能、光学性能、热学性能、声学性能等）； （4）化学性能（成分、纯度、耐酸性、耐碱性、耐氧化性、耐还原性、耐老化性、耐腐蚀性、热稳定性等）； （5）微生物学特性
	稳定性要求	当使用性能规定的内容不能保证产品符合使用要求的稳定性时，标准应明确做出规定，如产品对气候、酸碱、水、热、光、磁等影响的稳定性
	健康、安全和环境保护要求	标准在规定产品性能时，必须考虑到是否会涉及健康、安全和环境保护等因素，并遵守有关的法规和强制性标准。标准应包括有关内容，如防爆、防火、防电击、防污染、防辐射的要求，对产品运转部分的平衡要求，噪声限制，食品中有害成分的限制，对产品污染环境以及耗能、耗费资源（耗电、耗油、耗煤、耗水等）的限制等。标准在规定这些指标时，必须同时规定其极限值
	接口、互换性、兼容性或相互配合	便于接口、互换性、兼容性或相互配合等要求是编制产品标准的重要目的之一
	品种控制	对广泛使用的材料、物资、机械零部件、电子元器件或电信电缆等，利于品种控制是编制产品标准的重要目的，标准应根据具体情况编制相应条款。品种可以包括尺寸和其他特性
	外观和感官要求	产品有外观和感官要求时，标准应对外观和感官要求做出规定，如表面缺陷限定、颜色以及味觉、嗅觉、视觉、手感等要求。
其他要求	结构	需要对产品的结构提出要求时，标准应做出相应的规定。规定产品结构尺寸时，标准应给出结构尺寸图，并注明长、宽、高三个方向的相应尺寸，或者注明相应尺寸代号等
	工艺、材料	产品标准通常不包括对工艺、材料的要求，为了保证产品性能和安全，不得不限定工艺条件时，或者可以在技术要求中规定工艺要求。不得不指定所使用材料时，已有现行标准的，应引用有关标准或规定，可以使用不低于有关标准规定的其他材料；无现行标准的，可以在附录中对材料性能做出具体规定

3. 取样

取样为可选要素。取样规定取样的条件和方法以及样品保存方法。

4. 试验方法

试验方法为可选要素。编写试验方法的目的在于给出证实技术要求中的要求是否得到满足的方法。技术要求、取样和试验方法是相互关联的，应统筹考虑。

通常，试验方法应包括试样的制备和保存、试验步骤和结果的表述（包括计算方法以及试验方法的准确度）。

5. 检验规则

检验规则为可选要素。检验规则是针对产品的一个或多个特性，给出测量、检查、验证产品是否符合技术要求所应遵循的规则、程序或方法等内容。

6. 标志、标签和随行文件

含有产品标志内容的产品标准应规定用于识别产品的各种标志的内容，主要包括产品名称、产品执行的标准编号；生产者或销售商的名称、地址、商标、标记；根据产品特点和使用要求，标明的产品的不同种类、规格、型号、等级、主要成分及含量、主要参数。对限期使用的产品，标准还要标明产品的生产日期、保质期或失效期。产品使用不当容易危及人身、产品、设备安全，或者损坏产品、设备或污染环境时，标准要规定警示标志或警示说明。

包装标志的基本内容包括商品包装材料外观上的收发货标志、包装储运图示标志、危险货物包装标志、包装回收标志及其他标志等。

如果要求使用标签，标准应规定标签的类型以及在产品或其包装上如何挂系、粘贴或涂刷标签等。

产品标准可以要求提供产品的某些随行文件，如产品合格证、产品说明书、装箱单、随机备件附件清单、安装图、搬运说明等。

7. 包装及运输、储存

包装及运输、储存为可选要素，需要时可以规定产品的包装及运输、储存条件等方面的技术要求。这样，既可以防止因包装及运输、储存不当引起危险或污染环境，又可以保护产品。

（三）服务标准的技术要素及内容

服务要求是服务标准的主要组成部分，包括以下七个方面的内容：

1. 服务规范

服务规范规定服务应达到的水平和要求，描述对服务提供过程和结果的质量要求。质量要求包括明示的、隐含的以及必须履行的期望或需求等。

服务业组织在编写服务规范时，要充分考虑以下六个方面的质量特性要求：

（1）功能性。服务业组织应根据自身的服务性质，规定预期交付给顾客的服务特性的要求和目标。例如，媒体主要从四个方面规定功能性：检测社会环境、协调社会关系、提供娱乐、传承文化。

（2）经济性。经济性是指用较少的投入获得同质量的服务。顾客层面的经济性是指获得服务所需的费用的合理性，组织层面的经济性是指资源投入和服务提供过程中成本的合理性。服务业组织应从以上两个层面规定相应的要求和目标。

（3）安全性。服务业组织应根据识别出的现在的和未来的安全风险规定安全性方面的要求。例如，消防、人身财产安全、保密、健康卫生等方面的要求和工作目标。

（4）舒适性。舒适性是顾客对服务设施、服务环境、服务人员和服务活动的一种综合感受，服务业组织应规定相关的要求和目标。有时，服务业组织无法直接规定这些要求，可以通过对服务人员、服务设施、服务用品和服务环境等方面的要求体现对舒适性的要求。

（5）时间性。服务业组织应规定在与顾客约定的或组织承诺的时间内完成服务提供活动的要求和目标，应规定等待的时间、服务提供过程的时间（包括开始时间和结束时间）、顾客意见反馈处理的时间以及工作效率等。

（6）文明性。文明性属于服务提供过程中为满足精神需求而规定的要求和目标。服务业组织应通过对服务行为的规定体现对文明性的要求，为服务接受者营造自由、亲切、受尊重、友好、自然和谅解的气氛。同时，员工保障和社会责任方面的要求也体现了对文明性的要求。

2. 服务提供规范

为确保服务提供过程满足服务规范的要求，标准应制定服务提供规范，规定提供服务的方法和手段。编写服务提供规范要考虑以下四个方面的基本要求：服务流程要求、职责和权限要求、事件预防性措施要求、与顾客沟通的安排。

3. 人员资质

标准应从教育与培训、技能与经验、健康与素养等方面规定对从业人员的资质要求。

4. 运行管理

标准应规定对各项运行管理活动的要求，包括对计划、组织、领导和控制等方面的要求。编写运行管理的相关要求时，要考虑方针、目标管理、信息管理、沟通管理、财务管理、人力资源管理、能源管理、市场营销管理、合同管理、采购管理、评价和持续改进 11 个方面的要求。

5. 安全

标准应制定与服务结果及服务提供过程相关的安全管理规定。编写安全相关要求要考虑安全保障措施、对服务场所的安全要求、对服务用品使用的安全要求、对服务设施的安全要求、对服务从业人员的安全要求五个方面的基本要求。

6. 环境

为保证向顾客提供适宜的环境以及保护环境、文化和人类遗产，标准应制定环境方面的相关要求，规定组织应具备的环境条件和对环境保护的要求。编写环境相关要求要考虑环境条件要求（提供服务所需温度、湿度、光线、空气质量、卫生、噪声限值、场地面积等）、环境因素的识别和评价要求、环境因素实施控制要求（如废物处理、减少资源和能源的消耗、减少噪声和视觉污染）、环境意识要求。

7. 设施及设备、用品

标准应规定设施、设备和用品相关的购置、验收、使用、存放、维护保养和报废处置等方面的要求。

第四节　认证认可

一、认证认可概述

（一）认证的概念

《中华人民共和国认证认可条例》对"认证"的定义如下："本条例所称认证，是指由认证机构证明产品、服务、管理体系符合相关技术规范、相关技术规范的强制性要求或者标准的合格评定活动。"

认证通常分为产品认证、服务认证和管理体系认证。人们较为熟悉的强制性产品认证制度就是强制性产品认证。管理体系认证包括以 ISO 9001 标准为依据开展的质量管理体系认证，以 ISO 14001 标准为依据开展的环境管理体系认证，以 GB/T 45001 标准为依据开展的职业健康安全管理体系认证，以体育场所服务标志为依据开展的体育服务认证等。

（二）认可的概念

《中华人民共和国认证认可条例》对"认可"的定义如下："本条例所称认可，是指由认可机构对认证机构、检查机构、实验室以及从事评审、审核等认证活动人员的能力和执业资格，予以承认的合格评定活动。"认可是正式表明合格评定机构具备实施特定合格评定工作能力的第三方证明。通俗地讲，认可是指认可机构按照相关国际标准或国家标准，对从事认证、检测和检查等活动的合格评定机构实施评审，证实其满足相关标准要求，进一步证明其具有从事认证、检测和检查等活动的技术能力和管理能力，并颁发认可证书。

（三）认证与认可的区别

认证与认可是完全不同的两个概念，无论是实施主体、实施客体还是实施效力都是完全不同的（见表 8-5）。

表 8-5　认证与认可的区别

区别	认证	认可
实施主体不同	认证活动的主体是独立于供方和采购方的第三方，它可以是民间的、私有的，也可以是官方的。 认证机构以公正的身份依靠自身服务质量来树立在行业中的威信，以此吸引顾客，但不具有法律上的权威性	认可活动的主体是权威机构。权威机构通常是具有法律上的权利和权力的机构，因此认可机构一般是由政府授权的。中国合格评定国家认可委员会（CNAS）是由国家认证认可监督管理委员会（CNCA，简称"国家认监委"）批准设立并授权的国家认可机构

表8-5（续）

区别	认证	认可
实施客体不同	认证活动的对象是产品、服务或体系，目的是证明某产品或体系符合特定标准规定的要求。 认证机构审核的是某个机构（大多数是生产企业和服务性企业）生产或提供的产品、服务或管理体系对标准规定要求的符合性	认可活动的对象是机构或人员，目的是承认某机构或人员完成特定任务的能力或资格。 认可机构评审的是某个机构（如实验室、检查机构、认证机构等）或个人从事特定检测、校准、检查、认证等活动的能力。这里的能力既包含质量要求，又包含技术要求
实施效力不同	政府授权的认可机构做出的"正式的承认或认可"所具有的权威性和有效性远重于认证机构做出的"书面保证"	

（四）认证的分类

按照认证的种类划分，认证通常分为产品认证、服务认证和管理体系认证。

产品认证是指依据产品标准和相应技术要求，经认证机构按照一定程序规则确认并通过颁发认证证书和认证标志来证明某一产品符合相应标准或技术法规要求的合格评定活动。产品认证分为强制性产品认证（CCC）与非强制性产品认证。

服务认证不同于服务业的管理体系认证，服务是一种无形的特殊产品。服务认证是指认证机构按照一定程序规则证明服务符合相关的服务要求的合格评定活动。例如，以体育场所服务标志为依据开展的体育服务认证。

管理体系认证是指认证机构依据标准对相关组织（企业、机关等实体）的管理能力、管理过程进行审核，并通过颁发认证证书证明其符合相应标准要求的合格评定活动。管理体系认证包括以 ISO 9001 标准为依据开展的质量管理体系认证，以 ISO 14001 标准为依据开展的环境管理体系认证，以 GB/T 45001 标准为依据开展的职业健康安全管理体系认证等。

《认证机构管理办法》第二条规定："本办法所称认证机构，是指依法取得资质，对产品、服务和管理体系是否符合标准、相关技术规范要求，独立进行合格评定的具有法人资格的证明机构。"在我国，认证机构取得法人资格，以便承担因认证协议或合同引发的民事责任、因违反产品认证法律法规引发的行政责任、情况严重时承担因触犯《中华人民共和国刑法》引发的刑事责任。

认证机构应是一个法律实体，或者是一个法律实体内明确界定的部分。后一种情况是指认证机构不是一个独立的法律实体，只是一个较大法律实体内组织结构和业务范围界限明确、权限和责任清楚的组成部分，由较大法律实体以文件形式授权并承诺为认证机构开展的认证活动承担法律责任。较大法律实体的文件授权和承诺宜考虑认证机构的设置及其与外部的关系、认证人员及其管理以及认证活动。

二、产品认证

(一) 产品认证的概念

国际标准化组织（ISO）将产品认证定义为由第三方通过检验评定企业的质量管理体系和样品型式试验来确认企业的产品、过程或服务是否符合特定要求，是否具备持续稳定生产符合标准要求产品的能力，并给予书面证明的程序。

产品认证是指由可以充分信任的第三方证实某一产品或服务符合特定标准或其他技术规范的活动。产品认证是一种合格评定活动，它为消费者、监管机构、行业和其他相关方提供产品符合规定要求的信息。这些规定要求包括产品的性能、安全、互换性和可持续性等。产品认证能在国家、区域和国际层面促进产品贸易、市场准入、公平竞争和消费者认可。

(二) 产品认证的制度

按产品认证的性质和约束力，产品认证可分为强制性产品认证和自愿性产品认证（非强制性产品认证）两类。我国产品认证实行强制性认证和自愿性产品认证制度相结合的制度。

1. 强制性产品认证制度

强制性产品认证制度简称"CCC认证"（China compulsory certification认证），是我国政府为切实保护广大消费者人身安全和动植物生命安全、保护环境、保护国家安全，依照法律法规实施的一种产品合格评定制度。它要求产品必须符合国家强制标准和技术法规。

国家对强制性产品认证实施"四个统一"，即统一目录，统一标准、技术法规和合格评定程序，统一标志，统一收费标准。强制性产品认证制度是各国政府普遍实施的一项市场准入制度。其主要通过制定《强制性产品认证的产品目录》（以下简称《目录》）和实施强制性产品认证程序，对列入《目录》中的产品实施强制性检测和审核。凡列入《目录》内的产品未获得指定机构的认证证书，未按规定加施认证标志，不得出口、进口、销售和在经营服务场所使用。强制性产品认证制度在推动国家各种技术法规和标准的贯彻、规范市场经济秩序、打击假冒伪劣行为、提升产品的质量管理水平和保护消费者权益等方面，具有其他制度不可替代的作用和优势。认证制度由于其科学性和公正性，已被大多数国家广泛采用。实行市场经济制度的国家，政府利用强制性产品认证制度作为产品市场准入的手段，正在成为国际通行的做法。

2. 自愿性产品认证制度

自愿性产品认证也称非强制性产品认证，是企业根据自愿原则向认证机构提出产品认证申请，由认证机构根据认证基本规范、认证规则和技术标准进行的合格评定活动。自愿性产品认证的依据为相关的国家标准、行业标准、国际标准、其他先进标准或认证机构的技术要求。经认证合格的，由认证机构颁发产品认证证书，准许企业在产品或其包装上使用产品认证标志。一般来说，未列入 CCC 认证范围的其他产品，经其企业申请都可以实施自愿性产品认证。

目前，我国自愿性产品认证涉及的产品领域有电器电子及部件类、医疗器械类、玩具、建材、家具、纺织品及鞋、汽车零部件、饮品、机械、化工产品、体育用品、中文字符及软件、燃气具、农产品和食品、可再生资源、新能源产品等。

（三）产品认证的方式

产品质量认证，从世界范围来看可以分为以下八种类型：

（1）形式试验，即按规定的试验方法对产品的样品进行试验，以证明样品符合标准或技术规范的要求。

（2）形式试验加认证后监督——市场抽样检验。这是一种带有监督措施的形式试验。市场抽样检验从市场上购买样品或从批发商、零售商的仓库中随机抽样进行检验，以证明认证商品的质量持续符合标准或技术规范的要求。

（3）形式试验加认证后监督——供方抽样检验。供方抽样检验与市场抽样检验相类似，但它不是从市场上抽样，而是从供方发货前的产品中随机抽样进行检验。

（4）形式试验加认证后监督——市场抽样和供方抽样检验。这是市场抽样检验、供方抽样检验的综合，监督检验所用的样品来自市场抽样和供方随机抽样。

（5）形式试验加供方质量体系认证再加认证后监督——质量体系复查加市场抽样和供方抽样检验。这种认证类型是在批准认证的资格条件中增加了对产品供方质量体系的检查和评定，在批准认证后的监督措施中也增加了对供方质量体系的复查。

（6）供方质量体系的评定和认可。这种认证类型是按既定标准或技术规范要求对供方所提供产品的质量保证能力进行评定和认可，而不对最终产品进行认证。

（7）批量检验。这种认证类型是根据规定的方案，对一批产品进行抽样检验，并据此做出该批产品是否符合标准或技术规范的判断。

（8）100%检验，即每一件产品在出厂前都要依据标准由认可的独立检验机构进行检验。

产品质量认证的不同类型如表 8-6 所示。

表 8-6　产品质量认证的不同类型

认证类型	认证对象	认证方式					特点
		资格条件		认证后监督			
		形式试验	质量管理体系评定	市场抽样	工厂抽样	质量管理体系复审	
1. 形式试验	产品	√					（1）主要用于证实产品设计符合规范要求，不证明以后生产的同样产品符合标准。 （2）仅颁发合格证书，不使用认证标志。 （3）提供产品质量信任程度较低

表8-6（续）

认证类型	认证对象	认证方式					特点
		资格条件		认证后监督			
		形式试验	质量管理体系评定	市场抽样	工厂抽样	质量管理体系复审	
2. 形式试验加认证后监督——市场抽样检验	产品	√		√			
3. 形式试验加认证后监督——供方抽样检验	产品	√			√		(1) 证实生产的产品持续符合标准。 (2) 使用产品认证标注。 (3) 提供可靠的产品质量信任程度
4. 形式试验加认证后监督——市场抽样和供方抽样检验	产品	√		√	√		
5. 形式试验加供方质量体系认证再加认证后监督——质量体系复查加市场抽样和供方抽样检验	产品	√	√	√	√	√	(1) 证实生产的产品持续符合标准。 (2) 使用产品认证标志。 (3) 提供可靠的产品质量信任程度
6. 供方质量体系的评定和认可	质量体系		√			√	(1) 证实生产厂商具有按既定规范要求提供产品的质量保证能力。 (2) 注册公布，颁发合格证书，质量体系认证证书不能直接用于产品
7. 批量检验	产品	√					(1) 仅证实某特定一批产品符合标准。 (2) 只对被检验的一批产品发放合格证明，不使用产品认证标志。 (3) 提供的产品质量信任程度高
8. 100%检验	产品	√					证实每一件产品均符合标准，认证费用高，提供的产品质量信任程度高

三、服务认证

（一）服务认证的概念

服务认证是指由认证机构证明某项服务符合相关标准和技术规范的合格评定活动。根据《国家认监委关于自愿性认证领域目录和资质审批要求的公告》（国家认监委2016年第24号公告）的规定，一般服务认证共22个领域，体育场所服务认证、绿色市场认证、软件过程能力及成熟度评估认证三项认证为国家推行、统一规范管理的认证制度，其余为一般服务认证制度（见表8-7）。

服务的规定要求通常包含在标准或其他规范性文件中，服务认证不局限于无形要素的评价。在某些情况下，服务的有形要素可以对通过服务的过程、结果、资源和控制等方面的符合性评估提供证据。

服务认证方案应参照相关标准（ISO/IEC 17067、ISO/IEC TR 17028）判定，认证方案涉及一系列内容，包括有形要素、过程要素、能力要素和知识要素等。服务认证向顾客、监管机构、行业和其他利益相关方提供信心，以证明这些服务组织提供的服务满足规定的服务要求。

表 8-7　服务认证领域

类别	认证领域
国家推行、统一规范管理的服务认证	1. 体育场所服务认证
	2. 绿色市场认证
	3. 软件过程能力及成熟度评估认证
一般服务认证	1. 无形资产和土地服务
	2. 建筑工程和建筑物服务
	3. 批发业和零售业服务
	4. 住宿服务：食品和饮料服务
	5. 运输服务（陆路运输服务、水运服务、空运服务、支持性和辅助运输服务）
	6. 邮政和速递服务
	7. 电力分配服务，通过主要管道的燃气和水分分配服务
	8. 金融中介、保险和辅助服务
	9. 不动产服务
	10. 不配备操作员的租赁或出租服务
	11. 科学研究服务（研究和开发服务，专业、科学和技术服务，其他专业、科学和技术服务）
	12. 电信服务、信息检索和提供服务
	13. 支持性服务
	14. 在收费或合同基础上的生产服务
	15. 保养和修理服务
	16. 公共管理和整个社区有关的其他服务、强制性社会保障服务
	17. 教育服务
	18. 卫生保健和社会福利服务
	19. 污水和垃圾处置、公共卫生及其他环境保护服务
	20. 成员组织的服务、国外组织和机构的服务
	21. 娱乐、文化和体育服务
	22. 家庭服务

（二）常见的一般服务认证

1. 养老认证服务

养老服务是指为老年人提供必要的生活服务，满足其物质生活和精神生活的基本需求。我国建立健全以居家为基础、社区为依托、机构为补充、医养相结合的养老服务体系。

认证依据为《养老机构服务质量基本规范》（GB/T 35796—2017）以及《居家养老服务规范》（SB/T 10944—2012）。

2. 商品售后服务评价体系认证

商品售后服务评价体系认证是服务认证涉及面最多最广的服务认证，凡在中华人民共和国境内注册的生产、贸易、服务型企业均可申请认证。

认证依据为《商品售后服务评价体系》（GB/T 27922—2011）。

3. 金融服务领域相关服务认证

在金融、保险和辅助服务领域，认证机构推出了一系列金融领域相关的认证，如银行营业网点服务认证、农村普惠金融支付服务点认证、非银行支付机构支付业务设施技术认证、移动金融技术服务认证、银行卡清算组织业务设施技术认证等，认证对象包括金融基础设施、金融产品、金融科技产品和金融服务。

四、管理体系认证

（一）管理体系认证的概念

管理体系认证是指由认证机构按照管理体系标准的要求对组织（企业、事业单位、政府机关、社会团体等）建立和实施的管理体系进行审核，对符合标准要求的发给相应管理体系认证证书的合格评定活动。

目前，管理体系认证按照对应的管理领域，已经形成质量管理体系（ISO 9000）、环境管理体系（ISO 14000）、职业健康安全管理体系（ISO 45001）、社会责任管理体系（SA 8000）、食品安全管理体系（HACCP）、药品生产质量管理体系（GMP）、软件开发生产管理体系（CMM）、电信行业质量管理体系（TL 9000）、汽车行业质量管理体系（IATF16949）等多种认证制度。

本书重点介绍质量管理体系认证、环境管理体系认证、食品安全管理体系认证以及职业健康安全管理体系。

（二）质量管理体系认证

1. 质量管理体系认证的概念

质量管理体系认证是指由取得质量管理体系认证资格的第三方认证机构，依据正式发布的质量管理体系标准，对企业的质量管理体系实施评定，评定合格的由第三方机构颁发质量管理体系认证证书，并给予注册公布，以证明企业质量管理和质量保证能力符合相应标准或有能力按规定的质量要求提供产品的活动。

目前，世界各国大多按照 ISO 9000 质量管理和质量保证系列标准开展认证，并且形成了世界通行的质量管理体系认证制度。质量管理体系认证的主要依据是 ISO 9001 与 ISO 9004 两种质量保证模式标准。

2. ISO 9001 与 ISO 9004 的联系和区别

（1）两者的共同点。两项标准的编写结构相同，都仿效组织内主要过程的典型形态，都用以过程为基础的质量管理体系模式加以表述，都是以"管理职责—资源管理—产品实现—测量、分析和改进"四大过程展开，展示了过程之间的联系，并应用策划（P）、实施（D）、检查（C）、改进（A），即 PDCA 循环的方法，达到组织质量管理体系的持续改进。

（2）两者的区别。ISO 9001 标准规定了质量管理体系的"要求"，用于外部质量保证，也是用于证实和评定供方质量管理体系有效性的标准。ISO 9001 只规定了质量管理体系要素的基本要求，而没有规定达到要素要求所采取的途径和实施的具体方法，仅要求提供客观证据以证实达到标准的要求。因此，ISO 9001 标准可供组织作为内部审核的依据，也可用于认证或合同的依据。ISO 9004 标准则是"改进指南"，不能用作审核、认证和合同的依据。在满足顾客的要求方面，ISO 9001 关注的是质量管理体系的有效性，而 ISO 9004 提供了超出 ISO 9001 要求的指南，除了有效性外，还特别关注持续改进组织的总体业绩和效率。两者可以作为配套标准使用，ISO 9001 提供满足外部质量管理体系认证的"基本要求"的保证，而 ISO 9004 则配合提供指导内部质量管理提升的路径和方法，从而推动组织实现持续改进。

3. 采用 ISO 9000 的益处

由于 ISO 9000 系列标准总结、吸取了各国质量管理理论的精华，规范并统一了质量术语的概念，反映和发展了世界上先进的实践经验，具有系统性、实用性和适时性，因此该系列标准一经发布，很快被 120 多个国家和地区等同或等效采用，开始主要是应用于工业企业，很快扩展到外贸、建筑、金融、服务、行政机关等领域。组织采用 ISO 9000 受益明显，归纳起来有以下几个方面：

（1）组织通过全员培训，能够培养和造就一支管理队伍，提高组织的整体素质和管理水平，调动员工工作积极性，人人参与，增强内部团结和凝聚力。

（2）组织有效保证产品质量，提高生产率和产品合格率，降低成本，并且有利于新产品的开发、研制。

（3）组织可以减少客户的投诉，增强客户的信任感，留住老客户，吸引新客户，并且更好地吸引客户的投资、增资。

（4）组织提高企业知名度，增强企业信誉，拿到了通往国际市场的"通行证"。特别是我国加入世界贸易组织后，关税壁垒减弱，外国为保护本国利益，限制没有获得 ISO 9000 国际认证的企业所生产的产品准入的非关税壁垒势必加强，而推行 ISO 9000 对打破非关税壁垒有极大的好处。

（5）根据国家规定，各职能部门对获得 ISO 9000 认证的企业有一定的优惠政策。

4. 质量管理体系认证与产品（服务）认证的区别

质量管理体系认证和产品质量认证不同，其主要区别如下：质量管理体系认证的对象是质量管理体系；质量管理体系认证的依据是质量管理体系标准；质量管理体系认证的目的是证明供方的质量管理体系有能力确保其产品满足规定的要求；质量管理体系认证的证实方式是对质量管理体系审核而不对产品实物实施检验；质量管理体系认证的证明方式是颁发证书、注册公布，供方可以使用注册标志做宣传，但不得直接用于产品或以其他方式误导产品已经认证合格；质量管理体系认证后定期监督供方质量管理体系，但不对产品实物实施监督检验；从认证的性质上来讲，产品（服务）认证有强制性和自愿性两种，质量管理体系认证则是自愿性的。产品（服务）认证与质量管理体系认证的特点比较如表 8-8 所示。

表 8-8　产品（服务）认证与质量管理体系认证的特点比较

项目	产品（服务）认证	质量管理体系认证
对象	特定产品（服务）	企业或其他组织的质量管理体系
认证依据	产品（服务）标准、技术法规或其他技术规范	《质量管理体系 要求》（GB/T 19001—2016），等同采用国际标准 ISO 9001
认证方式	产品（服务）认证证书、认证标注	质量管理体系认证证书、认证标志
证明的使用	产品（服务）认证证书可用于广告等宣传；产品（服务）认证标志可标注于产品及其他包装上（或悬挂于获得服务认证区域内）	质量管理体系证书并不证明其产品或服务业通过认证。其认证标志可用于广告等宣传，但不允许标注在产品上，只有在注明获证企业（或其他获证组织）通过质量管理体系认证的情况下方可标注在产品的包装上
性质	自愿性或强制性	自愿性
体系证实的范围	质量管理体系中特定产品（服务）所涉及的有关部分	质量管理体系中申请注册的产品（服务）范围内所涉及的有关部分
检验内容	产品（服务）质量检验和质量管理体系的审核，但体系检查注重对特定产品（服务）的技术措施的落实和能力	质量管理体系审核，着重注册产品范围内过程控制的有效性和效率

（三）环境管理体系认证

1. 环境管理体系认证的概念

环境管理体系认证是指由第三方公证机构依据环境管理体系标准，对供方的环境管理体系实施评定，合格者由第三方机构颁发环境管理体系认证证书，并给予注册公布，以证明供方具有按既定环境保护标准和法规要求提供产品的环境保护能力。

国际标准化组织于 1993 年 6 月成立了环境管理技术委员会，该委员会制定了 ISO 14000 环境管理系列标准。在 ISO 14000 环境管理系列标准中，ISO 14001 环境管理体系标准最为重要。它是组织建立环境管理体系以及审核认证的准则，是一系列后续标准的基础。当前，世界各国正在积极推行 ISO 14000 环境管理系列标准，并以此开展环境管理体系认证。环境管理系列标准的实施有助于规范企业和社会团体等所有组织的环境行为，减少人类各项活动造成的环境污染，保持环境与经济发展相协调，促进经济的可持续发展。组织通过环境管理体系认证，可以证实生产厂商使用的原材料、生产工艺、加工方法以及产品的使用和用后处理是否符合环境保护标准和法规的要求。

为提高企业建立环境管理体系的主动性，ISO 14000 环境管理系列标准实施了环境标志制度。环境标志对企业的环境行为加以确认，以标志图形、说明标签等形式向市场展示标志产品和非标志产品环境行为的差别，形成强大的市场压力，达到改善组织环境行为的目的。由于实施 ISO 14001 环境管理系列标准可以带来节能降耗、增强组织竞争力、赢得客户等好处，ISO 14001 环境管理系列标准自发布之日起就得到各界的积极响应，被视为通往国际市场的"绿色通行证"。现在，是否取得 ISO 14000 认证，已经成为组织向消费者、当地居民以及行政部门等相关方证明其环保能力的有效手段，因此这项认证正以极其迅猛之势在全世界普及开来。

2. ISO 14000 环境管理系列标准与环境管理体系认证依据

ISO 14000 环境管理系列标准是国际标准化组织环境管理标准化技术委员会（ISO/TC 207）汇集全球环境管理及标准化方面的专家，在总结全世界环境管理科学经验基础上负责制定的一套环境管理国际标准。

ISO 14000 系列标准共预留 100 个标准号。该系列标准共分 7 个系列（由 SC1～SC6 共 6 个分技术委员会和直属工作组分别制定），其标准号为 14001～14100，涉及环境管理体系、环境审核、环境标志、环境行为评价、生命周期评价等国际环境管理领域内的各种焦点问题。ISO 14000 系列标准的标准号分配表如表 8-9 所示。

表 8-9　ISO 14000 系列标准的标准号分配表

项目	名称	标准号
SC1	环境管理体系（EMS）	14001～14009
SC2	环境审核（EA）	14010～14019
SC3	环境标志（EL）	14020～14029
SC4	环境行为评价（EPE）	14030～14039
SC5	生命周期评价（LCA）	14040～14049
SC6	术语和定义（T&D）	14050～14059
WG1	产品标准中的环境指标	14060
	备用	14061～14100

在 ISO 14000 系列标准中，涉及环境管理体系的标准是 ISO 14001 和 ISO 14004。我国及时将它们等同转化为《环境管理体系 要求及使用指南》（GB/T 24001—2016）和《环境管理体系 原则、体系和支持技术通用指南》（GB/T 24004—2004）国家标准。ISO 14001 标准是供组织自愿申请第三方认证所必须建立、实施和保持的环境管理体系的基本模式和要求，是环境管理体系认证机构进行认证的主要依据。ISO 14004 不是用于环境管理体系认证的标准，而是对如何建立、实施和改进一个组织的环境管理体系提供帮助和指导的标准，它是供组织自愿使用的内部管理工具。

ISO 14001 标准的基本思想是引导组织按照 PDCA 循环的模式建立环境管理的自我约束机制，从最高领导到每个员工都以主动、自觉的精神处理好自身发展与环境保护的关系，不断提升环境绩效，进行有效的污染预防，最终实现组织的良性发展。

（四）食品安全管理体系认证

食品安全管理体系认证（hazard analysis and critical control point，HACCP）是针对危害分析及关键控制点的概念和方法，是对食品安全有显著意义的危害加以识别、评估和控制的体系。食品安全管理体系认证是对食品加工、运输以至于销售整个过程中的各种危害进行分析和控制，从而保证食品安全的经济有效的管理体系。

食品安全管理体系是一套确保食品安全的管理系统。这种管理系统一般由下列各部分组成：对原材料采购、产品加工、消费等各个环节可能出现的危害进行分析和评估；根据这些分析和评估来设立某一食品从原材料直至最终消费这一全过程的关键控制点；建立起能有效监测关键控制点的程序。

这种管理系统的优点是将安全保证的重点由传统的对最终产品的检验转移到对工艺过程及原材料质量进行管制。这样可以避免因批量生产不合格产品而造成的巨大损失。

在食品的生产过程中，控制潜在危害的先期察觉决定了食品安全管理体系的重要性。通过对主要的食品危害，如微生物、化学和物理污染的控制，食品工业可以更好地向消费者提供消费方面的安全保证，降低食品生产过程中的危害，从而提高人们的健康水平。

（五）职业健康安全管理体系认证

面对严峻的全球化职业健康安全问题，国际社会对职业健康安全问题日益关注，人们寻求有效的职业健康安全管理方法，期待有一个系统化的、结构化的管理模式。随着 ISO 9000 和 ISO 14000 系列标准在各国得到广泛认可与成功实施，考虑到质量管理、环境管理与职业健康安全管理的相关性，国际标准化组织于 1996 年 9 月 3 日组织召开了国际研讨会，讨论是否制定职业健康安全管理体系的国际标准，结果未就此达成一致意见。随后，国际标准化组织在 1997 年 1 月召开的技术工作委员会（TMB）会议上决定，国际标准化组织暂不出台该类标准。但是，许多国家和国际组织都继续在本国或所在地区发展这一标准，使得职业健康安全管理标准化问题成为继质量管理、环境管理标准化之后世界各国关注的又一管理标准化问题。

从 20 世纪 80 年代末开始，一些发达国家率先开展了研究及实施职业健康安全管理体系的活动，并且发展十分迅速。据不完全统计，世界上已有 20 多个国家有相应的职业健康安全管理体系标准，最典型的当属澳大利亚。该国有较为完整的标准系列、正规的培训机构以及完善的国家认证制度。职业健康安全管理体系标准化在国际上的发展也较为迅速。亚太地区职业安全卫生组织（APOSHO）在近年来的几次年会上，都组织各成员方对此进行研讨，特别是在 1998 年的第 14 届年会上建议，各成员方开发本国的标准。为了适应全球日益增加的职业健康安全认证需求，1999 年 3 月，全球数家知名的标准制度研究、认证机构共同制定了职业安全与卫生评价系列标准（occupational health and safety assessment series，OHSAS），现已发布了《职业安全与卫生管理体系——计划书》（OHSMS 18001），成为目前国际社会普遍采用的职业健康安全认证标准。此外，国际劳工组织（ILO）也在开展职业健康安全管理体系标准化工作。在 1999 年 4 月召开的第 15 届世界职业健康安全大会上，国际劳工组织负责人指出，国际劳工组织将像贯彻 ISO 9000 和 ISO 14000 认证那样，推行职业安全评价和规范化管理体系。

五、国内外的认证标志

（一）国内产品认证标志

1. CCC 认证标志

长期以来，我国强制性产品认证存在着对内、对外的两套认证管理体制：原国家质量技术监督局负责对境内销售使用的产品实行安全认证（“长城”认证）、原国家出入境检验检疫局负责对进出口商品实行安全质量许可制度（CCIB 认证）。为了解决对国产产品和进口产品认证不一致的问题，按照世界贸易组织国民待遇原则，原国家质量监督检验检疫总局和国家认证认可监督管理委员会于 2001 年 12 月公布了国家强制性产品认证制度“四个统一”，即实现统一目录，统一标准、技术法规和合格评定程序，统一标志，统一收费标准的有关法规性文件。同时，长城认证、CCIB 认证等质量标志全部停止使用，如有违反者，将依法受到处罚。

CCC 认证标志分为四类，分别为：CCC+S，即仅涉及安全的 CCC 标志式样；CCC+EMC，即仅涉及电磁兼容的 CCC 标志式样；CCC+S&E，即涉及安全及电磁兼容的 CCC 标志式样；CCC+F，即消防类产品的 CCC 标志式样（见图 8-6）。

通常，CCC 认证标志的鉴别方法如下：一是 CCC 认证标志“一揭即毁”。二是 CCC 认证标志为白色底版、黑色图案。三是从正面观察 CCC 认证标志上有“中国认证”四个字，随着不同角度观察这四个字可依次出现。以“中”字为例，变换视角“中”变为“国”，再变换视角又依次变为“认”“证”。四是看随机号码，这是 CCC 认证标志最不易被仿冒的地方，每一枚强制性产品认证标志都有一个唯一的编码。认证标志发放管理中心在发放强制性产品认证标志时，已将该编码对应的产品输入计算机数据库中，消费者可以通过国家认证认可监督管理委员会的强制性产品认证标志防伪查询系统对编码进行查询。

安全认证标志　　电磁兼容标志　　消防认证标志　　安全与电磁兼容标志

图 8-6　CCC 认证标志

2. 方圆认证标志

中国方圆标志认证委员会质量认证中心（CQM-QCC）是经原国家质量技术监督局批准，由中国方圆标志认证委员会和中国标准化协会共同依法建立的实施第三方认证的机构。中国方圆标志认证委员会质量认证中心依据《中华人民共和国产品质量法》《中华人民共和国标准化法》和国家认证工作管理的规章，按照国际标准化组织认证活动的规范性文件从事认证及其相关活动。中国方圆标志认证委员会质量认证中心依据 GB/T 19000—2016、ISO 9000 质量管理和质量保证系列标准，客观、公正地评价认证企业质量体系符合 ISO 9000 国际标准的情况，通过认证提高企业的市场竞争力，保护消费者的合法权益，促进国际贸易。方圆认证标志如图 8-7 所示。

图 8-7　方圆认证标志

3. QS 认证标志

根据原中华人民共和国国家质量监督检验检疫总局发布的《中华人民共和国工业产品生产许可证管理条例实施办法》的规定，生产许可证标志由"企业产品生产许可"汉语拼音的缩写"QS"和"生产许可"中文字样组成。标志主色调为蓝色，字母"Q"与"生产许可"四个中文字样为蓝色，字母"S"为白色。

QS 是我国实施的食品质量安全标志，是我国食品进入国内市场进行销售所必须达到的最基本的要求。实施 QS 认证具有强制性，QS 认证是我国食品进入国内市场的基础。良好生产规范（GMP）、食品安全管理体系（HACCP）认证是我国食品走向世界的桥梁，其具体要求要较 QS 严格些，若出口食品通过了 GMP、HACCP 认证，无疑是企业抢占市场的助力。

　　根据《食品生产许可管理办法》的规定，自 2018 年 10 月 1 日起，食品及食品添加剂包装上一律不得继续使用原包装和标签以及"QS"标志，取而代之的是"SC"编号。

　　从 QS 标志到 SC 编号，做了以下调整：调整食品生产许可主体，实行一企一证；调整许可证书有效期限，将食品生产许可证书由原来 3 年的有效期限延长至 5 年；调整现场核查内容；调整审批权限，除婴幼儿配方乳粉、特殊医学用途食品、保健食品等重点食品原则上由省级食品药品监督管理部门组织生产许可审查外，其余食品的生产许可审批权限可以下放到市、县级食品生产监管部门。每个 SC 数字编号都与企业一一对应，能实现食品追溯。食品生产许可证编号一经确定便不再改变，以后申请许可延续及变更时，许可证书编号也不再改变。"SC"是食品生产许可证编号中的"生产"两个汉语拼音字母缩写，后跟 14 个阿拉伯数字。14 个阿拉伯数字从左至右依次为：3 位食品类别编号、2 位省（自治区、直辖市）代码、2 位市（地）代码、2 位县（区）代码、4 位顺序码、1 位校验码。QS 认证标志如图 8-8 所示。

QS 标志　　　　　SC 编码

图 8-8　QS 认证标志

4. CQC 认证标志

　　CQC 认证标志（China quality certification，CQC）是自愿认证标志。CQC 认证针对 SC 认证以外的产品类别，开展自愿性产品认证，认证范围涉及 500 多种产品。

　　自愿认证是指由国家认证认可行业管理部门制定相应的认证制度，经批准并具有资质的认证机构按照统一的认证标准、实施规则和认证程序开展实施的认证项目。加 CQC 认证标志的产品表明符合有关质量、安全、环保、性能等标准要求，认证范围涉及饲料产品、国家节能环保型汽车产品、有机产品和良好农业规范认证产品等 500 多种，并且产品数量不断增长。其旨在保护消费者人身和财产安全，维护消费者利益，提高国内企业的产品质量，增强产品在国际市场上的竞争力。

　　食品包装 CQC 认证是中国质量认证中心实施的以国家标准为依据的第三方认证，分为食品包装安全认证（CQC 认证）和食品包装质量环保认证（质量环保产品认证）。食品包装安全认证要求企业对主原料、添加剂和印刷油墨等关键原料及供应企业进行备案，对关键原材料进行控制，通过产品一致性检查，保证企业产品符合卫生安全要求，降低食品包装的危害隐患。食品包装质量环保认证是对食品包装本身及其生产过程的环保性进行认证，促使企业推广使用新型环保材料，使企业生产工艺和生产过程的环保性得以改进、提高。CQC 认证标志如图 8-9 所示。

CQC 认证标志基本图　　　　质量环保产品认证标志　　　食品接触安全认证标志

图 8-9　CQC 认证标志

5. 有机食品认证标志

有机食品（organic food）是指来自有机农业生产体系，根据国际有机农业生产要求和相应的标准生产加工的，通过独立的有机食品认证机构，如国际有机农业运动联盟（FOAM）认证的食品。有机食品包括粮食、蔬菜、水果、奶制品、禽畜产品、水产品、蜂产品、调料等。联合国粮农组织（FAO）和世界卫生（WHO）的食品法典委员会（CODEX）将这类称谓各异但内涵实质基本相同的食品统称为"有机食品"，在其他语言中也有叫生态食品、生物食品、自然食品的。

《有机产品认证管理办法》于 2013 年 11 月 15 日由原国家质量监督检验检疫总局发布，于 2015 年 8 月 25 日第一次修订，于 2022 年 9 月 29 日第二次修订，全文共 7 章 58 条，自 2014 年 4 月 1 日起施行。《有机产品认证管理办法》第三条规定："本办法所称有机产品，是指生产、加工和销售符合中国有机产品国家标准的供人类消费、动物食用的产品。办法所称有机产品认证，是指认证机构依照本办法的规定，按照有机产品认证规则，对相关产品的生产、加工和销售活动符合中国有机产品国家标准进行的合格评定活动。"

国家推行统一的有机产品认证制度，实行统一的认证目录、统一的标准和认证实施规则、统一的认证标志。国家认证认可监督管理委员会负责制定和调整有机产品认证目录、认证实施规则，并对外公布。国家认证认可监督管理委员会按照平等互利的原则组织开展有机产品认证国际合作。开展有机产品认证国际互认活动应当在国家对外签署的国际合作协议内进行。有机食品认证标志如图 8-10 所示。

图 8-10　有机食品认证标志

6. 无公害食品认证标志

无公害食品是以全程质量控制为核心，主要包括产地环境质量标准、生产技术标准和产品标准三个方面。为建立和完善无公害食品标准体系，原农业部于2001年制定、发布了73项无公害食品标准，于2002年制定了126项、修订了11项无公害食品标准，于2004年制定了112项无公害食品标准。无公害食品标准内容包括产地环境标准、产品质量标准、生产技术规范和检验检测方法等，涉及120多个（类）农产品品种，大多数为蔬菜、水果、茶叶、肉、蛋、奶、鱼等关系城乡居民日常生活的"菜篮子"产品。实现全国范围内食用农产品的无公害生产，是保证广大人民群众饮食健康的一道基本安全线。

无公害食品在不同的认证机构有不同的标识。无公害食品的认证机构较多，只有在国家知识产权局商标局正式注册标识商标或颁布了省级法规的前提下，其认证才有法律效力。无公害食品认证标志如图8-11所示。

图8-11　无公害食品认证标志

7. 绿色食品认证标志

绿色食品是指遵循可持续发展原则，按照特定生产方式生产，经专门机构认定、许可使用绿色食品标志，无污染的安全、优质、营养类食品。其特点有以下三个：

（1）绿色食品产生于良好的生态环境。

（2）绿色食品实行的是"从农田到餐桌"的全过程质量监控。

（3）绿色食品标志受到法律的保护。

绿色食品应具备以下四个条件：

（1）产品或产品原料产地必须符合绿色生态环境质量标准。

（2）农作物种植、畜禽饲料、水产养殖及食品加工必须符合绿色食品生产操作规程。

（3）产品必须符合绿色食品产品标准。

（4）产品的包装、贮运必须符合绿色包装贮运标准。

绿色食品认证标志是由中国绿色食品发展中心在国家市场监督管理总局正式注册的产品质量证明商标。绿色食品认证标志由三部分组成，即上方的太阳、下方的叶片和中心的蓓蕾。

绿色食品认证分为A级和AA级两类。这两类的主要区别如下：A级绿色食品在生产过程中允许限量使用限定的化学合成物质，并积极采用生物学技术和物理方法，保证产品质量符合绿色食品产品标准要求；AA 级绿色食品在生产过程中不使用任何有害化学合成的农药、肥料、食品添加剂、饲料添加剂、兽药及有害环境和人体健康的物质，而是通过使用有机肥、种植绿肥、作物轮作、生物或物理方法等技术，培肥土壤，控制病虫草害，保护或提高产品品质，从而保证产品质量符合绿色食品产品标准要求。绿色食品认证标志如图 8-12 所示。

A级绿色食品认证标志

AA级绿色食品认证标志

图 8-12　绿色食品认证标志

8. 中国采用国际标准产品标志

中国采用国际标准产品标志简称采标标志，使用采标标志是国际通行做法。我国采标标志是产品采用国际标准的一种专用说明标志，由原国家质量技术监督局统一设计标志图样。标志图样外圈表示"中国制造"，用 CHINA 的第一个字母 C 表示，里面是地球和 ISO、IEC 图样，表示国际标准化组织和国际电工委员会制定的国际标准，"采用国际标准产品"字样表示使用采标标志的产品采用国际标准或国际先进标准，质量达到国际先进水平或国际标准水平。中国采用国际标准产品标志如图 8-13 所示。

图 8-13　中国采用国际标准产品标志

9. 中国名牌产品认证标志

中国名牌产品认证标志是产品的荣誉认证标志。中国名牌产品认证标志用象征经济发展指标的四个箭头图案形象、生动地象征着中国名牌评价的品质标准、评价指标、核心理念和"科学、公平、公开、公正"的四项评价原则，直观地喻示着中国名牌的品格属性和商业特质（见图 8-14）。

中国名牌产品是由中国名牌战略推进委员会评选出来的。该称号的有效期为三年。凡荣获中国名牌产品称号的产品按国家有关部门的规定免于各地区、各部门各种形式的质量监督检查，对符合出口免检条件的依法予以优先免检，并自动列入"打击假冒，保护名优"活动中重点保护名优产品的范围。

图 8-14　中国名牌产品认证标志

（二）国外产品认证标志

1. CE 认证标志

加贴 CE 认证标志的产品符合有关欧洲规定的主要要求（essential requirements），证实该产品已通过相应的合格评定程序或制造商的合格声明，真正被允许进入欧洲市场销售。

CE 认证标志是产品进入欧盟国家及欧盟自由贸易协会国家市场的通行证。近年来，在欧洲经济区（欧洲联盟、欧洲自由贸易协会成员国，瑞士除外）市场上销售的商品中，CE 认证标志的使用越来越广泛，加贴 CE 认证标志的商品表示其符合安全、卫生、环保和消费者保护等一系列欧盟指令所要表达的要求。一个产品带有 CE 认证标志也就意味着其制造商宣告该产品符合欧盟的健康、安全、环境保护等相关法律中所规定的基本要求。CE 认证标志如图 8-15 所示。

图 8-15　CE 认证标志

2. UL 认证标志

UL 是美国保险商实验室（Underwriter Laboratories）的英文缩写。UL 安全试验所是美国最具权威性的，也是世界上从事安全试验和鉴定的较大的民间机构。它是一个独立的、非营利性的、为公共安全做试验的专业机构。它采用科学的测试方法来研究确定各种材料、装置、产品、设备、建筑等对生命、财产有无危害和危害的程度；确定、编写、发行相应的标准和有助于减少及防止造成生命财产受到损失的资料，同时开展调研业务。UL 认证标志如图 8-16 所示。

图 8-16　UL 认证标志

3. CB 认证标志

CB 认证标志是国际电工委员会授权开展工作的国际认证组织电工产品合格与认证组织（IECEE）关于电工产品测试证书的相互认可体系标志。

在电子产品的安全测试领域，IECEE 是唯一实现结论共享的系统，是成员方与机构之间真正实现互认的协议体系。制造商通过一家成员机构获得 CB 报告后，可以利用这份报告获得其他成员方的安全认证。

中国于 1990 年加入 IECEE-CB 体系，成为其中的一个重要成员。IECEE-CB 体系是关于电工产品测试证书的相互认可体系。该体系以成员之间相互认可为基础，双向接受测试结果来获得国家级认证。CB 体系的执行单位是按 IECEE 规则被接受的各方认证机构（NCB）。NCB 使用的也是按 IECEE 规则被接受的检测实验室，称为 CB 检测实验室。

中国质量认证中心（COC）是中国唯一加入 IECEE-CB 体系的 NCB，并拥有 17 个 CB 试验室。CQC 在 IECEE-CB 体系内能够颁发 12 大类 200 多个标准的 CB 测试证书。我国企业利用 CB 体系使出口产品方便、快捷地进入国际市场。CB 认证标志如图 8-17 所示。

图 8-17　CB 认证标志

【拓展阅读】

某汽车集团公司在企业信息化建设过程中，通过网络开发，实施供应商远程服务系统，下达分时分线物料需求计划，同时全面启动物料免包装技术，实现了物料供应流程的简化。

简化后的流程不仅满足了准时拉动管理对物料的需求，还大幅度降低了采购成本（包装物、装拆费）。该集团公司附近 200 千米范围内的供应商、基本实行免包装供应，供需双方总成本明显降低，当年节约成本 277 万元。同时，由于直送工位（如后桥、座椅、变速器、轮胎、钢圈、板簧等）可大幅度降低双方库存，每月又可平均降低储备资金 450 万元。

思维导图

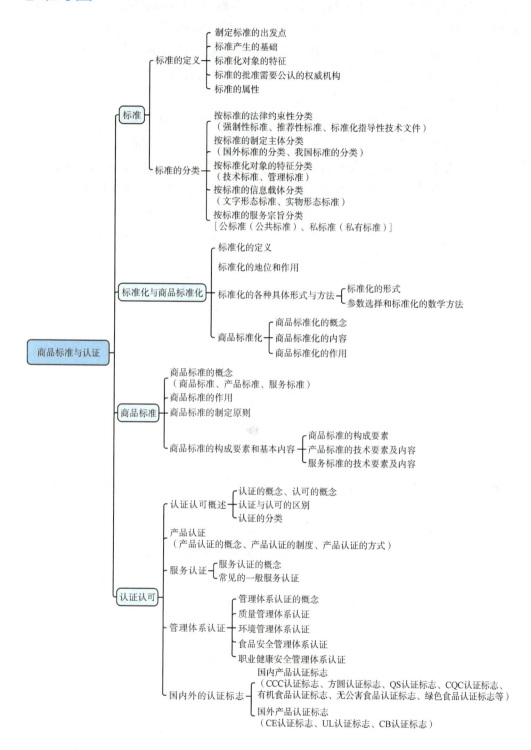

本章小结

在标准化概念体系中，最基本的概念是标准和标准化。标准化是一系列活动过程，而标准则是过程的一个产物。标准是由科研成果和实践经验转化的规范性文件，标准化不仅包括规范化过程，而且包括标准的实施以及改进、提高的无限循环过程。

标准化的历史可以追溯到久远的年代。它每前进一步都同人类社会生产的发展息息相关。社会的进步和生产的发展提出了标准化需求并推动着标准化向前发展。标准化的发展历程经历了远古时代、古代、近代和现代几个既有联系又有质的差别的阶段。

标准可以按其法律约束性的不同、标准的制定主体的不同、标准化对象的特性的不同、标准的信息载体的不同、标准的服务宗旨的不同，分为各种类型。

标准化是指为了在既定范围内获得最佳秩序，促进共同效益，对现实问题或潜在问题确立共同使用和重复使用的条款以及编制、发布和应用文件的活动。

现代标准化的主要特点是系统性、国际性以及目标和手段的现代化。从不同目的和角度出发，依据不同准则，标准可以进行不同分类。

广义的商品标准是指产品标准和服务标准的总称，狭义的商品标准是指产品标准。

商品标准是评定商品质量的准则，商品标准的科学编制和应用有助于促进商品质量的提高。同时，商品标准还是冲破技术壁垒、扩大对外贸易的手段。

认证是指由认证机构证明产品、服务、管理体系符合相关技术规范、相关技术规范的强制性要求或标准的合格评定活动。认可是指由认可机构对认证机构、检查机构、实验室以及从事评审和审核等认证活动人员的能力和执业资格，予以承认的合格评定活动。

认证与认可的实施主体、实施客体、实施效力不同。认证的实施主体是独立于供方和采购方的第三方，可以是民间的，也可以是官方的；实施客体是产品、服务或体系。认可的实施主体是权威机构，实施客体是机构或人员。政府授权的认可机构做出的权威性和有效性远重于认证机构。

按照认证的种类划分，认证可以分为产品认证、服务认证和管理体系认证。

产品质量认证有八种类型：形式试验、形式试验加认证后监督——市场抽样检验、形式试验加认证后监督——供方抽样检验、形式试验加认证后监督——市场抽样和供方抽样检验、形式试验加供方质量体系认证再加认证后监督——质量体系复查加市场抽样和供方抽样检验、供方质量体系的评定和认可、批量检验、100%检验。

本章重难点

1. 产品的参数及其作用。
2. 优先数在产品标准化中的意义。
3. 商品标准的概念。
4. 认证与认可的概念和区别。
5. 产品认证的类型和区别。
6. 国内外认证及其标志。
7. 管理体系认证的概念和类型。

思考题

1. 标准与标准化的区别和联系是什么？
2. 标准化的作用和意义是什么？
3. 中国的"强制性标准"和"推荐性标准"、WTO/TBT 的"技术法规"和"标准"、欧盟的"新方法指令"和"协调标准"三种划分有什么区别？
4. 如何基于商品标准的制定原则，制定出科学、合理、适用的商品标准。
5. 行业标准、地方标准可以制定成强制性标准吗？
6. 认证与认可的区别是什么？
7. 产品质量认证一共有哪些类型？
8. 质量管理体系认证具有哪些特点？与产品（服务）认证的区别是什么？

在线测试

第九章

商品检验与质量监督

学习目标

- 了解商品检验不同的分类方法
- 掌握商品检验的概念与目的、工作程序
- 掌握抽样的概念、原则、方法和计数抽样检验
- 掌握商品检验的主要内容，了解商品检验的方法
- 了解商品质量监督的依据、实施和原则

导入案例

婴童用品质量安全事关广大婴幼儿及儿童的生命健康。在2022年国际儿童节前，海关总署通报2021年6月至2022年5月检验出的部分进口婴童用品质量安全不合格典型案例，涉及服装、童鞋、玩具、牙刷、食品接触产品等5类82批次进口婴童用品。

在通报的典型案例中，进口服装检验出的不合格项目主要为甲醛含量、色牢度、pH值、附件抗拉强力、耐久性标签等；进口童鞋检验出的不合格项目主要为钢勾心长度等；进口玩具检验的不合格项目主要为小零件、有毒有害物质含量、强制性产品认证等；进口牙刷检验的不合格项目主要为磨毛、单丝弯曲恢复率、牙刷刷头厚度等；进口婴童用食品接触产品检验的不合格项目主要为脱色试验、丙烯腈迁移量等。

对上述检验出的不合格进口婴童用品，海关依据《中华人民共和国进出口商品检验法》及其实施条例等有关法律法规实施了退运或销毁处理。

资料来源：佚名. 海关总署通报进口婴童用品质量安全不合格典型案例［EB/OL］.（2022-06-01）［2023-05-20］. http://www.customs.gov.cn/customs/xwfb34/302425/4368791/index.html.

第一节　商品检验概述

一、商品检验的概念、 目的和任务

（一）商品检验的概念

国家标准《质量管理体系 基础和术语》（GB/T 19000—2016/ISO 9000：2015）

将"检验"定义为对符合规定要求的确定。同时，国家标准还进一步注明：第一，显示合格的检验结果可用于验证的目的；第二，检验的结果可表明合格、不合格或合格的程度。

国家标准《合格评定 词汇和通用原则》（GB/T 27000—2006）将"检验"定义为审查产品设计、产品、过程或安装并确定其与特定要求的符合性，或根据专业判断确定其与通用要求的符合性的活动。同时，国家标准还进一步注明：第一，对过程的检查可以包括对人员、设施、技术和方法的检查；第二，检查有时也称为检验。

商品检验的概念有广义和狭义之分。狭义的商品检验是指根据商品标准规定的各项质量指标，运用一定的检验方法和技术，综合评定商品质量优劣，确定商品品级的活动。广义的商品检验是指商品的供货方、购货方或第三方在一定条件下，借助某种手段和方法，按照合同、标准或国内外有关法律、法规、惯例，对商品的质量（重量）、规格、数量、包装、安全以及卫生性能等方面进行检查，并做出合格与否或通过验收与否的判定，或者为维护买卖双方合法权益，避免或解决各种风险损失和责任划分的争议，便于商品交接结算而出具各种第三方有关证书的业务活动。

商品检验是商品质量监督和认证的一项基础工作，是商品生产和流通中不可缺少的一个重要环节。它对于确保商品质量、维护消费者正当利益具有重要意义。生产企业通过对生产各环节的产品检验来保证产品质量，促进产品质量不断提高；商品流通部门在流通各环节进行商品检验，及时防止假冒伪劣商品进入流通领域，以维护消费者利益；质量监督部门通过商品检验实施商品质量监督，向社会传递准确的商品质量信息，促进经济的发展。

（二）商品检验的目的和任务

1. 商品检验的目的

维护用户或消费者利益，把好商品质量关，杜绝劣质原材料、半成品或制成品进入生产或流通领域，确保商品质量合格，最终实现商品的使用价值。这是商品检验的根本目的。

2. 商品检验的任务

（1）从商品的用途和使用条件出发，全面研究商品的成分、结构、性质和外观，正确确定商品的质量。商品的成分、结构、性质和外观等属性是构成商品的使用价值的基础，这些属性综合反映在商品的质量上，不对这些属性进行全面的研究，就难以确定商品的质量。

（2）拟定商品的质量特性指标。商品的质量是根据多方面因素来确定的，为了确定商品质量如何，商品检验就应当根据商品的用途及其使用条件，提出对商品质量的基本要求，规定若干具体质量特性指标，作为商品检验的项目。商品检验不但要正确拟定和选择这些质量特性指标，而且要阐明这些指标的实践意义。

（3）科学地规定商品检验方法。这是商品检验的重要手段。商品检验对采用何种仪器、使用何种方法、在什么条件下进行检验等，都要做出科学的规定，以保证商品检验工作的正常进行，提高检验结果的可比性、可靠性和稳定性。

（4）确定商品包装、保管、运输的条件。商品检验应根据商品性能、特点及其物理、化学性能，提出包装、运输、储藏的科学方法和条件。

二、商品检验的类型

（一）按检验主体的不同，商品检验可以分为生产检验、验收检验和第三方检验

1. 生产检验

生产检验又称第一方检验、卖方检验，是由生产企业或其主管部门自行设立的检验机构，对所属企业进行原材料、半成品和成品产品的自检活动，也可以理解为原材料入厂检验、半成品工序检验、出厂检验和型式检验。其目的是及时发现不合格产品，保证产品质量，维护企业信誉，提升市场竞争力。经检验合格的商品应有"检验合格证"标志。

出厂检验和型式检验都是针对成品产品的，两者的区别在于以下两个方面：

（1）检验项目不同。出厂检验大多时候只需要完成部分技术要求或部分检测项目，而型式检验需要完成规定的全部技术要求指标或所有检测项目。

（2）检验时间不同。出厂检验需要每批产品出厂前都进行检验，检验合格方可出厂。型式检验一般每半年进行一次，如针对新产品或产品转厂生产进行型式检验；或者正式生产后，如结构、材料、工艺有较大改变，可能影响产品性能时进行型式检验；或者长期停产后恢复生产时进行型式检验；或者正常生产，按周期进行型式检验；或者出厂检验结果与上次型式检验有较大差异时进行型式检验；或者国家行政管理部门提出进行型式检验要求时进行型式检验；或者用户提出进行型式检验的要求时进行型式检验。

2. 验收检验

验收检验又称第二方检验、买方检验，是由商品的买方（如批发商、零售商和工业用户）为了维护自身及其消费者的利益，保证其所购商品符合标准或合同协议要求所进行的检验活动。其目的是及时发现问题，反馈质量信息，促使卖方纠正或改进商品质量。在实践中，验收检验普遍存在，商业企业尤其是外贸企业还常派"驻厂员"对商品质量形成的全过程进行监控或抽样，对发现的问题及时要求生产方解决。

例如，预拌混凝土从搅拌站到工地，验收检验就需要供货、施工和监理三方共同见证，并留置试块作为今后强度评定的依据。

又如，大型设备安装调试后，投入使用前，需要按合同协议进行验收检验，包括新产品试制试生产。

再如，新车购买时新车验收检验是指新车交付用户之前实施交车前的检验，以保证车辆处于最佳状态，用户在提车后即可使用。

【案例9-1】

根据《家用汽车产品修理更换退货责任规定》第十三条的规定，销售者应当向消费者交付合格的家用汽车产品，并履行下列规定：

（一）与消费者共同查验家用汽车产品的外观、内饰等可以现场查验的质量状况；

（二）向消费者交付随车文件以及购车发票；

（三）按照随车物品清单向消费者交付随车工具、附件等物品；

（四）对照随车文件，告知消费者家用汽车产品的三包条款、包修期、三包有效期、使用补偿系数、修理者网点信息的查阅方式；

（五）提醒消费者阅读安全注意事项并按照产品使用说明书的要求使用、维护、保养家用汽车产品。

新车交付检验要注意对外观、内饰、铭牌、发动机、车辆各项功能、车辆发票的检验。

（1）外观：在阳光充足的环境下，检查车辆整体外观，看油漆是否完整，有无色差。

（2）内部装饰：检查车辆内部有无使用痕迹，所有附件是否缺失。

（3）铭牌：汽车的铭牌通常位于驾驶员车门或发动机舱上。检查铭牌上的框号是否相同，出厂日期是否最新。

（4）发动机：启动汽车，检查发动机是否有异常震动或异常噪声。

（5）车辆功能：检查车辆的灯光、刹车、喇叭、多媒体系统、车窗升降等是否异常。

（6）车辆发票：检查车辆发票和车辆合格证上的编号是否能与车对应，以免上牌时带来麻烦。

3. 第三方检验

第三方检验又称公证检验、法定检验，是指处于买卖利益之外的第三方，以公正、权威的非当事人身份，根据有关法律、标准或合同所进行的商品检验活动。其目的是维护各方的合法权益和国家权益，协调矛盾，促使商品交换活动的正常进行。例如，公证鉴定、仲裁检验、国家质量监督检验等。第三方检验机构被国家认可或签订国际互认协议，其检验结果为国内外所公认，并且具有法律效力。

（二）按接受检验商品数量的不同，商品检验可以分为全数检验和抽样检验

1. 全数检验

全数检验又称全额检验、100%检验，是对整批商品逐个（件）进行的检验，从而判断每一个（件）产品是否合格的检验方法。其优点是能提供产品完整的检验数据和较为充分、可靠的质量信息，给人一种心理上的放心感。其缺点是检验的工作量相对较大，检验的周期较长；需要配置的资源（人力、物力、财力）数量较多，检验涉及的费用较高，增加质量成本；由于检验量大、费用高，易造成检验人员疲劳而导致漏检或错检，结果并不像人们想象的那么可靠。

全数检验一般应用于重要的、关键的和贵重的制品；对以后工序加工有决定性影响的项目；质量严重不均的工序和制品；不能互换的装配件；批量小、质量特性少、非破坏性，并且不必抽样检验的产品；能够应用自动化检验方法的产品和零部件。

2. 抽样检验

抽样检验是按合同或标准中规定的抽样方案，从被检的整批商品中随机抽取少量商品样品组成样本，再对样品逐一测试，并将结果与标准或合同要求进行比较，最后由样本质量状况统计推断和判断受检的整批商品质量合格与否的检验。抽样检验的商品数量相对较少，具有占用人力、物力和时间少以及有利于及时交货的优点，是比较经济的检验方式。如果能避免抽样时可能犯的错误，抽样检验的可靠性甚至优于全数检验。抽样检验的缺点是提供的商品质量信息少，可能导致检验结果和实际商品品质的偏差，也不适用于质量差异程度大的整批商品。抽样检验适用于批量较大、价值较低、质量特性多且质量较为稳定或检验时会破坏样品的商品检验。抽样检验可以节省检验时间和费用，有利于商品流转。

（三）按检验是否具有破坏性，即检验后样品状态的不同，商品检验可以分为破坏性检验和非破坏性检验

1. 破坏性检验

破坏性检验是指为了对商品进行各项技术指标的检验，经试验后的商品会遭受破损，受检产品的形态发生变化，使用功能或性能遭到一定程度破坏，甚至再无法使用的检验形式或方法。例如，加工食品罐头、饮料以及茶类等的重金属限量、微生物指标检验；各种电气设备的耐压试验、过负荷试验等；试验中试样被溶解、被切割，或者镀层被退除、样件被折弯等。因此，试样是产品或试样价值较高时，一般不采用破坏性试验的方法。

当一种产品不宜做破坏性试验而又需要有这种破坏性试验的数据时，就需要制作替代性试片，这时需要取与被检产品相同的材料制作成方便测试的试片，让其经历与被检验产品完全相同的工艺流程，再对这种替代试片进行破坏性试验，从而得出可供参考的参数。

2. 非破坏性检验

非破坏性检验是指检验时产品不受到破坏，或者虽然有损耗但对产品质量不发生实质性影响，经过检验的商品仍能发挥其正常使用性能的检验。例如，对电器类、纺织品类产品等的检验。又如，机械零件的尺寸检验、管道的外观检验、水压检验、致密性检验、无损探伤及磁粉检测等。

（四）按检验对象、依据及用途的不同，商品检验可以分为非进出口商品检验和进出口商品检验

1. 非进出口商品检验

非进出口商品检验是指国内的商品经营者（批发商或零售商）、工业用户及其质量管理机构与委托的检验机构或质量监督管理部门认可的检验机构，依据有关标准或合同要求对国内非进出口商品进行的检验活动。目前，我国经营者大多不具备对商品质量进行检测、鉴定的技术手段，多采用简单的感官检验或委托有关检验机构代为检验。《中华人民共和国产品质量法》第三十三条规定："销售者应当建立并执行进货检查验收制度，验明产品合格证明和其他标识。"

2. 进出口商品检验

海关总署的商品检验部门（以下简称"国家商检部门"）主管全国进出口商品检验工作。国家商检部门设在各地的进出口商品检验机构（以下简称"商检机构"）管理所辖地区的进出口商品检验工作。

根据《中华人民共和国进出口商品检验法》（以下简称《商检法》）以及其他相关法律法规的规定，我国进出口商品检验工作可以分为三类，即法定检验、公证鉴定和监督管理。

（1）法定检验。法定检验是根据国家法律、行政法规的规定，对指定的重要进出口商品进行强制性检验。《商检法》第四条规定："进出口商品检验应当根据保护人类健康和安全、保护动物或者植物的生命和健康、保护环境、防止欺诈行为、维护国家安全的原则，由国家商检部门制定、调整必须实施检验的进出口商品目录（以下简称目录）并公布实施。"《商检法》第七条规定："列入目录的进出口商品，按照国家技术规范的强制性要求进行检验。"《商检法》第六条规定："必须实施的进出口商品检验，是指确定列入目录的进出口商品是否符合国家技术规范的强制性要求的合格评定活动。"《商检法》第五条规定："前款规定的进口商品未经检验的，不准销售、使用；前款规定的出口商品未经检验合格的，不准出口。"

（2）公证鉴定。公证鉴定是应国际贸易关系人的申请，检验鉴定机构以公证人的身份，办理规定范围内的进出口商品的检验鉴定业务，出具证明，作为当事人办理有关事务的有效凭证。《商检法》第二十二条规定："国家商检部门可以按照国家有关规定，通过考核，许可符合条件的国内外检验机构承担委托的进出口商品检验鉴定业务。"《商检法》第八条规定："经国家商检部门许可的检验机构，可以接受对外贸易关系人或者外国检验机构的委托，办理进出口商品检验鉴定业务。"

（3）监督管理。《商检法》第十九条规定："商检机构对本法规定必须经商检机构检验的进出口商品以外的进出口商品，根据国家规定实施抽查检验。国家商检部门可以公布抽查检验结果或者向有关部门通报抽查检验情况。"《商检法》第二十条规定："商检机构根据便利对外贸易的需要，可以按照国家规定对列入目录的出口商品进行出厂前的质量监督管理和检验。"

三、商品检验的工作程序

（一）商品检验的一般程序

商品质量检验的一般程序通常包括下述内容：定标→抽样→检查→比较→判定→处理。

1. 定标

定标是指检验前，根据有关法律法规、合同协议或标准明确技术要求，掌握检验手段和方法以及商品合格判定原则，制订商品检验计划。

2. 抽样

抽样是指按合同或标准规定的抽样方案，从待检商品中随机抽取样品，使样品对商品总体具有充分代表性，同时对样品进行预处理（全数检验不存在抽样问题）。

3. 检查

检查是指在规定的环境条件下，用规定的试验设备和试验方法检测样品的质量特性。

4. 比较

比较是指将检查结果同技术要求比较，衡量其结果是否符合质量要求。

5. 判定

判定是指依据比较的结果，判定样品合格数，进而判定商品批次是否合格，并做出是否接收的结论。

6. 处理

处理是指对检验结果出具检验报告，反馈质量信息，并对不合格品及不合格批次分别作出处理。

（1）合格批次的处置。虽然批次质量合格，但样本中发现的不合格品需要更换或修复为合格品。

商品检验对检验确认符合规定质量要求的产品给予接受、放行、交付，出具检验合格凭证，合格批次应有合格标志，方可转入下道工序或入库。合格批次存放时应贮存在仓库合格区域内。

（2）不合格批次的处置。商品检验进行不合格品标识；进行全数挑选，剔除不合格品；进行整批报废；让步接受，如缺陷产品降等降价处理。

（3）不合格批次的再检验。

商品检验对不合格批次采取的有效措施如下：经抽样检验不合格的批次和使用方退回的不合格批次，原则上必须进行全数挑选、更换或修复不合格品，否则不得再次交检；生产者要写出产品质量分析报告，分析不合格原因，落实防止再发生的措施。

需要注意的是，再检验的抽样方案要严于初次提交批次的抽样方案。再检验是仅检造成批次不合格的质量特性，还是按标准、合同规定的全项检验，按用户要求进行。

（二）进出口商品检验工作流程

检验工作流程是指在执行某项进出口商品检验任务时，有关的检验单证从受理报验到制证结束的各环节中依次停留的工作过程，它实质上也是进出口商品检验工作程序。各地进出口检验机构的检验工作流程，由于专业化分工程度和活动方式不同，检验商品种类及环境条件不同，因此实际检验流程也不同，但大致可以简化为下述四个主要环节：受理报验→抽样制样→检验鉴定→签证放行。

1. 受理报验

进出口检验机构受理报验时，外贸关系人需要提交进口单据（外贸合同、国外发票、运单、提单、检验记录、进口到货情况通知单等）或出口单据（外贸合同、信用证、许可证等），报验范围为属于法定检验和公证鉴定业务范畴的商品。

2. 抽样制样

样品的抽取工作是进出口商品检验的基础，进口商品检验必须按规定方法，在规定场所，从整批完整的包件中或生产线上随机抽取，以保证样品的真实性和代表性，因为稍有不慎将导致检验工作的整体失误，造成不可挽回的损失。抽出的样品应妥善保管，以确保检验与复验的真实性。制样分别有物理制样、化学制样等，是为使用仪器设备检测做准备的。

3. 检验鉴定

商检机构接受报验之后，应认真研究申报的检验项目，确定检验内容，仔细审核合同（信用证）对品质、规格、包装的规定，弄清检验的依据，确定检验标准、方法，之后抽样检验，进行仪器分析检验、感官检验、理化检验和生物学检验等。

4. 签证放行

商检机构对检验合格的进出口商品签发检验证单。海关凭商检机构签发的货物通关证明验收。

【案例 9-2】

2020 年 4 月，上海海关在对某卫生材料有限责任公司申报出口的 58.28 万个一次性医用外科口罩实施查验过程中发现，该批货物的外包装上未见生产厂商，相关货物内包装实际品牌为 "BENEFIS"，且为普通口罩，并非其申报的医用外科口罩。经调查，该企业申报出口无品牌、无型号的医用外科口罩，而实际出口商品为有品牌、无生产厂商的普通口罩，系以无生产厂商的普通口罩冒充医用外科口罩的行为。根据《中华人民共和国海关法》及《中华人民共和国商品检验法》的相关规定，上海海关对该企业以做出罚款 3 万元的行政处罚。

2020 年，新型冠状病毒感染疫情发生后，防疫物资的假冒伪劣情况也随之增加。

特别是在国家狠抓防疫物资产品质量，将部分出口防疫物资重新纳入法定检验以后，不法分子为逃避监管和检验而在医用和非医用物资之间伪报、瞒报，或者包装和实物不匹配的情况多有发生。上海海关加强风险分析和精准布控，加大打击进出口假冒伪劣商品力度，严把防疫物资质量关，有力地维护出口商品"中国制造"形象。

资料来源：佚名. 严查不合格进出口商品，上海海关公布 6 起典型案例 ［EB/OL］. （2021-03-15）［2023-05-20］. https://www.jiemian.com/article/5811010.html.

第二节　商品抽样与抽样检验

一、相关概念

（一）商品抽样

抽样又称取样或采样，是根据合同、标准或相关法律确定的方案，从被检批次商品中抽取一定数量有代表性的用于检验的单位商品的过程。抽样是一种推论统计方法，其理论基础是概率论和数理统计，目的是依据对样本的检验结果，对总体的属性得出具有一定可靠性的估计判断，从而推论得出该批商品是否合格。如果推断结果认为该批商品符合预先规定的合格标准，就予以接收；否则就拒收。

（二）商品批、批量

批是指汇集在一起的一定数量的某种产品、材料或服务。在生产实践中，我们将生产时具有大致相同的条件，生产时间大致相同的同等级、同种类、同规格尺寸、同原料工艺的产品组成商品批。例如，同一批投料、同一生产线、同一班次生产的同一规格尺寸的产品为一批。每一批产品都有相应的生产批号，可以为一组数字或字母加数字，通常由生产时间的年月日各两位数组成。

《计数抽样检验程序第 1 部分：按接收质量限（AQL）检索的逐批检验抽样计划》（GB/T 2828.1—2012）将批量定义为批中包含的单位产品的个数。一批商品中每个单位商品的性质、功能彼此接近，该批商品的单位商品数量称为批量 N。

批量是指在一定时期内，一次出产的，在质量、结构和制造方法上完全相同的产品（或零部件）的数量。

【案例 9-3】

批量的确认

正确选择批量的规模和合理确定批量的间隔生产期，对提高批量生产的经济效益十分重要。大批量生产比小批量生产可以节约原材料、缩短机器设备的更换时间。大批量生产可以大批购进原材料，可以使工人能够比较长期从事一种作业，易于提高劳动的熟练程度，因而劳动生产率较高、经济效益较好。但是，批量并不是越大越好。

如果批量过大，会造成生产周期长，原材料、半成品存储量过多，从而要占用较多的资金和较大的生产面积，影响经济效益的提高。企业要经济合理地组织批量生产，必须根据社会需求、市场预测、产品成本、机器设备利用状况等多种因素，确定合适的批量生产。

现在各行各业市场不断细分，企业之间的竞争越来越强调基于客户需求的竞争，生产多样化和个性化的产品是必然的选择，多品种、小批量生产成为常态。

二、抽样原则与方法

抽样的目的在于通过尽可能少的样本所反映出的质量状况来统计推断整批商品的质量水平。抽取对该批商品具有代表性的样品对准确评定整批商品的平均质量十分重要，是关系着生产者、消费者利益的大事。因此，正确选择抽样方法要控制抽样误差，以获取较为准确的检验结果。根据商品的性能特点，抽样方法在相应的商品的产品标准中均有具体规定。

（一）抽样必须遵循的原则

1. 随机性原则

从交验批次中抽出的用以评定整批商品的样品，应是不加任何选择或限制，按随机原则（概率相等）抽取的。

2. 代表性原则

从整批商品中取出的个别样品集成大样代表整批，不应以个别样品来代表整批，因为个别样品的质量有高有低，但在抽取足够多的样品时，其质量的平均数即接近整批商品的平均质量。抽样必须具有足够的代表性，否则检验时即使运用最先进的技术和设备，也不可能得出准确的检验结果，反而会对商品质量做出错误的判断。

3. 可行性原则

抽样使用的抽样装置和工具以及抽样的场所应是合理可行和切合实际的。抽样应在检验准确性的基础上达到安全、快速、经济，并节约人力和物力。

4. 典型性原则

抽样应保证被抽取的商品单位能反映整批商品在某方面的重要特征，能发现某种情况对商品造成的重大影响。例如，食品的变质、污染、掺假以及假冒伪劣商品的鉴别。

5. 适时性原则

含量、性能、质量等随时间或容易随时间推移而发生变化的商品要及时进行抽样检验。例如，各类农副产品中农药或杀虫剂残留量的检验等。

统计抽样检验的方案完全由统计技术决定，其对交验批次的接受概率只受批次质量水平因素的影响，因此是科学的、合理的抽样检验。统计抽样检验包括许多的抽样检验方式，如根据抽样的次数可以分为一次抽样、二次抽样、多次抽样、序贯抽样、连续抽样等形式；根据对抽样的批次可以分为孤立批抽样、逐批抽样、跳批抽样等；根据对质量特性变异情况而采取的抽样严格程度可以分为正常抽样、加严抽样、放宽抽样等。此外，统计抽样还有随机抽样、系统抽样、分层抽样、等距抽样等。

目前，被广泛采用的是随机抽样，即被检验整批商品中的每一件商品都有同等机会被抽取的方法。被抽取机会不受任何主观意志的限制，抽样者按照随机的原则、完全偶然的方法抽取样品。因此，随机抽样比较客观，适用于各种商品、各种批量的抽样。《随机数的产生及其在产品质量抽样检验中的应用程序》（GB/T 10111—2008 规定的）常用的随机抽样方法有简单随机抽样、分层随机抽样和系统随机抽样。

（二）抽样方法

1. 简单随机抽样

简单随机抽样是指从总体中抽取 n 个抽样单元构成样本，使 n 个抽样单元所有的可能组合都有相等被抽到概率的抽样。除标准、规范、合同有明确要求，或者经负责部门同意外，所有统计抽样方案所需样本均应采用简单随机抽样方法抽取。

在实际工作中，简单随机抽样常用抽签和查随机数表等方法抽取样本。抽签抽取样本可以先给总体的每个单位编上序号，制成签条，混合均匀后从中随机抽取，直到抽满预定的样本单位数为止；采用随机数表抽取样本也是先将受检批次中的商品逐一编号，其号码从 1 编起，编号次序与方法不受任何限制，之后使用随机数表，从表中任意一列的任意一行开始，依次选取与样本数相等的号码个数，然后按选取的号码对号抽取样本，直到抽够预定的样本单位数。

简单随机抽样需要对受检批次中的每个单位进行编号，因此只适合总体单位数较少、范围较窄的情况。

2. 分层随机抽样

分层随机抽样又称类型随机抽样，即将总体划分成若干个称为层的子总体，抽样在每一层中独立进行，样本由各层样本组成，总体或批次的质量则根据各层样本汇总得出结论。分层随机抽样是将整批同类商品按主要标志分成若干组，之后从每组中随机抽取若干样本，最后将各组抽取的样本放在一起作为整批商品的检验样本的抽样方法。在实际操作中，为了取得代表性更好的样本，分层随机抽样可以将整批产品按不同班组、不同设备、不同生产时间或其他不同的情况划分为层。

这里的分层，不能仅从字面上来理解，即可以是实际意义上的分层，如上层、中层、下层，但更应从广义上来理解分层的含义，即可以是不同的车间、不同的地点、不同的堆、不同的库、不同的场所、不同的车厢、不同的罐、不同的容器等。

做好分层随机抽样的关键，是分层的标准要科学、符合实际情况，许多复杂的事物还应该根据多种标准做多种分类或综合分类。

分层随机抽样的优点是适用于总体单位数量较多、内部差异较大的调查对象。与简单随机抽样和系统随机抽样相比较，在样本数量相同时，分层随机抽样的抽样误差较小；在抽样误差的要求相同时，分层随机抽样所需的样本数量较少。分层随机抽样的缺点是必须对总体各单位的情况有较多的了解，否则无法作出科学的分类。

【案例9-4】

抽样情况

我们要了解某高校400名硕士研究生的学习生活情况，决定采取分层随机抽样法抽取20名研究生作为样本进行调查。其具体做法是：首先，我们将这400名研究生按年级分为三类，假定硕士一年级40名，硕士二年级200名，硕士三年级160名。其次，我们按各年级学生在总体中的比重，确定各年级抽取样本的数量。其中，硕士一年级学生占总体的10%，按比例应抽样本2名；硕士二年级学生占总体的50%，按比例应抽样本10名；硕士三年级学生占总体的40%，按比例应抽样本8名。最后，我们采用简单随机抽样或系统随机抽样，从各年级中抽出上述数量的样本。

3. 系统随机抽样

系统随机抽样首先将总体或批次的全部单元按一定顺序排列并编号，如按位置或时间的顺序，接着用简单随机抽样方法在一定的范围抽取一个起始样本点，再按固定的间隔依次抽取其余样本点，组成样本。这种抽样方法抽样分布均匀，比简单随机抽样更为精确，适用于较小批量商品的抽样。

【案例9-5】

系统抽样示例

我们调查一个社区4 000户居民户均收入情况，编号0~4 000，要抽取40户样本。

批量$N=4\,000$，样本量$n=40$，抽样间距$k=N/n=4\,000/40=100$。我们在$1\sim100$中随机抽取一个数字，假设抽中的是15，则所得样本单元编号为$15+l\times k$，$l=0$，1，2，3，…，39。

这样40户就确定了，编号为15，115，215，315，…，3 915。

如果N不是n的整数倍，取抽样间距k为最接近N/n的整数。例如，$N/n=27.8$不是整数，则取抽样间距$k=28$。

三、统计抽样检验

抽样检验是按照事先规定的抽样方案，从被检商品批次中抽取少量样品，组成样本，再对样品进行测试，并将测试结果与标准或合同进行比较，最后由样本质量状况统计推断受检商品整体质量合格与否的检验方法（见图9-1）。

图9-1 抽样检验与统计推断

根据待检批次的质量特性，抽样检验可以分为计数型抽样检验和计量检验。

（一）计数型抽样检验

计数型抽样检验是按照一定质量标准，把单位产品划分为合格品和不合格品，或者只计算缺陷数，后根据样本中不合格品的计数值对批次进行判定的一种检验方法。例如，从批量商品中抽取一定数量的样本，检验其中每个样本的质量，之后统计合格品数，再与规定的"合格判定数"比较，由此判定该批商品是否合格。

（二）计量型抽样检验

计量型抽样检验是对单位产品的质量特性应用某种与之对应的连续量实际测量，之后根据统计计算结果是否符合规定的接收判定值，对批量商品进行判定的一种检验方法。

与计数型抽样检验相比，计量型抽样检验所需的样本量少，获得的信息多。但是，计量型抽样检验对样本质量特性的计量和测定比检查产品是否合格所需的时间长、工作量大、费用高，并且需要具备一定的设备条件，判断程序比较复杂。

当检验指标多时，采用计量型抽样检验是不合适的，因为每个特性值都需要单独考虑。抽样检验应对大多数检验指标采用计数型抽样检验，仅对一两个重要指标采用计量型抽样检验，两者配合，效果较好。计数型抽样检验和计量型抽样检验的比较如表9-1所示。

表9-1　计数型抽样检验和计量型抽样检验的比较

项目	计数型抽样检验	计量型抽样检验
质量特性表示方法	不合格品数、不合格品率、每百件产品不合格数	质量特性值分布的均值、标准差、不合格品率
接收、拒收的判断	样本中不合格品数、接收数、拒收数	样本均值与质量统计量
应用限制条件	应保证随机抽样	应保证质量特性值服从正态分布
样本相同时的判别能力	低	高
判别能力相同时的样本量	大	小
样本信息的利用率	低	高
对检验人员的素质要求	低	高（计算量大且复杂）
适用场合	检验时间、设备、人员不足，检验项目多，保证批量综合质量水平时采用	检验时间、设备、人员充足，检验项目单一，保证批商品的关键项目时采用
优缺点	使用方便、检验时间短、设备简单、记录简单、直观性好、易于理解	对检验人员要求高、检验时间长、设备多且相对复杂、记录复杂、直观性差、不易理解

根据《计数抽样检验程序第 1 部分：按接收质量限（AQL）检索的逐批检验抽样计划》（GB/T 2828.1—2012）的规定，确定适当的抽样方案要事先明确以下五个要素：

1. 要素 1：批量 N

交付批必须由质量均匀的产品构成。不同原材料、零部件制造的产品不能归为同一批；由不同设备、不同工艺制造的产品不能归为同一批；不同时期或交替轮番生产的产品不能归为同一批。同时，交付批批量 N 大小要适宜，不能过小或太大。

2. 要素 2：接收质量限（合格质量水平/AQL）

AQL 的确定原则上应由供需双方商定，也可以在相应的标准或技术要求中规定，还可以用定性与定量两种方法确定。单位产品失效后会给整体带来严重危害，AQL 值选用较小数，反之选用较大数。例如，外观质量可用较大的 AQL 值，电气性能宜用较小的 AQL 值，产品价值高时，选用较小的 AQL 值。

3. 要素 3：检验水平（IL）

检验水平对应着检验量，分为一般检验水平和特殊检验水平。检验水平对批质量的鉴别能力有直接的影响，检验水平高对批质量的鉴别能力也强。检验水平应根据具体的情况，由买卖双方协商协调解决。例如，对破坏性检查，检验水平可以低些；对构造简单、价格便宜的产品，检验水平可以低些。

4. 要素 4：抽样方案类型

抽样方案是所使用的样本量和有关批接收准则的组合。国家标准规定了一次、二次和多次三种类型的抽样方案。一次抽样方案是样本量、接收数和拒收数的组合。二次抽样方案是两个样本量、第一样本的接收数和拒收数以及联合样本的接收数和拒收数的组合。一次抽样方案最简单，也最容易掌握，但样本较大，总的抽样量会大一些。

5. 要素 5：抽样严格度

关于抽样方案的宽严程度，国家标准规定了三种宽严程度：正常检验、加严检验和放宽检验。在抽样检验的开始，如无特殊情况，检验人员一般先从正常检验抽样方案开始。在检验的过程中，检验人员应根据产品质量变化的情况，按转移规则进行严格度的调整。

正常检验：当交验批的质量优于或等于接收质量限（AQL）时，检验人员采用正常检验的抽样方案，对这样的批以高概率接收。

加严检验：当交验批质量明显劣于接收质量限（AQL）时，检验人员采用加严检验或暂停检验，对使用方提供保护；对生产方在经济上或心理上施加压力，敦促其加强质量管理，使过程平均不合格品率好于可接受质量水平。

放宽检验：当交验批质量明显优于接收质量限（AQL）时，检验人员采用放宽检验，提高对合格批的接收概率，并降低检验费用，对生产方提供保护和鼓励。

（三）合格判定

合格判定就是判断合格或不合格。商品的产品标准或贸易合同等都应该明确合格判定的准则，即判定规则，其既包括单位商品的一个或多个特性，又包括单位商品和批商品的判定内容。

总体来讲，根据样本检验结果，如果不合格品数或不合格数小于或等于接收数，则判定该批是合格批。如果不合格品数或不合格数大于或等于拒收数，则判定该批是不合格批。判定为合格批应整批接受，判定为不合格批原则上全部退回。但是，供方被允许在全数检验的基础上，将不合格品剔除或修理好后，再次提交检验。

第三节　商品检验方法

一、商品检验的主要内容

（一）品质检验

品质检验又称质量检验，是运用各种检验设施设备和检验方法，对商品的品质、规格、等级等进行检验，确定其是否符合贸易合同（包括成交样品）、标准等规定。

品质检验的范围很广，如感官检验、化学检验、物理检验、微生物学检验等，可以分为内在质量检验与外观质量检验两个方面。

内在质量检验一般是指对有效成分的种类、含量、有毒有害物质的限量、化学成分、物理性能、机械性能、工艺质量、使用效果等的检验。

外观质量检验，即感官检验，主要是对商品的外形、结构、花样、色泽、气味、触感、疵点、表面加工质量、表面缺陷等的检验。

（二）包装检验

包装的目的是在流通过程中保护商品，方便储运。包装检验是指根据贸易合同、标准和其他有关规定，对流通商品的外包装和内包装以及包装标志进行的检验，除包装方法、包装材料和衬垫物必须符合贸易合同、标准的规定外，包装检验还应检验商品内外包装是否牢固、完整、干燥、清洁，是否符合长途运输和保护商品质量、数量的要求，是否符合限制商品过度包装的要求。对外包装破损的商品，包装检验应查明货损责任方及货损程度。对发生残损的商品，包装检验要检查其是否由于包装不良所致等。

【案例 9-6】

国家标准《限制商品过度包装要求 食品和化妆品》（GB 23350—2021）规定，粮食及其加工品、月饼及粽子的包装层数不应超过三层。销售价格在 100 元以上的月饼和粽子，生产组织应采取措施，控制除直接与内装物接触的包装之外所有包装的成本不超过产品销售价格的 15%。月饼和粽子的包装不应使用贵金属和红木材料。这一国家标准还给出了包装层数的计算方法和包装成本的计算方法。

（三）数量和重量检验

数量和重量是贸易双方成交商品的基本计量计价单位，是贸易结算的依据，直接关系到双方的经济利益，也是贸易中最敏感且最容易引起争议的因素之一。商品的数量和重量检验的内容包括商品的个（只、台等）数、长度、面积、体积、容积、重量等。

（四）卫生检验和安全性能检验

卫生检验主要是根据《中华人民共和国食品安全法》《中华人民共和国药品管理法》《化妆品卫生监督条例》等法律法规和强制性标准，对与人体直接接触的化妆品、玩具、纺织品等，或者食用的农产品、食品、食品相关产品、药品等进行卫生检验，检验其是否符合卫生条件，以保障人民健康和维护国家信誉。

安全性能检验是根据国家规定、技术标准、贸易合同以及进口国技术法规要求，对商品有关安全性能方面的项目进行的检验，如易燃、易爆、易触电、易受毒害、易受伤害等，以保证生产使用和生命财产的安全。例如，对锅炉、压力容器管道、索道、大型游乐设施等特种设备、机动车安全技术条件、船舶及主要船用设备、家用和类似用途电器的安全等进行检验，以维护人身安全和确保经济财产免遭侵害。

二、具体的商品检验方法

为保证检验结果的一致性、可比性，商品检验需要规定统一的检验方法，由交易双方或第三方检验检测机构共同遵守实施。因此，商品检验方法应制定为政府标准，包括国家标准、行业标准等。这类标准统称为试验方法标准。试验方法标准给出了测定成品、材料、部件等的特性值、性能指标或成分的步骤以及得出结论的方式，包括试验条件、试剂或材料、仪器设备、样品、试验步骤、试验数据处理等内容。试验方法标准应写入商品的产品标准或交易双方合同协议。对个别商品，如果没有政府制定的试验标准，交易双方应明确具体指标的检验方法，以便利贸易往来。

检验方法应能够确保试验结果的准确度在规定的要求范围内。必要时，检验方法应包含关于试验结果准确度限值的陈述。

商品检验因项目的不同而不同，需要按照有关标准或技术规定的要求执行。一般而言，商品检验方法有感官检验法、理化检验法。

（一）感官检验法

感官检验法是以人体感觉器官作为检验器具，对商品的色、香、味、形、手感、音质、音色等感官质量特性作出判定和评价的检验方法。

感官检验法的优点如下：操作简便、灵活易行、费用节省，不易破坏商品体，不受抽样数量的限制，特别适用于目前还不能用仪器定量评价其感官指标的商品和不具备使用昂贵、复杂仪器进行检验的企业和团体。感官检验法的缺点如下：受检验人的生理条件、工作经验以及鉴定时的外界环境干扰等限制，检验结果往往带有主观片面性；感官检验法的结果难以用准确的数字来表示，商品质量的表示也只能使用专业术语或记分的方法表示，使用效果差。

适用感官检验法的商品主要有食品、纺织品及服装、乐器等。

1. 感官检验法的类别

感官检验依据检验时主要使用的感觉器官，分为视觉检验、嗅觉检验、味觉检验、听觉检验和触觉检验。

（1）视觉检验。视觉检验是指通过视觉器官来观察商品的外形、结构、色泽、外观疵点、包装装潢等感官指标，并据此评定商品的质量特性的检验方法。视觉检验在日用工业品、纺织品时主要检验其美学特点和表面缺陷，在检验食品时则主要检验其新鲜度、成熟度和加工程度。

视觉检验应注意以下几点：

①为使检验者对商品外观评定有所依据，视觉检验应制定相应的样品标准。

②检验者应具备丰富的感官检验的知识和经验，并熟悉标准样品各等级的条件、特征和界限。

③光线强度应适中。由于视觉检验是用肉眼观察评定商品的外观质量，因此鉴定场所的光线强度是直接影响鉴定结果的重要条件。

（2）嗅觉检验。嗅觉检验是指凭借嗅觉器官（鼻）来鉴定商品气味和商品品质的检验方法。嗅觉是由于商品体发散于空气中的物质颗粒作用于鼻腔的嗅觉细胞产生兴奋后传入大脑皮质引起的感觉。嗅觉检验应用于食品、家用化工用品和香精香料等商品的质量检验。凡品质优良的商品均具有其特有的正常气味或香气，而劣质商品的气味特征也会有所不同，有的乏味，有的则有霉、臭等怪味。正常、无异味是对商品气味的基本要求。对不同的商品，嗅觉检验的内容和要求也相应有所不同。

嗅觉检验的结果能否正确反映商品的品质，除了检验者自身的素质外，检验场所的清洁度（有无异味）也有很大影响。因此，进行嗅觉检验时，检验场所、盛样器皿、检验者的手和衣物等均不应有不利于嗅觉检验的异种气味。

（3）味觉检验。味觉检验是指凭借人的味觉器官来检查有一定滋味要求的商品质量的方法。味觉是溶解于水或唾液中的物质作用于舌面和口腔黏膜上的味觉细胞产生兴奋后传入大脑皮质而引起的感觉。基本味觉有酸、甜、苦、辣、咸五种，其中辣味被认为是热觉、痛觉和味觉的混合。食品的滋味和风味是决定食品品质的重要因素，品质正常的食品均具有应有的滋味和风味。同一原料来源的食品，由于加工调制方法的不同，滋味和风味各异。质量变差的食品，滋味必然变差，甚至产生异味。因此，味觉检验是评定食品品质的重要手段之一。

味觉检验应注意被检样品的温度要与对照样品的温度一致，在一些检验细节上必须严格遵循检验规程，如检验前后检验人员必须漱口等。

（4）听觉检验。听觉检验是指凭借听觉器官来鉴定商品质量的方法。听觉是通过外界商品的音响刺激耳膜引起大脑神经反映而产生的一种感觉。听觉检验一般用来检验玻璃制品、瓷器、金属制品有无裂痕或其他内在缺陷，评价以声音作为重要指标的乐器、音响装置、家用电器，评定食品的成熟度、新鲜、冷冻程度等。例如，人们在购买鸡蛋时，常将鸡蛋放在耳边轻轻摇动，如有明显晃动声，说明鸡蛋由于放置时间较长，内部蛋清因水分散失而体积收缩，鸡蛋的品质值得怀疑。又如，罐头"打检"是判定罐头食品品质行之有效的简易方法。检验人员手持打检杆轻敲罐头盖，发出清脆的叮叮声表示品质正常，而发出混浊的声音则属次品。听觉检验需要适宜的环境条件，力求安静，尽量避免外界因素对听觉灵敏度造成干扰。

（5）触觉检验。触觉检验是指利用人的触觉器官感受商品，从而对商品品质作出判定的检验方法。触觉是皮肤受到外界刺激而引起的感觉，如触压觉、触摸觉等。触觉检验主要用于检查纸张、塑料、纺织品以及食品和其他日用工业品的表面光滑细致程度、强度、厚度、弹性、紧密程度、软硬等质量特性。人的手指和面部的触觉感受性较强。

2. 感官检验的评价分析方法

（1）差别检验。差别检验是用于判定两种样品之间是否存在感官差别的检验，如检验某种商品样品与标准样品在感官特性上是否存在差别。

（2）使用标度和类别检验。使用标度和类别检验是对两种以上的商品，在采用差别检验确定它们具有明显差别的基础上，为进一步明确差别的大小或估计样品归属的类别而采用的方法。其具体方法有排序、量值估计、评分、评估、分类等。

（3）分析或描述检验。分析或描述检验要求检验人员对构成商品的各个特性指标进行定性、定量描述，尽可能完整地描述商品品质。

【案例9-7】某类食品的感官要求与检验方法如表9-2所示。

表9-2 某类食品的感官要求与检验方法

项目	要求	检验方法
色泽	具有产品正常的色泽	将样品置于洁净白色容器中，在光线充足的条件下目测、鼻嗅、口尝
滋味、气味	具有产品正常的滋味、气味，无异味	
状态	具有产品正常的形态、状态，无正常视力可见外来异物	

国家标准《茶叶感官审评方法》（GB/T 23776—2018）规定，茶叶感官审评是指审评人员运用正常的视觉、嗅觉、味觉、触觉等辨别能力，对茶叶产品的外形、汤色、香气、滋味与叶底等品质因子进行综合分析和评价的过程。

（二）理化检验法

理化检验法是在实验室一定环境条件下，利用各种仪器、器具和试剂等手段，运用物理、化学、生物学原理测试商品质量的方法。理化检验法主要用来检验商品的成分、结构、物理性质、化学性能、安全性、卫生性等。

理化检验法的优点是可以用数据定量表示测定结果，相较于感官检验法，其结论更客观和精确。但是，该方法对检验设备、仪器要求较为严格，同时对检验人员素质也有较高要求。

理化检验法根据其使用原理，可以分为物理检验法、化学检验法和生物学检验法。

1. 物理检验法

物理检验法是运用各种物理仪器、器具对商品的各种物理性能和指标进行测试检验，以确定商品质量的方法。根据测试检验的内容不同，物理检验法分为以下几类：

（1）度量衡检验。度量衡检验是利用各种量具、量仪来测定商品的长宽度、细度、厚度、体积、密度、容重、表面光洁度等物理特性的检验方法，如测量纤维的长度、细度，粮食的容重，水果的体积和重量。

（2）力学检验。力学检验是用各种力学仪器测定商品的力学性能的检验方法。这些力学性能包括抗拉强度、抗压强度、抗冲击强度、硬度、弹性、耐磨强度等。商品的力学性能与商品的耐用性密切相关，如水泥的抗压强度是用水泥试样被压碎时试样单位面积所承受的外力表示的，单位为 kg/cm^2。水泥标号表明水泥的抗压强度，如普通水泥有 225、295、325、425、625 等型号。

（3）热学检验。热学检验是使用热学仪器测定商品热学特性的方法。商品的热学特性有沸点、熔点、凝固点、耐热性等。橡胶、塑料制品、玻璃和搪瓷制品、金属制品、化工制品、皮革制品等的热学特性与商品质量相关。例如，搪瓷制品的耐热性测定是将搪瓷制品加热到一定温度后，将其迅速投入冷水中，以珐琅层在突然受冷时不致炸裂和脱落的温度表示，温度差越大，表明耐热性越好。

（4）电学检验。电学检验是利用电学仪器测量商品电学特性的检验方法。这些电学特性包括电阻、电容、导电率、介电常数等。电器类商品的电学特性直接决定商品的质量。

（5）光学检验。光学检验是利用光学仪器（光学显微镜、折光仪、旋光仪等）来检验商品光学特性的方法。光学显微镜用于观察商品的细微结构，进而判定商品的使用性能。折光仪用于测定液体的透射率，通过透射率的测定可以分析液体商品的品质，如通过测定油脂的透射率可以判定油脂的新陈与掺杂情况。旋光仪通过对旋光性物质（如蔗糖、葡萄糖）的旋光度进行测定，从而判定旋光性物质的纯度。

【案例9-8】

物理检验相关标准

国家标准《陶瓷砖试验方法第3部分：吸水率、显气孔率、表观相对密度和容重的测定》（GB/T 3810.3—2016）规定了测定陶瓷砖吸水率、显气孔率、表观相对密度和容重的检验方法。国家标准《陶瓷砖试验方法第7部分：有釉砖表面耐磨性的测定》（GB/T 3810.7—2016）规定了测定有釉陶瓷砖表面耐磨性的检验方法。国家计量技术规范《定量包装商品净含量计量检验规则》（JJF 1070—2005）规定了定量包装商品净含量计量检验过程的抽样、检验和评价等活动的要求与程序。

2. 化学检验法

化学检验法是用化学试剂和仪器对商品的化学成分及其含量进行测定，从而判定商品品质的检验方法。化学检验法按检验手段不同，可以分为化学分析法和仪器分析法。

（1）化学分析法。化学分析法是根据检验过程中试样和试剂发生的化学反应、在化学反应中试样和试剂的用量，鉴定商品的化学组成和化学组成中各成分的相对含量的检验方法。以物质的化学反应为基础的化学分析法是一种传统的化学检验法，它所需设备简单、准确度高，是其他化学检验法的基础，又称常规分析法。

（2）仪器分析法。仪器分析法是采用光学、电化学方面较为复杂的仪器，通过测量商品的光学性质、电化学性质来确定商品的化学成分的种类、含量以及化学结构，以判断商品品质的检验方法。仪器分析法分为光学分析法和电化学分析法。光学分析法是通过被测成分吸收或发射电磁辐射的特性差异来进行化学鉴定的。电化学分析法利用被测成分的化学组成与电物理量之间的定量关系来确定被测成分的组成和含量。仪器分析法适用于微量成分含量的分析。

3. 生物学检验法

生物学检验法是主要用于对食品、动植物及其制品、医药类商品进行的检验，它包括微生物学检验和生理学检验。

（1）微生物学检验。微生物学检验是对商品中有害微生物存在的种类及其数量进行的检验，它是判定商品卫生质量的重要手段。有害微生物有大肠菌群、致病菌等，它们直接危害人体健康及商品的储存安全。

（2）生理学检验。生理学检验是用于测定食品可消化率、发热量、维生素种类和含量、矿物质含量等指标的检验。生理学检验一般用活体动物进行试验。

【案例9-9】

表9-3中，n 表示同一批次产品应采集的样品数，c 表示最大可允许超出 m 值的样品数，m 表示微生物指标可接受水平限量值，M 表示微生物指标的最高安全限量值。

菌落总数检验：$n=5$，$c=2$，$m=100$ CFU/mL，$M=10\,000$ CFU/mL，含义是从一批产品中采集5个样品，若5个样品的检验结果均小于或等于 m 值（100 CFU/mL），则这种情况是允许的（合格）；若 ≤2 个样品的结果（X）位于 m 值和 M 值之间（100 CFU/mL $\leqslant X \leqslant 10\,000$ CFU/mL），则这种情况是允许的；若有3个及以上样品的检验结果位于 m 值和 M 值之间，则这种情况是不允许的（不合格）；若有任一样品的检验结果大于 M 值（10 000CFU/mL），则这种情况是不允许的（不合格）。

表 9-3　某即食食品的微生物限量要求与检验方法

项目	采样方案及限量				检验方法
	n	c	m	M	
菌落总数/（CFU/mL）	5	2	10^2	10^4	《食品安全国家标准食品微生物学检验菌落总数测定》（GB 4789.2—2022）
大肠菌群/（CFU/mL）	5	2	1	10	《食品安全国家标准食品微生物学检验大肠菌群计数》（GB 4789.3—2016）

第四节　商品质量监督

商品质量监督是根据国家的质量法律法规、标准，对生产和流通领域的商品质量及其质量管理体系进行监督的活动。

我们可以这样理解商品质量监督：第一，商品质量监督是旨在保护消费者合法权益的活动。第二，商品质量监督由国家职能部门开展，而不是由普通的群众团体和民间组织开展。第三，履行商品质量监督的依据，主要是适用的质量法律法规和批准发布的标准，且多数是强制性标准。第四，商品质量监督是一种商品质量分析、评价和保证过程。

随着我国经济由高速增长阶段向高质量发展阶段的转变，商品质量监督作为维护市场经济秩序、提升产品质量水平的监督管理手段发挥着重要作用。

一、质量监督的类型

广义的质量监督包括以下类型：

第一，国家通过其授权的法定机构，根据政府的法令或规定，对产品质量和企业保证质量所具备的条件进行的监督活动，也包括有关行业主管部门为加强行业质量工作进行的管理性质的行业监督。这是国家在质量方面对商品市场进行宏观控制的重要措施。《中华人民共和国产品质量法》第八条规定："国务院市场监督管理部门主管全国产品质量监督工作。"《中华人民共和国产品质量法》第十五条规定："国家对产品质量实行以抽查为主要方式的监督检查制度。"

第二，社会上不具有行政管理职能的有关方面，如保护消费者权益的社会团体、新闻媒介等对商品质量进行的社会监督和舆论监督。《中华人民共和国产品质量法》第十条规定："任何单位和个人有权对违反本法规定的行为，向市场监督管理部门或者其他有关部门检举。"《中华人民共和国产品质量法》第二十二条规定："消费者有权就产品质量问题，向产品的生产者、销售者查询；向市场监督管理部门及有关部门申诉，接受申诉的部门应当负责处理。"《中华人民共和国产品质量法》第二十三条规定："保护消费者权益的社会组织可以就消费者反映的产品质量问题建议有关部门负责处理，支持消费者对因产品质量造成的损害向人民法院起诉。"《中华人民共和国消费者权益保护法》第六条规定："国家鼓励、支持一切组织和个人对损害消费者合法权益的行为进行社会监督。大众传播媒介应当做好维护消费者合法权益的宣传，对损害消费者合法权益的行为进行舆论监督。"《中华人民共和国消费者权益保护法》第三十六条规定："消费者协会和其他消费者组织是依法成立的对商品和服务进行社会监督的保护消费者合法权益的社会组织。"

第三，用户为保证所买商品符合合同协议规定的要求而进行的验收性监督。例如，交付检验，或者按照协议约定，用户可以到供应商的生产现场进行过程质量的检查等。

第四，企业为加强内部质量管理进行的自我监督。例如，企业开展的产品过程检验、出厂检验、型式检验以及对质量管理体系进行的内部质量审核和管理评审等。

通常，社会约定俗成的是质量监督的狭义概念，即第一种类型，商品质量监督是指政府行业主管部门对产品质量实施的行政监督，目的是遏制假冒伪劣产品的生产和流通，维护社会经济秩序，切实保护用户、消费者的合法权益。

二、商品质量监督的实施

（一）商品质量监督部门

《中华人民共和国产品质量法》第八条规定："国务院市场监督管理部门主管全国产品质量监督工作。国务院有关部门在各自的职责范围内负责产品质量监督工作。县级以上地方市场监督管理部门主管本行政区域内的产品质量监督工作。县级以上地方人民政府有关部门在各自的职责范围内负责产品质量监督工作。"

《中华人民共和国农产品质量安全法》第三条规定："县级以上人民政府农业行政主管部门负责农产品质量安全的监督管理工作；县级以上人民政府有关部门按照职责分工，负责农产品质量安全的有关工作。"

《中华人民共和国药品管理法》第八条规定："国务院药品监督管理部门主管全国药品监督管理工作。国务院有关部门在各自职责范围内负责与药品有关的监督管理工作……省、自治区、直辖市人民政府药品监督管理部门负责本行政区域内的药品监督管理工作。"

由此，商品质量监督部门包括县级以上的市场监督管理部门、县级以上的人民政府和有关行业主管部门。

（二）监督检查制度

1. 监督检查产品

所有交易商品都应该进行质量监督，但重点是可能危及人体健康和人身、财产安全的产品，影响国计民生的重要工业产品以及消费者、有关组织反映有质量问题的产品。重点产品通常分为八大类：日用及纺织品、电子电器、轻工产品、建筑和装饰装修材料、农业生产资料、机械及安防产品、电工及材料产品、食品相关产品。

2. 监督检查方式

国家对商品质量实行以抽查为主要方式的监督检查制度。抽查的样品可以从市场上、网络或企业成品仓库内的待销产品中随机抽取。监督抽查分为日常监督抽查和专项监督抽查。日常监督抽查是按年度计划组织实施的监督抽查。专项监督抽查是根据上级部门部署、跟踪问题产品或应对突发事件等需要组织开展的监督抽查。

抽查的样品经具备相应的检测条件和能力的质量检验机构进行产品质量检验。

国务院和省、自治区、直辖市人民政府的市场监督管理部门根据质量检验结果，定期向社会发布其监督抽查的商品的质量状况公告。

3. 监督抽查的实施

监督抽查是指市场监督管理部门为监督产品质量，依法组织对在中华人民共和国境内生产、销售的商品进行抽样、检验，并进行处理的活动。为了规范商品质量监督抽查工作，由国家市场监督管理总局组织的国家监督抽查被称为"国抽"；由省级地方市场监督管理部门组织的地方监督抽查被称为"省抽"。

4. 监督抽查的组织

国家市场监督管理总局负责全国监督抽查工作的统筹管理、指导协调，组织实施国家监督抽查，汇总、分析全国监督抽查信息，负责制订国家监督抽查年度计划。

省级市场监督管理部门负责统一管理本行政区域内地方监督抽查工作，组织实施本级监督抽查，汇总、分析本行政区域监督抽查信息，负责制订本级监督抽查年度计划。

市级、县级市场监督管理部门负责组织实施本级监督抽查，汇总、分析本行政区域监督抽查信息，配合上级市场监督管理部门在本行政区域内开展抽样工作，承担监督抽查结果处理工作。

组织监督抽查的市场监督管理部门应当根据本级监督抽查年度计划，制定监督抽查方案和监督抽查实施细则。

监督抽查方案应当包括抽查商品范围、工作分工、进度要求等内容。监督抽查实施细则应当包括抽样方法、检验项目、检验方法、判定规则等内容。

组织监督抽查的市场监督管理部门应当按照政府采购等有关要求，确定承担监督抽查抽样、检验工作的抽样机构、检验机构，并签订委托协议，明确权利、义务、违约责任等内容。

抽样机构、检验机构应当在委托范围内开展抽样、检验工作。

（三）监督检查抽样

1. 现场抽样

市场监督管理部门应当自行抽样或委托抽样机构抽样，并按照有关规定随机抽取被抽样生产者、销售者，随机选派抽样人员，即"双随机抽样"。

样品应当由抽样人员在被抽样生产者、销售者的待销产品中随机抽取，按照监督抽查实施细则规定的抽样方法，不得由被抽样生产者、销售者自行抽样或自己提供样品。

样品分为检验样品和备用样品。

除不以破坏性试验方式进行检验，并且不会对样品质量造成实质性影响的外，市场监督管理部门应购买检验样品。购买检验样品的价格在生产企业以出厂价为准，在销售企业以标价为准。

备用样品由被抽样生产者、销售者先行无偿提供。需启用备用样品进行复检的，由市场监督管理部门另行付费购买。

抽样人员要采取有效的防拆封措施，对检验样品和备用样品分别封样，并由抽样人员和被抽样生产者、销售者签字确认。

样品由抽样人员携带或寄递至检验机构进行检验。对易碎品、危险化学品等对运输、贮存过程有特殊要求的样品，抽样人员应当采取有效措施，保证样品的运输、贮存过程符合国家有关规定，不发生影响检验结论的变化。

2. 网络抽样

市场监督管理部门对电子商务经营者销售的本行政区域内的生产者生产的商品和本行政区域内的电子商务经营者销售的产品进行抽样时，可以以消费者的名义买样。

市场监督管理部门进行网络抽样的，应当记录抽样人员以及付款账户、注册账号、收货地址、联系方式等信息。抽样人员应当通过截图、拍照或录像的方式记录被抽样销售者信息、样品网页展示信息以及订单信息、支付记录等。

抽样人员购买的样品应当包括检验样品和备用样品。

抽样人员收到样品后，应当通过拍照或录像的方式记录拆封过程，对寄递包装、样品包装、样品标识、样品寄递情形等进行查验，对检验样品和备用样品分别封样，并将检验样品和备用样品携带或寄递至检验机构进行检验。

抽样人员应当根据样品情况填写抽样文书。抽样文书经抽样人员签字并加盖抽样单位公章。

（四）监督检查检验

检验人员应当按照监督抽查实施细则所规定的检验项目、检验方法、判定规则等进行检验，检验机构出具检验报告。

（五）监督检查异议处理

组织监督抽查的市场监督管理部门应当及时将检验结论书面告知被抽样生产者、销售者。

样品属于在销售者处现场抽取的，组织监督抽查的市场监督管理部门还应当同时书面告知样品标称的生产者。

样品属于通过网络抽样方式购买的，组织监督抽查的市场监督管理部门还应当同时书面告知电子商务平台经营者和样品标称的生产者。

被抽样生产者、销售者对抽样过程、样品真实性和检验结论有异议的，可以向组织监督抽查的市场监督管理部门提出书面异议处理申请，并提交相关材料。

对需要复检并具备检验条件的，组织监督抽查的市场监督管理部门应当组织复检。复检结论为最终结论。

（六）结果处理

组织监督抽查的市场监督管理部门应当汇总分析、依法公开监督抽查结果，并向地方人民政府、上一级市场监督管理部门和同级有关部门通报监督抽查情况。

对检验结论为不合格的产品，被抽样生产者、销售者应立即停止生产、销售同一产品，自责令之日起 60 日内予以改正。

负责结果处理的市场监督管理部门应当自责令之日起 75 日内按照监督抽查实施细则组织复查。如果复查不合格的，省级市场监督管理部门向社会公告。

结果处理方式主要包括责令整改、组织复查、责令停业、限期整顿、吊销营业执照等监管和处罚措施。

三、商品质量监督的原则

（一）公正性

相关部门必须抓好质量监督队伍建设，培养和建立一支爱岗敬业、廉洁自律、秉公办事、遵守法律法规和业务水平精深的质量监督管理队伍。商品质量监督必须建立并实施完整的管理制度和程序，不受外界干扰和影响，使相关活动处于国家、人民、社会和法律的监督之下；否则，就失去了监督的公正权威性，起不到监督抽查应有的作用。

为保证公正性，抽样机构、检验机构必须保证抽样、检验工作及其结果的客观、公正、真实。质量检验工作是委托国家权威技术机构，依据国家有关标准规定，对企业的商品质量合格与否进行判定的一项技术性、专业性很强的工作，要求检验机构必须站在第三方的立场上，客观代表国家和人民群众利益，严格依据标准，科学公正地对产品质量进行检验和评价。

(二) 公平性

近年来，监督抽查逐步实施了抽检分离、招标遴选、"双随机、一公开"、抽样可视化监控等抽查改革的重点举措。抽检分离工作机制规定监督抽查应当实行抽样机构和检验机构分离，抽样人员不得承担其抽样产品的检验工作。改变抽样、检验机构确定方式规定应当按照政府购买服务的要求选择检验机构。"双随机"方式规定随机抽取被抽样生产者、销售者，随机选派抽样人员。加强全过程可追溯性规定在现场抽样、网络抽样、收样、复检等重点环节通过拍照或录像的方式留存证据。复检机构与初检机构不得为同一机构，换机构复检的要求主要是基于被抽查企业的诉求以及提高复检工作的公正性考虑，通过更换复检机构有效提高对检验机构的约束力，督促其提高检验的准确性，从而进一步提高复检工作的公正性、公平性和科学性。

(三) 科学性

科学性原则要求抽样过程、检验结论要科学。现场抽样是从生产者、销售者的待销产品中抽取一部分样品单位。其基本要求是要保证所抽取的样品单位对全部样品具有充分的代表性，且不得由生产者、销售者自行抽样。

网络抽样程序还明确提出以消费者的名义买样。通过这种买样方式，检验机构能够有效规避被抽查企业得知抽查后采用各种方式规避抽查和监管的可能。这种不亮明身份的监管，用消费者的名义购买抽查样品，能够获取更接近市场销售产品的真实情况，从而提高监管的科学性、合理性和有效性。

检验机构出具的检验报告应当内容真实齐全、数据准确、结论明确。检验机构和检验人员应对其出具的检验报告负责。

(四) 质量监督应遵循的要求

1. 紧紧围绕经济建设中心工作并突出重点开展

质量工作是为经济社会发展服务的。质量监督工作尤其是国家监督抽查工作的开展，必须紧紧围绕经济社会发展这个中心，根据不同时期国家经济社会发展的重点而设计和组织，决不能"自弹自唱"，游离于经济社会发展之外。

另外，质量监督工作又不是无所不包的，《中华人民共和国产品质量法》的有关规定、世界贸易组织的有关规则要求以及政府用于国家监督抽查工作人力、物力、财力的有限度，均决定了国家监督抽查工作必须突出重点，突出质量导向、问题导向、民生导向，"有所为，有所不为"。国家监督抽查的重点产品是涉及安全健康的产品，影响国计民生的产品，用户、消费者、有关组织反映有质量问题的产品。国家监督抽查针对的重点企业是质量问题较多、质量管理和质量保证条件较差的中小企业、个体私营企业。国家监督抽查的质量指标重点是关系安全健康的指标和主要性能指标。

2. 依法行政

国家监督抽查工作主要是依据《中华人民共和国产品质量法》《中华人民共和国食品安全法》和《中华人民共和国消费者权益保护法》等组织开展的一项工作，是一种行政监督。在依法治国要求下，执法者首先必须守法。国家监督抽查工作必须严格依法办事，不但事后处理过程中的行政处罚要依法办事，包括国家监督抽查的工作程序都必须依法办事。

3. 扶优与治劣并重

国家监督抽查包括扶优与治劣两个方面。对抽查中反映的生产、销售假冒伪劣商品的违法行为，相关部门要发现一个查处一个；对有意偷工减料、粗制滥造、掺杂使假的行为，相关部门要依法严惩，并给予公开曝光。这种做法同时也是对重视商品质量企业的一种保护和支持。对一贯重视商品质量并持续稳定可靠的企业，相关部门要进行大力宣传和表扬，引导消费者选购，帮助质量好的企业扩大声誉和市场占有率；对商品质量出现问题后认真整改、质量水平明显提高的企业，相关部门要给予鼓励。相关部门通过不断树立典型，用典型引路，使广大企业学有榜样，赶有方向，有利于激发企业自身提高商品质量的积极性。

4. 监督与服务相结合

监督是法律法规和政府赋予的职能，从宏观角度上讲，监督工作的目的是督促和帮助企业提高商品质量，从而提高经济效益，最终为整个经济社会服务。但从监督的具体工作上讲，国家监督抽查又不能单纯为了监督而监督。为了更好地体现国家监督抽查工作的整体效能和社会效益，达到提高商品质量的目的，国家监督抽查必须在整个监督过程中增强服务意识，坚持监督与服务相结合。相关部门对企业不但要查处，而且要帮促；不但要当好质量的卫士，更要当好企业的良师益友，尽量为企业排忧解难，将国家监督抽查工作做深做细。

5. 充分依靠行业和地方、调动各方面的积极性

国家监督抽查工作是政府管理经济秩序的手段之一，是由国务院市场监督管理部门组织实施的。在具体实施过程中，市场监督管理部门要充分依靠、调动和发挥行业、地方、社会各方面的积极性，按照行政部门管理或行业管理的职能进行分级管理、合理分工、协调一致推进。特别是随着市场经济体制的逐步建立和不断完善，"小政府、大社会"的框架制度逐步形成，政府的工作职能和工作方式都将进一步转变。工作重心的下移和工作职能的剥离，决定了国家监督抽查及其后续处理工作必须依靠有关行业行政部门、地方市场监督管理部门、消费者协会、新闻媒体等的力量，形成一种互相配合、齐抓共管的局面，进一步构建市场主体自治、行业自律、社会监督、政府监管的质量共治格局。

四、质量监督中企业的权利和义务

（一）权利

1. 知情权

监督抽查实施细则需在抽样前进行公开，生产者、销售者可以通过相关渠道知晓。

　　在现场抽样时，抽样人员应向生产者、销售者出示组织监督抽查的市场监督管理部门出具的监督抽查通知书、授权委托书复印件和抽样人员身份证明，还应当告知生产者、销售者抽查产品范围、抽样方法等。

　　在销售者处现场抽取的样品，组织监督抽查的市场监督管理部门还应当书面告知样品标称的生产者。

　　在网络抽样时，网络购买样品后，抽样人员将经签字并加盖抽样单位公章的抽样文书、组织监督抽查的市场监督管理部门出具的监督抽查通知书、授权委托书复印件一并寄送被抽样销售者，同时书面告知电子商务平台经营者和样品标称的生产者。

　　组织监督抽查的市场监督管理部门应当及时将检验结论书面告知被抽样生产者、销售者，并同时告知其依法享有的权利。

　　2. 申辩权

　　如果生产者、销售者对抽样过程、样品真实性等有异议，可以提出异议处理申请。

　　如果生产者、销售者对检验结论有异议，应当自收到检验结论书面告知之日起15日内向组织监督抽查的市场监督管理部门提出书面异议处理申请，并提交相关材料。

　　3. 其他

　　无论是现场抽样还是网络抽样，检验样品需要以购买方式获得，购买检验样品的价格在生产企业以出厂价为准，在销售企业以标价为准。也就是说，抽样人员需要向企业支付抽样样品的费用，即企业有偿提供样品。

　　但是，不以破坏性试验方式进行检验且不会对样品质量造成实质性影响的以及被抽样对象自愿无偿提供样品的情形除外。检验结论为合格并且属于无偿提供的样品，组织监督抽查的市场监督管理部门应当在提出异议处理申请期限届满后及时退还企业。如果企业提出复查，所需样品由被抽样生产者、销售者无偿提供。

　　对承检机构及抽样人员在抽样检验工作中是否科学、公正及遵纪廉政等，企业有进行监督的权利。

　　(二) 义务

　　企业应履行以下义务：

　　1. 支持配合

　　生产者、销售者应当配合质量监督抽查，如实提供监督抽查所需材料和信息，不得以任何方式阻碍、拒绝监督抽查。被抽样生产者、销售者应积极提供营业执照、产品生产许可证（列入管理目录的产品）等证件以及提供被抽查商品的商品相关信息，确保抽查工作顺利进行。被抽查产品执行企业标准、团体标准的，应及时提供有效的标准文本。

企业需要提供样品，包括检验样品和备用样品。

生产者、销售者应当妥善保管封存的样品，不得隐匿、转移、变卖、损毁样品。

2. 质量整改

在接到所抽商品质量不合格的通知后，生产者、销售者应当立即停止生产、销售同一商品。企业要立即进行质量整改，组织有关人员分析查找不合格的原因，提出改进措施并迅速落实，60 日内予以改正。完成整改后，企业应当向当地市场监督管理部门提出书面形式复查申请。

五、质量监督的主要依据

（一）《中华人民共和国产品质量法》

为了加强对产品质量的监督管理，提高产品质量水平，明确产品质量责任，保护消费者的合法权益，维护社会经济秩序，国家制定了《中华人民共和国产品质量法》。该法于 1993 年 2 月 22 日第七届全国人民代表大会常务委员会第三十次会议通过，自 1993 年 9 月 1 日起施行，分别于 2000 年、2009 年、2018 年进行了修正。

（二）《中华人民共和国消费者权益保护法》

为了保护消费者的合法权益，维护社会经济秩序，促进社会主义市场经济健康发展，国家制定了《中华人民共和国消费者权益保护法》。该法于 1993 年 10 月 31 日第八届全国人民代表大会常务委员会第四次会议通过，自 1994 年 1 月 1 日起施行，分别于 2009 年、2013 年进行了修正。

该法调整的对象是为生活消费需要购买、使用商品或接受服务的消费者和为消费者提供其生产、销售的商品或提供服务的经营者之间的权利义务。

该法律规定，各级工商行政管理部门和其他有关行政部门应当依照法律法规的规定，在各自的职责范围内，采取措施，保护消费者的合法权益。

有关行政部门在各自的职责范围内，应当定期或不定期对经营者提供的商品和服务进行抽查检验，并及时向社会公布抽查检验结果。

（三）《中华人民共和国食品安全法》

为了保证食品安全、保障公众身体健康和生命安全，国家制定了《中华人民共和国食品安全法》。该法于 2009 年 2 月 28 日第十一届全国人民代表大会常务委员会第七次会议通过，自 2009 年 6 月 1 日起施行，分别于 2015 年、2018 年、2021 年修正。

该法律共 10 章 154 条，最大的特点就是保证食品安全、保障公众身体健康和生命安全。其他特点如下：

特点一：规定国务院设立食品安全委员会，食品安全监管体制更加科学、有效。

特点二：明确食品安全风险评估的法律地位，食品安全监管有了科学依据。

特点三：规范食品安全标准的制定，有利于保障监管工作的统一性。

特点四：规范食品检验行为，保证食品检验数据和结论的客观、公正。

特点五：注重食品生产经营的管理，维护好消费者的权益。

特点六：加大对进口食品的监管力度，确保进口食品的安全。

特点七：规范食品安全监管部门的权力和责任，监管制度更加合理。

特点八：强化公民权益保障的有效措施，加大对违法行为的处罚力度。

【拓展阅读】

缺陷和不合格

商品检验的结果是合格或不合格。不满足"要求"就是不合格，缺陷也是一种不合格。不合格与缺陷是十分重要的两个概念，也是十分容易混淆的两个概念。

缺陷是指不满足预期的使用要求，从使用角度而不是从符合规范角度来评价商品的质量特性时，可以使用"缺陷"这个术语。同时，区分缺陷与不合格的概念是很重要的，这是因为其中有法律内涵，特别是与产品责任问题有关，所以"缺陷"这个术语应慎用。

根据《缺陷汽车产品召回管理条例》（2012年10月22日中华人民共和国国务院令第626号公布）的规定，缺陷是指由于设计、制造、标识等原因导致的在同一批次、型号或者类别的汽车产品中普遍存在的不符合保障人身、财产安全的国家标准、行业标准的情形或者其他危及人身、财产安全的不合理的危险。

根据《消费品召回管理暂行规定》（2019年11月21日国家市场监督管理总局令第19号公布）的规定，消费品是指消费者为生活消费需要购买、使用的产品。缺陷是指因设计、制造、警示等原因，致使同一批次、型号或者类别的消费品中普遍存在的危及人身、财产安全的不合理危险。

对存在缺陷的消费品，生产者应当实施召回，即应通过补充或修正警示标识、修理、更换、退货等补救措施，消除缺陷或降低安全风险。

思维导图

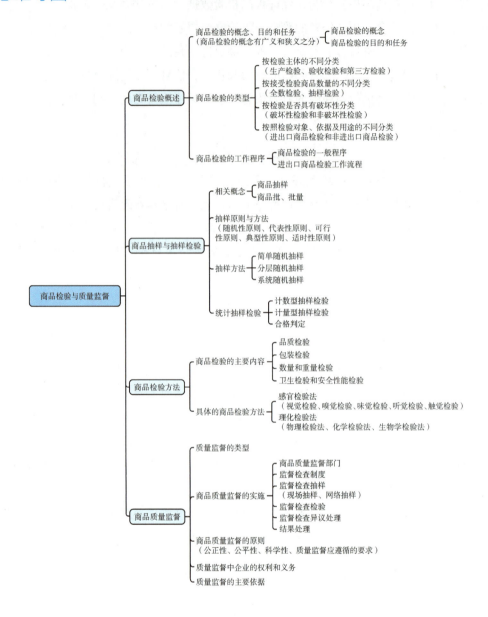

本章小结

　　商品检验是对商品符合性的判断活动。检验目的是维护社会经济秩序；维护商品买卖双方合法权益，明确商品质量责任，尤其是消费者合法权益，便于商品交付和结算；保证产品质量水平，满足商品的使用价值；减少或预防不合格品进入生产或流通领域，避免或减少各种风险损失。

　　抽样又称取样、采样、拣样，是指从被检验的商品中按照一定方法采集样本的过程。抽样要正确选择抽样方法，控制抽样误差，以获取较为准确的检验结果。抽样遵循的原则有随机性、代表性和可行性。

　　商品检验包括品质检验、包装检验、数量和重量检验、安全卫生检验。检验方法有感官检验法和理化检验法。

　　质量监督是根据国家的质量法律法规、标准，尤其是强制性标准，相关主管部门对生产和流通领域的商品质量及其质量管理体系进行监督的活动。我国对商品质量实行以抽查为主要方式的监督检查制度。

本章重难点

　　1. 商品检验的分类、抽样方法和检验方法。
　　2. 商品质量监督的主要流程。

思考题

　　1. 商品检验的主要任务是什么？
　　2. 按检验主体的不同，检验分为哪几类？
　　3. 计数抽样检验的抽样方案的五个要素是什么？
　　4. 商品如何进行合格判定？
　　5. 感官检验分为哪几种？
　　6. 质量监督的重点产品有哪些？结果处理方式有哪几种？

在线测试

第十章

商品包装

学习目标

- 理解商品包装的内涵和功能
- 掌握商品包装的分类
- 了解商品包装的材料及包装容器的要求
- 掌握商品的包装技术
- 了解商品包装的标志
- 了解商标的概念、分类以及作用

导入案例

香奈儿 5 号香水——香水瓶成为艺术品

1921 年 5 月，当香水创作师恩尼斯·鲍将他发明的多款香水呈现在香奈儿夫人面前让她选择时，香奈儿夫人毫不犹豫地选出了第五款，即经典的香奈儿 5 号香水。然而，除了那独特的香味以外，真正让香奈儿 5 号香水成为"香水贵族中的贵族"却是那个看起来不像香水瓶，反而像药瓶的创意包装。

服装设计师出身的香奈儿夫人，在设计香奈儿 5 号香水瓶型上别出心裁："我的美学观点跟别人不同：别人唯恐不足地往上加，而我一项一项地减除。"这一设计理念，让香奈儿 5 号香水瓶简单的包装设计在众多繁复华美的香水瓶中脱颖而出，成为最怪异、最另类，也是最成功的一款造型。香奈儿 5 号香水以其宝石切割般形态的瓶盖、透明水晶的方形瓶身造型、简单明了的线条，成为一股新的美学观念，并迅速俘获了消费者。从此，香奈儿 5 号香水在全世界畅销 80 多年，至今仍然常盛不衰。

1959 年，香奈儿 5 号香水的香水瓶以其表现出来的独有的现代美荣获"当代杰出艺术品"称号，跻身于纽约现代艺术博物馆的展品行列。香奈儿 5 号香水的香水瓶成为名副其实的艺术品。对此，中国工业设计协会副秘书长宋慰祖表示，香水作为一种奢侈品，最能体现其价值和品位的就是包装。"香水的包装本身不但是艺术品，也是其最大的价值所在。包装的成本甚至可以占到整件商品价值的 80%。香奈儿 5 号香水的成功，依靠的就是它独特的、颠覆性的创意包装。"

第一节　商品包装概述

一、商品包装的内涵

（一）包装的概念

国家标准《包装术语第 1 部分：基础》（GB/T 4122.1—2008）将"包装"定义为："为在流通过程中保护产品，方便储运，促进销售，按一定技术方法而采用的容器、材料及辅助物等的总体名称。也指为了达到上述目的而采用容器、材料和辅助物的过程中施加一定技术方法等的操作活动。"

显然，上述标准定义包含了包装的两重含义：一是盛装商品的容器、材料和辅助物等，即包装物（如箱、桶、袋等），是一种静态的理解；二是商品盛装、包扎和装潢的操作过程，即包装操作活动（如装箱、灌瓶、装桶等），是一种动态的理解。

（二）商品包装的构成要素

商品包装是依据其内装物的产品特性、形态、数量以及物流、销售和消费的要求，采用特定包装材料和技术方法，按照流通和消费要求设计与创造出来的包装的造型、图案、色彩、文字以及标志相结合的实体，因此具有技术和艺术的双重特性。概括地说，包装材料、包装技术、包装装潢和包装标志是构成商品包装实体的四大要素。

包装材料是商品包装的物质基础，是包装功能的物质承担者。

包装技术是实现商品包装保护功能、保持内装物质量的关键要素。

包装装潢是通过美丽的色彩、适当的图形和文字以及实用的造型来宣传和推介商品的主要手段。

包装标志向物流业者、销售者、消费者提供了商品在储存、运输、装卸、销售和消费等各环节中必要的信息。

二、商品包装的基本功能

在商品从生产领域转入流通和消费领域的过程中，商品包装起着非常重要的作用。其基本功能主要有容纳功能、保护功能、方便功能和促销功能。

（一）容纳功能

容纳功能是商品包装最基本的功能。有些商品本身没有一定的集合形态，如液体、气体或粉状商品，借助包装的容纳作用可使其聚集成特定的形态。如果没有包装，这些商品就无法运输、储存和销售。对于一般结构的商品来说，包装的容纳作用增强了对这类商品的保护，有利于商品抵御外界因素的侵害，从而保持其性能的稳定。对于食品、药品、化妆品、消毒品、卫生用品等商品来说，包装的容纳功能还能保证这些商品的卫生质量。对于结构复杂的商品来说，包装的容纳功能使其外形整齐划一，形成标准单元，便于组合成较大包装。对于质地疏松的商品来说，包装的容纳功能若结合标准化和合理压缩，可以充分利用包装容积，节约包装费用，节省储运空间，实现效用最大化。包装的容纳功能不仅有利于商品流通和销售，还能提高商品的价值。

集合化功能是包装容纳功能的延伸，它能把许多个体或个别的包装统一集合起来，化零为整，化分散为集中。这种集合化功能不仅有利于商品运输和储存，也可以减少流通费用。

（二）保护功能

保护功能是商品包装最重要的功能。商品在运输、储存和销售中，会受到各种因素的影响，因此可能发生物理、化学、机械、生物等变化，造成商品损耗、损坏或变质。例如，运输、装卸过程中的颠簸、冲击、震动、碰撞、跌落以及储存过程中的堆码承重，可能造成包装破损和商品变形、损伤、失散等。在储运过程中，外界温度、湿度、光线、气体等条件变化，可能造成商品干裂、脱水、潮解、溶化、腐烂、氧化、变色、老化、锈蚀等商品品质劣变现象；微生物、昆虫和鼠类的侵入会导致食品及其他商品的霉烂、变质、虫蛀、鼠咬等。因此，企业必须根据不同的商品形态、特征、运输环境、销售环境等因素，选择适当的包装材料，采用合理的包装容器和包装技术，充分赋予包装保护功能，切实保护内装商品的安全。此外，危险货物还应采用特殊包装，注意防止对周围环境及人的伤害。

（三）方便功能

商品包装的方便功能是指包装应该能够为商品从生产领域向流通和消费领域的转移提供一切方便。其主要内容包括方便运输、方便装卸、方便储存、方便分发、方便销售、方便识别、方便携带、方便开启、方便使用等。方便装卸和储运是指包装容器的质量（重量）、尺寸和形态等要广泛适应物流各环节要素（装卸设备和人员能力、运输工具、堆码形式等）的要求，从而使物流操作快捷、准确、可靠、便利。

同时，包装提供的方便功能还应适合商品销售和消费的需要，如易于货架陈列和展示，采用喷雾包装、易拉罐包装、透明或开窗包装、便携式包装，运用简明规范的文字或图示传达商品成分、性能、用法等信息，从而为销售者、消费者带来更多的方便。

（四）促销功能

在国际上，销售包装被称为"无声的推销员"，其在商品和消费者之间起着媒介作用。销售包装通过美化和宣传商品，使商品更具魅力和吸引力，刺激消费者的购买欲望，从而在一定程度上促进商品的销售。包装的促销功能是由于包装具有传达信息功能、表现商品功能和美化商品功能。

传达信息功能主要通过包装上的各种标志和文字说明，向消费者介绍商品的名称、品牌、产地、特性、规格、用途、使用方法、价格、注意事项和认证担保等，起到广而告之、宣传商品、强化信任、指导消费的作用。

表现商品功能主要是依靠包装上的图案、开窗包装或透明包装显露的商品实物，把商品的外貌传达给消费者，使消费者在感性认识的基础上加深对商品的了解程度，刺激其购买欲望，并诱发其购买行为。

美化商品功能主要通过包装的造型装潢等艺术性内容对商品起到醒目、渲染、美化、宣传的作用。造型独特别致的容器、印刷精美的装饰，不但能促进商品销售，同时还可以作为艺术鉴赏品收藏。

此外，有些包装还具有潜在价值，如在内装物用完后还可以继续用来盛装其他物品。随着市场经济的发展，包装的促销功能越来越受到人们的重视。

三、商品包装的分类

（一）按包装的目的分类

按照包装的目的，商品包装可以分为销售包装和运输包装。

1. 销售包装

销售包装是以销售为主要目的，与内装物一起到达消费者手中的包装。它具有保护、美化、宣传商品和促进销售的作用。销售包装可以是单体包装，即只包装一种或一套商品的包装；也可以是配套包装，即把品种相同规格不同或品种不同用途相关的数件商品搭配在一起的包装（如将乒乓球、乒乓球拍和球网放在一起的包装）。销售包装往往以其新颖和优美的造型、图案、色彩，使人印象深刻的品名、品牌、标志以及文字说明，起到自我推销的作用。但是，销售包装应该遵从节约资源和能源、废弃物的资源化利用的原则，选择和采用合理、恰当、适度的包装，避免采用破坏生态环境和侵害消费者利益的过度包装。

2. 运输包装

运输包装是以运输贮存为主要目的的包装。它具有保障商品的安全，方便储运装卸，加速交接、点验等作用。

运输包装可以分为单件运输包装和集合运输包装。单件运输包装是指货物在运输过程中作为一个计件单位的包装，常用的有箱、包、桶、袋、篓、罐等。集合运输包装是指将若干单件运输包装或商品组合成一个合适的搬运单元的包装，以利于更有效地保护商品，提高装卸效率和节省运输费用。

在国际贸易中，常见的集合运输包装有集装袋和集装箱。集装袋是一种用聚丙烯、聚乙烯等合成纤维编织而成的柔性运输包装容器，它们的载重量为 0.5~3 吨，容积为 500~2 300 升，形状有圆形、方形和 U 形等，广泛用于食品、粮谷、医药、化工、矿产品等粉状、颗粒状、块状物品的运输包装。集装箱是指具有一定强度、刚度和规格，专供周转使用的大型装货容器。集装箱有干货集装箱、散货集装箱、液体货集装箱、冷藏箱集装箱以及一些特种专用集装箱，载重量为 2.5~30 吨。使用集装箱转运货物可以直接在发货人的仓库装货，运到收货人的仓库卸货，中途更换车、船时，无须将货物从箱内取出换装。

（二）按包装的材料分类

按照包装的材料，商品包装可以分为以下八类：

1. 纸包装

纸包装是指以纸或纸板为原料制成的商品包装。它包括纸箱、瓦楞纸箱、纸盒、纸袋、纸管、纸桶、纸基平托盘等。在现代商品包装中，纸包装仍占有很重要的地位。从环境保护和资源回收利用的观点来看，纸包装具有广阔的发展前景。

2. 木质包装

木制包装是指以木材、木材制品和人造板材（如胶合板、纤维板等）制成的商品包装。例如，木箱、木盒、木桶、胶合板箱、木制底盘、木托盘、纤维板箱和纤维板桶等。

3. 金属包装

金属包装是指以镀锡钢板（马口铁）、薄钢板、铝箔、铝合金等金属材料制成的各种商品包装。例如，镀锡钢板罐、铝罐、钢桶、钢瓶、气雾罐等。

4. 塑料包装

塑料包装是指以人工合成树脂为主要原料的高分子材料制成的包装。主要的塑料包装材料有聚乙烯（PE）、聚氯乙烯（PVC）、聚丙烯（PP）、聚苯乙烯（PS）、聚酯（PET）、聚乙酸乙烯酯（PVA）、乙烯-乙酸乙烯共聚物（EVA）等。塑料包装主要有全塑箱、钙塑瓦楞箱、塑料桶、塑料盒、塑料瓶、聚酯瓶、塑料袋、塑料编织袋等。从环境保护的观点来看，一次性塑料薄膜袋和泡沫塑料盒等包装的废弃物如果处理不当，容易产生"白色污染"问题。

5. 玻璃与陶瓷包装

玻璃与陶瓷包装是指以硅酸盐材料玻璃或陶瓷制成的包装。这类包装主要有玻璃瓶、玻璃罐、陶瓷罐、陶瓷瓶、陶瓷坛、陶瓷缸等。

6. 纤维制品包装

纤维制品包装是指以棉、麻等天然纤维或人造纤维、合成纤维制成的商品包装。例如，麻袋、布袋、编织袋等。

7. 复合材料包装

复合材料包装是指以两种或两种以上材料黏合制成的包装，也称为复合包装。复合材料包装主要有纸、塑复合材料，铝、塑复合材料，纸、铝、塑复合材料，塑、塑复合材料等材料制成的包装。

8. 其他天然材料包装

其他天然材料包装主要是指竹类、藤条、柳条、草类等编织物包装，如竹筐、条篓、草袋等。

按照包装材料分类的各种包装情况如表 10-1 所示。

表 10-1　按照包装材料分类的各种包装情况

包装分类	包装材料	包装方式	典型举例
纸包装	以纸或纸板为原料制成的商品包装，包括纸箱、瓦楞纸箱、纸盒、纸袋、纸管、纸桶、纸基平托盘等	纸常用来做包裹材料，纸板常用来做制成各种包装容器	主要用于食品或数码产品的包装以及一些大件快递的包装
塑料包装	以人工合成树脂为主要原料的高分子材料，主要包括聚乙烯（PE）、聚氯乙烯（PVC）、聚丙烯（PP）、聚苯乙烯（PS）、聚酯（PET）等	常制成瓶、杯、盘、盒、箱、桶、袋等容器对商品进行包装	主要用于肉类、禽类的包装，膨化食品的包装，食用油的包装等
金属包装	钢板、铝板及其他合金材料，如薄钢板、黑铁皮、白铁皮、镀锡钢板、铝箔以及铝合金等制成的包装材料	常制成金属桶、金属盒、马口铁、铝罐头盒、油罐、钢瓶等	主要用于食品、罐头、饮料、油脂、化工、药品等商品的包装
木质包装	主要指木材、木材制品和人造板材（如胶合板、纤维板等）	常制成木箱、木桶、胶合板箱、纤维板箱（桶）、木质托盘等	主要用于出境货物的包装
玻璃与陶瓷包装	硅酸盐以及相应的金属氧化物	常制成瓶、罐、坛、缸等容器	主要用于茶叶、酒类、化妆品、药品等的包装
纤维制品包装	以天然纤维和化学纤维及少量矿物纤维、金属纤维制成的包装材料	常制成绳索与袋装运输容器等	主要用于粮食、化肥、化工原料等的包装
复合材料包装	两种或两种以上不同的复合材料在一起而制成的包装材料	包括涂覆法、干式复合法、湿式复合法、挤出复合法、热熔复合法	主要用于香烟、巧克力、药品以及蒸煮食品的包装
其他天然包装	草、竹、柳、藤等天然野生材料	筐、篓、袋、箱、包等	主要用于运装蔬菜、水果、鲜蛋、鲜鱼及其他生鲜类食品的包装

（三）按包装的技术方法分类

按照包装的技术方法，商品包装可以分为防水包装、防潮包装、防锈包装、缓冲包装、防霉包装、防虫包装、灭菌包装、真空包装、充气包装、保鲜包装、防尘包装、防爆包装、防燃包装、防冻包装、防热包装、防磁包装、防静电包装、防辐射包装等。

（四）按包装的内容物分类

按照包装的内容物，商品包装可以分为食品包装、土特产品包装、纺织品包装、药品包装、化妆品包装、玩具包装、文化用品包装、小五金包装、化工商品包装、化学危险品包装、机电商品包装等。

四、商品包装标准及标准化

为了保证商品在流通过程中的安全无损和性能不变，提高商品运输、装卸、储存和销售的效率，商品的包装材料、包装容器、包装方式等必须做出统一的技术规定，使同类或同种商品的不同包装趋于一致。为此，相关组织必须制定和实施包装标准，实现商品包装标准化。

（一）商品包装标准

商品包装标准是指为了确保商品在生产、贮存、运输和销售中的安全和科学管理的需要，以包装的有关事项为对象所制定的标准。它是依据包装科学技术和实践以及商品的体积、形态和性能，在有利于商品生产、流通、消费、安全和节约的原则下，经有关部门的充分协商和一定的审批程序，针对包装的有关事项，如术语、容器及材料、尺寸、规格、标志、防护技术、试验方法、设计程序、抽样检验、质量体系、回收利用与废弃处理等做出的统一规定。

我国包装标准体系主要包括包装相关标准、综合基础包装标准、包装专业基础标准和产品包装标准四大类。

1. 包装相关标准

包装相关标准是指那些与集装箱、托盘、运输、储存条件有关的标准。

2. 综合基础包装标准

综合基础包装标准是指有关包装术语、包装尺寸、包装标志、运输包装件的试验方法、包装技术与方法、包装管理等方面的标准。

3. 包装专业基础标准

包装专业基础标准包括有关包装材料、包装容器和包装机械的标准。

4. 产品包装标准

产品包装标准有建材、机械、轻工、冶金、交通、纺织、食品、医药、农业、水产、化工、物资、铁道、商业、能源、兵器、航空航天、邮政和危险品等产品的包装标准。

（二）商品包装标准化

商品包装标准化是指以制定、贯彻和修改商品包装标准为主要内容的整个过程。具体来讲，包装标准化就是根据科学技术的发展不断完善、补充和提高商品包装标准，在生产、流通、管理等环节中全面推行商品包装标准，使商品包装达到定型化、规格化、系列化和最优化。实现商品包装标准化有利于发展包装生产和提高包装生产效率，有利于商品的识别、使用和计量，有利于节约包装材料和降低成本，有利于保证包装质量和商品安全，有利于包装的回收重复利用。

（三）包装模数化

要实现包装标准化、规格化和系列化，必须首先实施包装模数化。

包装模数化是指对包装的规格、尺寸和流通环境中各种空间或平面尺寸进行模数协调，制定标准尺寸系列，使标准尺寸合理化、系列化和通用化。具体来说，包装模数化就是使商品的内外包装之间、单件包装与组合包装之间实现模数协调，同时使包装模数与物流模数相互协调。

包装模数是指包装容器长和宽的尺寸基准，根据包装模数设计的包装容器能较好地利用储存和运输空间。物流模数是指物流设施与设备的尺寸基准。包装模数化是以标准化原理和模数理论为依据，通过包装模数协调，建立完善的包装标准模数（包装模数系统），使商品流通过程中的货物运输和储存排布合理、配合协调和经济有效，充分发挥运输包装的作用。包装模数与物流模数协调可以使商品销售包装、运输包装到集装箱、集装箱托盘以及运输车辆、火车车厢、轮船船舱、港口码头、储存仓库等都按模数的对接关系进行配套。这将有利于包装容器的最佳装配以及交通工具和货位的最大利用，适应现代化大流通和现代包装运输系统的需要，从而获得最佳的经济效益。

第二节　商品包装设计的基本原则

商品包装是保障商品从生产经由流通环节安全满意地转移到消费者手中的有效手段。这种有效性就体现在商品包装对其内装商品的保护、美化和促销等基本功能上。为了充分发挥商品包装的这些功能，最终实现商品包装的价值和使用价值，商品包装设计应遵循适用性、安全性、方便性、美观性、促销性、经济性、标准化、环境友好性等原则。

一、适用性

适用性包含三个方面的含义：一是对被包装商品（如体积、形态、性能等）的适应性，二是对各流通环节（如装卸、运输、储存、销售等）要求的适应性，三是对商品及其包装的最终使用者的适应性。适用性原则实际上是商品包装设计的总原则。

商品包装设计要素主要有材料、结构、造型、图案（文字）、色彩、商标等。对它们的组织与协调必须建立在了解和熟悉所包装商品特征和特性的基础上，必须充分考虑物流环节、销售环节对包装的具体要求，商品及其包装的使用者的特征、偏好、风俗习惯等。

为了保证商品包装设计有的放矢、适销对路，称职的包装设计人员在设计前，必须进行市场调查。设计人员通过调研，了解所包装商品的生产特点、性能特点以及同类竞争商品的包装现状及优缺点等，了解所包装商品的销售和使用对象的性别、年龄、职业、受教育程度及其爱好、风俗、禁忌等，了解所包装商品的分销渠道、销售时的陈列方式、储存和运输中的安全与方便的需求等。之后，设计人员进行综合分析，提出包装设计的初步设想计划。设计人员选择适当的包装材料并根据所包装商品的特性、特征以及所要求的功能确定其包装结构的造型、图案文字及色彩。最后，设计人员小批量生产进行市场试销并根据意见不断修改，完成定稿。

二、安全性

安全性原则包括以下两方面的内容：

第一，包装设计要充分保证内装商品的完好无损和原有质量。这就要求包装设计应根据所包装商品的特征、特性，选用特定的材料，设计一定结构形态的包装容器，采用相应的包装技术来实现安全保护的作用。例如，设计化妆品、药品和化工商品的包装必须依据这些商品的理化性能，选用与这些商品具有相容性（如无毒或耐腐蚀）的包装材料，设计的包装容器应防潮、隔氧、遮光，以保护这些商品。

第二，包装的设计必须考虑对接触包装的相关人员的安全的影响，防止在包装的生产、流通、销售、处理过程中对相关人员造成伤害。例如，食品、药品、化妆品、卫生用品等商品的包装设计要特别注意被包装商品的卫生安全要求。一方面，包装要能隔绝各种不卫生因素的污染，尤其是微生物、害虫、鼠类的污染；另一方面，包装材料要不含有毒物质且不能与商品成分发生化学反应而形成有毒物质，避免污染商品。包装材料不与所包装商品发生化学反应的性质被称为相容性。欧盟已将聚氯乙烯中氯乙烯单体列入在食品、医药以及可能与儿童接触的商品包装中限制使用的材料，包装设计中不能再使用此类包装材料，而应使用安全的、低风险的其他包装材料，如聚酯来代替氯乙烯。

三、方便性

包装设计特别是销售包装设计要根据现代化商品生产、物流、销售和使用的要求，便于包装生产者实现机械化、自动化连续生产，便于物流业者提高装卸、储运效率，便于销售者陈列展销，便于消费者携带、使用、启闭等。同时，包装设计还要根据不同的消费对象采取不同容量、数量、规格的包装，采用相关商品配套包装。除此之外，包装设计还要考虑到识别的方便性。在商品销售市场中，商品包装的相似性越来越显著，因此包装设计必须考虑消费者在选购商品时能很方便地根据商品的包装识别出所需购买的商品。

四、美观性

美观是广大消费者的共同要求。包装设计必须在功能、材料和技术允许的条件下使包装的商品创造出生动、优美、健康、和谐的造型设计与装潢设计，由此激发人们的购买欲望，美化人们的生活，培养人们健康、高尚的审美情趣。商品包装的造型设计与装潢设计是紧密结合的，既要有美的造型，又要有美的色彩和图案。造型美的要素有对称性、平衡性、协调性、统一性、连续性、质朴性、华丽性、活泼性、庄严性、趣味性、幽默性、民族性、时代性等。依据某些上述要素，对包装容器的外部形态进行美化，是包装造型设计的一项重要工作。装饰设计采用各种技术手段，对包装容器进行表面处理，以获得不同的视觉效果。装潢设计以图案、色彩、文字等方式，使包装容器获得强烈的艺术效果。以不同的色彩或色调来烘托包装造型，可以使包装获得巨大的艺术魅力。

五、促销性

商品包装的促销功能主要是通过包装装潢设计来实现的。包装装潢设计首先注意包装的整体设计效果，考虑总体画面与商品属性、包装造型的关系，做到画面与造型统一，图案、文字、色彩与商品内容相称，使包装装潢能够吸引消费者，在促进商品销售方面起到显著的作用。

包装装潢的图案、文字设计要紧紧围绕着宣传、说明商品这个主题，充分利用包装媒介，通过图案、色彩、文字、实物的组合，表现商品、宣传商品、推销商品。例如，图案可以采用写实、夸张、概括、抽象等手法，文字可以采用传统书法或现代美术字体。

包装装潢设计应注意突出商品的商标、品牌，使其在包装画面上占有显著的位置。因此，包装装潢设计可以采用各种艺术表现手法，如黑白差异对比、色彩冷暖对比、文字虚实对比等，使消费者对商品品种、品牌一目了然，使商标在画面中起到画龙点睛的作用。

包装装潢设计要考虑不同民族、不同地区、不同国家的文化传统、宗教信仰和社会风俗习惯，创造有特色的包装，实现包装设计当地化，以适应不同市场、不同民族文化的消费者的需要。国家标准《出口商品包装通则》（GB/T 19142—2008）关于出口部分国家或地区的包装装潢推荐使用的图案、颜色分别列于表10-2、表10-3。

表10-2　出口部分国家或地区的包装装潢推荐使用的图案

部分国家或地区	适用的图案	忌用的图案
美国		大象
英国	月季	

表10-2（续）

部分国家或地区	适用的图案	忌用的图案
法国		核桃
日本	鸭子、樱花	荷花、菊花
意大利	十字架	菊花
瑞士		猫头鹰
印度、尼泊尔		佛像、牛
伊朗	狮子	
东南亚地区	大象	
北非地区		狗、熊猫
中东地区		猪、熊猫、雪花、六角形、女人形象

表 10-3　出口部分国家或地区的包装装潢推荐使用的颜色

部分国家或地区	使用的颜色	忌用的颜色
德国	鲜明色彩	茶色、红色、深蓝色和黑色
意大利	绿色	
瑞典		蓝色、黄色组合
荷兰	橙色、蓝色	
希腊	蓝白相配及鲜明色彩	
日本	柔和色调及金色、银色、白色等	
埃及	绿色	蓝色
墨西哥	红色、白色、绿色组合	红色、深蓝色、绿色组合
巴西		紫色、黄色、暗茶色
委内瑞拉	黄色	红色、绿色、茶色、黑色、白色
新西兰、马来西亚	红色、绿色	青色、蓝色、白色
有伊斯兰教信仰地区	绿色	黄色
中东地区	绿色、深蓝色、红色、白色	粉红色、紫色、黄色

　　销售包装还可采用透明包装、开窗包装等包装形式，增加商品的可视性，满足消费者"眼见为实"的心理，提高消费者对商品的信任感，最终达到促销的目的。

六、经济性

　　经济性要求包装设计必须做到以最少的财力、物力、人力和时间来获得最大的经济效益。经济性原则在包装设计中的具体表现是：第一，在保证包装获得所要求的功能的条件下，包装设计应选择价格相对低的包装材料；第二，在不影响包装质量的前提下，包装设计应采用经济的工艺降低包装成本；第三，在满足强度要求的前提下，包装设计应选用数量较少、质量（重量）较轻的包装材料，尽可能减少包装质量（重量），缩小包装体积，实现标准化，提高运输装卸的能力和仓库容量的利用率。这样设计的包装实际上就是所谓的"适度包装"。包装设计应考虑包装与内装物品的价值相称，避免过度包装和过弱包装。

过度包装是指超出适度的包装功能需求，其包装空隙率、包装层数、包装成本超过必要程度的包装。其具体表现是用材过多而成本过高。过度包装一方面浪费了原材料，增加了生产和流通成本以及消费者的经济负担；另一方面容易导致欺骗性包装，损害消费者利益。一些发达国家纷纷制定包装法，通过立法来限制过度包装。例如，法律规定包装体积占商品体积的一定百分比、包装费用占成本的一定比例等，并规定生产商和销售商对商品包装物处置的义务和回收的责任。国家通过立法，对商品包装从质量（重量）、材料和体积等方面加以规范和约束。

我国于 2005 年 4 月 1 日起施行的《中华人民共和国固体废物污染环境防治法》明确规定："国务院标准化主管部门应当根据国家经济和技术条件、固体废物污染环境防治状况以及产品的技术要求，组织制定有关标准，防止过度包装造成环境污染。"2009 年 1 月 1 日起实施的《中华人民共和国循环经济促进法》进一步明确规定："设计产品包装物应当执行产品包装标准，防止过度包装造成资源浪费和环境污染。"2010 年 4 月 1 日起实施的国家标准《限制商品过度包装要求食品和化妆品》（GB 23350—2009），对食品和化妆品销售包装的空隙率、层数和成本等指标均做出了强制性规定。2012 年 7 月 1 日起实施的修订后的《中华人民共和国清洁生产促进法》明确规定："企业对产品的包装应当合理，包装的材质、结构和成本应当与内装产品的质量、规格和成本相适应，减少包装性废物的产生，不得进行过度包装。"

过弱包装是指功能不足的包装，其表现形式是保护功能不足、方便功能不足、信息表达功能不足、艺术装饰功能不足等。过弱包装一方面在流通中容易造成事故，损害商品质量，增加商品的损失、损耗；另一方面促销功能差，影响商品价格和销售，难以使商品在激烈的市场竞争中取胜，从而最终影响企业的经济效益。

七、标准化

设计包装特别是运输包装要考虑适应运输、装卸、堆码、储存等流通环节的要求，实现包装的标准化和模数化。适应运输条件的要求表现为充分考虑人工搬运的能力限度和机械搬运的效率，合理确定包装物的形态、体积、重量等。现代运输广泛采用机械化装卸设备，因此运输包装应注意采用大型集合化包装，包装外形尺寸要实现标准化和模数化。实现包装标准化，就是要使包装达到定型化、规格化和系列化，减少包装的规格型号。这不仅有利于组织专业化生产，提高生产效率，节约包装材料，合理使用资源，降低包装成本，而且便于集合包装和装卸堆码。实现包装模数化，就是要从商品包装到集装箱、集装箱托盘、运输工具、港口码头、储运仓库等都按照模数关系进行配套，以便最大限度地利用运输、搬运工具和仓储空间，适应现代化大流通的需要。适应储存的要求表现为包装物堆码要便利，不易塌垛；容器抗压强度要适宜，耐高层垛码，节省仓储空间；利用包装有效延长商品储存寿命。

八、环境友好性

环境友好性是指包装设计既要保证商品包装的功能完整性，又要考虑如何尽可能减少包装对环境的影响。环境友好性原则要求如下：一是在包装设计中，应当尽量选用可回收、可再生或可降解的包装材料；二是设计所选用的包装材料的生产以及包装生产工艺不能危害生态环境且应该节能；三是设计所用的包装材料或包装工艺不能损害使用者或生产人员的身体健康；四是所设计的包装应尽可能少用或不用有害的或妨碍包装废弃物处理的添加剂；五是包装设计还要注意合理开发那些节省资源的包装，如用瓦楞纸箱代替木箱、用废纸浆生产非食品用包装容器等。

【案例10-1】

不适当的包装策略

一、仅讲究包装，忽视产品质量

目前，有些企业不适当地运用包装策略，片面追求商品社会属性的"包装效果"，以此误导消费者，而忽视产品本身的问题，使一些伪劣商品得以在精美的包装外衣下大行其道，极大地损害了消费者的利益。商品包装与商品体之间，包装只是辅助手段，是矛盾的次要方面。在市场竞争中，商品体仍是第一位的，不断提高商品质量，紧密联系市场的需求开发新产品，才是企业关注的头等大事。我们强调包装的作用，但不能本末倒置，从一个极端走向另一个极端。优质商品加上成功的包装，才是市场竞争中的强者。如果商品质量欠佳，而包装精美，消费者购买上当后，第二次就不会再购买。商品在消费者中的口碑就会变坏，从而最终失去市场。因此，商家在实施包装策略时，一定要摆正包装与商品的关系，切忌"金玉其外，败絮其中"的欺骗性包装。

二、过度包装

过度包装是指商品包装超过了所需的程度，形成了不必要的包装保护。其表现形式是耗用材料过多、分量过重、内部容积过大、体积过大、用料过当、装潢过奢、成本过高等，大大超出了保护、美化商品的要求，使消费者产生一种名不副实的感觉。不少商家认为包装是关系企业产品有无竞争力的大事，因此过分注重包装。许多商品本身较小，而包装左一层，右一层，消费者层层剥开，才识"庐山真面目"，这种过度包装不仅没有起到应有的美化、促销作用，反而给消费者累赘的感觉，使消费者产生逆反心理。此外，过度包装会增加一些不必要的费用，抬高包装成本。充分利用包装的魅力来促销，是正当、合法、无可厚非的，但只有在包装适度的前提下，才能起到促销增值的作用。一些经营者企图通过过度包装获取更大的经济效益，然而在许多情况下却适得其反，给自己带来经济损失，这种发挥包装功能过头的做法是不可取的。

由于市场竞争的激烈，企业都在不断发掘新的竞争形式、竞争手段，包装已逐步成为产品销售策略中的一大支柱。包装衍生了产品的附加价值，是促使产品商品化的动力。

资料来源：胡东帆，卞志刚. 商品学概论［M］. 4 版. 大连：东北财经大学出版社，2017.

第三节　包装材料

一、包装材料概念

包装材料是指用于制造包装容器和构成商品包装的材料的总称。

包装材料一般分为主要包装材料和辅助包装材料。纸和纸板、金属、塑料、玻璃、陶瓷、竹木、天然纤维与化学纤维、复合材料等属于主要包装材料。缓冲材料、涂料、黏合剂、油墨、衬垫材料、填充材料、捆扎材料、钉接材料等属于辅助包装材料。

包装材料在整个包装工业中占有重要地位，是发展包装技术、提高包装质量和降低包装成本的重要基础。因此，了解包装材料的性能、应用范围和发展趋势，对合理选用包装材料、扩大包装材料来源、采用新的包装材料和加工技术、创造新型包装容器和创新包装技术、提高包装技术水平与管理水平，都具有重要的意义。

二、包装材料的性能要求

从现代包装要求来看，包装材料应具有以下几个方面的性能：

（一）安全性能

安全性能是指包装材料与内装商品特别是食品直接接触时，不能给内装物带来污染，不能危害使用者的健康。这就要求包装材料本身应无毒、无异味、无菌甚至具有杀菌作用。目前，更应该引起人们重视的，就是包装材料成分迁移的安全性。在一定条件下，塑料包装材料和金属包装材料中的有害物质会扩散迁移到内装商品特别是食品上，形成潜在毒性。因此，各种包装材料成分的迁移最大值应在其安全要求范围内。

（二）保护性能

保护性能主要是指包装材料要能保护内装商品，防止其变质、损失。厂商应根据不同商品的特性及其对包装的不同要求，选择适用的包装材料。包装保护性能的要求主要有无毒、无异味、防潮性、防水性、耐酸性、耐碱性、耐热性、耐寒性、耐油性、透光及遮光性、透气性、防紫外线穿透性、气温变化适应性等。

（三）易加工性能

包装材料应该具有易加工、易成型、易填充、易封合以及适应自动包装机械操作且生产效率高等特点。因此，包装材料要具有一定的刚挺性、光滑度、可塑性、可焊性、可粘（缝）性、易开口性、热合性、抗静电性等。

（四）外观装饰性能

外观装饰性能是指包装材料的形、色、纹理的美观性，能产生陈列效果，提高商品价值和激发消费者购买欲望。外观装饰性能主要取决于包装材料的自身特性，如透明度、表面光泽度、印刷适应性、防静电吸尘性等。

（五）生态环保性能

包装材料要有利于生态环境保护和节省资源。生态环保性能就要求包装材料的生产原料应该是可再生的，在加工过程中不会污染环境；在废弃后容易回收、可再生、易处理等。

三、主要包装材料的性能与应用

目前，常用的包装材料主要包括纸和纸板、塑料、金属、玻璃、陶瓷、纤维制品、复合材料等。其中纸、塑料、金属、玻璃是现代商品包装的四大支柱材料。随着科学技术的不断进步，新材料、新技术不断涌现，包装材料的应用也在不断更新和完善。

（一）纸和纸板

纸和纸板是按单位面积质量（平方米克数）或厚度来区别的。一般来说，平方米克数在 $200 \ g/m^2$ 以上或厚度在 $0.5 \ mm$ 以上的，称为纸板。纸和纸板都是传统包装材料，至今仍然是包装材料的主要支柱材料。它们应用广泛，产值约占我国包装工业总产值的 37%。

1. 纸和纸板的特点

纸和纸板的特点如下：

（1）具有适宜的强度、耐冲击性和耐摩擦性。

（2）容易达到卫生要求，无毒、无异味。

（3）具有优良的成型性和折叠性，对机械化、自动化的包装生产具有良好的适应性。

（4）具有最佳的可印刷性，便于介绍和美化商品。

（5）价格较低，且重量轻，可以降低包装成本和运输成本。

（6）用后易于处理，可回收重复使用和再生，不会污染环境并节约资源。

纸和纸板也有一些致命的弱点，如难以封口、受潮后牢固度下降以及气密性、防潮性、透明性差等，从而使它们在包装运用上受到一定的限制。

2. 纸和纸板在包装中的应用

纸主要用于包装商品、制作手袋和印刷装潢商标等。纸板主要用于生产纸箱、纸盒、纸筒等包装容器。纸和纸板包装广泛用于销售包装和运输包装。在运输包装中，瓦楞纸箱已经取代传统的木箱，广泛用于包装日用百货、家用电器、服装鞋帽、水果、蔬菜等。目前，瓦楞纸箱正向规格标准化、功能专业化、减轻重量、提高抗压强度等方向发展。

除了瓦楞纸箱以外，其他的纸质包装容器多用于销售包装，如用于食品、药品、服装、玩具以及其他生活用品的包装。纸盒可制成开窗式、摇盖式、抽屉式、套盒式等，表面加以装饰，具有较好的展销效果。纸桶结实耐用，可以盛装颗粒状、块状、粉末状商品。纸袋种类繁多，适用范围广泛。纸杯、纸盘、纸罐等都是一次性使用的食品包装，由于价廉、轻巧、方便、卫生，被广泛应用。纸杯一般为盛装冷饮的小型容器。纸盘常用于冷冻食品包装，既可冷冻，又可在微波炉中加热。纸罐采用高密度纸板制成，有圆筒形、圆锥形，一般加涂层以防渗漏，用于盛装饮料。纸浆模制包装是用纸浆直接经模制压模、干燥而制成的衬垫材料，如模制鸡蛋盘，用于鸡蛋包装，从而大幅减少运输中的损失。

（二）包装用塑料材料

塑料是20世纪蓬勃发展起来的新兴材料，极大地改变了整个商品包装的面貌。塑料在整个包装材料中所占的比例仅次于纸和纸板，塑料包装业产值约占我国包装工业总产值的33%，包装用塑料消费量约占塑料总消费量的25%。塑料在许多方面已经取代或逐步取代了传统的包装材料，节省了大量的资源。例如，制成编织袋、捆扎绳代替棉麻；制成包装袋、包装盒、包装桶代替金属；制成各种塑料袋代替纸袋；制成周转箱、钙塑箱代替木箱；制成瓶罐代替玻璃；制成多种泡沫塑料代替传统的缓冲材料，等等。

1. 塑料包装材料的特点

塑料包括软性的薄膜、纤维材料和刚性的成型材料。其主要优点如下：

（1）物理机械性能优良，具有一定的强度、弹性，抗拉、抗压、抗震，耐磨、耐折叠，防潮、防水，并能阻隔气体等。

（2）化学稳定性好，耐酸碱、耐油脂、耐化学药剂、耐腐蚀等。

（3）比重较小，约是玻璃比重的1/2，钢比重的1/5，属于轻质材料。

（4）加工成型工艺简单，成型方法多种多样，适于制造各种包装容器。

（5）适合采用各种包装新技术，如真空技术、充气技术、拉伸技术、收缩技术、贴体技术、复合技术。

（6）具有优良的透明性和表面光泽度、具有较好的可印刷性和装饰性，为包装装潢提供了很好的条件。

（7）生产耗能少，成本低廉，价格具有一定的竞争力。

塑料作为包装材料也有以下不足之处：强度不如钢铁；耐热性不如玻璃；在外界因素长时间作用下易发生老化；有些塑料在高温条件下会软化，在低温条件下会变脆，强度下降；有些塑料带有异味，某些有害成分可能迁移渗入内装物；易产生静电而造成吸尘；塑料包装废弃物处理不当会造成环境污染，等等。

2. 主要塑料包装材料的性能及其应用

塑料包装材料是工业发展品，克服了传统包装的缺点，性能稳定，使用广泛。主要塑料包装材料如表10-4所示。

表10-4　主要塑料包装材料

塑料用包装材料	性质与性能	用途
聚乙烯塑料（PE）	通用热塑性塑料，具有质轻而柔软、不易脆化、无臭无味、无毒、化学稳定性强、绝缘性好等	用于药品和食品包装
聚氯乙烯塑料（PVC）	通用热塑性塑料，产量仅次于聚乙烯塑料，通常分为软质和硬质两类。可塑性强，具有良好的装饰和印刷性能以及较高的透光率、较好的化学稳定性和机械性能	不适合用作食品或药品包装
聚丙烯塑料（PP）	韧性塑料；无味，机械强度比聚乙烯高，耐冲击、耐摩擦、耐腐蚀、绝缘，具有良好的耐热性和空气阻绝性	可以用于吹塑和真空成型制造各种瓶、杯、盘、盒、包装薄膜、编织袋、打包带等包装容器和包装材料
聚苯乙烯塑料（PS）	硬质塑料，具有刚性，印刷性好，表面富有光泽，耐化学腐蚀性强，无毒、无味，是一种质轻、强度较高的良好包装材料	常用改性聚苯乙烯（如抗冲聚苯乙烯和高抗冲聚苯乙烯）注塑成型制造各种桶、深杯、盘容器，用拉伸聚苯乙烯和泡沫聚苯乙烯制成浅杯、盘、盒等包装容器，用于盛装食品、酸或碱。聚苯乙烯加发泡剂制成的泡沫材料，可以用作仪器、仪表、电视机和高级电器产品的缓冲包装材料
聚酰胺塑料（PA）	无毒，具有良好的冲击韧性和优异的耐磨性能，较高的抗张强度、硬度和疲劳强度，良好的耐光性、耐蒸汽加热性和气密性，并有较好的印刷和装饰性能	用于食品软包装，特别适用于油腻性食品的包装
聚乙烯醇塑料（PVA）	经热处理的聚乙烯醇具有耐水性好、耐油、透气率低的优点	保持食品（如肉类、水产加工品和糕点等）的新鲜度，防止氧化变色、变味和变质具有效果；还适合用于某些化工商品（如农药、消毒剂、染料等）的包装

表10-4(续)

塑料用包装材料	性质与性能	用途
聚酯塑料（PET）	具有较好的韧性与弹性，较高的机械强度，较好的耐热性、耐寒性和耐油性，良好的防潮性、防水性和气密性,极好的防止异味透过性和极小的水蒸气透过率	优良的食品包装材料,特别适宜做饮料的包装
乙烯-乙酸乙烯共聚物（EVA）	热塑性塑料,具有良好的柔软性和橡胶般的弹性,在-50℃下仍能够具有较好的可挠性,透明性和表面光泽性良好,化学稳定性良好,抗老化和耐臭氧强度好,具有无毒性,着色和成型加工性好	用于密封包装的薄膜材料,特别适用于托盘收缩包装,成为快餐食品的理想包装材料
聚偏二氯乙烯（PVDC）	透明度高,机械强度大,气密性和防潮性极佳,耐有机溶剂和油脂,热收缩性能与自黏性较好	主要用于食品包装薄膜和密封包装、杀菌食品包装,并可用于家庭日用的包装材料
聚碳酸酯（PC）	无色透明,具有良好的光泽,优良的耐热性、耐寒性和冲击韧性;机械强度较高,耐化学腐蚀性好,能阻止紫外线透过;透气性、吸水性和吸湿性较差	制造蒸煮食品的包装袋以及饮料器具、容器和其他食品包装材料
乙烯-乙烯醇共聚物（EVOH）	具有良好的阻隔性能,可以有效阻隔气体、香气、溶剂等	用于硬包装和软包装
聚氨基甲酸酯塑料（PU）	具有热塑性的线性结构,隔热、隔音、抗震、防毒性能良好。硬质PU塑料质轻、隔音、绝热性能优越、耐化学药品、电性能好,易加工	主要用于精密仪器、贵重器械、工艺品等商品的防震包装或衬垫缓冲材料
密胺塑料（MD）	耐溶剂性能优异,质硬、耐用、不易破碎	主要用于制作食品容器,也可以用于制作精美的食品包装容器
钙塑和木质塑料	透明度高,机械强度大,气密性和防潮性极佳,耐有机溶剂和油脂,热收缩性能与自黏性较好	主要用于制作包装箱来替代木箱

（1）聚乙烯塑料（PE）。它属于通用热塑性塑料,具有质轻而柔软、不易脆化、无臭无味、无毒、化学稳定性强、绝缘性好等优点。聚乙烯塑料按密度可以分为高密度聚乙烯（HDPE）、中密度聚乙烯（MDPE）低密度聚乙烯（LDPE）三类。高密度聚乙烯耐冲击,但弹性和透明性不如低密度聚乙烯,适用于制造大型真空包装容器和重包装袋以及各种桶、瓶、杯、盘等包装容器。中密度聚乙烯的机械性能、电绝缘性和耐腐蚀性高于低密度聚乙烯,一般不用作包装材料。低密度聚乙烯具有良好的抗冲击强度,透明性、柔软性、透气性和透湿性良好,但其抗张强度和硬度较差,广泛用于制造薄膜和包装袋,常与其他的材料复合制成各种复合包装材料。此外,聚乙烯塑料还可以用于制造软管、泡沫材料以及涂层材料等包装材料。由于聚乙烯塑料具有优良的性能且无毒,常被用于药品和食品包装。

（2）聚氯乙烯塑料（PVC）。它属于通用热塑性塑料，产量仅次于聚乙烯塑料，通常分为软质和硬质两类。聚氯乙烯的可塑性强，具有良好的装饰和印刷性能以及较高的透光率、较好的化学稳定性和机械性能，但对光和热的稳定性差。软质聚氯乙烯多用于制造薄膜、各种包装袋；硬质聚氯乙烯可以制成各种瓶、杯、盘、盒等包装容器。聚氯乙烯因其在制造过程中加入了某些有毒的增塑剂、抗老化剂等辅助材料，因此不适合用作食品或药品包装。

（3）聚丙烯塑料（PP）。它属于韧性塑料，是各种塑料中最轻的一种。它无味，机械强度比聚乙烯高，耐冲击、耐摩擦、耐腐蚀、绝缘，具有良好的耐热性和空气阻绝性。聚丙烯塑料可以用于吹塑和真空成型制造各种瓶、杯、盘、盒、包装薄膜、编织袋、打包带等包装容器和包装材料，具有耐腐蚀、不发霉、重量轻、耐折叠和价廉的优点。双向拉伸聚丙烯薄膜可以代替玻璃纸用于包装糖果和食品，成本低于玻璃纸。聚丙烯塑料不宜用作香味浓郁商品的包装，也不宜用作长期存放植物油和矿物油的包装。

（4）聚苯乙烯塑料（PS）。它属于硬质塑料，具有刚性，印刷性好，表面富有光泽，耐化学腐蚀性强，无毒、无味，是一种质轻、强度较高的良好包装材料。包装工业常用改性聚苯乙烯（如抗冲聚苯乙烯和高抗冲聚苯乙烯）注塑成型制造各种桶、深杯、盘容器，用拉伸聚苯乙烯和泡沫聚苯乙烯制成浅杯、盘、盒等包装容器，用于盛装食品、酸或碱。聚苯乙烯加发泡剂制成的泡沫材料，可以用作仪器、仪表、电视机和高级电器产品的缓冲包装材料。

（5）聚酰胺塑料（PA）。聚酰胺通常称为尼龙。它无毒，具有良好的冲击韧性和优异的耐磨性能，较高的抗张强度、硬度和抗疲劳强度，良好的耐光性、耐蒸汽加热性和气密性，并有较好的印刷和装饰性能。尼龙主要用于食品软包装，特别适用于油腻性食品的包装。此外，尼龙还用于制造打包带和绳索，其坚固性好于聚丙烯打包带。

（6）聚乙烯醇塑料（PVA）。经热处理的聚乙烯醇具有耐水性好、耐油、透气率低的优点，其薄膜对保持食品（如肉类、水产加工品和糕点等）的新鲜度，防止氧化变色、变味和变质具有显著的效果。它还适合用作于某些化工商品（如农药、消毒剂、染料等）的包装。

（7）聚酯塑料（PET）。聚酯塑料具有较好的韧性与弹性，较高的机械强度，较好的耐热性、耐寒性和耐油性，良好的防潮性、防水性和气密性，极好的防止异味透过性和极小的水蒸气透过率。因此，它是优良的食品包装材料，特别适宜做饮料的包装。目前，聚酯已大量用于含气饮料的包装，是很有发展前途的包装容器。聚酯薄膜经常与聚乙烯、聚丙烯等制成复合薄膜，用作冷冻食品及需要加热杀菌食品的包装材料。

（8）乙烯-乙酸乙烯共聚物（EVA）。它属于热塑性塑料，其特点是具有良好的柔软性和橡胶般的弹性，在-50℃下仍能够具有较好的可挠性，透明性和表面光泽性良好，化学稳定性良好，抗老化和耐臭氧强度好，具有无毒性，着色和成型加工性好。一般用作密封包装的薄膜材料，特别适用于托盘收缩包装。除单层膜外，它常用来与其他材料共同形成多层复合膜。例如，与高密度聚乙烯复合成的薄膜材料可以代替玻璃纸和蜡纸，成为快餐食品的理想包装材料。

（9）聚偏二氯乙烯（PVDC）。它的透明度高，机械强度大，气密性和防潮性极佳，耐有机溶剂和油脂，热收缩性能与自黏性较好。但是，它的耐热性及机械适应性不好，特别是在加热时分解，放出有害气体，对金属设备造成腐蚀。因此，聚偏二氯乙烯主要用于涂覆材料。聚偏二氯乙烯主要用于食品包装薄膜。由于它的透气性、透湿程度很低，用于包装食品能防止水分蒸发而引起的失重和腐败变质，又不会使干燥食品吸潮，可以防止鱼、肉和油脂类食品氧化，有利于长期储藏保鲜。它可以用于密封包装和杀菌食品包装，并可用于家庭日用的包装材料。

（10）聚碳酸酯（PC）。它无色透明，具有良好的光泽，优良的耐热性、耐寒性和冲击韧性，可以用于加压杀菌。它的机械强度较高，耐化学腐蚀性好，能阻止紫外线透过。其透气性、吸水性和吸湿性较差，可以制造蒸煮食品的包装袋以及饮料器具、容器和其他食品包装材料。其缺点是热封合时容易起泡，透明度降低。因此，作为食品包装材料时，聚碳酸酯要与聚乙烯等复合，形成复合包装材料，以改进其热合性，达到最佳效果。

（11）乙烯-乙烯醇共聚物（EVOH）。EVOH可看成EVA的改性物，其最显著的特点就是具有良好的阻隔性能，可以有效阻隔气体、香气、溶剂等。它可以用于硬包装和软包装。例如，食品的无菌包装和蒸煮袋，溶剂、化学药品和医药品的瓶、罐包装。EVOH的阻气性很好，但是耐水性较差。在蒸煮温度超过120℃时，水分和氧渗透性增强。除了制作包装容器外，人们还开发了EVOH树脂复合膜，在高温（120℃）蒸煮后常温放置两小时就能恢复其阻气性，尺寸稳定性好、透明度高，为需要在常温下保鲜的食品提供了很好的选择。

（12）聚氨基甲酸酯塑料（PU）。它主要用于精密仪器、贵重器械、工艺品等商品的防震包装或衬垫缓冲材料。

（13）密胺塑料（MD）。它主要用于制作食品容器，也可以用于制作精美的食品包装容器。

（14）钙塑和木质塑料。钙塑材料是20世纪70年代出现的一种新型改性材料，是由聚乙烯、聚丙烯或聚氯乙烯加碳酸钙等添加剂制成的复合材料。钙塑材料兼具塑料、木材和纸板三者的特性。它质地均匀，化学稳定性好，防燃阻热性好，耐水、耐氧化，机械加工性能好，坚固耐用。用钙塑材料制成的包装箱、桶、托盘等容器，可以重复多次周转使用，节省包装费用。用钙塑材料制成的钙塑瓦楞纸箱，不仅具备瓦楞纸箱所具有的防震、折叠方便等优点，还具有质轻、耐冲击、耐水湿和耐弯折等优良特性，广泛用于食品和饮料的运输包装。

木质塑料是以废代木的新型包装材料，它以废旧塑料和锯木屑为原料，用挤压成型方法制成板材。这种木质塑料的热胀冷缩性、膨胀系数与铝相近，抗老化性能则优于普通塑料和木材，耐寒性好，耐腐蚀性强，不易开裂，抗压、抗冲击和抗弯曲强度高于木材，机械加工性能很好。木质塑料具有很多优点，成本也较低，又是废旧利用，可以节省大量资源，因此可以用于制作包装箱来替代木箱。

（三）包装用金属材料

包装用金属材料主要有钢材、铝材以及合金材料。包装用钢材包括薄钢材镀锌低碳薄铁板、镀锡低碳薄钢板；包装用铝材有纯铝板、合金铝板和铝箔。金属包装业产值约占我国包装工业总产值的 6.5%。

1. 金属材料的特点

金属材料具有以下优点：

（1）具有良好的机械强度，牢固结实，耐碰撞，不破碎，能有效保护内装物品，降低在运输、销售过程中的商品损坏率。

（2）密封性能优良，阻隔性好，不透气、防潮、耐光，用于食品包装（罐藏）能达到中长期保存的目的。

（3）具有良好的延展性，易于工业机械加工成型。

（4）金属表面有特殊的光泽，易于进行涂饰和印刷，可以获得良好的装潢效果。

（5）易于回收再利用，降低经济成本，不污染环境。

但是，金属材料成本较高。一些金属材如钢铁的化学稳定性差，在潮湿的环境中易发生锈蚀，遇酸碱易发生腐蚀，因此限制了其在包装上的运用。钢板通过镀锌、镀铬、涂层等措施，可以有效提高其耐腐蚀性、耐酸碱性。

2. 金属材料在包装上的应用

刚性金属材料主要用于制造运输包装、集装箱以及饮料、食品和其他商品的销售包装。例如，重型钢瓶、钢罐用于盛装酸类液体以及压缩、液化和加压溶解的气体；薄钢板桶广泛用于盛装各类食用油脂、石油和化工商品。铝和铝合金桶用于盛装酒类商品和各种食品；镀锌薄钢板桶主要用于盛装粉状、浆状和液体商品；铁塑复合桶适于盛装各种化工产品及腐蚀性、危险性商品；镀锡钢板罐、镀铬钢板罐、铝罐是罐头和饮料工业的重要包装容器；金属瓶、盒适用于盛装饼干、奶粉、茶叶、咖啡、香烟等。

软性金属材料主要用于制造软管和金属箔。例如，铝制软管广泛用于包装化妆品、医药品、清洁用品、文化用品、食品等。铝箔多用于复合包装材料，通常与其他包装材料，如纸、塑料等形成复合包装材料，常用于食品、卷烟、药品、化妆品、化学品等的包装。但是，对于铝箔或蒸镀铝制造的复合包装材料而言，因为其含有金属铝，所以包装废弃物难以回收。

（四）包装用玻璃和陶瓷材料

玻璃和陶瓷均是以硅酸盐为主要成分的无机性材料。玻璃与陶瓷作为包装材料，渊源已久。目前，玻璃仍是现代包装的主要材料之一，玻璃包装业产值约占我国包装工业总产值的 2.5%。

1. 玻璃包装材料的特点与应用

玻璃以其优良的特性及制造技术的不断进步，能适应现代包装发展的需要。其特点如下：

（1）化学稳定性好，耐腐蚀，无毒无味，卫生安全。

（2）密封性优良，不透气，不透湿，有紫外线屏蔽性，有一定的强度，能有效保护内装物。

（3）透明性好，易于造型，具有特殊的宣传和美化商品的效果。

（4）原料来源丰富，且价格低廉。

（5）易于回收重复用，可再生，有利于节约资源和保护环境。

玻璃作为包装材料，具有耐冲击强度低、碰撞时易破碎、易造成人身伤害、运输成本高、能耗大等缺点，限制了它在包装上的广泛使用。目前，随着工业技术的进步，玻璃进行改进处理，玻璃的强化、轻量化技术以及复合技术已有了一定的进展，增强了玻璃对包装的适应性，扩大了玻璃在包装工业中的适用范围。

玻璃主要用来制造销售包装容器，如玻璃瓶、玻璃罐，广泛运用于酒类、饮料、罐头食品、调味品、药品、化妆品、化学试剂、文化用品等的包装。玻璃也用于制造大型运输包装容器，用来装运强酸类产品。此外，玻璃还用于制造玻璃纤维复合袋，用于包装化工产品和矿物粉料。

2. 陶瓷包装材料的特点与应用

陶瓷的化学稳定性与热稳定性俱佳，耐酸碱腐蚀，遮光性优异，密封性好，成本低廉，可以制成缸、罐、坛、瓶等多种包装容器，广泛用于包装各种发酵食品、酱菜、腌菜、咸菜、调味品、蛋制品以及化工原料等。陶瓷品是酒类和其他饮料的主要包装容器，其结构造型多样、古朴典雅、色彩丰富、装潢美观，特别适用于高级名酒的包装。

（五）其他包装材料

1. 木质包装材料

木质材料具有优良的强度/质量（重量）比，有一定的弹性，耐压、耐冲击和耐气候性好，并具有易加工性。目前，木质包装材料仍是大型和重型商品运输包装的重要材料，也用于包装那些批量小、体积小、重量大、强度要求高的商品。常用的木质包装容器有木箱（包括胶合板箱和纤维板箱）、木桶（包装木板桶、胶合板桶和纤维板桶）。

木材作为包装材料虽然具有独特的优越性，但由于我国森林资源相对匮乏，人工造林规模很小，加上水土保持和防风防沙等生态保护需要以及木质材料价格相对较高等原因，木质材料作为包装材料的发展潜力不大。目前，木质包装容器已逐渐减少，正在被其他包装容器取代。

2. 天然包装材料

天然包装材料主要是棉、麻植物纤维，它们主要用于制作包装袋和包裹商品。例如，布袋和麻袋有适宜的牢度，并且轻巧、使用方便，适用于盛装粮食及其制品、食盐、食糖、农副产品、化肥、化工原料、中药材等。

竹类、野生藤类、树枝类和草类等天然材料也是来源广泛且价格低廉的包装材料，用它们编织成的容器具有轻便、通风、结实、造型独特、环保等特点，适用于包装各种农副产品。

由于天然生物材料来源丰富、成本较低，并且可以资源再生，废弃后容易在自然环境中被微生物分解，不污染环境，因此被人们视为理想的生态材料，具有很大的发展潜力。例如，我国竹资源丰富，竹材年产量超过 1 200 万吨。竹或其他天然材料广泛用作包装材料，应该是我国包装材料发展的一条新途径。

3. 可食用包装材料

可食用包装材料主要有可食用的淀粉、蛋白质、植物纤维和其他天然物质。它们可以食用，对人体无害，也不危害环境，有很大的发展潜力。目前，可食用包装材料已开始运用于食品、药品等包装。

第四节　商品包装技术

商品包装技术是指在商品包装操作时采用的技术方法。只有通过包装技术，包装与商品才能形成一个整体。包装技术与包装的各种功能密切相关，特别是与保护功能关系密切。采用各种包装技术，是为了有针对性地合理保护不同特性商品的质量。有时为了取得更好的保护效果，包装者也将两种或两种以上的技术组合使用。随着科学技术的进步，商品包装技术正在不断完善。根据包装的主要功能，商品包装技术可以分为销售包装技术和运输包装技术两种。

一、销售包装技术

（一）泡罩包装与贴体包装

泡罩包装是将商品封合在用透明塑料薄膜或薄片形成的泡罩与底板之间的一种包装方法。贴体包装是使包装的透明膜紧贴在产品周围，通过加热和抽真空，将膜似皮肤一样紧贴在产品表面，形成保护层的包装方法。由于这两种包装方法都是用衬底作为基础，因此又称为衬底包装。其主要用于包装一些形状复杂、怕压易碎的产品，如医药用品、化妆品、文具、小五金工具、机械零件、玩具、装饰品等。泡罩包装与贴体包装在自选市场和零售商店里很受欢迎。这两种包装方法的主要特点如下：具有透明的外表，可以清楚地看到产品的外观；衬底上可以印刷精美的图案和商品使用说明，便于陈列和使用；包装后的产品被固定在成型的薄膜或薄片与衬底之间，在运输和销售中不易被损坏。

（二）真空包装与充气包装

真空包装是将商品装入气密性包装容器，抽去容器内部的空气，使密封后的容器内达到预定真空度的一种包装方法。这种方法可以用于高脂肪、低水分的食品包装，其作用主要是排除氧气，减少或避免脂肪氧化，而且可以抑制霉菌或其他好氧微生物的繁殖。真空包装还可以用于轻纺工业品包装，能缩小包装商品体积，减少流通费用，同时还能防止虫蛀、霉变。

充气包装是在真空包装的基础上发展起来的，它是将商品装入气密性包装容器中，用氮、二氧化碳等气体置换容器中原有空气的一种包装方法。如果将包装内的气体含量进行调节，防止内装物长霉影响其品质，则称为气调包装。可以说，气调包装是充气包装的一种变形。充气包装主要用于食品包装，其作用是能减慢或避免食品的氧化变质，也可以防止金属包装容器由于罐内外压力不等而易发生的瘪罐问题。另外，充气包装技术还用于日用工业品的防锈和防霉。

（三）收缩包装与拉伸包装

收缩包装是指用收缩薄膜包裹产品或包装件，之后使薄膜收缩包紧产品或包装件的一种包装方法。收缩薄膜是一种经过特殊拉伸和冷却处理的塑料薄膜，其内含一定的收缩应力。这种收缩应力重新受热后会自动消失，使薄膜在其长度和宽度方向急剧收缩，厚度加大，从而使内包装商品被紧裹，起到良好的包装效果。收缩包装具有透明、紧凑、均匀、稳固、美观的特点，同时由于密封性好，还具有防潮、防尘、防污染等保护作用。收缩包装适用于食品、日用工业品和纺织品的包装，特别适用于形态不规则商品的包装。

拉伸包装是指将拉伸薄膜在常温下拉伸，对产品或包装件进行包裹的一种包装方法，多用于托盘货物的包裹。拉伸包装与收缩包装的效果基本一样，其特点是采用此种包装不用加热，适用于那些怕加热的产品，如鲜肉、冷冻食品、蔬菜等；可以准确地控制包裹力，防止产品被挤碎；由于不需要加热收缩设备，可以节省设备投资和设备维修费用，还可以节省能源。

（四）无菌包装

无菌包装是将产品、容器、材料或包装辅助器材灭菌后，在无菌的环境中进行充填和封合的一种包装方法。无菌包装是在罐头包装基础上发展起来的，适于液体食品包装。无菌包装的特点如下：可以较好地保存食品原有的营养素、色、香、味和组织状态；杀菌所需热能比罐头少 $25\% \sim 50\%$；复合包装材料和真空状态可以使产品免受光、气、异味和微生物的侵入，使食品不必加防腐剂，运输和仓储无需冷藏。但是，无菌包装技术所需设备较为复杂，成本较高，对环境卫生要求为高。

二、运输包装技术

(一) 缓冲包装

缓冲包装是指在产品外表面周围放置能吸收冲击或振动能量的缓冲材料或其他缓冲元件，使产品不受物理损伤的一种包装方法，也称为防震包装。一般的缓冲包装有三层结构：内层商品、中层缓冲材料和外层包装箱。缓冲材料在外力作用时能有效吸收能量乃至分散作用力从而保护商品。缓冲包装的方法依据商品性能特点和运输装卸条件，分为全面缓冲法、部分缓冲法和悬浮式缓冲法。全面缓冲法是在商品与包装之间填满缓冲材料，对商品所有部位进行全面缓冲保护的方法。部分缓冲法是在商品或内包装件的局部或边角部位施用缓冲材料衬垫，这种方法对某些整体性好或允许加速度较大的商品来说，既不降低缓冲效果，又能节约缓冲材料，降低包装成本。易碎或贵重物品为了确保安全，可以采用悬浮式缓冲法。这种方法采用坚固容器外包装，将商品或内包装（商品与内包装之间的合理衬垫）用弹簧悬吊固定在外包装容器中心，通过弹簧缓冲作用保护商品，以求万无一失。

(二) 防潮包装

防潮包装是指防止因潮气侵入包装件而影响内装物品质的一种包装方法。防潮包装适用于易受潮湿影响、不允许或限制允许含有水分的制品，如医药用品、农药、皮革、纤维制品等。在防潮包装材料中，金属和玻璃最佳，塑料次之，纸板、模板最差。防潮包装的基本方法有用防潮包装材料密封产品，如在内装物外面包裹防潮纸、塑料薄膜等；在包装容器内加入适量干燥剂，吸收残存潮气；将密封包装容器抽真空等。

(三) 防锈包装

防锈包装是指防止内装物锈蚀的一种包装方法。金属制品极易受水分、氧气、二氧化碳、二氧化硫、盐分、尘埃等影响而生锈。防锈包装最重要的工作是在清洗、干燥后选用适当的方法对金属制品进行防锈处理。例如，在产品表面涂刷防锈油（脂）；用气相防锈塑料薄膜或气相防锈纸包封产品等。防锈处理结束后，产品还需要进行适当的外包装，以防止局部冲击，造成防锈皮膜的损伤和防锈剂的流失。

(四) 防虫包装

防虫包装是为保护内装物免受虫类侵害而采取一定防护措施的包装。例如，内装物在进行包装之前，先进行处理，以消灭其潜藏的害虫或害虫的幼虫或虫卵，之后选择适宜的内包装阻隔层材料，如聚乙烯、聚丙烯、聚酯膜或铝塑复合膜等气密性好的薄膜，进行包装。有时包装内加入杀虫剂或驱虫剂（如除虫菊和丁氧基葵花香精的混合物）或脱氧剂，以增强防虫效果。

（五）集合包装

集合包装是指把若干包装或商品包装在一起，形成一个合适的搬运单元的包装。集合包装的优点在于便于机械化操作，可以降低劳动强度，提高装卸效率；促进商品包装标准化，提高商品运装安全系数。常见的集合包装有集装箱、托盘和集装袋等形式。

1. 集装箱

集装箱是指具有固定规格和足够强度，能装入若干件货物或散状货的专用于周转的大型容器。集装箱是集合包装最主要的形式。

根据国际标准化组织建议，集装箱应具有以下特点和技术要求：

（1）材质坚固耐久，具有足够的强度并能反复使用。

（2）适用于各种运输形式，便于货物运送，在通过一种或多种运输方式进行运输时，中途转移可以不动箱内货物直接换装。

（3）备有便于装卸和搬运的专门装置，能进行快速装卸与搬运，可以从一种运输工具上直接方便地换装到另一种运输工具上。

（4）形状整齐划一，便于货场装卸和堆码，能充分利用车、船、货场等容积，同时便于货物的装满和卸空。

（5）具有 $1m^3$ 以上的容积。

集装箱的出现和发展是包装方法和运输方式的一场革命。集装箱的出现对运输的意义如下：

（1）集装箱结构牢固，密封性好，整体性强，能够保证集装商品的运输安全。

（2）集装箱能够节省集装商品的包装费用，简化理货手续，减少营运费用，降低运输成本。

（3）集装箱能够组织公路、铁路、水路的联运，能够实现快速装卸，加快了运输工具的周转，减少了商品在运输环节的滞留。

（4）集装箱能够实现装卸技术的机械化、自动化控制，提高了劳动生产率，为实现运输管理现代化提供了条件。

集装箱有多种类型，按材料分类有钢制、铝合金制、玻璃钢制和不锈钢制四类。

钢制集装箱强度高，结构牢固，焊接性和水密性好，价格较低。但是，钢制集装箱自重大，装货量小，易锈蚀，使用年限较短。

铝合金制集装箱自重轻，不生锈，外表美观。在集装箱表面涂一层特殊的涂料，能防海水腐蚀。铝合金制集装箱的使用年限高于钢制集装箱。

玻璃钢制集装箱是指在钢制集装箱框架上安装玻璃钢复合板，其特点是强度高，同时隔热性、防腐性、耐化学性都较好，不生锈，易着色，外表美观。玻璃钢制集装箱的缺点是自重大，树脂存在老化问题。

不锈钢制集装箱强度高，耐锈蚀性好，在使用期内无须进行维修保养，使用率高。但是，不锈钢制集装箱价格较高，限制了其广泛使用。

随着集装箱运输的发展，为了适应装载不同类型的商品，出现了不同用途的集装箱。例如，有适合装日用百货的通用集装箱，有适合装大型货物或重型货物的敞顶式集装箱和平板式集装箱，有适合装鲜活食品的通风集装箱，有适合装易腐性食品和液体化学品的罐式集装箱，有适合装颗粒状、粉末状货物的散装货集装箱，有适合装汽车的汽车集装箱等。

2. 托盘

托盘集合包装是货物与特制垫板的组合，即在一件或一组货物下面附加一块垫板，板下有角，形成插口，方便铲车的铲叉插入，进行搬运、装卸和堆码作业。托盘集合包装兼备包装容器和运输工具双重作用，是使静态货物转变为动态货物的媒介物。托盘集合包装最大的特点是使装卸作业化繁为简，完全实现机械化；同时可以简化单体包装，节省包装费用，保护商品安全，减少损失和污染；还能够进行高层堆垛，合理利用存储空间。

3. 集装袋

集装袋是用合成纤维或复合材料编织成抽口式的包，是集装单元器具的一种，配以起重机或叉车可以实现集装单元化运输。集装袋又称柔性集装袋、吨装袋、太空袋等，适用于装运大宗散状、粒状、块状物体。集装袋产品应用面很广，特别是包装散装的水泥、粮食、化工原料、饲料、淀粉、矿物等粉状或粒状物体，甚至一些危险品，装卸、运输、储存都非常方便。

第五节　包装装潢与包装标志

一、包装装潢与销售包装

包装装潢是指包装的造型和表面设计，在科学合理的基础上，加以装饰和美化，使包装的外形、图案、色彩、文字、肌理、商标品牌等各个要素构成一个艺术整体，起到传递商品信息、表现商品特色、宣传商品、美化商品、促进销售和方便消费等作用。

销售包装是包装装潢的主要研究对象。因为销售包装和运输包装在商品流通中担负的任务不同，运输包装主要起生产和销售的桥梁作用，销售包装主要起销售和消费的媒介作用。

销售包装装潢是商品在市场上随处可见的广告，是直接向现有市场和潜在市场传递信息的工具，是提高商品竞争力的有力武器，是促进市场营销的典型方式。一个成功的销售包装对增加销售和提高商品价格所产生的作用无疑是巨大的。杜邦公司进行了市场调查，得出了著名的杜邦定律，即有63%的消费者是根据商品的包装和装潢来决定是否购买某种商品的。由此可见，包装装潢已成为产品立足市场的一个重要因素。

二、包装的装潢设计

装潢设计的基本内容为造型设计、图案设计、文字设计和色彩设计。装潢设计最根本的要求就是通过各种艺术手段，准确有力地突出商品形象，瞬间吸引顾客视线，引起顾客兴趣，触发顾客购买欲望。

（一）造型设计

包装造型是装潢设计的基础，是表现装潢艺术风格的主体。造型首先要实用，其次要美观，最后要富于变化。包装应该做到外部轮廓个性鲜明，总体结构科学合理，重点突出，动静有致，在整体上给人以生动、和谐、完美的感觉。

包装造型设计不是一个简单的外观形态美化的过程，而是一个综合设计的过程。包装通过多种工艺手段，由表及里，在功能、材料、工艺、经济等多种条件的制约下，创造出功能与美感、技术与艺术相统一的造型艺术形象。

包装造型设计的三要素为功能、物质技术条件和造型形象。其中，功能是目的，它对包装形象有着决定性的影响；物质技术是造型的物质技术保证。包装造型既是功能的载体，又载荷着审美信息，不仅要达到实用、经济、高效的目标，而且要满足不同人群的审美情趣及习俗爱好。

需要说明的是，简化原则对包装造型设计尤为重要，这是由大批量生产和包装的实用性决定的。繁琐的造型不适合大批量生产，不符合经济节约的原则，也不便于使用；同时，它也与现代人的审美情趣相悖。简洁明快的造型易于被感知，自然、流畅、有创意的造型是现代人所青睐的。

（二）图案设计

包装装潢正面中的照片、绘图、装饰纹样及浮雕等形式，都被称为包装画面的图案。透明包装和开窗包装中显示出来的商品实物，也是装潢画面的一个组成部分。图案设计常常运用多种艺术手法，如装饰画、国画、油画、水彩画、水粉画、卡通面、素描、书法、篆刻、剪纸、雕塑、摄影作品等，并采用多种艺术技巧，如具体和抽象、提炼和夸张、比喻和联想、工笔和写意、变化和统一、对称和均衡、对比和调和等，使艺术主题得以淋漓尽致地展现。

摄影作品广泛运用于装潢表面设计。摄影作品的特点是能真实、生动地再现商品的质感、形态、颜色等特点，一些造型美观、色彩鲜艳的商品或外形结构复杂，难以用绘画表现的商品常常借用摄影作品来表现。采用摄影作品作为装潢画面，具有简洁的现代气息和强烈的商品性、广告性，容易使消费者产生认同感。

摄影作品装饰包装画面虽然有很强的真实感，但也具有一定的局限性。采用绘画作品进行装饰可以获得更大的自由度。绘画既可以写实，也可以写意；既可以夸张，也可以渲染，艺术手法灵活多样，装饰效果独具特色。

从现代装潢手法来看，抽象画面设计具有特殊的表现力，抽象的几何图形结合色彩渲染不仅能将寓意深刻的商品特质表现出来，而且能形象地表示商品的科学原理，体现商品包装的现代感。抽象的手法为画面设计构思和表现形式开拓了广阔的天地，容易创造出与众不同的效果。

（三）文字设计

文字设计是装潢表面设计的重要组成部分。它的主要作用是宣传商品、介绍商品，同时在画面中起装饰作用。文字的构思和设计应根据商品特质和销售地点的特点，尽量做到既形美又达意，语言要简练，用词要严谨，文字和译文要准确，字体风格与装饰画面要统一协调，并合理布局。商标和品牌名是装潢画面的灵魂，要设计在画面的主要部分；商品名称可以放在次要位置；其他资料文字、说明文字、广告文字等要以主次顺序合理布局。目前，许多国家要求商品包装使用两种或两种以上文字，因此文字设计要根据不同国家的特点和要求，合理选用文字，要在书法布局、字号大小、字体选用、疏密关系等方面认真构思，正确选择。

（四）色彩设计

色彩是装潢画面先声夺人的艺术语言，是消费者选购商品时的视觉导向。色彩能传递各种信息，表达丰富的寓意，唤起人们的美好想象，从而对商品销路产生直接的影响。色彩设计要服从画面主题，要根据商品的性质、特点去表现，尤其要考虑基本色、流行色和习惯色的运用。

每个国家和地区都有其喜好的传统色彩，即基本色。各国人民对色彩的感觉和爱好，往往受到地理条件、宗教信仰、民族传统、政治因素、生活方式等影响。研究不同国家在色彩上的爱好和禁忌，是装潢色彩设计能否成功的前提。例如，红色是世界各国消费者普遍喜爱的色彩，我国把红色看成吉祥色，美国认为红色展现活力和激情，英国认为红色展现高贵。

流行色是某一时期、某一地区为广大群众所接受、所喜爱的带有倾向性的色彩，它的发展具有一定的规律性。人们对流行色的追求，反映了人们渴望变化、顺应潮流、自我完善、勇于追求的精神状态，是现代人类生活的一个特征。装潢色彩设计应不失时机地捕捉流行色信息，设计出具有流行风格和时代感的色彩来。

习惯色是不同商品长期以来习惯采用且消费者习惯接受的色彩。例如，暖色强调食品的美味营养，冷色强调机械产品的结实耐用等。习惯色在消费者心目中有根深蒂固的印象。习惯色的选用有时容易造成商品之间的雷同，而雷同是不利于商品销售的。因此，色彩选用既要善于吸收传统，又要善于创新。

另外，需要注意的是，装潢色彩效果的优劣，并不取决于用色的多少，关键在于对色彩的选择、搭配以及组合是否理想。有时用色过多，容易给人造成杂乱无章的感觉，难以突出重点。从美学观点来讲，少而不单、多而有序的设计，能给人以高格调的艺术享受。

三、包装标志

商品包装标志是在商品包装外表用文字、符号、图形制作的特定记号或说明事项。包装标志有助于正确识别商品，方便运输、仓储等部门工作和收货人收货，对保证安全储运、减少运转差错、加速商品流通有重要作用。根据包装标志作用的不同，包装标志可以分为销售包装标志、运输包装标志和包装回收标志三类。

（一）销售包装标志

销售包装标志是指附着或系挂在商品销售包装（内包装）上的，以文字、图形、符号说明内装商品内容的一切说明物。它是销售者传达商品信息、表现商品特色、推销商品的主要手段，是消费者选购商品、正确使用商品和保养商品的指南。

通常，商品的销售包装标志主要包括制造者或销售者的名称和地址、商品名称、商标、成分、品质特点、包装内商品数量、使用方法及用量、编号、贮藏应注意的事项、质量检验号、生产日期、有效期等内容。

（二）运输包装标志

运输包装标志是在运输包装（外包装）外面印制的简单的文字、数字、符号、图形以及它们的组合。它是商品在储存、运输、装卸等物流环节中不可缺少的信息标志。运输包装标志按其内容和作用的不同，可以分为收发货标志、指示性标志和警告性标志三种。

1. 收发货标志

收发货标志又称为唛头（mark），是指在商品运输包装（外包装）上印制的反映收货人和发货人、目的地或中转地、参考号（信用证号合同号）、件数、批号、体积（长×宽×高）、重量（毛重、净重、皮重）、生产日期以及产地（生产国家或地区）等内容的简单几何图形、特定字母、数字和简短的文字等。收发货标志的内容繁简不一，通常由买卖双方根据商品特点和具体要求商定。收发货标志的作用在于：第一，便于发货人进行统计，合理计算货物重量和体积，安排好运输，防止出错。第二，可以使监管方（如商品检验、海关等）一目了然，便于按照批次监管货物，查验放行。第三，有利于承运方从进仓到发货及运输中转直至目的地，参照唛头提示清点交货。第四，收货人只要看外箱就知道内容，不用开箱就可以快速进入流通环节。

1986 年发布并于 1987 年起实施的国家标准《运输包装收发货标志》（GB 6388—86）统一规定了收发货标志的代号、项目中英文名称、含义和商品分类图示标志。运输包装收发货标志如表 10-3 所示。

表 10-3　运输包装收发货标志

序号	项目			含义
	代号	中文	英文	
1	FL	商品分类图示标志	CLASSIFICATION MARKS	表明商品类别的特定符号
2	GH	供货号	CONTRACT No	供应该批货物的供货清单号码（出口商品用合同号码）
3	HH	货号	ART No	商品顺序标号。以便出入库、收发货登记和核定商品价格
4	PG	品名规格	SPECIFICATIONS	商品名称或代号；标明单一商品的规格、型号、尺寸、花色等
5	SL	数量	QUANTITY	包装容器内含商品的数量
6	ZL	重量（毛重、净重）	GBOSS WT NET WT	包装件的重量（kg）包括毛重和净重
7	CQ	生产日期	DATE OF PRODUCTION	产品生产的年、月、日
8	CC	生产工厂	MANUFACTURER	生产该产品的工厂名称
9	TJ	体积	VOLUME	包装件的外径尺寸长×宽×高（cm）= 体积（m^3）
10	XQ	有效期限	TERM OF VALIDITY	商品有效期至×年×月
11	SH	收货地点和单位	PLACE OF DESTINATION ANDCONSIGNEE	货物到达站、港和某单位（人）收（可用贴签或涂写）
12	FH	发货单位	CONSIGNOR	发货单位（人）
13	YH	运输号码	SHIPPINGNO	运输单号码
14	JS	发运件数	SHIPPING PIECES	发运的件数
说明	（1）分类标志一定要有，其他各项合理选用。 （2）外贸出口商品根据国外客户要求，以中、外文对照，印制相应的标志和附加标志。 （3）国内销售的商品包装上不填英文项目			

此外，商品分类图形标志的尺寸，收发货标志的字体、颜色、标志方式、标志位置等，在国家标准《运输包装收发货标志》（GB 6388—86）中均有具体规定。

2. 指示性标志

指示性标志又称为储运图示标志。它是根据各种商品对物流环境的不同的适应能力，特别是一些容易破碎、残损、变质的商品，在其运输包装（外包装）上，用醒目简洁的图形和简短文字标明该类商品货物在装卸、运输以及储存等过程中应注意的事项。例如，"由此吊起""此端向上""怕雨""易碎""怕晒""禁止堆码"等。

国家标准《包装储运图示标志》（GB/T 191—2008）将指示性标志的颜色定为黑

色并规定了 17 种标志的名称、图形符号等。

3. 警告性标志

警告性标志又称为危险货物包装标志，是指在易燃品、易爆品、有毒物品、腐蚀性物品和放射性物品等危险货物的运输包装上印制的特殊的图形和文字，是用来表示危险货物的物理、化学性质以及危险程度的标志，以警示和提醒人们在运输、储存、保管、搬运等活动中引起注意和采取应对措施。

危险货物主要是指具有燃烧、爆炸、腐蚀、毒害等作用的化学品或其他原料，如爆炸品、易燃气体、毒性气体、易燃液体、易燃固体、易自燃物品、遇湿易燃物品、氧化剂、有机过氧化物、感染性物品、放射性物品、腐蚀品等，其性质一般都比较活跃，在储存和运输过程中稍有不慎便会酿成事故，造成财产损失和人员伤亡。

危险货物包装标志的图案、尺寸、颜色及使用方法在国家标准《危险货物包装标志》（GB 190-2009）中均有明确的规定。

（三）包装回收标志

国家标准《包装回收标志》（GB/T 18455—2010）规定了可回收利用的包装容器和包装组分（包括纸、塑料、铝和铁等包装容器或包装组分）的材料识别标志及其标示要求。包装组分是指用手或用简单物理方法可以分离的包装的组成部分。

1. 常用包装回收标志

常用包装材料的回收标志及其说明如表 10-4 所示。

表 10-4　常用包装材料的回收标志及其说明

材料名称	回收标志	说明
纸		适用于纸盒、纸箱和纸浆模塑等制品。在标志下方可标注"纸"
塑料		左图仅为基本图形
铝		在标志下方可标注"铝"

表10-4(续)

材料名称	回收标志	说明
铁		在标志下方可标注"铁"

2. 塑料包装回收标志

（1）一般塑料包装回收标志。一般塑料包装回收标志按国家标准《塑料制品的标志》（GB/T 16288—2008）附录 A 所示代号和缩略语标示常用于包装的塑料代号和缩略语。塑料制品回收标志的形状为正三角形，位于三角形正中央的数字是该种塑料的代号（见表10-5 和图 10-12）。

表 10-5 常用塑料代号和缩略语

材料术语	聚对苯二甲酸乙二醇酯	高密度聚乙烯	聚氯乙烯	低密度聚乙烯	聚丙烯	聚苯乙烯
代号	01	02	03	04	05	06
缩略语	PET	PE-HD	PVC	PE-LD	PP	PS

图 10-12 一般塑料包装回收标志的标示示例

（2）可生物降解塑料包装回收标志。当用于包装的可生物降解塑料不包括在国家标准《塑料制品的标志》（GB/T 16288—2008）附录 A 之内，其回收标志见图 10-13。

图 10-13 可生物降解塑料包装回收标志的标示示例

可生物降解塑料包装回收标志中的代号"00"表示"科生物降解"，缩略语×××
×的表示方法见国家标准《塑料　符号和缩语第1部分：基础聚合物及其特征性能》
（GB/T 1844.1—2008）。当需要表达材料的生物降解技术条件时，标志的下方或左右
两侧可以标注简要的文字说明。

第六节　商标

一、商标的概念

商标是商品生产者或经营者为把自己生产或经营的商品（产品或服务）与其他
企业生产或经营的同类商品显著区别开来，而使用在一定商品、商品包装和其他宣传
品上的专用标记。根据《中华人民共和国商标法》的规定，这种专用标记包括文字、
图形、字母、数字、三维标志和颜色组合以及上述要素的组合。它们均可以作为商标
申请注册。

申请注册的商标，凡符合《中华人民共和国商标法》有关规定的，由国家工商
行政管理部门商标局初步审定，予以公告。对初步审定的商标，自公告之日起3个月
内，任何人均可以提出异议。公告期满无异议的，商标局予以核准注册，发给商标注
册证，并予以公告。注册商标的有效期限为10年，有效期满，需要继续使用的，应
当在期满前6个月内申请续展注册，每次续展注册的有效期为10年，续展注册经核
准后予以公告。

Ⓡ是注册商标的标记（圆圈中的R是"注册"的英文"register"的首写字母），
它应标注在注册商标的右上角。商标的右上角标注"TM"，则表示它是正在等待国家
核准的商标，国家已经受理注册申请，但不一定会核准注册。

二、商标的主要特征

商标是用于商品（产品或服务）上的标记，与商品不能分离，并依附于商品。

商标是其所标记商品（产品或服务）区别于他人商品（产品或服务）的标志，
具有特别显著的区别功能，从而便于消费者识别。

商标具有独占性、专用性和垄断性。商标注册人对其注册商标具有专用权，受到
法律保护，未经商标注册人许可，任何人不得擅自使用与该注册商标相同或相类似的
商标，否则即构成犯罪，除赔偿被侵权人的损失外，还应依法追究刑事责任。

商标是一种无形资产，具有价值。商标代表着商标所有人生产或经营的商品
（产品或服务）质量信誉和企业信誉及形象。商标所有人通过商标的创意、设计、申
请注册、广告宣传及使用等，使商标具有了价值，也增加了商标的附加值。商标的价

值可以通过评估确定，可以有偿转让商标所有权，也可经商标所有人同意许可他人使用自己的商标。

三、商标的分类

商标有许多种类，可以依照商标的结构、商业用途、商品使用者等进行分类。

（一）按商标的结构分类

商标按照结构的不同，可以分为文字商标、图形商标、数字商标、字母商标、立体商标和组合商标等。

1. 文字商标

文字商标是指仅以文字构成的商标。它包括中国汉字（含汉语拼音）、少数民族文字、外国文字和阿拉伯数字或以各种不同文字组合的商标。

2. 图形商标

图形商标是指仅用图形构成的商标。图形商标分为记号（简单符号构成图形）商标、抽象几何图形商标、自然图形（以人物、动植物、自然风景等自然物象为对象加工构成图形）商标三种。图形商标的优点是不受国家、地区的语言限制，缺点是不便称呼。

3. 数字商标

数字商标是指用阿拉伯数字、罗马数字或中文大写数字构成的商标。

4. 字母商标

字母商标是指用拼音字母、外文字母（如英文字母和拉丁字母）等构成的商标。

5. 立体商标

立体商标又称三维标志商标，是用长、宽、高三种度量的三维立体物标志构成的商标。其立体形态可以出现在商品的外形上，也可以表现在商品的容器或其他地方。

6. 组合商标

组合商标又称复合商标，是指用文字、字母、数字、图形、三维标志或颜色等要素，其中两种要素或两种以上要素相互组合构成的商标。

（二）按商标的商业用途分类

商标按照商业用途的不同，可以分为营业商标、组集商标、等级商标、证明商标、防御商标、联合商标等。

1. 营业商标

营业商标是指以生产者或经营者的企业名称作为自己生产或经营的商品上的商标。

2. 组集商标

组集商标是指在同类商品上，由于品种、规格、等级、价格的不同，为了加以区别而使用的几个商标，并把这几个商标作为一个组集一次提出注册申请的商标。

3. 等级商标

等级商标是为了区别同一品种商品的不同质量等级或性能档次而逐级使用的系列商标。

4. 证明商标

证明商标是指由对某种商品（产品或服务）具有监督能力的组织申请注册的商标，但经该组织审核并同意该组织以外的单位或个人可以将该商标用于他们的商品（产品或服务）上，用以证明他们的商品质量已符合该组织的要求。

5. 防御商标

防御商标是指驰名商标所有者为了防止他人在不同类别的商品（产品或服务）上使用其商标，而在非类似商品上将其商标分别注册。

6. 联合商标

联合商标是指同一商标所有人在相同或类似商品上注册的几个相同或近似的商标，有的是文字近似，有的是图形近似。这些近似商标注册后，不一定都使用，目的是防止别人仿冒或注册，从而更有效地保护自己的商标。

（三）按商标的商品使用者分类

商标按商品使用者的不同，可以分为商品商标和服务商标。

1. 商品商标

商品商标是指商品上由文字、图形等或其组合构成的标记，它是商标的最基本的表现形式。通常所说的商标主要是指商品商标。商品商标又可以分为商品生产者的产业商标和商品销售者的商业商标。

2. 服务商标

服务商标是指用来区别与其他同类服务的标志。例如，航空、导游、保险、金融、邮电、饭店、电视台等单位使用的标志，就是服务商标。

四、商标设计和选用的原则

在我国，商标的设计和选用既要考虑《中华人民共和国商标法》的规定和要求，又要注意充分发挥商标的作用。

（一）商标须具有显著的特征

商标使用的文字、图形、数字等及其组合，应当有显著的特征，便于识别。显著的特征是指商标的构成显著，形式内容新颖独特，使人能识别出是谁的商品，并能给人留下深刻印象。商标应具有与众不同的醒目特征，切忌与他人注册的商标相同或相似。在同一商品或类似商品中，与他人商标雷同的申请将不被批准注册。同时，注册商标应有标记，即在商标边注明"注册商标"或"®"。

（二）商标不得使用的标志

《中华人民共和国商标法》规定，下列标志不得作为商标：

商品学

（1）同中华人民共和国的国家名称、国旗、国徽、军旗、勋章相同或者近似的标志，以及同中央国家机关所在地特定地点的名称或者标志性建筑物的名称、图形相同的标志。

（2）同外国的国家名称、国旗、国徽、军旗相同或者近似的标志，但该国政府同意的除外。

（3）同政府间国际组织的名称、旗帜、徽记相同或者近似的标志，但经该组织同意或者不易误导公众的除外。

（4）与表明实施控制、予以保证的官方标志、检验印记相同或者近似的标志，但经授权的除外。

（5）同"红十字""红新月"的名称、标志相同或者近似的标志。

（6）带有民族歧视性的标志。

（7）带有欺骗性，容易使公众对商品质量等特点或者产地产生误认的标志。

（8）有害于社会主义道德风尚或者有其他不良影响的标志。

（9）仅有本商品的通用名称、图形、型号的标志。

（10）仅直接表现商品的质量、主要原料、功能、用途、重量、数量及其他特点的标志。

（11）其他缺点显著特征的标志。

（三）商标要具有审美性

商标选择的图案设计要符合消费者审美心理的要求，达到形象性、艺术性、新颖性、时代性、民族性、象征性高度统一。商标的造型艺术要使消费者一眼难忘，留下深刻的印象。

商标的构图和寓意要充分运用形式美的法则来增强艺术感染力。

【拓展阅读】

商家成为"颜值控"——过度包装"盒"去何从？

礼盒容积是商品体积的数倍、包装袋比里面的商品还多……《经济参考报》记者调查发现，近年来，虽然简约风尚受到越来越多消费者青睐，但随着电商物流迅猛发展，过度包装在一些领域有所反弹。受访者认为，一些商家对商品重"颜值"轻"品质"的过度包装现象屡禁不止，不可避免地造成垃圾增多和资源浪费，有悖绿色发展理念，相关部门应完善法律法规，倡导绿色消费新风尚。

日前，一则"某零食企业工作人员倒卖废纸箱牟利超68万元"的消息吸引网友广泛关注。中国裁判文书网公开判决书显示，该零食企业两名工作人员利用职务便利将售卖废旧纸箱获得的68.4万元占为己有。有媒体评论认为，这一案例再次反映"过度包装顽疾"。

记者采访发现，在电商平台，不少商家抓住消费者追求新奇的心理，通过复杂的包装打造产品的"颜值文化",以此招揽顾客。有消费者反映,华而不实的产品包装有舍本逐末之嫌。

南昌市民王女士告诉记者,她在网上买了一支口红,到货后发现产品体积不到包装容积的1/5,包装盒大到能装下一双鞋。网友"大熊的哆啦AM"表示,过度包装在外卖行业很常见,点了一份捞面外卖,送到手时发现竟有四个包装盒,扔掉觉得浪费,不扔放着也没用。

让消费者烦恼的包装问题,恰恰是一些商家招揽顾客的招牌之一。由于电商企业的产品、渠道趋向同质化,各大品牌为了提高竞争力,除了研发新产品外,还要在包装设计上费尽苦心。"天眼查"显示,在某零食企业申请的33项专利中,有24项属于外观设计专利,占比超过总数的72%。

近年来,国家市场监督管理总局、国家邮政局等多部门出台措施治理产品和物流快递的过度包装,但仍有商家在包装上面"下功夫"。上海市市场监督管理局2020年对电商平台商品包装抽查发现,50批次商品中有12批次涉嫌过度包装,特别是化妆品,包装不合格率高达70%。

改革开放40多年来,由于经济发展和科技创新的双重作用,我国的包装行业规模迅速增长,产值不断提升。2021年,中国包装行业规模以上企业营业收入达12 041.81亿元,较2020年增加了1 977.23亿元,同比增长19.65%,但是包装废弃物的总体回收率只有15%~20%。同时,新型纸、塑料等包装材料在包装产业结构中的比重不断提高,逐渐成为包装行业的主流。虽然包装行业推动了经济的发展,但是在此过程中也产生了过多的包装废弃物。统计数据显示,我国城乡每年产生的生活垃圾中,30%是包装废弃物,包装产品70%以上是一次性塑料物品,使用后成为包装废弃物。尤其是价格低廉的塑料包装随处可见。其缺点也显而易见,主要是不易降解和回收,对人类健康造成了严重的影响。另外,商品的过度包装中未处理或处理不当的垃圾均会造成严重的环境污染。包装浪费现象主要体现在包装浪费产生的垃圾污染、资源消耗和经济损失等方面,与包装产业相伴而产生的大量包装废弃物应该引起我们足够的重视。

问题的严重性还在于严重的包装浪费缺乏社会各界的足够重视。观念是行动的先导,社会各界需要加强对包装废弃物的重视,妥善采取环境保护措施,才能实现资源回收和环境保护。

资料来源:胡锦武,范帆,郭杰文.商家成分"颜值控" 过度包装"盒"去何从?[EB/OL].(2021-07-29)[2023-06-18]. https://my.mbd.baidu.com/r/12dawx5cpqu? f = cp&u = 0537555 bbe4ed4d4.

思维导图

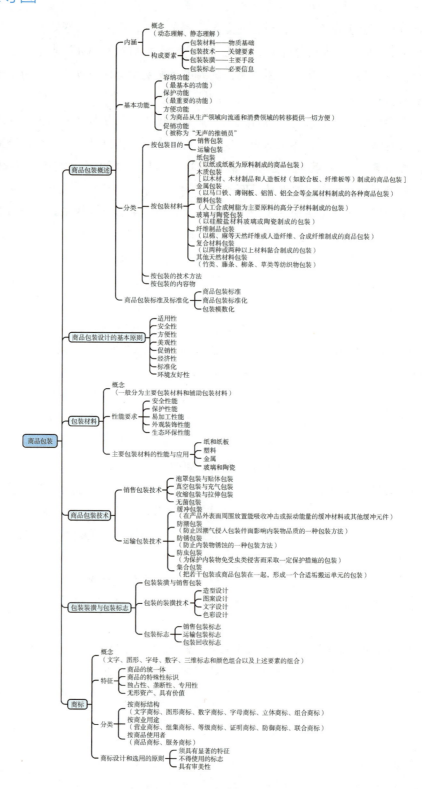

本章小结

　　商品包装既是商品的重要组成部分，也是实现商品的使用价值和价值的重要竞争手段，还是社会生产的一种特殊商品，其本身也具有使用价值和价值。商品包装由四个构成要素，基本功能包括容纳、保护、方便和促销功能。商品包装分类广泛，按包装目的分为销售包装和运输包装，按包装材料分为八类。为了保证商品在流通过程中的安全无损和性能不变，提高关于商品的一系列环节的效率，必须进行统一的技术规定，实现商品包装标准化。商品包装设计应遵循适用性、安全性、方便性、美观性、促销性、经济性、标准化、环境友好性等原则。包装材料的性能要求包括安全、保护、易加工、外观装饰、生态环保性能。纸和纸板、塑料、金属、玻璃和陶瓷是现代商品包装的四大支柱材料。通过商品包装技术，包装和商品才能形成一个整体。包装标志分为销售包装标志、运输包装标志和回收包装标志。商标是商品的标记，在商品经济发展中起到识别商品的积极作用。

本章重难点

　　1. 商品包装的功能和分类。
　　2. 商品包装设计的基本原则。
　　3. 主要包装材料的特点。
　　4. 运输包装和销售包装技术。
　　5. 重要商品包装标志。
　　6. 商标主要特征和分类。

思考题

　　1. 试结合实例分析包装与商品的关系。
　　2. 你怎样理解商品包装的基本功能？
　　3. 收集月饼商品包装，结合课本内容更好地理解它们的特点。
　　4. 包装模数化对商品储运有何实际意义？
　　5. 从我国国情来考虑，你认为哪种包装材料更具有发展潜力？为什么？
　　6. 从环保角度出发，比较纸和纸板、塑料、金属、玻璃材料的优缺点。
　　7. 通过查阅资料和开展小型科研活动，你认为适度包装的"度"应如何把握？它与商品种类有何关系？
　　8. 何谓"证明商标"？它与普通商标有何区别？试收集我国目前证明商标使用情

况的资料，尝试写成一篇小论文。

9. 包装装潢和包装的功能之间有什么关系？

10. 运输包装标志主要有哪些种类？它们对物流管理有何意义？

11. 销售包装标志主要包括哪些内容？试调研某类商品，对销售包装标志进行验证。

12. 通过网络调研目前我国与世界商品包装技术发展的主要趋势。

13. 试收集商品商标、服务商标的具体实例，并推荐特征显著的好商标。

14. 名词解释：①商品包装；②销售包装；③运输包装；④过度包装；⑤收发货标志；⑥商标。

在线测试

第十一章

商品储运的质量保护

学习目标

- 熟悉商品的物理机械变化、化学变化、生理生化等变化
- 掌握影响商品质量变化的主要因素
- 掌握仓库内外温湿度的变化规律、控制与调节
- 熟悉商品发生霉腐、锈蚀、虫害以及老化的主要原因，仓储商品养护的各种技术方法

导入案例

储存商品质量的主要影响因素

人们所熟悉的烟酒、糖茶、服装鞋帽、医药、化妆品、家用电器以及节日燃放的烟花爆竹等，有的怕潮、怕冻、怕热，有的易燃、易爆。

影响储存商品质量变化的因素很多，其中一个重要的因素是空气的温度。有的商品怕热，如油毡、复写纸、各种橡胶制品及蜡等，如果储存温度超过要求就会发黏、熔化或变质。有的商品怕冻，如医药针剂、口服液、墨水、乳胶、水果等，如果储存温度超过要求就会冻结、沉淀或失效。例如，苹果在1℃贮藏时比在4℃~5℃贮藏时寿命要延长一倍。但贮藏温度过低，可能引起果实冻结或生理失调，也会缩短贮藏寿命。影响储存商品质量变化的另外一个重要因素是空气的湿度。由于商品本身含有一定的水分，如果空气相对湿度超过75%，吸湿性的商品就会从空气中吸收大量的水分而使含水量增加，这样就会影响到商品的质量。例如，食盐、麦乳精、洗衣粉等出现潮解、结块，服装、药材、糕点等生霉、变质，金属生锈。但是，空气相对湿度过低（低于30%），也会使一些商品的水分蒸发，从而影响商品质量。例如，皮革、香皂、木器家具、竹制品等开裂，甚至失去使用价值。

第一节　商品运输与商品储存

商品运输与商品储存是连接商品生产和消费的桥梁，也是商品流通中两个必不可少的重要环节。人们习惯上把它们合称为商品储运。

一、商品运输

（一）商品运输的概念与作用

商品运输是指商品在空间上的流通或移动的过程。

商品运输最终所要解决的是商品如何从产地顺利到达销地的问题，或者说是商品如何从制造商经由批发商、零售商到达消费者手中的问题。其本质还是一个或长或短的空间距离问题。例如，有些商品（如煤炭、钢铁、电力等）是在个别地区集中生产，分散消费；还有些商品（如酒、茶等）是在某一地区生产，全国消费。这些商品的消费必须通过运输来解决。因此，做好商品运输工作是使商品流通能正常进行的根本保证。

（二）商品运输方式及其特点

商品运输方式主要有铁路运输、公路运输、水路运输、航空运输、管道运输等。它们之间大多可以相互替代。

1. 铁路运输

铁路运输是使用铁路列车运送客货的一种运输方式。铁路能快速、大批量地运输货物，极大改变了陆地货物运输的面貌，为货运业的发展提供了新的、强有力的交通运输方式。铁路运输主要承担长距离、大批量的货物运输，在没有水路运输条件的地区，几乎所有大批量货物的运输都是靠铁路运输来完成的。铁路运输是干线运输中起主力作用的运输方式。

2. 公路运输

公路运输主要以卡车为运输工具，包括专用运输车辆，如集装箱、散装、危险品等运输车辆，这些车辆有大型和中小型之分，前者适合长距离的运输，后者适合短距离的运输。在各种运输方式中，公路运输是影响最为广泛的一种运输方式。公路运输的优点是不受路线和车站的约束，较为灵活机动；可以直接把商品从发货地点送到收货地点；集散速度较快，近距离运输费用低；可以简化包装。其缺点是不适合大批量的长途运输，运输能力较小，运输质量和安全性较低。

3. 水路运输

水路运输是以船舶等为运输工具或运输形式，在海洋、江河、湖泊、水库等运送客货的一种运输方式。水路货物运输有多种分类方法。按贸易类型划分，水路货物运输可以分为外贸货物运输和国内货物运输。外贸货物运输是指本国与其他国家和地区之间的贸易货物运输，国内货物运输是指本国内部各地区之间的货物运输。按航行区域划分，水路货物运输可以分为远洋运输、沿海运输、内河运输、湖泊运输（包括水库）。远洋运输以外贸货物运输居多，沿海运输、内河运输和湖泊运输以国内货物运输为主。除此之外，水路运输还可以按运输工具、货物类别、船舶组织形式等进行分类。本章讨论的主要是国内货物运输，包括在沿海、内河、湖泊水域的货物运输。

4. 航空运输

航空运输是使用飞机或其他航空器进行运输的运输方式，主要有客运飞机、客货混载机和专用货物运输机三种运输工具。其中，专用货物运输机具有良好的应用前景，尤其是其单元化的装载系统，有效缩短了商品装卸时间。航空运输的最大优点是速度快，适合高附加值、高时效性的小批量商品的运输。此外，航空运输具有安全系数高、商品损坏少、不受地理条件限制等优点。航空运输的缺点是费用高、质量（重量）受限制、物流中心或仓库不能离机场太远。

5. 管道运输

管道运输是以管道作为运输工具，通过一定的压力差输送液体物资、气体物资、固体浆料，或者利用流体介质在管道内驱动固体舱（囊体）实现固体物资输送的运输方式。管道运输有地面、地下和架空安装三种方式，主要适合自来水、石油、煤气、煤浆、成品油、天然气等液态或气态商品的运输。管道运输是五种基本运输方式之一，管道运输已发展到粉粒状商品（如矿石粉）的短距离配送。管道运输的优点是不占用或较少占用地面位置，维修成本低，运输效率和设备运转效率高，安全系数高。管理运输的缺点是对管道运输技术水平有较高的要求，不适合固态商品的运输。

不同运输方式的优缺点比较如表 11-1 所示。

表 11-1　不同运输方式的优缺点比较

运输方式	优点	缺点
铁路运输	运输速度快、运输批量大、运输准确性和连续性好、能源消耗较低、运输成本较低、环保性好、安全性好	短距离运输费用昂贵、货物送达速度较慢、铁路车站固定而灵活性差、不能实现"门到门"运输、计划性强而不适宜紧急运输、建设投资大、建设工期长
公路运输	灵活性强、全程运送速度快，受地形气候限制小	载运量小、安全性较差，能耗大、成本较高，环境污染严重
水路运输	运量大、适应性强、基本建设投资少，占地少、能耗小、运费低，劳动生产率高	速度慢，受自然条件，如气候、潮汐等条件的影响较大，航期不确定，运输风险大；受航道、港口位置的限制，不能实现"门到门"运输，可达性差

表11-1(续)

运输方式	优点	缺点
航空运输	速度快、受地面条件影响小，机动性高、货物安全性高、包装成本低，基本建设周期短、占地少	运量小、成本高，受天气影响大
管道运输	运量大、成本低、能耗低、占地少、不受地面气候影响、货损货差率低、无噪声、环境污染少、自动化程度高	运输货物过于专门，主要用于流体货物单向运输，机动灵活性差

二、商品储存

(一) 商品储存的概念与作用

商品储存是指商品在流通中的暂时停留过程。物流学称之为"保管"，是指保存和管理物品的一系列活动的总称。

商品储存形成的原因在于商品生产与商品消费的不一致或背离。例如，有些商品（如单冷空调、羽绒服等）是常年均衡生产，而消费则相对集中于某个季节；有些商品（如粮食、水果）是季节性生产，却需要常年供应。此外，商品生产的批量性与商品消费的零星性的矛盾，也会导致生产与消费在时间上的背离，由此形成供需矛盾。例如，批发企业处于生产企业和零售企业之间，发挥"商品传递"作用。一方面，下游的零售企业需要批发企业细水长流地向其提供小批量、多批次、多品种的商品；另一方面，上游的生产企业希望批发企业尽快地、不断地购进大批量的商品。为了能够满足上下游企业的需求，并调节两者之间的供需矛盾，批发企业应该拥有必要的商品储存能力，使其发挥保障商品传递的"蓄水池"作用。此外，国家平时也必须进行一定数量的战略物资储备，以用于应对未来的意外事件（如自然灾害、战争等）。这些时间背离的矛盾都需要通过商品储存来进行调节和解决。

(二) 仓库及其类型与仓库设施

商品储存是通过仓库实现的。仓库是商品储存的场所，由供应链上游组织来的商品在此汇集，然后直接或经过一段时间的停留后流向下游组织。在集散期间，商品的检验、分类、重包装、分拣、配货等业务活动也可以在此进行。

仓库有以下多种类型：

(1) 按使用目的不同，仓库可以分为以流通为主的仓库、以存储为主的仓库。

(2) 按使用性能不同，仓库可以分为营业型仓库、自用型仓库。

(3) 按存储功能不同，仓库可以分为普通仓库、露天仓库、简易仓库、冷藏仓库、恒温仓库、危险品仓库等。

(4) 按地理位置不同，仓库可以分为港口仓库、车站仓库、机场仓库、市区仓库、郊区仓库等。

（5）按建筑物形态不同，仓库可以分为平房仓库、多层仓库、地下仓库、水上仓库、立体仓库。

不同类型的仓库有不同的特点和要求，具有不同的使用方向和使用效率。在实践中，组织应根据具体要求灵活选择，如冷藏仓库需要配置具有冷却（一般在10℃以下）功能和隔热功能的设备，常用于冷冻食品（如肉联厂加工的肉食）及其相关商品的储存。

随着仓储科学与物料搬运技术的发展，自动化立体仓库开始得到广泛应用。立体仓库是由高层立体货架、有轨巷道堆垛机、出入库托盘输送机系统、尺寸检测条码阅读系统、通信系统、自动化控制系统、计算机仓库管理系统等组成的，可以对集装单元货物实现自动化储存和计算机管理的仓库。它广泛应用于大型生产企业的采购件仓库、成品件仓库、柔性制造系统（FMS）以及流通领域的大型流通中心。仓库设施是实现商品储存功能的必要条件。根据不同的需要，仓库设施有多种形式，其中以货架最为重要。货架是由立柱片、横梁和斜撑等构件组成，用于存放货物的结构件。根据货架的使用范围不同，货架及其货架系列大致可以分为工业货架系统、托盘货架系统、重力货架系统、移动货架系统、贯通货架系统、阁楼式货架、滑动式货架、悬臂式货架等类型。

随着物流业现代化进程的加快，仓库设施正日益追求与智能化叉车、起重装置、机械手与机器人、自动化分拣和堆码设备等现代化搬运工具相配合，共同朝着自动化、标准化和现代化的方向发展。

第二节　商品在储运中的损耗与质量劣变

一、商品在储运中的损耗及其防治

损耗是指商品在储运过程中，由于自然环境因素与商品本身特性的正常作用和非正常的人为原因而造成的数量损失与消耗。在物资储运过程中发生的损耗包括运输装卸和保管过程中的损耗，分为合理储运损耗和非合理储运损耗。合理储运损耗是指在规定的损耗率范围内的损耗，如有些易挥发、漏损、破碎、散失的物资，都应对其规定出合理的损耗率。非合理储运损耗是指超过合理的损耗率的损耗。损耗往往也会导致商品质量的部分下降。商品损耗的形式有物理变化和机械损伤两种。

（一）物理变化及其防治

商品的物理变化是指仅改变商品本身的外部形态，不改变商品性质的变化。商品在储运过程中，由于各种因素的作用，会发生各种形式的物理变化，如挥发、溶化、熔化、凝结、发硬、发软、脆裂、干缩、渗漏、黏结、串味等变化。常见的物理变化有以下几种。

1. 挥发

某些液体商品或经液化的气体商品在一定的条件下，其表面分子能迅速汽化而变成气体散发到空气中去的现象被称为挥发。

（1）影响因素：空气温度、空气流动速度、接触空气面积。

（2）措施：加强包装密封性，控制仓库温度，高温季节采取降温措施，保持较低温度条件下储存。

（3）常见易挥发商品：汽油、白酒、氨水、松节油、花露水、香水等。

2. 溶化

溶化是指某些具有较强吸湿性和水溶性的晶状体、粉末或膏状商品吸收潮湿空气中的水分至一定程度后溶解的现象。

（1）影响因素：空气温度、湿度、堆码高度。

（2）措施：按商品性能，分区分类存放在干燥阴凉的库房内，不适合与含水分较多的商品一同储存。

（3）常见易溶化商品：食品中的食盐、食糖、糖果等，化工品中的明矾、氯化镁、硫代硫酸钠、氯化钙等，化肥中的氮肥以及某些医药中的制剂等。

3. 熔化

熔化是指某些固体商品在温度较高时，发生变软变形甚至熔融为液体的现象。

（1）影响因素：商品本身的熔点、商品中杂质种类和含量。

（2）措施：根据商品的熔点，选择阴凉通风的库房储存；采用密封和隔热措施，加强库房的温度管理，防止日光照射，尽量降低温度的影响。

（3）常见易熔化商品：医药商品中的油膏类、胶囊类等，化妆品中的香脂、发蜡等，化工商品中的松香、石蜡等。

4. 脆裂与干缩

某些商品在干燥空气中或经风吹后，会出现脆裂、干缩现象

（1）影响因素：空气湿度、空气流动速度、接触空气面积、阳光直射。

（2）措施：控制环境的相对湿度，防止日晒、风吹，使其含水量保持在合理范围内。

（3）常见易脆裂、干缩商品：纸张、皮革及其制品、木制品、糕点、水果、蔬菜等。

5. 渗漏

渗漏是指液体商品由于包装容器不严、包装质量不合格、包装内液体或受热或结冰膨胀等原因而使包装破损所发生的外漏现象。

（1）影响因素：包装材料性能、包装容器结构及包装技术、温度变化。

（2）措施：加强入库验收、在库商品检查、温湿度控制和管理。

（3）常见易渗漏商品：木质容器、金属容器的液体商品等。

6. 黏结

黏结是稠状液体商品因黏着于容器或包装，不能取出的那一部分造成的减量现象。商品发生的这种损耗属于正常损耗，通常很难避免。

（1）影响因素：商品性质。

（2）措施：商品的容器或包装不能随意丢弃，以免污染环境。盛装各种油漆、建筑用胶等的桶宜集中回收处理。

（3）常见易黏结商品：桶装黄油、硅酸钠、建筑用胶、化妆品等。

（二）机械损伤及其防治

商品在搬运、装卸和堆码时，往往受到外力的碰撞、摩擦和挤压等机械作用而发生形态的变化，这种现象被称为机械损伤。商品机械损伤的形式主要有破碎、散落、变形等。例如，玻璃、陶瓷制品等在受到碰、撞、挤、压和抛掷时会破碎，搪瓷制品会掉瓷，铝制品或薄钢制品会变形或压瘪；皮革制品受压变形后，影响美观；还有的商品由于包装不严，易造成脱落散开等。

商品的机械损伤有时会造成数量损失，有时会使质量发生变化，有时甚至会完全失去使用价值。因此，商品在储运过程中应轻拿轻放，避免高温、暴晒、撞击、湿度过高、重压，并保持包装完整。

（三）商品损耗及其有效控制

基于损耗的概念和分类，以超市为例，其损耗主要包括常规损耗和管理损耗。

1. 常规损耗

常规损耗主要是指生鲜商品变质、水分流失以及商品销售中的自然损耗。例如，蔬菜水分丢失，顾客摘叶、挑选碰伤等。这些损耗是无法避免的，只能尽量控制。

2. 管理损耗

管理损耗主要是指门店在商品进、销、存各个环节，由于管理失误或操作不当导致的商品损失、损坏以及过期损耗。不同类型的损耗产生损耗的原因如表11-2所示。

表 11-2 不同类型的损耗产生损耗的原因

损耗类型	产生损耗的原因
收货、验收损耗	收货时对品质把控不严，将不符合验收标准的商品予以收货，如生鲜商品。食品的生产日期、保质期是否按照要求验收，原则上供应商送的货必须是最新的生产批次，否则不予收货，不同的企业要求不同
商品储存不当损耗	低温商品验收后没有及时放入冷库，储存的温度不达标
上架陈列损耗	没有按照先进先出原则进行陈列，陈列时没有按照商品的属性进行陈列，如挂面竖着放容易折断，易碎商品陈列太多拿取时容易损坏
生鲜商品管理不当损耗	主要指生鲜商品在初加工处理、上架陈列、整理排面时操作不规范导致的商品损伤

表11-2（续）

损耗类型	产生损耗的原因
商品有效期管理不善损耗	商品订货不准导致销售不完而又没有及时清退，导致过期，重点是食品
卖场作业不当损坏商品	上货、搬运等作业途中不小心损坏商品

3. 有效控制商品损耗

为有效控制商品损耗，商品储运应提升管理人员业务能力，强化商品业务管理，实施关键节点的控制等。

（1）优化商品结构，提升商品的动销率与周转率。这是商品损耗产生的源头，如果商品结构出现问题，引进的新品都不是适销对路的商品，引进后卖不掉就要清理，清不掉就会过期，从而产生损耗。另外，大量的商品销售不出去会导致库存积压，周转变慢，进一步增加商品的管理难度。

（2）订货管控，严格按照销量订货，避免库存积压。合理备货成为零售企业的必修课，建立一套以销量为基础的订货运算逻辑非常关键。订得少影响销售，订得多增加库存、增加资金占用、增加库存管理难度。

（3）强化收货作业的规范管理，保证商品货单同行。零售企业应按照不同品类制定详细的验收标准，商品品质、数量验收需要收货人员及商品部专业人员双方确认。

（4）建立商品管理的标准化操作手册。零售企业应按照商品的流转过程，即商品验收、储存、搬运、上货、陈列、促销、销售、退货等各个环节制定详细的操作细则、规范，针对不同类商品采取不同的管理方式，重点是生鲜商品、日配商品、食品等品类，提升员工的商品管理专业能力。

（5）强化对操作标准的专业培训，提升实际操作能力。实际操作标准随着企业的发展可以逐步建立，但人员的流动性大是零售企业不得不面临的一个问题。零售企业需要建立一套完整的新员工培训机制，确保合格上岗。

（6）定期盘点，及时掌握损耗数据，分析损耗原因。不同企业的损耗构成不尽相同，零售企业应建立重点损耗品类的监控台账，根据数据的差异做到有的放矢，最大限度地降低损耗。

二、商品在储运中的质量劣变及其防治

质量劣变是指商品在储运过程中，由于外界环境因素的作用，发生化学变化、生理生化变化和生物学变化，结果造成商品质量劣变，甚至完全丧失使用价值的现象。

（一）化学变化及其防治

1. 分解与水解

分解是指某些化学性质不稳定的商品，在光、热、酸、碱及潮湿空气的作用下，

会发生化学分解的现象。分解不仅使商品的质量变差，而且还会使其功能完全失效，有时产生的新物质对人体健康还有危害性。例如，用作漂白剂和杀菌剂的过氧化氢，在常温下缓慢分解，在高温下迅速分解，生成氧气和水，在高温下过氧化氢失去了效用，并且氧气如果遇到强氧化性物质还会发生燃烧或爆炸。

2. 氧化

商品与空气中的氧或其他氧化性物质接触会被氧化。商品的氧化不仅会降低商品质量，有时还会在氧化过程中产生热量，发生自燃，甚至发生爆炸。

易于氧化的商品种类很多。例如，某些化工原料中的亚硝酸钠、亚硫酸钠、硫代硫酸钠、保险粉等都属于易氧化的商品；棉、麻、丝等纤维织品，如长期与日光接触，会发生变色现象，这也是由于织品的纤维材料被氧化的结果。此外，黄磷、胶卷、气体打火机等商品容易氧化而发生自燃。上述商品在储运中应选择低温避光条件，避免与氧接触，同时还要注意通风散热等，如有条件可以在包装容器内放入脱氧剂。

3. 腐蚀

金属与周围环境（主要是空气）发生化学反应或电化学反应所引起的破坏现象被称为金属腐蚀。金属所处环境的差异所引起的化学反应也不相同，主要有化学腐蚀和电化学腐蚀两种。

在干燥的环境中或无电解质存在的条件下，金属制品遇到空气中的氧而发生氧化反应，称为化学腐蚀。化学腐蚀的结果是在金属制品表面形成一层薄薄的氧化膜，它可以使金属表面变暗。有些金属的氧化膜对金属还能起到保护作用。

在潮湿的环境中，金属制品通过表面吸附、毛细管（表面裂纹和结构缝隙）凝聚，特别是结露作用，使水蒸气在金属表面形成水膜。水膜表面的水溶性吸附物或沉淀物（多为盐类）和空气中的二氧化碳、二氧化硫等可溶性气体，最终成为一种具有导电性的电解液。金属制品接触到这种电解液后，引起电化学反应，这种腐蚀称为电化学腐蚀。

电化学腐蚀的结果是使金属制品表面出现凹陷、斑点等现象，然后使破坏掉的金属转变成金属氧化物或氢氧化物而附于金属表面，最后或快或慢地往里深入，最终成片地往下脱落。腐蚀严重的，商品内部结构松弛，机械强度降低，甚至完全失去使用价值。因此，电化学腐蚀是金属商品腐蚀的主要破坏形式。

环境因素中，与氧化相关最主要的是湿度、温度和氧。同时，氧化还与金属表面附着的尘埃、污物和空气中的二氧化碳、二氧化硫等气体有关。

4. 老化

老化是某些以高分子化合物为主要成分的商品，如橡胶制品、塑料制品以及合成纤维制品等，受日光、热和空气中氧等环境因素作用而失去原有优良性能，以致最后丧失其使用价值的化学变化。

商品的老化变质主要是因为高分子化合物在光、热等因素的作用下，它们的成分发生了裂解或聚合反应所引起的。例如，橡胶制品在高温或烈日下暴晒，会变得发软、发黏而变质；塑料制品和合成纤维在日光、热和空气中的氧等因素作用下，会发生变色、发脆、强力降低等变化。因此，这些商品在储运时，要注意防止日光照射和高温，尤其应避免暴晒，同时仓储堆码时不能过高，以免底层的商品受压变形。

（二）生理生化变化及其防治

1. 呼吸

呼吸是鲜活食品在储运中最基本的生理活动。其本质是在酶的参与下进行的一种缓慢的生物氧化过程。

呼吸作用具有两种类型：一种是有氧呼吸，是指鲜活食品在储运中，为了维持生命需要，在体内氧化还原酶的作用下，其体内葡萄糖和其他简单有机物与吸入的氧发生氧化反应。另一种是缺氧呼吸，是指在无氧或缺氧情况下的呼吸作用。从上述两种呼吸作用的类型可以看出，呼吸作用可以使储藏环境的温度升高，加速鲜活食品的腐烂变质，同时还会促使霉腐微生物生长繁衍。这对维护储运的植物性鲜活食品，如原粮、蔬菜、水果等是十分不利的。

缺氧呼吸实质上是酒精发酵，其最终产物是酒精和中间产物乙醛等，会破坏鲜活食品的组织，使其腐烂，如积累过多，还会引起鲜活食品细胞中毒，其后果比有氧呼吸更为严重。据研究，在苹果组织中乙醇积累超过 0.3% 就会遭受毒害；乙醛浓度在 0.04% 以上时，果品细胞组织即被杀死，且易产生生理病害，这不仅降低果品的品质，而且影响耐藏性，缩短储藏期。

综上所述，鲜活食品在储运中由于呼吸作用的进行，使其营养物质和水分不断消耗而导致重量减轻与组织衰老，同时放出热量和二氧化碳等气体改变了储运环境。因此，储运鲜活食品往往要控制它们的呼吸作用，采取必要的管理措施，如控制储运场所适宜的低温和储运环境中适度的氧，视其不同种类和品种选择合理的气体比例以及适当的通风换气等措施，以使鲜活食品的呼吸作用降到最低限度。但是，对于储运的动物性鲜活食品，如活禽、活家畜、活水产品等来说，为了延长其生命，储运过程还必须提供能满足其正常呼吸所需的氧气和温度。因此，鲜活食品在储运中应做到保持较弱的有氧呼吸，防止缺氧呼吸。这是鲜活食品进行储运时需要掌握的基本原则。

2. 后熟

后熟是菜果采收以后其成熟过程的继续，主要发生在果品、瓜类及果菜类（茄子、豆类等）商品的储运中。因为上述食品成熟后再采摘，不耐储运且容易腐败变质，所以这些食品必须在成熟前采摘。它们脱离母体后，物质的积累被迫停止，但食品中的有机成分的合成——水解平衡更趋向于水解作用方向，呼吸作用更趋向于缺氧呼吸类型，使商品质量和生理特性发生一系列变化，而后逐渐达到使用成熟度。

后熟对这类食品在色泽、香气、口味以及口感等方面有明显的提高，食用质量也得以改进。例如，香蕉、柿子、西瓜和甜瓜等，只有达到后熟时，才具备良好的食用价值。但是，它们也会因为成分在组织或器官之间的转移和重新分配而逐渐进入衰老期，致使商品形态变差、食用品质大为降低。

促进这类食品后熟的因素主要是高温、氧气和某些刺激性气体的成分，如乙烯、乙醇等。例如，苹果组织中产生的乙烯（又称内源乙烯），虽然数量极少，但能大大加快商品的后熟和衰老的进程。因此，苹果在储运中，为了延长或推迟后熟和衰老过程，除采用适宜的低温和适量的通风条件外，还可采取措施，如放置活性炭、焦炭分子筛等吸收剂排除苹果库房中的乙烯成分。有时为了及早上市，对于某些菜果，如番茄、香蕉、柿子等，还可利用人工催熟的方法加速其后熟进程，以适应市场销售的需要。例如，香蕉在密封条件下，温度为20℃，空气相对湿度为85%，乙烯浓度约为空气体积的0.1%时，就可以催熟。

3. 发芽和抽薹

发芽和抽薹是二年生的蔬菜（如马铃薯、洋葱、大蒜等）在储存时经过休眠期后的一种继续生长的生理活动。发芽是蔬菜短缩茎上的休眠芽开始发芽生长，而抽薹则是短缩茎上生长点部位所形成的花茎生长的结果。

发芽和抽薹的蔬菜，因为大量的营养成分转向新生的芽或花茎，所以组织细胞变得糠、松、粗、老或空心，失去原有的鲜嫩品质，并且不耐储存。

造成蔬菜发芽和抽薹的因素主要有高温、高湿、充足的氧气和日光照射等。因此，这类蔬菜在储存时，应将温度控制在5℃以下，相对湿度在80%~85%，避光以及采用气调储藏法等措施控制其休眠期，以延缓发芽和抽薹的时间。此外，这类蔬菜在收获前后，应施以适当浓度的抑芽丹或采取γ射线辐射处理等，控制发芽和抽薹。

4. 僵直

僵直是刚屠宰的家畜、家禽和刚死亡的鱼等动物性生鲜食品的肌肉组织发生的生理生化变化。

动物死亡之后，呼吸停止，依靠血液循环的肌肉供氧也随之停止，但这时肉中的各种酶仍未失去活性，一些酶催化的生化反应仍在进行。此时，因为没有氧存在，糖原、葡萄糖的分解只能以无氧酵解的方式进行，其产物为乳酸。这就使肉的pH值逐渐下降，原来使肌肉呈柔软状态的成分，如二磷酸腺苷也减少。其结果是造成肌肉组织收缩，失去原有弹性和柔软性，肉质变得僵硬。

处于僵直阶段的肉，弹性差，保水性也差，无鲜肉的自然气味，烹饪时不易煮烂，熟肉的风味也差，不宜直接食用。但是，僵直阶段的鲜肉（鱼）其主要成分尚未分解，基本保持了原有的营养成分，适合直接冷冻储藏。

5. 成熟和自溶

当肉的酸度达到其最低的pH值时，肉的僵直程度也达到了最高点，肉中的水解酶开始活化并分解肌肉中的蛋白质、三磷酸腺苷等，一方面使肌肉的pH值逐渐回升，另一方面使肌肉的保水性增强，同时由于三磷酸腺苷的分解，还生成了肉的特殊香味成分——次黄嘌呤。成熟过程可以使肉变得柔软、有弹性、有汁液、有光泽、易熟、易消化且风味鲜美。当肉的成熟作用完成后，肉的生物化学变化就转向自溶作用。

自溶作用是肉腐坏的前奏。在自溶酶的作用下，肌肉中的复杂有机化合物进一步被分解为分子量低的物质的过程被称为自溶。空气中的二氧化碳与肉中的肌红蛋白的相互作用，可以使肉色泽变暗，弹性降低。处于自溶阶段的肉，虽尚可食用，但气味和滋味已大为逊色。随着自溶作用的进行，肉的 pH 值逐渐向中性发展，这就为各种细菌的繁衍创造了适宜的条件。实际上，肉在自溶阶段的后期，常伴随有细菌的活动，而且处于自溶阶段的肉已不适合长期保存。

肉的成熟和自溶与外界温度条件有密切关系。当温度低时，成熟和自溶作用缓慢；当温度高时，成熟和自溶作用则加速进行。这主要是由于温度可以影响自溶酶的活性所致。因此，生鲜肉类、禽类和水产品都需要在低温下储存和运输。

（三）生物学变化及其防治

1. 霉变

商品霉变是由于霉菌在商品上生长繁殖而导致的商品变质现象。

霉菌是一种低等植物，无叶绿素，菌体为丝状，主要靠孢子进行无性繁殖。空气中含有很多肉眼看不到的霉菌孢子，商品在生产、储运过程中，它们落到商品表面，一旦外界温度、湿度适合，商品上又有它们需要的营养物质时，就会生长菌丝。其中，一部分菌丝伏在商品表面或深入商品内部，有吸取营养物质和排泄代谢产物功能，称为营养菌丝；另一部分菌丝竖立于商品表面，在顶端形成子实体或产生孢子，称为气生菌丝。菌丝集合体的形成，使商品出现"长毛"或有霉味的变质现象。

霉菌在世界上有三万多种，每年霉坏的商品数量相当可观。但在生产实践中，人们对霉菌的应用也很广泛。例如，毛霉是制作腐乳、豆豉等食品的重要菌种，也是药材、肉类、粮食、水果、蔬菜、糕点、香烟、鞋帽商品上经常发生的霉腐微生物，但其对商品的破坏性也很大。霉菌中对商品危害较大的除毛霉外，还有根霉、曲霉和青霉。

商品霉变的实质是霉菌在商品上吸取营养物质与排泄废物的结果。这是因为霉菌吸收营养时必然要分解商品体原有的成分，由此使商品内在质量受到不同程度的破坏。霉菌的代谢产物，如色素、有机酸和其他有机物，又使商品被污染上色，破坏其外观，产生难闻的霉味及毒素。同时，由于商品的组织结构成分被分解和有机酸等代谢产物的作用，商品还会出现强度降低等变质现象。

2. 发酵

发酵是某些酵母（尤其是野生酵母）和细菌分泌的酶，作用于食品中的糖类、蛋白质而发生的分解反应。

发酵分为两种：一种是正常发酵，它广泛应用于食品酿造业。例如，我国白酒的生产工艺概括起来有固态发酵工艺、半固态发酵工艺和液态发酵工艺。另一种是非正常发酵，即空气中的微生物在适宜环境和条件下作用于食品而进行的发酵。常见的这类发酵有酒精乙醇、乙酸发酵、乳酸发酵和酪酸发酵等。这些微生物能在酱油、醋、葡萄酒等商品表面形成一层薄膜，不但破坏了食品中的有益成分，使其失去原有的品质，而且会出现不良气味，影响这类食品的风味和质量，有的还会产生有害人体健康的物质。因此，除了注意卫生外，防止食品在储运中发酵的方法是密封和控制较低温度。

3. 腐败

腐败主要是腐败细菌作用于食品中的蛋白质而发生的分解反应。含水量大和含蛋白质较多的生鲜食品最容易出现腐败。例如，植物性食品中的豆制品，动物性食品中的肉、乳、鱼、蛋等。腐败的基本原理是，食品中的蛋白质通过细菌自身分泌出的蛋白酶，先把蛋白质分解成氨基酸，除吸收一部分外，余下的将被进一步分解成多种有酸臭味和有毒素的低分子化合物，同时还放出硫化氢、氨等有臭味的气体。食品腐败后，不仅其营养成分分解，产生恶臭，更严重的是还产生许多剧毒物质，如胺类化合物等，使食品完全丧失食用价值，并危及食用者的健康。

霉腐微生物属于好氧性微生物，其细胞的呼吸作用要在有氧条件下进行。光对霉菌的影响很大，如霉菌在日光下暴晒数小时，大多数会死亡，因此对发霉的商品可以采取日光下暴晒的方法治霉。但是，一般微生物生长均不需要光。当人们有意识控制某一因素并使其劣化至霉腐微生物无法适应的范围，它们便无法生长繁殖，从而可防治或避免商品霉腐。例如，储运采用低温（10℃以下）、将相对湿度控制在65%以下或造成低氧环境，均能取得防治商品霉腐的良好效果。因此，研究微生物的生长发育条件，对防治霉腐微生物危害商品有着非常重要的现实意义。

4. 虫蛀与鼠咬

商品在储运过程中，经常遭受仓库害虫的蛀食和老鼠的咬损，使商品体及其包装受到损失，它们排泄的各种代谢废物还污染了商品，有的甚至使商品完全丧失使用价值。

仓库害虫种类较多，我国发现并有记载的有200多种。商业仓储部门发现危害商品的害虫就有40多种，危害包装物的害虫达120多种。主要代表性仓库害虫是鞘翅目昆虫，俗称甲虫，它们是目前种类最多、危害性最大的仓库害虫。容易受其虫蛀的商品，主要是碳水化合物、蛋白质和油脂等营养含量较高的动植物性商品，如毛织品、丝织品、毛皮制品、竹或藤制品、纸张及纸制品、卷烟和烟叶、干果等，因为这些商品可以提供它们生命活动所需的营养物质和有它们喜食的成分。

防治虫蛀、鼠咬首先应熟悉虫、鼠的生活习性和危害规律，首先立足于防，尽力做到商品进仓无虫、仓内无虫，对鼠则捣其巢穴、断其来路、进行诱捕；搞好运输工具和仓库的清洁卫生工作，加强日常管理；采用化学药剂或其他方法杀虫、灭鼠，坚持经常治理与突击围剿相结合的方针。

第三节　储运商品的养护技术

一、防霉腐的方法

商品的成分结构和环境因素是霉腐微生物生长繁殖的营养来源与生活的环境条件。因此，商品的防霉腐工作，必须根据微生物的生理特性，采取适宜的措施进行防治。首先，商品的防霉腐应立足于改善商品组成、结构和储运的环境条件，使之不利于微生物的生理活动，从而达到抑制或杀灭微生物的目的。其次，商品的防霉腐要配合使用各种物理、化学防霉腐手段，以达到更好的防霉腐效果。

（一）药剂防霉腐

药剂防霉腐是利用化学药剂使霉腐微生物的细胞和新陈代谢活动受到破坏或抑制，进而达到杀菌或抑菌，防止商品霉腐的目的。

药剂防霉腐要和生产部门密切配合，在生产过程中就把防霉剂、防腐剂加到商品中，这样既方便又可以收到良好的防霉腐效果。例如，用于食品防霉腐的药剂有苯甲酸及其钠盐、山梨酸及其钾盐等，常用于碳酸饮料、面酱、蜜饯、山楂糕、果味露、罐头等食品的防霉腐。此外，对批量小的易霉腐的工业品，如皮革制品等，生产者或销售者可以在储运时把防霉腐药剂加到商品表面。防霉腐药剂的选用应遵循低毒、高效、无副作用、价格低廉等原则，而且在使用时还必须考虑对使用人员的身体健康无不良影响和对环境不造成污染等。

（二）气相防霉腐

气相防霉腐是通过药剂挥发出来的气体渗透到商品中，杀死霉菌或抑制其生长和繁殖的方法。这种方法效果较好，应用面广。常用的气相防霉剂有多聚甲醛、环氧乙烷等。多聚甲醛是甲醛的聚合物，在常温下生成有甲醛刺激气味的气体，能使菌体蛋白质凝固，以杀死或抑制霉腐微生物。对于已发生霉腐的商品，为避免进一步恶化造成更大的损失，应及时采取措施救治。霉腐商品的救治方法有很多，常用的方法有晾晒、烘烤、熏蒸、机械除霉以及加热灭菌等，使用时应根据实际情况合理选择。

（三）气调防霉腐

气调防霉腐是根据好氧性微生物需氧代谢的特性，通过调节密封环境（如气调库、商品包装等）的气体（二氧化碳、氮气、氧气等）的组成成分，降低氧气浓度，来抑制霉腐微生物的生理活动。酶的活性和鲜活食品的呼吸强度，达到防霉腐和保鲜的目的。

二氧化碳具有抑制大多数腐败细菌和霉菌生长繁殖的作用，空气中二氧化碳的浓度达到 $10\% \sim 14\%$ 时开始对霉腐微生物有抑制作用；空气中二氧化碳的浓度超过 40%

时则对霉腐微生物有明显的抑制和杀死作用。氮气是理想的"惰性"气体，它一般不与食品发生化学作用，也不被食品吸收，但能减少包装内的含氧量，极大地抑制细菌、霉菌等微生物的生长繁殖，减缓食品的氧化变质及腐败。

气调防霉腐有三种方法进行降氧。一是自发气调降氧法，即靠鲜活食品本身的呼吸作用释放出的二氧化碳来降低包装内的氧气含量，从而起到气调作用，这叫做自发气调。二是机械气调降氧法，即将包装内的空气抽至一定的真空度，然后再充入氮气或二氧化碳气的气调方法。三是化学气调降氧法，即采用脱氧剂来使包装内的氧的浓度下降。气调还需要有适当低温条件的配合，才能较长时间地保持鲜活食品的新鲜度。

气调防霉腐可以用于水果、蔬菜的保鲜，近年来也开始用于粮食、油料、肉及肉制品、鱼类、鲜蛋和茶叶等食品的保鲜。

（四）低温防霉腐

含水量大的商品尤其是生鲜食品，如鲜肉、鲜鱼、鲜蛋、水果和蔬菜等，多利用降低温度来抑制霉腐微生物的繁殖和酶的活性，以达到防霉、防腐的目的。按照范围和作用时间长短，低温防霉腐分为冷藏防霉腐和冻藏防霉腐两种。

冷藏防霉腐的温度在短时间控制在0℃左右，此时商品并不结冰，此方法适用于不耐冰冻的商品，尤其是水分含量大的生鲜食品和短期储存的食品，如蔬菜、水果、鲜蛋等。在冷藏期间，霉腐微生物的酶几乎都失去了活性，新陈代谢的各种生理生化反应缓慢，甚至停止，生长繁殖受到抑制，但并未死亡。

冻藏防霉腐是长时间将温度控制在-16℃～-18℃的冻结储藏方法。此方法适用于肉类、鱼类等耐冰冻且含水量大的易霉腐商品。在冻藏期间，商品的品质基本上不受损害，商品上的霉腐微生物因细胞内水变成冰晶，冰晶会损伤细胞质膜而引起死伤。

（五）干燥防霉腐

干燥防霉腐是通过各种措施降低商品的含水量，使其水分含量降至商品的安全储运水分含量之下，从而抑制霉腐微生物的生命活动的方法。此方法可以较长时间地保持商品质量，并且商品成分的化学变化也较小。

干燥防霉腐有自然干燥法和人工干燥法两种。自然干燥法是利用自然界的能量，如日晒、风吹、阴凉等方法使商品干燥。该方法经济方便，广泛应用于原粮、干果、干菜、水产海味干制品和某些粉类制品。人工干燥法是在人工控制环境条件下对商品进行脱水干燥的方法。比较常用的方法有热风干燥、喷雾干燥、真空干燥、冷冻干燥以及远红外和微波干燥等。人工干燥法因为要使用一定的设备、技术，所以费用较高，耗能也较大，在应用上受到了一定的限制。

（六）电离辐射防霉腐

辐射一般是放射性同位素（钴-60或铯-137）产生的α、β、γ射线，它们都能使微生物细胞结构与代谢的某些环节受损。α射线在照射时被空气吸收，几乎不能到达目的物上。β射线穿透力弱，只限于物体表面杀菌。γ射线穿透作用强，可用于食品内部杀菌。射线可杀菌杀虫，不会引起物体升温，因此又称为冷杀菌。

电离辐射的直接作用是当辐射线通过霉腐微生物时能使微生物内部成分分解而引起诱变或死亡。其间接作用是使水分子离解成为游离基，游离基与液体中溶解的氧作用产生强氧化基团，该基团再使霉腐微生物酶蛋白的巯基（-SH）氧化，酶失去活性，因而使其诱变或死亡。辐射可以使害虫、虫卵、微生物体内的蛋白质、核酸以及促进生化反应的酶受到破坏和失去活力，进而终止食品等被霉腐和生长老化、变质的过程，维护品质稳定。

包装的商品经过电离辐射后即完成了消毒灭菌。经照射后，包装的商品如果不再受污染，配合冷藏的条件，则小剂量辐射能延长保存期数周到数月，而大剂量辐射可以彻底灭菌，长期保存。但要注意，辐射射线的剂量过大也可能会加速包装材料的老化和分解，因此要注意控制剂量。

（七）紫外线照射防霉腐

紫外线的杀菌或防霉腐机理是通过紫外线对商品上霉腐微生物的照射，以破坏其机体内脱氧核糖核酸（DNA）的结构，使构成该微生物的蛋白质无法形成，使霉腐微生物立即死亡或丧失繁殖能力。

紫外线杀菌是一种使用简便的灭菌方法，且无药剂残留，效率高、速度快，并可以被不同的表面反射。但是，因为紫外线穿透力很弱，所以只能杀死商品表面的霉腐微生物。此外，含有脂肪或蛋白质的食品经紫外线照射后会产生臭味或变色，因此这些商品不宜使用紫外线杀菌。紫外线一般用来处理包装材料和容器、工作环境以及非食品业的包装商品的杀菌。

（八）微波辐射防霉腐

微波防霉腐或者说灭菌的机制主要靠热效应和生物效应两个方面的作用。商品上的霉腐微生物在高频电磁场的作用下吸收微波能量后，一方面，商品中的霉腐微生物或虫类会因分子极化现象，吸收微波升温，从而使其蛋白质变性，失去生物活性；另一方面，高频的电场也使其膜电位、极性分子结构发生改变，使霉腐微生物或虫类体内蛋白质和生理活性物质发生变异，从而丧失活力或死亡。微波杀菌具有穿透力强、节约能源、灭菌快、效率高、操作简单、适用范围广的特点，并且微波灭菌便于控制，加热均匀，食品的营养成分及色、香、味在灭菌后仍接近食物的天然品质。微波杀菌可以用于液态、固态物品的灭菌。包装好的物品置于微波场中，在极短时间内即可完成灭菌过程。但是，微波杀菌在使用中应注意防止微波泄漏。目前，微波辐射防霉腐主要用于粮食制品类、蔬菜类、水果类、奶制品、调味品、香精香料等商品。

二、防虫的方法

储运中对害虫的防治工作应贯彻"以防为主，防治结合"的方针。对某些易生

商品学

虫的商品，如原材料，储运方必须积极向生产方提出建议和要求。在生产过程中，生产者应对原材料采取杀虫措施，如对竹、木、藤原料，生产者应采取沸水烫煮、汽蒸、火烤等方法，杀灭隐藏的害虫。对某些易遭虫蛀的商品，生产者应在其包装或货架内应投放驱避药剂，如天然樟脑或合成樟脑等。此外，储运中害虫的防治还常采用化学、物理、生物等方法，杀灭害虫或使其不育，以保证储运商品的质量。

（一）化学杀虫法

化学杀虫法是利用化学药剂来防治害虫的方法。化学杀虫法在实施时，应考虑害虫、药剂和环境三者之间的关系。例如，针对害虫的生活习性，要选择其抵抗力最弱的虫期施药，药剂应低毒、高效和低残毒，且对环境无污染。在环境温度较高时施药，化学杀虫法可以获得满意的杀虫效果。

化学杀虫法按其作用于害虫的方式不同，主要分为熏蒸杀虫、触杀杀虫和胃毒杀虫三种。

1. 熏蒸杀虫

杀虫剂的蒸汽通过害虫的表皮或气门进入呼吸系统，进而渗透到血液，使害虫中毒死亡的作用称为熏蒸作用。具有熏蒸作用的化学杀虫剂称为熏蒸剂。常用的熏蒸剂有磷化铝、氯化苦、环氧乙烷、硫酰氟、三氯乙烷、四氯化碳、二溴乙烷和溴甲烷等。由于溴甲烷在有效杀死害虫的同时，还消耗臭氧层，《蒙特利尔议定书》要求各国逐步淘汰甲基溴，以保护臭氧层。氯化苦是联合国推荐的溴甲烷替代品之一。

许多熏蒸剂都能挥发出剧毒气体，渗透力也很强，能杀死商品内部的害虫，但对人的毒性也很强，使用时要注意熏蒸场所的密封和人身安全。熏蒸时最好选择害虫的幼龄期进行毒杀，因其抗药能力较弱而毒效会更好。

2. 触杀杀虫和胃毒杀虫

杀虫剂与害虫表皮或附器接触后渗入虫体，或者腐蚀虫体蜡质层，或者堵塞气门，而杀死害虫的作用称为触杀作用。具有触杀作用的杀虫剂称为触杀剂，如常用的辛硫磷、对硫磷、溴氰菊酯、氰戊菊酯等。杀虫剂随着诱饵，经虫口进入害虫消化系统，从而起到毒杀的作用称为胃毒作用。有胃毒作用的杀虫剂称为胃毒剂，如敌百虫、砷素剂、氟素剂等。大部分杀虫剂以触杀作用为主，兼具胃毒作用。

（二）物理杀虫法

物理杀虫法是利用各种物理因素，如热、光、射线等破坏储运商品上害虫的生理活动和机体结构，使其不能生存或繁殖的方法。物理杀虫法主要有高温杀虫法与低温杀虫法、射线杀虫与射线不育法、远红外线与微波杀虫法等。

1. 高温杀虫法与低温杀虫法

高温杀虫法是利用日光暴晒（夏天日光直射温度可达50℃左右）、烘烤（一般温度为60℃~110℃）、蒸汽（温度为80℃左右）等产生的高温作用，使商品中的害虫致死的方法。例如，一般害虫在38℃~40℃时即发生热麻痹；在48℃~52℃时经过一定时间即死亡；在 54℃ 时，经 2~6 小时，全部死亡。其原因是高温下害虫体内水分大量蒸发，蛋白质发生凝固，破坏了虫体细胞组织，最终导致其死亡。

低温杀虫法是利用低温，使害虫体内酶的活性受到抑制，生理活动缓慢，处于半休眠状态，不食不动，不能繁殖，时间过久会因体内营养物质过度消耗而死亡。低温杀虫法有库外冷冻、库内通冷风、机械制冷、入仓冷冻密封等。

2. 射线杀虫与射线不育法

射线杀虫与射线不育法是分别用高剂量的与低剂量的 γ 射线辐射虫体，前者几乎可以使所有害虫立即死亡，后者可以引起害虫的生殖细胞突变，导致害虫机体不育。射线杀虫与射线不育法具有杀虫效率高，商品组成成分、商品包装不被破坏，环境不受污染等特点。

3. 远红外线与微波杀虫法

远红外线的杀虫机理是利用远红外线的光辐射和产生的高温使害虫虫体迅速脱水干燥而死亡。微波是一种高频率电磁波，它是利用高频电磁场作用，使害虫体内的水分、脂肪等物质在微波作用下，分子发生振动，分子之间产生剧烈摩擦，生成大量的热能，使虫体内部温度迅速上升（可达 60℃ 以上），导致害虫死亡的方法。

（三）生物杀虫法

生物杀虫法是利用害虫的天敌和人工合成的昆虫激素类似物来控制与消灭害虫的一种方法。此方法可以避免化学杀虫的抗药性和对环境的污染，是一种很有发展前途的杀虫方法。

目前，人类合成的昆虫激素类似物主要有性信息素合成物和返幼激素等。前者用于诱杀雄虫或使雌虫得不到雄虫的交配而产下不能孵化为害虫的未受精卵；后者可以抑制害虫的发育，使其停留在一定的发育阶段，不能继续繁殖，最终造成害虫的不育或死亡。

三、防鼠与灭鼠的方法

防鼠与灭鼠要针对鼠类的特性和危害规律，采取防治与突击围剿相结合的办法，要揭其巢穴，断其来路，消其疑忌，投其所好，进行诱捕。

防鼠的主要方法是保持库房内外清洁卫生，清除垃圾，及时处理堆积包装物料及杂乱物品，不给鼠类造成藏身的活动场所。另外，利用碎瓷片、碎玻璃与黄沙、石灰或水泥掺和堵鼠洞，可以截断老鼠的活动通路。

灭鼠有多种方法，除一些传统有效方法（如鼠夹、鼠笼、粘鼠胶等）外，还可用电猫（微电流高压电击灭鼠装置）等新的物理机械灭鼠方法。这些捕鼠方法对人畜比较安全，只是效果差些。目前，用灭鼠药（如杀鼠灵、氯敌鼠等抗凝血灭鼠剂）毒杀效果较好，但要妥善处理死鼠，以免被其他动物吃掉，造成死亡或污染环境。在食品储藏库中不宜采用灭鼠药灭鼠。除上述灭鼠方法外，人们还可以采用驱鼠剂

（如放线酮等）驱除鼠类，或者用植物性复合不育剂及生物毒素灭鼠的新方法。

四、防腐蚀的方法

金属商品的电化学腐蚀是造成商品损失的重要因素之一，因此做好金属商品的防腐蚀工作非常重要，这也是仓储过程中商品养护的一项重要任务。金属商品的电化学腐蚀除内在因素，如金属及其制品本身的组成成分、电位高低、表面状况等外，还主要取决于金属表面电解液膜的存在。因此，在防止金属商品电化学腐蚀的方法中，相当多的方法是围绕防止金属表面生成水膜而进行的。在生产部门，为了提高金属的耐腐蚀性能，最常采用的方法是在金属表面涂盖防护层。例如，喷漆、搪瓷涂层、电镀等，把金属与促使金属腐蚀的外界条件隔离开来，从而达到防腐蚀的目的。

在仓储过程中使用的主要防腐蚀方法是涂油防锈、气相防锈和可剥性塑料封存等。

（一）涂油防锈

涂油防锈是流通中常用的一种简便有效的防腐蚀方法。它是在金属表面涂覆一层油脂薄膜，在一定程度上使大气中的氧、水分以及其他有害气体与金属表面隔离，从而达到防止或减缓金属制品生锈的方法。此方法属于短期的防锈法（最长不超过5年），随着时间的推移，防锈油会逐渐消耗，或者由于防锈油的变质，而使金属商品又有重新生锈的危险。目前，常用的防锈油种类有溶剂型薄层防锈油、蜡膜防锈油、水溶性防锈油、凡士林防锈油等。

（二）气相防锈

气相防锈是利用挥发性气相防锈剂在金属制品周围挥发出缓蚀气体，来阻隔空气中的氧、水分等有害因素的腐蚀作用以达到防锈目的的一种方法。这是一种较新的防锈方法，具有使用方便、封存期较长、使用范围广泛的特点。它适用于结构复杂、不易为其他防锈涂层所保护的金属制品的防锈。常用的气相防锈剂有亚硝酸二环己胺、肉桂酸二环己胺、肉桂酸、福尔马林等。常用的气相防锈形式有以下三种：

1. 气相防锈纸防锈

气相防锈纸是用牛皮纸、石蜡纸、羊皮纸、防水纸等，浸涂气相防锈剂干燥后而成，用于金属商品的内包装，外层再用塑料袋或蜡纸密封。

2. 粉末法气相防锈

粉末法气相防锈是用气相防锈剂粉末均匀喷洒在金属制品表面或散装在金属制品的包装袋中，也可以制成片剂、丸剂放入包装袋，之后密封。

3. 溶液法气相防锈

溶液法气相防锈是用有机溶剂或水溶解气相防锈剂而形成的溶液，浸涂或喷涂于金属制品表面，形成一层防锈剂薄膜，之后用蜡纸或塑料袋包装。

应注意的是，采用气相防锈法，要根据不同的金属制品选择不同种类的气相防锈剂，气相防锈的形式也要根据需要和实际情况进行选择。只有这样才能达到满意的效果。

（三）可剥性塑料封存

可剥性塑料是用高分子合成树脂为基础原料，加入矿物油、增塑剂、防锈剂、稳定剂以及防腐剂等，加热溶解后制成的。将这种塑料液喷涂于金属制品表面，能形成可以剥落的一层特殊的塑料薄膜，像给金属制品穿上一件密不透风的外衣。它有阻隔腐蚀介质接触金属制品的作用，以达到防锈目的。可剥性塑料中，常用的树脂有乙基纤维素、醋酸丁酸纤维素、聚氧乙烯树脂、过氯乙烯树脂和改性酚醛树脂等。

可剥性塑料按其组成和性质的不同，可以分为热熔型可剥性塑料和溶剂型可剥性塑料两类。

1. 热熔型可剥性塑料

热熔型可剥性塑料是一种具有一定韧性的固体，它加热熔化后，浸涂于金属制品表面，冷却后能形成一层 1~3 毫米厚的塑料膜层。

2. 溶剂型可剥性塑料

溶剂型可剥性塑料是一种黏稠液体，涂刷于金属制品表面，能形成一层 0.3~0.5 毫米厚的膜层。溶剂型可剥性塑料适用于一般五金零件的封存防锈。由于膜层较薄，因此它的防锈期较短。

以上两种薄膜都有阻隔外界环境不良因素、防止生锈的效用，启封时用手即可剥除。

五、防老化的方法

防老化是根据高分子材料性能的变化规律，采取各种有效措施以减缓其老化的速度，达到提高材料的抗老化性能，延长其使用寿命的目的。高分子商品的老化有其内因和外因，因此防老化应从以下两个方面着手：

（一）提高商品本身的抗老化作用

高分子材料的防老化，首先应提高高分子材料本身对外界因素作用的抵抗能力。例如，改变分子构型、减少不稳定结构、除去杂质，可以提高高分子材料本身对外界因素作用的抵抗能力。在加工生产中，用添加防老化剂（抗氧剂、热稳定剂、光稳定剂、紫外线吸收剂等）的方法可以抑制光、热、氧等外界因素的作用，提高高分子材料的耐老化性能。此外，高分子材料商品的外表涂上漆、胶、塑料、油等保护层也可以起到显著的防老化作用。例如，塑料商品可以用某些塑料粉末在其表面涂一层薄膜，提高其耐磨、耐热等性能。

在上述防老化方法中，添加防老化剂是一种常用而又有效的方法。防老化剂是一种提高高分子材料和制品的热加工性能和储运、使用寿命的化学物质。其添加量很小，但能使材料和成品的耐老化性能提高数倍乃至数十倍。

（二）控制储运中引起商品老化的因素

商品的防老化主要是在生产过程中考虑，但储运中也不能忽视此问题，而应采取一系列防老化措施。

1. 妥善包装

完好而妥善的包装可以使商品与外界环境处于隔离状态，这样可以减少外界因素的影响。

2. 控制温度

温度对商品老化有直接的影响，因此高分子商品应存放在受温度影响较小的库房里，不宜露天存放，更不宜暴晒。

3. 合理堆码

高分子商品堆码时要注意通风散热，底层商品承重不能过大，以免造成挤压而加剧老化。

第四节　储运商品的质量管理

一、储存商品的质量管理

商品在储存过程中发生质量变化的根本原因在于商品本身的组成成分和性质发生变化。但是，这种变化只有通过仓库内外一定的环境因素的作用才能发生。因此，我们在对商品质量的养护和管理工作中，必须贯彻"预防为主"的方针，从商品入库到商品出库实施全过程管理，并事先采取各种措施，把能够影响商品质量的各种外界因素尽可能排除或控制在最低水平，力求在商品储存期间，做到质量基本不变。已经出现质量劣变的商品，能补救的尽量补救，不能补救的另行处理。做好储存商品的质量管理，主要是把好商品的入库验收关、在库保养关和出库"五不"关。

（一）入库前的准备工作

入库前的准备工作包括存储仓位（库房、库区、货架等）的定位和编码以及搬运器械和人员准备等。

（二）入库验收

储存商品种类繁多、规格不一、性质复杂，经过长途运输，容易受外界因素影响而发生变化。因此，加强对商品入库的数量、包装、质量的审核和验收工作至关重要。只有通过严格的验收，才可以保质保量、减少差错，为商品保管工作打下良好的基础。商品入库验收的要求如下：

1. 校对凭证与清点检查

商品入库时，要校对凭证，清点检查。相关人员应主要核对检查货单所列的品名、规格、型号、附件、货物数量和质量（重量）等是否与入库商品实际内容相符。此外，相关人员应注意检查食品、药品、化妆品等要求标明保质期的商品是否过期。

2. 商品包装验收

相关人员在清点商品规格和数量的同时，还要检查包装，如木箱、塑料袋、纸盒等是否符合要求，有无玷污、残破、拆开等现象，有无受潮水湿的痕迹，有无发霉、虫蛀等问题。

3. 商品质量（品质）验收

在进行商品验收时，相关人员除察看包装外部情况外，还要适当开箱拆包，察看内部商品是否有生霉、腐烂、锈蚀、溶化、熔化、虫蛀、鼠咬等质量（品质）劣变。同时，针对液体商品，相关人员要检查有无沉淀及包装有无破损等。有问题的商品不能进入货区。

相关人员要及时办理交接、入库手续，建立存储商品档案。

（三）分类、分区、分批管理

各种商品的性质不同，要求储存的条件和允许的保质期限或失效期限也不相同。某些不同种类的商品不能混合存放，否则会造成串味、发生化学反应甚至燃烧、爆炸。因此，商品的储存保管必须根据对象特点，进行分类对待、分区管理。

通常，化学危险品、剧毒品等，要归库归类，单独存放；怕潮、易霉、易溶、易锈蚀、易生虫的商品，要存放在干燥的库房里，库房要有良好的密封、通风和吸潮条件；受热易燃、易爆炸的商品，要放在阴凉的库房里，最好是专库存放，并配备消防设备；既怕热又怕冻的水果、蔬菜类商品，应放在温度高于冷藏库的气调库、冬暖夏凉的低层仓库或地下窖中保管，并要保持较高的相对湿度；茶叶易吸收异味气体导致质量下降，因而必须和有气味的商品，如香皂、香水等分开保管。

分批管理是将存储商品按生产批号、入库日期、保质期或失效日期等倒序堆码，并依据先产先出、先进先出、近期先出、易变先出的原则予以管理，以尽可能避免存储商品的质量劣变。

地面潮湿是引起商品变质的一个主要原因，商品在堆码时要注意做好地面的防潮工作。底层库房、货架堆码商品时，一定要采取隔潮措施。堆码的形式和高度应根据商品的特性、包装情况和储存的季节而定。例如，在普通库房，针对含水量高、易霉、易变质，但适合通风的商品，在梅雨季节应堆通风垛，堆垛不宜过高；针对易渗漏商品，应堆成间隔式行列垛，以便于及时检查；针对易弯曲变形的商品，应堆成平直交叉式实心垛等。

（四）环境卫生管理

储存环境不卫生，往往会引起微生物、害虫和鼠类的滋生与繁殖，还会使商品被灰尘、油污、垃圾污染，进而影响商品质量。因此，仓库要经常进行彻底清扫，对库外杂草、污水、垃圾做到"三不留"。必要时仓库可以使用药剂消毒杀菌、杀虫灭鼠，以确保商品安全。

（五）商品在库检查

商品在整个储存期间，要经常进行定期或不定期、定点或不定点的检查，检查的时间和方法应根据商品的性能及其变化规律，结合季节、储存环境和时间等因素掌握。相关人员在检查时，主要以眼看、耳听、鼻闻、手摸等感官检验为主，必要时可以配合使用仪器进行检查，如发现问题，应立即分析原因，并采取补救措施，如翻堆倒垛、加工整理、施放药剂或采取晾晒、密封、通风、吸潮等方法，来改善保管条件，保证商品安全。

（六）温湿度管理

商品在储存期间，在各种外界影响因素中，受空气的温度和湿度的影响最大。可以这样说，商品储存中所有的质量变化都与温湿度有关。因此，相关人员必须根据商品的特性、质量变化规律以及本地区气候情况与库内温湿度的关系，加强库内温湿度的管理，采取切实可行的措施，创造商品储存适宜的温湿度条件。控制与调节仓库温度、湿度的方法很多，目前主要采取密封、通风、吸湿或加湿等措施。

1. 密封

密封就是利用密封材料（如塑料薄膜）对库房或商品严密封闭，从而消除外界环境不良因素的影响，保证商品的安全储存。密封的形式有多种，如整库密封、货垛密封、货架密封和按件密封等。密封不仅能防潮、防热、防干裂、防溶化等，还可起到防霉、防蛀、防老化等多方面的效果。密封是仓库温湿度管理工作的基础，没有密封措施，就无法运用通风、吸湿等方法来调节库内的温湿度。

2. 通风

通风是利用空气自然流动规律或借助机械形成的空气定向流动，有目的地使仓库内外空气部分或全部流动，从而调节库内温湿度的方法。相关人员要根据商品的要求，对比库内外温湿度的实际情况和变化趋势，并参照风力、风向，有计划地进行通风。否则，不适宜的通风，不仅不能满足商品储存的要求，而且还会造成不应有的损失。例如，精密仪器、金属制品、化肥、农药等，在潮湿条件下易生锈、溶化，通风是为了降低库内湿度，保持空气干燥，可以在天亮前 2~4 小时进行通风。

通风的方法有自然通风和机械通风两种。此外，通风按时间长短有长期通风和临时通风之分，长期通风为商品季节性长期密封奠定了基础，而临时通风则在短期内进行。在商品养护中，通风要与密封、吸潮严格配合起来，否则通风后便难以维持其效果。

3. 吸湿或加湿

库内温湿度的管理，除采取适当的通风和密封措施外，还必须采用有效的吸湿或加湿方法来配合。当库内相对湿度超过储存商品要求的安全范围，而库外气候又不具备通风条件时，如梅雨季节或阴雨天，相关人员可以在密封库内用吸湿剂吸湿、机械去湿或加热等方法来吸收空气中的水分，降低库内的相对湿度。当库内相对湿度过低，而库外相对湿度也不高，对于易干缩、脆裂的商品来说，相关人员应采用喷蒸汽、直接喷水使其自然蒸发等加湿措施，使库内相对湿度增加。

（七）出库管理

商品出库，必须做到单随货行，单、货数量当面点清，商品质量要当面检验。包装不牢或破损以及标签脱落或不清的，应修复后交付货主。易燃、易爆等商品出库时，应依据公安部门的有关规定办理手续。商品出库必须贯彻"先进先出"原则，并要严格遵守"五不"出库原则。

1. "先进先出"原则

"先进先出"又称"先入先出"，是指储存商品出库时，要按该种商品入库的顺序把先入库的商品先出库，后入库的商品后出库，以避免商品因储存期过长而发生变质。先进先出的实施依据是商品的入库日期，但最根本的依据还是商品的生产日期。一般当商品的入库日期与生产日期发生冲突时，要以生产日期为准。

色标管理法是实施先进先出的基本工具。其基本内容有：第一，设计不同颜色的贴纸（色标），其颜色的种类数要以商品的出库周期为基准予以确定。若每月用一种颜色，按年度计，共需要12种颜色；按半年计，共需要6种颜色；按季度计，共需要4种颜色。第二，制定色标的使用规定，即哪个月需要使用哪种色标。第三，商品入库时一律在其外包装上加贴规定的色标。第四，商品出库时应当按照醒目的色标搬运商品。

2. 商品出库的"五不"原则

（1）无出库凭证（单据）或凭证无效的商品不出库。

（2）手续不符合要求的不出库。

（3）质量不符合要求的不出库。

（4）规格不对、配件不齐的不出库。

（5）未经登记入账的商品不出库。

二、运输商品的质量管理

商品运输也可以看成移动的商品储存。商品运输过程质量管理的任务与商品储存过程质量管理的任务是一致的，都是要尽可能防止或降低商品损耗和质量劣变。只是前者除了与后者有共性之外，还有某些特性，运输商品的质量管理要遵循及时、准确、安全、经济的基本原则。

（一）及时原则

及时是指用最少的时间，及时发送，按时将商品从产地运送到消费地，以确保商品质量并及时供应市场。其主要措施如下：

1. 缩短在途时间，减少周转环节

商品运输中常常存在着迂回、重复和对流等不合理的运输现象，结果使商品在途时间过长，经过环节过多等。这样就增加了商品损耗和质量劣变的机会。因此，为了减少商品流通的周转环节，商品运输可以采用"直线直达"的运输方式，走最便捷的运输路线，使商品运输直线化。这样不但缩短了商品运输时间，还减少了环境对商品质量造成的不利影响，从而维护了商品质量和降低了运输费用。

2. 采用集装箱等先进运输工具

集装箱运输是一种现代化运输方式，用其进行运输，有利于装卸机械化，简化运输手续，缩短商品在途时间，保证运输安全，隔绝外界不良因素的影响或创造适合商品质量保持的环境。

（二）准确原则

准确就是按照商品流向组织商品运输，在运输过程中切实防止各种事故，避免商品短缺，做到不错、不乱、不差，正确无误地把商品运送到目的地。

（三）安全原则

安全是指商品在运输过程中，除了发生各种不可抗拒的灾害以外，其数量和质量必须保持完好无损。商品运输应从管理上采取以下措施：

1. 正确选择商品的运输包装

商品运输要根据运输商品的特性和要求，合理选择运输包装，避免商品在运输过程中受到各种环境因素的作用而出现商品散落、渗漏、溢出、破损等现象。例如，怕潮、易霉变、易生锈的商品，应选择防潮包装。

2. 选择合理的运输路线、工具和方式

选择合理的运输路线，能缩短运输商品的在途时间，可以减少在途中各种意外因素对商品质量的不良影响。选择合理的运输工具，可以大大提高运输商品的安全性，减少商品损失。选择合理的运输方式，可以避免各种不同性质的商品在运输中相互污染等。

3. 反对野蛮装卸，提倡文明运输

商品在运输过程中要经过多次装卸搬运，如果装卸搬运操作不当，会给商品造成很大损失。据调查，玻璃器皿、搪瓷制品和家用电器等商品在流通领域中的损坏率是相当大的，有些商品在流通领域中的损坏率高达20%，其中绝大多数是由于野蛮装卸和操作不当造成的。因此，商品在装卸搬运过程中应严格执行操作规范，根据商品的不同性质，参照标志中的注意事项轻装轻卸，减少人为损失。

（四）经济原则

商品运输要采用最经济、最合理的运输路线和运输工具，有效利用一切运输设备，节约人力、物力和财力，努力降低商品流通费用。

【拓展阅读】

果菜类商品的储存保鲜管理

一、温度管理和湿度管理

果菜的保鲜，首先要做好温度管理和湿度管理。

（一）低温管理

1. 果菜储存保鲜所需的温度

一般来说，果菜的保鲜温度为 5℃~8℃ 的低温，但香蕉、木瓜、甘薯等的保鲜温度则需要超过 10℃（在室温下即可）。

2. 低温储存的保鲜作用

（1）抑制呼吸。呼吸作用越旺盛，有机化合物的消耗就越大，果菜的鲜度就越差。一般来说，温度上升 10℃ 时，呼吸量会增加 2~3 倍；温度下降 10℃ 时，呼吸量会减少 1/3~1/2。

（2）抑制蒸散。温度越高，湿度越低，空气流动越好，果菜呼吸量越大，水分蒸散作用也越强。低温可以抑制蒸散。

（3）抑制发芽。某些果菜（如马铃薯、番薯等）在采收后，在适宜温度和湿度下便会发芽，从而使储存的有机化合物（以碳水化合物为主）及养分被消耗，导致味道流失。马铃薯的芽含有毒素，有害人体健康。

（4）抑制微生物的活动。有些果菜在栽培过程中感染了细菌，如果采收时处理不当或运输中温度、湿度没有控制好，这些细菌就会变得很活跃，从而使果菜腐坏。微生物在低温时，其活动能力会变弱。

（5）抑制过熟。果菜采收后生命仍然持续，颜色由绿色变成橙色、黄色，味道则由酸味减少直至变味。但果菜过分成熟时会老化，从而失去使用价值。

（6）抑制酶的活性。绿色蔬菜会因酶的作用导致后熟、衰老而变色，温度越低，酶的活性越弱。

（二）湿度管理

为了抑制果菜的蒸散作用，在保持低温的同时，还必须保持适当的湿度。一般来说，湿度宜保持在 90%~95%。此外，叶菜类不适合用冷风吹，应多加注意。番薯、芋头等品种在湿度为 80%~85% 时即可抑制呼吸作用。但应注意，如果湿度过高，反而会促进柑橘的呼吸作用，容易使果汁减少，味道变差，鲜度大为降低。

二、果菜保鲜的处理方法

果菜保鲜的处理方法有冰水处理法、冷盐水处理法、复活处理法、直接冷藏法、散热处理法、常温保管法六种。

（一）冰水处理法

呼吸量较大的玉米、毛豆、莴苣等果菜可以用此方法处理。通常，这些果菜在产地就应预冷，之后装入纸箱，再运至卖场。经过预冷的果菜送到卖场时其温度会升到

15℃，未经预冷的温度则会升到 40℃，从而使果菜的鲜度迅速下降。冰水处理法是先将水槽盛满水，放入冰块，使温度降至 0℃，再放入果菜浸泡，使果菜的温度降至 7℃~8℃。冰水处理后，用毛巾吸去果菜上的水分，或者将其放进保鲜库。

（二）冷盐水处理法

叶菜类果菜可以用此方法处理。其处理步骤如下：

1. 第一步

果菜放入预冷槽预冷、洗净，水温 8℃，时间 5 分钟。

2. 第二步

果菜放入冷盐水槽，水温 0℃，盐浓度 1%，时间 5 分钟（处理时间不要过长，以防止盐分对果菜造成损害）。

3. 第三步

果菜放入冷水槽中，水温 0℃，洗去所吸收的盐分。

4. 第四步

果菜放入空间较大的干容器，并送进保鲜库。

（三）复活处理法

葱和大白菜等叶菜类可以用此方法处理，使果菜适时地补充水分，重新复活起来。复活处理法是将果菜放入一般水温的水槽中洗净污泥，并吸收水分，然后放入空间较大的容器中，使其复活。芥菜、水芹等果菜的菜茎前端切割后放在水中，使根部充分吸收水分，复活效果更佳。

（四）直接冷藏法

一般水果、小菜、加工菜类等均可以用此方法处理。这类商品大都由厂商处理过，在销售前仅需包装或贴标签即可送到卖场销售。这类商品可以直接放进冷藏库中。

（五）散热处理法

木瓜、杧果、香蕉、菠萝、哈密瓜等水果可以用此方法处理。此类商品在密闭纸箱中，经过长时间的运输，温度会急速上升，此时要尽快降温处理，打开纸箱充分散热，再以常温保管。

（六）常温保管法

南瓜、马铃薯、芋头等果菜可以用此方法处理。这类果菜不需要冷藏，只要放在常温、通风良好的地方即可。

生鲜食品是非标准化商品，具有易损耗、不易保存等特性，生鲜配送企业一般都是采用订单式采购，减少生鲜食品损耗与采购库存成本。

订单产生这个环节对生鲜配送企业是最难的。因为生鲜配送企业面临的客户是企业、机关食堂、酒店、学校等客户群体，这些客户每天以电话报单、微信语音下单、纸质传真与拍照、在线下单等不同的方式提供所需食材清单，生鲜配送企业需要很多工作人员整理与订单相关的食材，而且不同的客户对食材的叫法也不一样，这给生鲜配送企业接收订单工作带来了很大的难度。

订单汇总功能是指将客户的订单进行按类别、按商品汇总，方便采购。这里需要非常灵活的汇总方式，因为每个客户不可能在指定的时间将订单食材信息传递过来，而且农副批发市场每种类型的商品出售时间也是不一样的。另外，因为不同质量的食材价格不同，每个客户所需要的食材质量也不一样，所以需要针对不同客户的食材质量需求分别进行采购，才能保证企业应有的利润。

商品采购可以采用自己采购与供应商送货两种方式。大量稳定的食材，企业可以与供应商协商价格。这样可以保证食材的价格，也可以保证食材的质量。针对少许的食材，企业只能零星采购，但是商品采购信息一定要很清晰地传递给采购人员与供应商。

商品采购完成后，一般要进行商品的验收与商品取样农残检测。一般入库验收，按供应商验收，方便高效。

订单分拣一般采用按商品分拣和按订单客户分拣两种方式。现在都在使用平板电脑分拣与电子秤称重分拣，对标准食材，进行标签式分拣。这样可以提升分拣的速度与准确率，实时地将出库的数量与重量传递至采购管理系统。

订单分拣完毕，打印配送单。企业一般有大量的客户，需要规划不同的线路，分配不同的司机进行配送。企业需要按照距离客户的路程远近，安排不同的发车时间，尽量满足不同客户所需要的食材。

客户收到货物后，进行食材验收操作。因为食材有损耗，而且随天气、温度、湿度的不同，生鲜食材的特性也不一样，所以客户收到的生鲜食材的数量可能与配送中心发出的数量有差异，以最终收到的食材质量、数量与重量为准。

思维导图

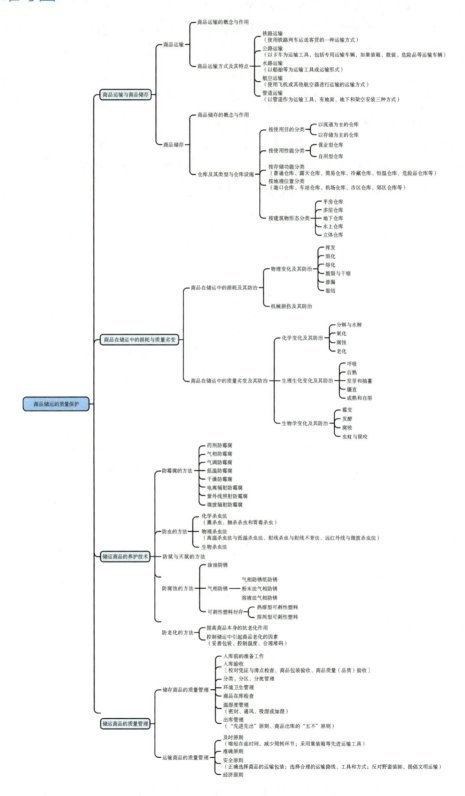

本章小结

商品储存与运输是确保商品流通不可或缺的两个关键因素，它们有效地解决了商品生产与商品消费在空间和时间上的背离。商品在储运过程中不可避免会发生损耗或质量劣变。本章介绍了损耗和质量劣变的类型，分析了损耗和质量劣变发生的原因，提出了相应的控制措施。在此基础上，本章着重针对商品在储运过程中发生质量劣变的内因和外因，介绍保护储运商品质量的技术方法及其原理。本章从商品储存、商品运输两个层面，分别从现有研究成果和实践经验总结了商品储运的质量管理原则。

本章重难点

1. 商品运输和储存是商品流通中两个必不可少的环节。
2. 商品储运在商品流通中的重要作用。
3. 商品在储运中的损耗及其主要原因。
4. 储存商品质量管理的环节。
5. FIFO 管理原则。
6. 运输商品的质量管理原则。

思考题

1. 什么是呼吸作用？如何利用呼吸作用进行水果蔬菜的储存保鲜？
2. 果菜类商品储存保鲜有哪些好方法？其保鲜原理是什么？
3. 霉变的内因和外因是什么？如何防止商品霉变？
4. 举例说明商品老化的基本形态。
5. 商品防老化的基本措施有哪些？
6. 用化学药剂防霉或杀虫会给环境和人体健康带来哪些负面影响？如何避免？
7. 金属商品生锈腐蚀的主要原因是什么？如何防止腐蚀的发生？
8. 生鲜肉类和水产品为什么要在低温下储运？
9. 储存商品的质量管理应着重抓住哪些环节？它们各有什么重要作用？
10. 什么是 FIFO 管理原则？它有何作用？如何实施？
11. 仓储商品出库为什么必须贯彻"先产先出、先进先出、近期先出、易变先出"的原则？

在线测试

参考文献

[1] 卜登攀，李发弟，刘宁，等. 脂肪的生理功能及作用机制 [J]. 中国畜牧兽医，2009，36（2）：42-45.

[2] 曹玉华，李学臣，沈崇钰，等. 食品中的反式脂肪酸及其危害 [J]. 食品科学，2005（8）：500-504.

[3] 戴晨子. 浅议纺织与我们的生活 [J]. 教育科学，2017（5）：2.

[4] 范荣姝，邱克斌. 标准化理论与综合应用 [M]. 重庆：重庆大学出版社，2020.

[5] 韩梅，乔晋萍. 医学营养学基础 [M]. 北京：中国医药科技出版社，2011.

[6] 胡鹏，姜元荣，夏树华，等. 中国市场食品中反式脂肪酸含量现状调研 [J]. 中国粮油学报，2013，28（5）：112-115，123.

[7] 何庆斌. 仓储与配送管理 [M]. 2版. 上海：复旦大学出版社，2015.

[8] 李春田. 标准化概论 [M]. 北京：中国人民大学出版社，2014.

[9] 欧阳建华，彭冬菊，杨君，等. 食用野生蘑菇食物中毒的流行病学调查报告 [J]. 食品安全导刊，2021（18）：128，130.

[10] 孙宝国，孙金沅，王静. 中国食品安全问题与思考 [J]. 中国食品学报，2013，13（5）：1-5.

[11] 孙宝国，王静. 食品添加剂与食品安全 [J]. 科学通报，2013，58（26）：2619-2625.

[12] 石岩峰. 浅论饮用水中硬度对人体健康的影响 [J]. 农业与技术，2012，32（2）：193.

［13］田芳，于安国. 商品学概论［M］. 2 版：长沙：湖南大学出版社，2009.

［14］万融，陈红丽. 商品学概论［M］. 7 版. 北京：中国人民大学出版社，2020.

［15］万融. 商品学概论［M］. 4 版. 北京：首都经济贸易大学出版社，2017.

［16］王玉. 水的硬度与健康［J］. 金属世界，1995（5）：25.

［17］徐东云. 商品学［M］. 3 版. 北京：清华大学出版社，2021.

［18］徐天亮. 运输与配送［M］. 3 版. 北京：中国财富出版社，2017.

［19］赵苏. 商品学［M］. 2 版. 北京：清华大学出版社，2012.